ユーノミア

―新しい世界のための新しい秩序―

フィリップ・アロット著
尾﨑重義　監訳

木鐸社刊

慈しみ深き心の母
ドロシー・アロット（旧姓ドブソン）に捧げる

おお栗の木よ、大きく根を張り花咲く栗の木よ、
お前は葉なのか、それとも花、それとも幹なのか。
おお楽の音にあわせ揺れる身体よ、おおきらめく視線よ、
どうすればダンスとダンサーを区別できるのだろう。

W・B・イェイツ、「学童の間で」
(in *The Collected Poems of W. B. Yeats*, 2nd ed., London [1950], 244).

* * *

的は命中しないために置かれるのではない。
それと同じように、本来、悪というものは宇宙には存在しないのである。

エピクテトス、『要録』
(in *Epictetus, The Discourses and Manual*, tr. P. E. Matheson, Oxford [1916], II, 224).

目次

図一覧

表記上の注意

一、本文中、各段落の冒頭にある算用数字は、章・段落番号を示している。

二、原典中、複数の英単語をハイフン(-)で連結して一つの単語としたものについては、原則として山括弧(〈〉)でくくった。ただし、日本語としての読みやすさを考えて意図的に括弧をはずした箇所もある。

三、原典中、英語のキャピタル文字で始まる単語は、鉤括弧(「」)でくくった。ただし日本語としての読みやすさを考えて意図的に括弧をはずした箇所もある。

四、原典中、イタリック体で強調された部分については、太明朝体とした。ただし、日本語としての読みやすさを考えて意図的にそのままとしたものもある。

五、①、②、③、……または(i)、(ii)、(iii)、……などの数字は、原典にはないものの、読者の便宜を考えて訳者がつけたものである。

六、原典中の引用部分の訳出にあたっては、引用箇所の出典が参照できる場合であっても、注記がない限り、著者による引用をもとに翻訳した。

ペーパーバック版の出版に寄せて

新しい世界

本書『ユーノミア――新しい世界のための新しい秩序』が出版されたのは一九九〇年、折しも、四五年間続いてきた冷戦という世界秩序が終焉を迎えた時期であった。新時代の到来を歓迎する意味で「新世界秩序」という言葉が広まり、米国大統領でさえもこれを好んで使っていた。しかしそのお祭りムードは長続きせず、「新世界秩序」という言葉もじきに忘れ去られていった。一九九〇年八月〜九一年二月の「湾岸戦争」が露骨なまでの多義的性格を持っていることはあまりにも明白であり、誰しも認めることであった。すなわち、一方では、湾岸戦争の時期、国際連合安全保障理事会は、冷戦時代には想像もつかなかったような活動ができるようになり、その点で湾岸戦争はポスト冷戦時代の幕開けとしての意味合いを持っていた。他方では、この戦争の大義名分とグローバル戦略上のインプリケーションは、ほどなく、中東における昔からの列強間の敵対関係となんら異なるものではないと程なく受け取られるようになり、また一九四五年以前そして以後にみられた無数の国際紛争と同様に旧来のものであると見なされたのであった。

この紛争は従来と変わらない形態をとっていた。すなわち、①イラクはクウェートを「失われた州」とする年来の領土主張を理由に、武力行使に踏み切った。②これに対してクウェートは自国の領土保全、政治的独立を主張した。③また国際社会によるクウェートを支持するための集団的行動がとられた(一部、イラクを支持する国もあった)。④石油輸入国は死活的な経済的利益を確保しようと動いた。⑤覇権国家はグローバルな責任を特別に負っているという主張がなされた。⑥そして、結果を予想できないような状況が発生した。このような分析手法をとれば、いかに楽観的なアナリストといえども、国際関係の長く、そして無限に反復される歴史の中で新たな夜明けを迎えようとしている最初の兆候を見落としてしまっていたとしても無理はないであろう。

本書『ユーノミア』を脱稿したのは一九八九年であり、冷戦を終了させた諸事件の発生以前のことであった。そのため、「特に東欧での大きな政治的発展」は序文の中でしか触れられなかった。しかし序文には、世界秩序に関する新しいビジョンの必要性を唱えた、当時のソ連の指導者ミハイル・ゴルバチョフ、そしてローマ教皇ヨハネ・パウロ二世の声明も盛り込んである。一九八九年以降の人類社会は、それ以前にはとうてい予想しえなかったほどに変化した。それが深遠で微妙な変化であるため、今日、新種の世界秩序についての新しいビジョンの確立が、かつてないほどに必要かつ喫緊の課題となっている。筆者はかかる新しいビジョンの確立に寄与したいとの思いから、本著の執筆に臨んだのであった。

七ヵ月間に及んだ湾岸戦争は、一人の人物の行動が引き金となって発生したのであるが、しかし、戦争の起源と時代への影響が当初予想されていたよりもはるかに深く広いものであったという点で、一七五六～六三年の七年戦争や一八七〇～七一年の普仏戦争（こちらも七ヵ月間）と共通している。いずれも時代を画する戦争、すなわちウィンストン・チャーチル元英首相の生彩に富んだ言い方を借りれば「運命の蝶つがい」である。十八世紀の七年戦争は、開戦当時は時代錯誤的な性格のものであり、欧州で行われた中世末期的な社会秩序下での最後の戦争であった。しかしこの戦争は、英仏両国に経済的打撃を与えるのみにとどまらず、アメリカ独立戦争、フランス革命、イギリスの宣言されざる革命（一八二〇～三二年）（注1）の火種ともなった。つまりアンシャン・レジームの終焉の道を開いたと言える。同じように普仏戦争は、フランス側にとっては（最終的な）共和制確立の基礎になったし、ドイツ側にとっては、血で血を洗う激しい戦乱を経た後の政治的安定につながる基礎ともなった。湾岸戦争から十年経った今日から見ても、この戦争は一つの時代錯誤的な戦争ではあったが、やはり一つの時代の終焉であり、また一つの時代の到来の始まりであったと言えよう。そしてその始まりは、新しい世界秩序の到来であると同時に、新しい無秩序の到来でもあった。

（注1）一八二〇年（ブルジョアジーによる穀物法反対の自由貿易運動が活発化した年）から一八三二年（第一次選挙法改正の成立）にかけては、産業革命によって台頭してきた新興の都市中産階級（ブルジョアジー）がアンシャンレジームを体現する地主階級の支配に対して闘争を挑み、自由貿易、議会改革の二大イシューにおいて一応の勝利を収めた時期に当たる。

戦争という名の試練

冷戦は次の五つのレベル、五つのアリーナで行われた。①**心理戦**——情報、思想、大衆文化、そして上流文化さえも準軍事的な意味を持つ武器として用いられた。②**見えない戦争**——敵を傷つけ弱体化させるためのスパイ活動、政権転覆、さらにそれよりも露骨な方法。③若干の例外的で持続的な**国際的危機の状況**における戦術的な操作は、恒常的な冷戦という「大きなゲーム」の中で行われる、外部からは見えない不文のルールに則ったゲーム（例えば、中東紛争、ドイツの分断、東西ベルリンの分断、朝鮮の分断、非植民地化のプロセス）であった。④**見える戦争**——実際の戦争（朝鮮戦争、ベトナム戦争、中東戦争）が時折発生し、近代兵器を使って昔と変わらない残虐行為が行われたが、それは何ら有益な成果をあげることができず、ただ大きな人間的苦痛に人々を追いやるだけであった。⑤これらの出来事の中で最悪の出来事は、核戦争の脅威という**大脅威**であり、それは、相互確証破壊（ＭＡＤ）という世界の終わりを予言するような身の毛のよだつ悪夢を含んだ脅威の中の脅威であった。

冷戦時代に広まっていた**道徳哲学**は、ホッブズ的自然法が発育不全の形態で体現したものであった。それは〈自己保存〉という公理的な命題から導出された、よく考え抜かれてはいるがパラドックスにあふれた三つの原則を提示していた。①目的は手段を正当化する——たとえその手段が人類の最期を招くとしても。②自衛はそのための究極の手段を必要とする——たとえその手段が最終的に自己の破滅を招くとしても。③経済は政治に従属し、政治は軍事に従属する。このレトリックと理論によれば、世界は、二つの第一世界、一つの第三世界（いわゆる開発途上国）、そして非同盟諸国に分類されるかもしれない。しかし実際に国際政治の最前線に立っている政治家の頭の中には、もっと露骨な**政治的分類**があった。すなわち、「我々」、「彼ら」、「ならず者」、「無視してよい存在」の四つである。

換言すれば、冷戦時代の世界観は、単純化された世界秩序であった。すなわち、社会的・経済的発展の段階がそれぞれ異なり、各社会の良識の程度も悪識の程度も様々に異なる公領域を牛耳っている支配者間の、競争と対立を不断に含んだ水平的並存という、十六世紀初頭に出現した欧州世界秩序の不条理さへの強引な還元であった。価値観が極端に混乱しているポスト冷戦期の世界では、我々が失ってしまった世界、すなわち、ある一種のクレージーな明快さで構図が描かれていたかつての世界に戻りたいという悲痛なノスタルジーに駆られたとしても無理はなかろう。

冷戦を経験しなかった人々、冷戦時代を生き抜くことがどのようなことであったかを忘れ始めている人々にとっては、冷戦時代のまったく消耗的で誤った意識について想像したり追想したりすることは困難である。核兵器、ベトナム戦争、巡航ミサイルの配備、スターウォーズ計画、あるいは一連の武力干渉や代理戦争などへの反対論は、それが口にされようものなら、直ちに、忠誠心や愛国心に欠けた行為、そればかりか反逆的とさえみなされた。さらに、冷戦の相手方の目指す目的に資するもの、またその相手方にとって好ましい考え方に資すると解しうるような考えを表明した場合でも同様であった。このような反対論の表明がその当人にどのような結果をもたらすかは東側と西側とで異なっていたし、またマインド・コントロールの形態や程度についての一般の認識の仕方の点でも東側と西側の間で相違があったが、心理的抑圧が行われていたことは東西両「陣営」に共通の特徴であった。

新しい精神秩序

こうして、一九八九年の冷戦終焉後の世界の第一の特徴は、深甚な**心理的解放**となった。それは、旧共産圏諸国のみならず、非共産圏諸国でも同様であった。この解放が最初の高潮に達したのは、東欧とソ連での共産主義の経験を通じてマルクス主義の「誤りが証明された」と勝利の宣言がなされたときであった。ただ不思議なことに、心理的抑圧がなくなったにもかかわらず、新しい社会哲学の供給は一見したところ減少したのであった。ここで次のようなことが言われた。もし歴史というものが理想の社会哲学を求める、長期間のそして痛みを伴う探求の過程であるとみなしうるものであるならば、また民主主義・資本主義こそが、理想の社会哲学という名に値する唯一の正当な哲学であることが明らかになったとするならば、「マルクス主義の誤りの証明」が「歴史の終わり」をもたらした、あるいは「歴史の終わり」と期を同じくした、と。一九九〇年代、民主主義・資本主義は、世界をリードするブランドとして急速に定着していった。すなわち、有名ブランドのソフトドリンクや高性能の自動車のように、品質は折り紙付きで、世界中で受け入れられるものとみなされるようになったのである。

有名ブランド製品は、消費者の知性にではなく、イメージに訴える。ある製品は、すばらしいものであるというイメージを独占することができれば、それ以上の売り込みは何ら不必要である。一方、民主主義・資本主義は、革命への期待感の高揚を、旧共産圏にとどまらず全世界にもたらした。それは、民主主義・資本主義の及ぼした〈現実世界での効果〉が、いかなる社会哲学者の言説よりも雄弁に物語っていたからである。民主主義・資本主義は、その主要な信奉者がますます富み栄えたという事実が品質証明となった。民主主義・資本主義が奇跡的とされた理由は、マルクスが提唱した「資本主義のもつ矛盾ゆえに必ず貧困の増大がもたらされる」という部分的にはきわめて興味深い法則――それは、人類史を貫徹する鉄の法則とまでは言えないとしても、人類史の厳しい教訓と見なされていた――に果敢に挑戦して、民主主義・資本主義は物質的富を産み出す力を持った永遠の幸福製造機であるという意識を人々に植え付けた点にある。

冷戦という人為的な秩序の終焉の後に出現したのは、それまで抑圧されてきた**民族的アイデンティティ**が再び主張されるようになったことにみられる、もう一つの形態の心理的解放であった。冷戦期の世界秩序は、かつての帝国主義とは別の新たな帝国主義であった。冷戦期の覇権国は、十九世紀の帝国主義諸国と同じように苛烈かつ露骨な方法で民族的アイデンティティを抑圧した――その範囲は東西ドイツからイスラエル・パレスチナ、またソ連に編入された中央アジア諸国からユーゴスラビアにまでに及んだ。複雑な歴史と感情とが絡み合った分析しようのない諸要因による強力な心理的効果を内包した民族主義は、武力をもってしか抑圧できず、またこれを昇華するためには、それまでとは別の新たな社会集団に対する新たな形態の帰属意識を創出することで民族主義を超越する社会的諸構造を利用するしかなかった。

冷戦期に東西両陣営の間で、また陣営内で行われてきた、政府間の儀礼的な力関係が終わったため、国際関係において、新たな団体による発言がみられるようになった。かつての全体主義社会のみならず、「西側」社会でも、各政府は、もはや自らが、国家の戦略的目標やそのための政策に対する最終決定権を有する唯一の実体ではないということを悟るに至った。とりわけ、秘密裏の活動、その他透明性を欠き説明不能な国際的行動を行う政府の権能は大幅に制限されることになった。国際舞台に目を移すと、自発的で、確固たる代表権限を有していない非政府組織（ＮＧＯ）が、国際社会における意思決定に参加し、一定の影響力を行使できるまでになっている。マスメディアの国際化、コンピューターシステムの国際ネットワーク化が進むにつれて、公共の対話のためのフォーラムができるようになった。このフォーラムは、その性質上、脱国家的、あるいは非国家的であり、国民の公共意識を統制しようとする者による社会的・法的統制を超越する存在である。

軍事による脅威とその行使に直接的に依拠した外交という単純粗野な政治形態を伴った冷戦という強迫観念は、冷戦の終焉とともに、経済の政治化という、新時代の強迫観念に道を譲った。かかる政治経済は、ここでもまた、原理主義的宗教として登場した。それは、大西洋の両岸において勢威を振っていたビクトリア朝最盛期のブルジョアジーにとって政治経済が、独自の形而上学、独自の道徳哲学を持ち、文化的多様性を超越した普遍的宗教であったのと同じであった。この政治経済という宗教の下では、哲学的観念から大気汚染に至るまで、人の胚から幼児に至るまで、科学的仮説や高度な文化的産物から向上心のある政治家の個人的野心に至るまで、自然起源のものであれ人間起源のものであれすべてが経済的価値と交渉で決まる価格を持つ商品とされている。政治経済という世界観によれば、価値とは、常に、経済的価値であり、徳とは、経済的価値の創出とその市場化に成功することである。また、国家が経済的体系の総体と考えられているので、経済的アクターとしての個人に当てはまることは、国際的場面での国家の活動の管理人である各国政府にもそのまま妥当する。このような見解に立つと、外交とは、それ以外の手段により達成された経済の延長なのである。

経済原理主義がもたらした興味深い副次的効果は、「開発」という言葉が、冷戦期に持っていた意味喚起的な力のほとんどを失ってしまったことである。この言葉は、その時期には、各国政府にとってきわめて通りのよい標語であった。当時各国政府が宣言、条約、行動計画、日常のレトリックの中でこの言葉を唱えているだけでは、実は富の現実の再配分にはほとんど役に立たなかった。ましてや、経済的諸問題——多くの場合、植民地主義の残された負の遺産であった——だけではなく、深刻な社会政治上の構造的諸問題にも直面していた社会の根本的な再構築にはほとんど役に立たなかったのである。これに対して、今日の経済学的教義には、社会的諸問題は、多かれ少なかれ不可避的かつ自然発生的に、経済的進歩によって解決される、という経済的自然主義に対する信念が含まれている。ビクトリア時代の一哲学者と同じように、今日の政治経済学者は、「必要な構造改革」を行った社会が繁栄と幸福をもたらす一方で、そのような改革を行わなかった社会が依然として悲惨であることを強調するのである。

経済現象は、少なくとも政治的国境に当然とらわれないという点で、自然現象（海、川、空）と共通点を有している。経済主義の台頭は、大手多国籍企業の経営者のみならず国家の政治家もが懐いている概念上の地平を拡大するという機能を果たした。「環境」という言葉は、「開発」という言葉が冷戦後に失った意味喚起的な力の一部を引き継いだ。すなわち、「開発」という言葉がかつて宣言、条約、計画、日常のレトリックの中で占めていた役割に取って代わったのである。さらに、「環境」の語は、「持続可能な開発」という語句に、これまでの「開発」とは非常に異なった意味・目的を付与することによって、「開発」の語までをも包摂するに至った。ここでもまた、各国政府は、中身のあることをせずに、「環境」という語句について多弁に論じることによって、できるだけ中味のあることはしないで済ますために、彼らの熟練した技術を発揮することになった。その技術は、ほぼこの一世紀間、「戦争の違法化」や「紛争の平和的解決」についてただ口先だけで厳粛に論じることで完成させたものである。かの周知の二つの語句――「国際社会」と「国際安全保障」――は、「自衛」と「集団的自衛」という両概念の意義が衰退したことで生じた空白を埋めるため、「敵」がどこにでもおりかつどこにもいない今の世界でもう一度役に立つべく再び登場することになった。しかしこれらの用語は、概念上の地平を構築するのには役立つし、また、それらの語が不可避的に世界主義的語感を伴うことからして、それらの語の使用は、それまで自明とされてきた基礎に真の変化が生じていると各国政府自身が実感として覚えていることの外部的な兆しと言ってよい。

地政学的大変動

一九三〇年代の経済的大混乱と第二次世界大戦による破滅的状況の中を生き延びた国際システムにおいて、**政府間組織**が、まるで雨後の筍のように、次々と発足していった。世界各国の納税者が支払った税金で活動しながらもその納税者から存在をあまり知られていないこれら政府間組織は、各々構成員の中で合意された業務に専念してきたが、目覚ましい成功を収めたものもあれば、特筆するべき実績をあげられないものもあった。一九九〇年代になると、政府間国際組織は、旧地政学的時代から生き残っている巨大で鈍重な怪物とみなされるようになった。ここでの問題は、少なくともほとんどの先進国の社会において妥当することであるが、経済が優先する世界の中では、政府の一般的な機能に根本的な変化がみられるようになったということである。政府はますます国内経済の管理人となり、国民の物質的幸福の増進に努め、また国家という船をうまく操縦して政治的・経済的なライバル国家を振り切ることができるように、国民から納められた税金を使って立法・行政機関をできる限り効率的に運用することを任務とするようになった。従来型の政治過程は、他の社会的下位システム（経済的下位システムのみならず、世論形成的システムや価値形成的システム一般を含む）との関係において、その存在意義が著しく減退しつつある。そのような社会では、選挙制度は、相対立する経営者団体の中から選択を行うという色合いがますます強まってきている。すなわち、選挙過程それ自体が、政策綱領の激しい対決の場というよりは、大衆操作的な手腕が問われる場、候補者にとっては屈辱的な通過儀礼の場であったりするに過ぎない。ところが、それにもかかわらず最も高い政治的野心を掲げた政府間組織の典型と言える国際連合や欧州連合でさえ、政府絶対主義という時代錯誤的な気分にとらわれており、またそれより小規模な組織でさえ、官僚絶対主義という古くさい空気に依然として染まっているのである。

一九九〇年代以降、このような政府間組織が隆盛を誇ってきた舞台そのものが、地政学的大変動という変化にさらされている。変化をみせたのは、内部と外部すなわち国内と国際との間の境界線である。十九世紀型の帝国主義時代（〜一九四五年）には、外部（植民地）が植民地本国の主権下に組み入れられ（内部化）、逆に植民地本国の社会システム、法、その他社会で守られている価値一般といった内部的な社会的現実の多くが植民地に流入した。しかし、列強間の関係においては、それぞれの内部と外部が厳格に分離されていたため、戦争やいわゆる干渉はその関係における変則的な事態と定義された。現在では、内部の外部化と外部の内部化は日常的にみられるようになっている。しかし「グローバリゼーション」という言葉は、新しい国際社会のダイナミクスが示す双方向的な動きを正しく表現していない。「相互依存」という言葉も、そのダイナミクスをやはり捉えていない。国内経済も、また、ある社会の最も広義の社会的現実さえも、その形成に当たって、内部からの力や影響のみならず、外部からの力や影響も受けるようになっている。政府が、内部領域を管理し、外交や政府間国際組織を通じて外部と協働する、という構図は、今や、さらに複雑な現実によって書き換えられてきている。

このような新しい地政学的大変動の一つの顕著な帰結は、ちょうど一七八九年のフランス革命以降、高等法院や徴税請負制度が廃れていったのと同じように、「対外政策」や「外交」と呼ばれてきた中世以来の制度が時代遅れのものとみられるようになったことである。次のような考え方、すなわち、すべての国家は互いに対話をするときにその任務のために雇われた少数のエリートを通すものであり、また国家間関係はわがままな君主間の気まぐれな個人的関係を想起させるような「関係」である、という考え方は、現在では非現実的であり、それどころか滑稽でさえあると言えるであろう。さらに、そのような「関係」が国益のために大量殺害や財産の大規模な破壊という事態（戦争）を時として引き起こす可能性がある、ということが正常かつ合理的なものであるとは、現在では到底考えられない。

かつての「対外政策」に代わって、今では、**外部化された統治**、すなわち**国際的平面での国家間統治**と呼びうるような社会過程が台頭している。これは、各国政府ごとの諸機能が相互に錯綜している領域（国際社会）にまで各国政府の目的や機能そして手段を延長した社会過程のことである。国家の行政当局は直接にまたは政府間国際組織の仲介を経て相互に交渉しており、それゆえ、その間に引かれる仮想の政治的境界はもはや現実の行政上の境界とさえ一致していない。かつて「国際関係」と呼ばれていたものは、外部化された統治の各専門分野における実務を指すようになっている。従来型の対外政策や外交は、今では単なる時代遅れのゲームに過ぎず、さらに、時代の流れから取り残された救いようのないほど頑迷な世界の政治家と公務員の中の少数の国際的支配階級がそのゲームにしがみついたままであるという意味で、危険なゲームでもある。

新しい地政学的形態のもう一つの帰結は、**国際法**の性質と機能の変化であり、この変化は長い時間をかけて成熟してきたが、今では国際社会の構造変化の一つの重要な要素として認識されなければならない。今日、二種類の国際法が存在しているように思われる。いわゆる古い国際法は、諸政府間の相互関係における、紛争を引き起こしがちな行動に対する控えめな自己抑制であり、国家が新しい「国家」の出現を承認したり、陸および海域の境界を設定したり、相互の国内法システムの限界を設定したり、日常的な「関係」において生じる紛争や意見の不一致を解決する際に利用されるものである。他方、新しい国際法は普遍的な立法である。

古い国際法は、典型的には、諸政府およびその顧問によって認められ、またハーグの国際司法裁判所によって法として恭々しく受容されてきた法である。新しい国際法は無数の国際フォーラムによって作成され、無数の国際機関を通じて実施され、無数の新しい国際裁判所や仲裁裁判所によって解釈・適用がなされている。さらに重要なことに、多くの新たな国際法は国内の立法機関によって再立法され、政府の行政機関によって実施され、国内裁判所によって執行されている。今や、古い国際法が、国際社会の原始的な形態の根本的な構造を提供する本質的に国際的な基本構制（コンスティテューション）上の法の萌芽であること、また、国際司法裁判所が、かつての神聖ローマ帝国の帝室裁判所と同様に壮大ではあるが重要ではない初歩的な国際的憲法裁判所の類であったし、今もそうであることが、一般に理解されてきている。

　新しい国際法と古い国際法は、いずれも、国内と国際の間の仮想の境界を超越し、生起しつつある普遍的法システムの一部を形成していると理解されるに至っている。そこには、かつて少なくともすぐれて厳格な知性の持ち主である国際法学者を長期にわたって悩ませてきた構造上の変則性があった。すなわち国際**人権法**の大部分は、諸国家の基本構制上のシステムの**内部**において適用可能な法としての意味しか有していない。詳細な実体規則を持つ**海洋法**や、内容が増加しつつある**環境法**も、それらの法が諸政府の**国内的**行動および非政府行為者一般の行動に対する制約としてみなされる場合にのみ意味を有するのである。**国際取引法**は国際的取引に関する法であるが、その詳細な実体規則の多くは、まさに国内経済に実質的な影響を及ぼすために**国内で**制定され執行されなければならない、という性格をますます強めている。。**国際刑事法**の新たな発展は、政府自身が**国内的な**公的行為について国際的に法的責任を負う可能性があること、**国際的な**立法によって有罪とされる国内の公的行為について（国内裁判所で）国内法上の刑事責任が問われる可能性があることを受諾するよう諸国政府に義務付けている。

　最後に、一九九〇年代初頭に国連事務総長が平和維持と平和創造の用語上の区別をしたことで明確にされた潮流は、様々な国際的状況において著しい、一見変則的な成果をもたらした。その典型的な事例としては、国内の憲法秩序が崩壊してしまった旧ユーゴスラヴィアがある。つまり「国際的安全保障」という神聖な外交上の概念は、今や「公序」という古くから神聖視されてきた憲法上の概念に極めて類似するようなものへと変質していると言えよう。したがって一**国内**の憲法秩序の崩壊もしくは権力者による憲法的権力の大規模な濫用が、国際社会・国際法が無視できない**国際的公序**に対する脅威と見なされるようになった。このような理解が、崩壊した国家の国内憲法秩序に対する外部からの政治的な干渉、また場合によっては軍事的な干渉に対する説得力ある説明や正当化事由として受け取られるようになってきているのであるから、まさに、地政学的形態には深層レベルで変化が起きていると言える。そしてその変化たるや、かつて国際連盟規約では弱々しい文言で、そして国連憲章では力強く表現されている国際的安全保障に対する関心の普遍化をはるかに凌駕するものなのである。この変化が終わったときには、国際的な政府間統治は国際統治に生まれ変わっていることであろう。

この新しい国際的システムという現象は、これまで伝統的に「国際」法として理解されてきたものをはるかに超えている。一九九〇年代には、国際法レベルだけではなく国内法レベル、特に各国内法システムの共存というレベルにおいて、法現象一般の性質に微妙な変化がみられるようになった。

かつての共産主義社会と共産主義・資本主義混合形態に移行中の社会で行われた抜本的な社会的再建を通じて、従来の民主主義・資本主義社会の内部ではあまりにも当然で特段注目すべきものとは考えられていなかった事実が明らかになった。すなわち、民主主義と資本主義はともに「自由」を究極の価値として奉じているのであるが、両者が効果的に機能するためには膨大な量の法と行政が必要となる、という事実である。法と行政は、社会にとっても個人にとっても利益になる方法で個人の自由の行使を保証するための手段として機能するが、同時に、個人の自由に制限を課すものでもある。以上のような社会的変容の結果明らかになったもう一つの事実は、民主主義と資本主義が互いに依存し合っているということである。両者は基本構制上の強力な一対を成している。すなわち、民主主義の過程は、資本主義の必要とする膨大な量の法と行政を極めて効率的に供給することができる。ここでいう「効率的」とは、法と行政の「正当性」に対する十分な量の黙従が調達されている、ということを意味するものとして理解されている。

前述の事実から以下のような注目すべき結果が生まれた。第一に、一九九〇年代に入ると、世界中のすべての社会の立法システムと法適用システム全体の状況が一般的関心を呼ぶ問題と受け取られるようになった、ということである。すなわち、二つの国民経済間の経済取引のあり方は、その二国間で決まるが、しかし同時に、(国際社会の経済がその内部で堅く連結している一つの世界的システムを構成していることからして、）国際社会全体というレベルでも規定される、という状態にある。そして、自由市場資本主義が、ある種の法制度、法慣行、公法・民事法・刑事法などあらゆる種類の実体法を必要とする法システムであることも明らかになった。その実体法は、人権法から行政法、契約法から有価証券法、知的財産法、競争法、インサイダー取引やマネーロンダリングに関する法まで多種多様である。このことから、普遍化した資本主義経済は法システムの普遍化を必要とするものであるということがわかる。

一九九〇年代、前述の資本主義の法は、人権法が一九五〇年以降獲得してきた性質と同様の性質を部分的に帯びることになった。一方で人権法は、国内憲法システムにおける公権力の濫用を制限することを目的とする基本的な国際基準――実効性のやや弱い――を確立しつつあり、他方で資本主義の法は資本主義経済または資本主義移行経済を組織化することを目的とする基本的な国際基準――より実効性のある――を確立しつつある。前述した、国際的公序という新しい概念についても、同様の類推ができるかもしれない。一九九〇年代には、国際経済秩序という概念も登場してきた。ＧＡＴＴ（関税及び貿易に関する一般協定）体制からＷＴＯ（世界貿易機関）体制への移行がこの新概念の誕生を象徴しているし、また強化もした（もちろん、これだけがその要因ではないとしても）。そして、少なくとも民主主義・資本主義なる一対の不可分性を信奉する人たちにとっては、民主主義社会を組織化するための基本的な国際基準を、すなわち国際民主主義秩序という概念をできるだけ早期に確立しなければならない、という推論は必然的なものであった。欧州安全保障協力会議（ＣＳＣＥ）による一九七五年のヘルシンキ最終議定書を皮切りに、また一九九〇年代になるとある種の強迫観念にも似た使命感をもって、民主主義理論に関するセミナーや宣言、さらに民主主義普及の助言者や監視者たちが、民主主義の福音をあまねく広めていった。かくして、国際法の中に諸々の民主主義に関する規範的原則や規則が含まれていると言えるようになったのである。

これらの発展の第二の結果は、国内レベルでの法自体が国際的取引の商品になったことである。多くの法律家、特に商法を専門とする法律家にとって、法的分野における「グローバリゼーション」とは、法概念、法制度、実体法、そして法律実務を扱う輸出入業務を意味するようになった。そしてそこでいう業務は、国際的コンサルタントやグローバル化しつつある法律事務所に利益をもたらすものとなった。また、もし貿易相手国の法システムを、ライバルの法システムにではなく自国の法システムに近付けさせることができれば、法分野における「グローバリゼーション」は、諸国の経済間の激烈な競争の中で、新たな一種の比較経済優位、比較法優位を生み出す手段ともなる。

かくして次のような言い方が許されよう。普遍的なシステムへと成長しつつある法システムは、得てして、成長しつつある普遍経済の発展としばしば歩調を合わせており、そしてその法システムはすべての国内法システム、すべての国内経済システムと同様に相互に堅く連結しているのである。

国際的立憲主義

このような国際的法システムの発展を、上述の国際的な政府間統治システムの新たな発展と対比してみるとき、これまで概念枠組の外部にあると考えられてきた各種の現象が今や世界の社会的秩序に対して根本的な挑戦を突き付けていることが理解できよう。その挑戦とはすなわち、国際機構の正当性をめぐる問題である。

一九九〇年代のある時点から、急進的な批評家は、ブレトン・ウッズ体制下の国際金融機関を、最後の頼みの綱となる公的融資機関としてではなく、融資先の国家に対し社会構造の抜本的改革を迫る傲慢な機関として見るようになった。それとほぼ期を同じくしてＧＡＴＴ（関税及び貿易に関する一般「協定」）がＷＴＯ（世界貿易「機関」）になったわけであるが、このときにも急進的な批評家はこれを、新型の集団的経済帝国主義と考えるようになった。厳密に言えば経済分野以外で国際的な主体として行動する権限を明らかに持っていなかったはずのＥＵでさえも、旧ユーゴスラヴィア解体がもたらした同国の政体上の変更過程に裁定者として関与した。これまで一部の情報通の市民にしか存在が知られていなかったＯＥＣＤ（経済開発協力機構）でさえも、初期には民間投資家の保護に関するあまり拘束力のない方針を定めるだけであったが、後には、秘密主義的で利己的な寡頭支配の組織という厳しい批判を受けるようになった。

グローバル経済へと育ちつつある世界では、国際的平面での国家間統治がかつてないほどに複雑さと干渉の度合いを増してきており、また、大手多国籍企業が地球規模で活動し事業を展開している国々に大きな社会的・経済的影響を与えている。このような世界では、かつて国内社会がそれぞれ、やり方と時代は国ごとに異なるものの、近代産業・商業経済システムを樹立し、急激に複雑化・高度化させていった時と同じような問題に直面している。当時、都市化の流れを受けて集団的社会エネルギーは巨大に膨れ上がり、都市の中流階級は富と力を肥大化させていた。自由民主主義は、それを成立させている複雑な有形無形の社会的諸過程と相まって、上述のような経済的発展に呼応するかたちで発展してきた。まさに、この自由民主主義が、経済的発展を整序し、また、少なくとも「新支配層」である当の都市中流階級の目からみて都合のよい方法で経済的発展を正当化してきたのである。もちろん、国際社会で行われるこのような社会的再構築という挑戦は、これまで国内社会の再構築の際に経験してきた挑戦とすべての点で同じものとは言えないのであるが、国内社会の場合と同様に困難な挑戦となるのは確実であろう。

この挑戦に取り組むとき、**国際社会の公共心**が生起しつつあることを示す様々な兆候に我々が気付くことができるかどうかという点が最も重要になる。なぜなら、社会が、社会自身についての様々な観念を、また社会にとっての高い価値を蓄積するのは社会自身の心の内部であり、またそこにおいては、社会自身の観念と価値を巡る格闘が永遠に展開されている。本著『ユーノミア』で提示する仮説に基づくと、社会は、法や法的制度という形態で、また日々繰り広げられる現実世界での政治的・経済的・人的格闘を通じて自らを構制（コンスティテュート）するばかりでなく、自らの観念を巡る社会自身の格闘を通じて自らを構制するという側面もある。二一世紀における国際社会の自己構制化の過程においても、この点に変わりはないであろう。

国際的社会意識の存在を可能にする**社会基盤（インフラ）**が、今日では非常に重要な役割を果たしている。そのインフラとは、グローバルなニュースなどを提供する国際的マスメディア、全世界の政府機関・私企業・個人を結ぶ国際的なコンピュータ・ネットワーク、国際化した大衆文化、国際化した上流文化とアカデミズム、世界宗教、政府間機構と国際的非政府組織（ＮＧＯ）、大衆化した観光旅行、普遍経済（世界向けに供給された商品に対する需要が普遍化していくプロセスを含む）の出現に伴う意識の交換過程などを指す。

科学技術は、本来的に学術文化が有している普遍性と、また一方では、経済現象に新たに認められる普遍性とを橋渡しすることで、国際的社会意識においてカリスマ的な力と権威を発揮してきた。まさにこの二世紀間の成果の中で、科学技術は革命的な社会的変化の実践的な基礎をもたらし、他方では、一種の実践的な欠損哲学としての役割を引き受けてきた。すなわち、既にカリスマ性を失いつつあった国内の宗教・世俗社会双方の伝統的社会哲学を完全に駆逐し、あるいは、控えめに言っても、その地位を奪い取る一方で、目的ではなく手段の効率性の領域においては、人類の世界規模での進歩の可能性を提供してきた。こうして、科学技術は、その発展によってもたらされる便益や所産を享受したいと望むすべての人々の意識を再形成し、一つに統合している。

このような、国際的社会意識の社会基盤（インフラ）の大部分が政府、企業、教会、職業団体、大学、研究機関、公益団体など多種多様な団体を含んだ組織形態をとっているという事実から、多くの人々が国際市民社会の可能性について論じるようになった。「市民社会」という言葉は、今日では国内社会システムに関する通常の政治的文献の中でよく使われる常套句としての意味合いしか持たなくなってはいるものの、取扱いには十分注意する必要がある。この言葉自体は、少なくとも英語とフランス語では、十九世紀初頭のドイツの哲学者ヘーゲルがこの語を使う以前から存在していたが、今日では「市民社会」と言えばヘーゲルの提唱した概念を指すのが一般的になっている。それによると、市民社会は、「国家」という言葉で表現される公権力の理性的な存在形式とは対比される概念である。しかし、両者が対比的関係にあるという考え方は、少なくとも正統派の自由民主主義とは相容れないものである、ということに注意しなければならない。その立場によると、秩序ある社会においては、人民を代表する機関かその機関の統制の下にある下位機関を通じて、人民は人民自身を統治するのである。個人の利益・特殊利益・公共の利益をそれぞれ代表していると自任し、自らを正当化し、多少組織化されている多様で雑多な集合体（「市民社会」）と、政府および政府間機構とが単純に並存している、という考えを国際社会に導入することは、少なくともある正統的な自由民主主義理論の観点に立つとき、国際社会が前革命的、反革命的なシステムであると断罪することに等しいのである。

国内社会の革命的変容は人民が公権力から権力を奪取することを意味していた。これは、社会の基本構制（コンスティテューション）の追加的機関ともいうべき「世論」の発展や、様々な制度の創設を通しても行われたが、それだけではない。ある種の大衆の精神的力の興隆、すなわち意識の変革によっても行われた――「もはや人民を国家の被支配者とみなすことはできない」、「公権力は人民の付託を受けて機能するものとみなされる」――。とりわけ法の支配は、公権力の付託と行使を制御するために人民が有する主たる手段と理解されている。適切な**国際的立憲主義**の観念を発展させ、それを精神的レベルと制度的レベルの双方で国際社会において実現するという問題は、二一世紀の国際社会の公共心に向けられた最も困難な挑戦の一つである。

社会を構制するのに役立つ観念はいくつも存在するが、その中で特に重要なのは、伝統的に**理想**と呼ばれている観念である。我々は、この理想に基づいて、我々の世界にとっての善悪を弁別し、世界をよりよくする方法を考え、またそうしようとする意欲を掻き立てられるのである。一九九〇年代には、**人間の理想の普遍化**と解しうる現象の出現が認められた。しかし、このような展開が持つ悲劇性は、それが**社会的悪の普遍化**としか呼びようのないものを相伴っていたことである。理想という観念と悪の事実との間の相克は、人間社会の歴史とともに古い。仮に理想という観念を持たない社会があるとすれば、それは、せいぜい言って、全く進歩のない社会であるか、より可能性が高いのは、解体しつつある社会であろう。国際社会についても、少なくともこれまでの歴史書の記述をみる限り、その前史以来、公権力を手にした者は愚行と悪行の限りを尽くしている。にもかかわらず我々は、切実な願望を持って、国際社会の理想化の兆候が何かないかと探し続ける。それは、どのような世界であれ、社会が成立するためには理想という観念が必要だからである。

我々は、人間世界で見聞きしたことについて判断しようとするときに、理想を我々が持ち合わせていることに気付くのである。一九九〇年代には、地球上のあらゆる場所で起きている**社会的悪**の事実が、かつてないほどに、また容赦なく鮮明な形で、全世界の人々の耳目を引きつけた。このため我々は、戦争と内戦、ジェノサイド、集団追放、貧困、飢餓、伝染病の蔓延、あらゆる形の公権力の濫用、あらゆる形の社会的抑圧、経済的搾取、そして道徳の低下といった、あらゆる種類の人間的惨苦と社会的混乱に目を向けざるをえなくなった。そのように悲惨な場面が、快適で満ち足りた生活を送っている家庭の居間にまで伝えられ、はるか彼方の国で起きている悲惨な状況が否が応でも見せつけられることになった。その惨状たるや、その報道に接した人々にとって自分たちの社会構造がもたらす苦境と比べてあまりに強烈なことから、世界の無数の人々にこれまでにない大きな苦痛を感じさせることとなった。グローバルな通信手段が日進月歩に発達しているため、我々はそのような出来事を、まるで近所で起こっていることのように目の当たりにすることになった。こうして、我々の理想には、正義、社会的正義、平等、人間の尊厳、自己決定、自己表現、人間としての繁栄、健康、幸福、社会生活の充実といった観念が包含されているということに改めて気付かされるに至った。また、人間的共感と道徳的責任の対象は身近な人だけに限られるものではないということにも気付かされることになった。

一九九〇年代に我々がこのように痛ましくも目撃した社会的悪は、それを目撃した多くの人々の心の中に絶望感を植え付けた。一方、この惨状をみて、何百万人という人たちが刺激を受け、バラバラに慈善的行為や直接的援助を行ったり、時々思い出したように嫌悪感を覚えたりするようになった。しかし、その社会的悪が巨大で社会の全面に及んでいること、その根源が深甚で永続的であること、またそれを矯正するための社会的手段も十分整備されていないように思われることなどから、我々には、所属する社会内で日常行っている道徳的妥協を世界レベルにも持ち込むしかないと考えてしまうのも無理からぬことであろう。この道徳的妥協とはすなわち、社会の構造的な不正義の所産を普段は甘受していながらも、時に思い出したように非難したりすること、また、怠惰な自然主義——社会悪は詰まるところ自然現象であり不可避のものであるという思い込み——、怠惰な個人主義——公権力保持者が社会改革の第一義的責任を負うべきであるという思い込み——を受け入れて安住してしまったりすることを指す。ここでいう公権力保持者こそ、いつの時代でも、その国の人民や世界の人民を苦しめるこれほどまでに多くの社会的悪をもたらしてきたことについて責任を負うべきまさにその張本人なのである。この実利的な道徳的妥協を甘受する姿勢が、現実体験という不可避の事実と理想という消し去ることのできない観念との間で続く永続的な道徳的緊張という重荷を我々に負わせることになった。この世界中に蔓延している社会的悪をなくしていくことこそ、二一世紀の国際社会にとって最大の挑戦である。この挑戦に取り組むに当たっては、まず手始めに、理想という我々の観念を普遍化することから始めることになるであろう。

普遍的法システムの出現や、国際的立憲主義の実現可能性について、また理想という観念まで包含すると考えられる国際的社会意識の萌芽について現実の問題として語ることができるようになったと感じているのであれば、同時に、我々は、これらの事象のいわば弁証法的否定である**国際的無政府状態**も出現してきていると語らなければならないであろう。冷戦期という人工的な概念把握、誤った意識は終焉したが、同時に、広い範囲で強力な国際的反社会的諸力の登場をもたらしたと考えてよい十分な根拠がある。以下にその例を挙げる。核兵器と長距離ミサイルの拡散、国際武器取引（少なくともその量と利己主義的性質は以前と変わっていない）、社会システムの混乱（社会での構造的不正義の横行）、腐敗し傲慢でかつ無能な政府（半「民主」国家であったり、偽装の民主国家であったりする）、犯罪集団と大差ない政府（利権と汚職にまみれた貪欲なハイパー特権階級の私利によって支持されている）、国際組織犯罪（腐敗した政府と結びついている場合が多く、正規の国際経済の枠組みの外で暗躍している）、政治と公的生活一般の質の劣化、社会の諸問題を解決し社会の変化を正しくリードする政府の能力に対する信頼の低下（この点は、最も洗練された社会システムを備えた国家についてさえも言える）、道徳の退廃の全世界的拡散（これは俗悪な大衆文化と最も粗野な形態の資本主義の伝播を通じてなされる）、非合理主義、物質主義、シニシズム、そしてプラグマティズムの興隆（これは国家や文化圏の枠組みを超えて劣悪な価値システムとして広まっていった）。

上に挙げたすべての事例には、より広い意味での反社会的脅威、すなわち国内の社会的現実に対する国家による社会統制の喪失が共通してみられた。こういったトランスナショナルな現象が脱国家化するにつれて、それらは社会の基本的価値（たとえば、わいせつな出版物との関連で）や法的・経済的基本構造（たとえば、知的財産権の保護との関連で）などの領域で国家の社会的統制から外れようとする方向に動き出した。一九九〇年代のキーコンセプトとしてもてはやされてきた「グローバリゼーション」という言葉は、実は、グローバルな社会統合とグローバルな社会分裂、別の言い方をすれば、世界的秩序と世界的無秩序という相矛盾する現象をはらんでいるのである。

新しい世界的無秩序

まさにこれが、二十世紀から受け継いだ、新しい世界の実像である。それは、社会的安定状態からは程遠い、極めて動的な永久革命のプロセスである。この世界の持つ混沌としたエネルギーを単純かつ的確に描写できる言葉もレトリックも存在しない。ここで、国際社会の自己変容の現状を仮に要約しておくと、諸々のプロセスをまとめている一つのプロセス、高度の緊張をはらんだ**心理的**〈**力の場**〉の総体——それぞれの場が多様な弁証法的変化を通じて相互に重なり合い相互に作用し合い、相互に否定したり強め合ったりして超越していく——、そして、希望の膨らむ革命の過程で同時に起きる、期待を裏切るような革命の進行、というような言い方をしてもよいかと思われる。

・**過去のもつ力**——我々が現在住まう人間世界（善し悪しは別として）を作り出したものであり、また我々が創り出す将来の人間世界の方向性をも規定する。

・全人類共通の普遍的な社会意識（公共心）の出現——それは全人類で構成される真の国際社会の可能性を創り出した。また科学技術の所産を利用して、合理的に組織化された人類の進歩の可能性をも生み出した。しかし同時に、それによりすべての下位形態の社会意識に悪影響をもたらすおそれも出てきた。

・**社会的悪**の普遍化——この現象は、社会システムにより、また権力者により引き起こされる人間の惨苦が増大するのに伴い、見られるようになった。その影響は国境を超えて全世界に広まっており、それによって国内社会の現実が、外部の社会的現実に由来する様々な出来事、行動、作用によって決定的に支配されるに至った。

・普遍的**社会システム**の出現——これは、すべての下位社会にとっての共通利益と、今後予想される将来の全人類社会の共通利益とを調和させるための制度的手段をもたらした。しかし同時に、世界規模の社会的力（政治権力、経済権力の双方を含む）の基本構制（コンスティテューション）、に反する形での行使の機会をももたらした。

・普遍的**法システム**の出現——すなわち、すべての法システムを包含する単一の法システムであって、あらゆる人間とあらゆる人間社会にとっての普遍的共通利益を制定し執行する。しかし、その普遍的共通利益を認定する権限を持つ者、普遍法の内容を自在に定める権限を持つ者による、例外的な社会的力の行使を許容するおそれもある。

・普遍的**経済システム**の出現――これは、国境を超えて活動する経済主体が運用し、政府の力による規制を受け、市場資本主義の原則・法・慣行や科学技術の発展の過程やその成果からの支配を受ける。このシステムは、構造的にまたは付随的に発生する社会的不正義の継続的源泉としても機能する。

・普遍的な**種としての人類の意識**の出現――人類が、自らの第一の生息環境（自然環境）、そして第二の生息環境（人間世界）との普遍的関係を深く認識し、この双方の生息環境を汚染する力も保護する力も併せ持っていることに気付きはじめたため、このような意識が芽生えつつある。

・**国際的無政府状態**の出現――国内・国際秩序のこれまでの構造およびシステムが、もはや対応できないほど激しい統合／分裂に向けての社会的諸力を受けて崩壊するのに伴い、見られる。

・**個なるもののもつ誘引力**――文化的・政治的・個人的アイデンティティなどあらゆる種類の主観的および知的な多様性から発生する。例えば、国家的、地域的なアイデンティティ、宗教的な結び付きなど。

・**普遍的なるもののもつ誘引力**――人間世界の現実態を超越した観念と理想とをもたらす。その観念や理想としては、普遍的国際社会を超越したり組織化したり正当化したりするのに必要となる観念と理想がある。しかし同時に、人間世界の現状や近未来に予想される姿について警鐘を鳴らす精神的、知的、道徳的な観念と理想も含まれる。

・**未来のもつ力**――すべての人間に対して、人の心のもつ一見無限のようにみえる創造力を駆使して人間世界の未来を創り出していく責任を否応なしに課している（この創造力には、自然界に対する、また自然現象としての人体に対する一見したところ無限の力も含まれる）。しかし同時に、人間は、種としてのその能力を濫用し、社会的悪を通じて無限の人間的苦悩をもたらす一見無限のようにみえる可能性を免れることができずにいる。

ユーノミア・プロジェクト

本書『ユーノミア――新しい世界のための新しい秩序』は、未来のもつ、人間世界について再構想する力に訴えることによって、国際社会についての新しい理想、すなわち、全人類から構成される社会、すべての社会から構成される社会という理想を提示しようとするものである。ユーノミアの理想とは、人間社会という世界についての理想である(注2)。初版が出版されると、読者からは関心と支持の声が届いたが、一方では主として次の三点で批判の声も寄せられた。第一に、二十世紀末にはすでに妥当しなくなっていた思考形式に立脚している。第二に、ユートピア的であり、予言というよりは夢物語に過ぎず、国際社会の現実の予想される発展からはあまりにかけ離れている。第三に、「ここ」から「そこ」への、すなわち現実態から理想態への移行のための実践的行程、とりわけ制度的変更について何ら具体的に触れていない、という指摘である。

二十世紀から、特にその最後の十年間に劇的かつ無秩序に行われた再秩序化から受け継がれた、新しい世界の無秩序は、人間に対し、観念のレベルで自己について再構想するよう努力を求めている。この再構想は、可能なものであるばかりか、必須かつ速やかに行うべきものでもある。これは、単なる夢物語でも予言でさえもなく、自己超越的な理想と自己変容的な熱意に基づいて行われる再構想でもある。したがって、人間のとるいかなる行動とも同様に実践的なものである。

ある思考形式が実践不可能であるとする主張に反論するためには、その思考形式がすでに実践されていることを示すだけでよい。ある一連の観念がユートピア的でしかないという主張に反論するためには、これらの観念が、実現可能でかつ実現が必要とされる一つの未来像を示している点、また、人間の未来は現在の現実態として形体化されるまでは想像上の可能態でしかない点を想起するだけでよい。人間の未来に関する観念は同時に実践的行動のためのプログラムでもなければならないという主張に反論するためには、理論というものがそれ自体、実践の一形式であるという点を想起するだけでよい。我々は、人間の心の力を使って、様々な制度を含んだ人間世界を創り出す。そして、思考によって作り出してきたものを、新しい思考によって新しく作り変えることができるのである。

（注２）ギリシャ語の「eunomia（善き社会秩序）」という言葉は、古代アテネのカリスマ的「立法者」ソロン（紀元前六四〇〜五八八年頃）との関連で想起されるようになった。ソロンは、当時のアテネが構造的に抱えていた貧富の差による階級闘争を解決できる新しい社会契約とも言える条文を提唱した。しかしこの新しい秩序は長続きしなかった（本書のEunomiaがそうなりませんように！）。ソロンは哀歌Eunomiaの中で、法に立脚した社会秩序の様々な美点を賞賛している。古代ギリシャ神話では、ユーノミアはゼウスと女神テミスの娘として登場する。

ユーノミアと哲学

西洋の伝統において哲学は、いつの時代でも自らの実現可能性に対する批判を内包していた。ソクラテス（紀元前五世紀）以前から今日に至るまで、あらゆる哲学的主張には、それに対して懐疑的な副旋律が随伴していた。二十世紀には、哲学自身の自己懐疑が哲学にとって支配的な真理主張となっており、それには以下のような一連の、明らかに自己破壊的でまたメタ哲学的な考え方が大きく作用していた。すなわち、哲学は宇宙を構想するに当たり宇宙自身の機能する姿を反映するような形式で構想するだけであり、それゆえ宇宙の「真の」現実相を顕現するものと主張することはできない、という考え。哲学は生起する現象をただ叙述するだけに過ぎない、すなわち人間の心に映じた宇宙をただそのまま語るに過ぎない、という考え。哲学は社会的産物の一つに過ぎず、したがって他の諸々の社会的に構築された観念と同程度の権威しか主張できない、という考え。哲学は言語的現象の一つに過ぎず、したがってそれを表現する手段である言語を超えた効力を主張できない、という考え。哲学は心理的現象の一つに過ぎず、他の諸々の心理的過程と同様に、それには必ず意識的および無意識的な原因が存在する、という考え。哲学は生理的産物の一つに過ぎず、脳と神経系統の活動から生じた一連の派生的現象である、という考え。哲学の真理主張は、不可避的に、実験による検証可能性や反証可能性といった自然科学的真理主張の評価基準を満たすことができない、という考えである。これらのメタ哲学的考え方をいくつかでも受け入れた多くの人々は、哲学が自らの存立不可能性を「証明した」という結論に到達した。このような主張に対する本書『ユーノミア』の反論は以下の三点である。

（a）哲学の存立可能性の限界についての真理主張は、それ自体が哲学的観念であり、それゆえこのような真理主張は妥当しない。これは、あらゆる真理主張が存立不可能であるという言説が妥当性を持たないのと全く同じである。

（b）人間の意識は究極的には生理学や生物学で説明し尽くされる、という主張は到底成り立ちえない。もしもそのような主張が大衆受けするような形で提示されるならば、それは人間の自己意識の持つ強さと苦悩の問題に対する単純明快な解答を悲痛にも求めている人々に対する大きな欺瞞行為となるであろう。人間の心の働きと脳や神経系統の作用とは、本来峻別されるべきものである。たしかに心理的現象も物理的現象の一つであることに変わりはないが、単にそれに留まるものではない。また、生理学や生物学が脳と神経系統の機能についての一般理論をいつの日か生み出すかもしれない。しかしこの理論では、ある特定の時点である特定の人の心の中である特定の観念がどのように形成されるか予測することはできない。なぜなら、新しい観念を創り出す我々の能力は無尽蔵だからである。そしてそれには、現実・非現実、可能・不可能、自然・超自然、現実・理想といったあらゆる種類の観念が含まれるであろう。例えば、仏教にいうダルマやジョナサン＝スウィフトのリリパット（ガリヴァー旅行記の小人国）やアダム＝スミスの見えざる手などのような到底予測のつかない観念、すなわち社会に多大な影響を及ぼし、心や社会を新たに形成していくような観念である。

哲学とは、人間の心の自己観照、つまり、心の中でどのように思考しているのかについて思考することであり、心理的事象の主体であるのと同時にそれを観察するということである。換言すれば、人間にとって、その最も顕著な特徴である、思考するという人間の〈種としての活動〉について観照するということは、すなわち、その思考するという人間の〈種としての能力〉を発現することに他ならない。その点を否定することは、道理にはずれ、かつ反自然的な自己否定であり、自傷行為である。

（c）人間社会は、諸観念のシステムであり、心が創り出す世界であり、それゆえ言語が創り出す世界でもある。人間社会は、言葉という形式で伝達と蓄積がなされる諸観念を通じて自己構制化が行われる過程である。人間社会の存立が可能であるのは、我々が、共有された言語で作り出された世界の基礎をなす普遍的構成要素――**自我、社会、愛、自由、真理、神、財産、法、権利、義務、正義、善、悪**等々――を創出し、保持し、再創出する能力を有するからである。最も抽象的な次元のこれら諸観念について思考する可能性や、n次元まで至るメタ思考（認識論、形而上学、道徳哲学、社会哲学）について思考する可能性を安易に否定してしまった場合、人間は、たまたますでに存在している観念、あるいは自動的な社会プロセスが無作為に創り出した観念に最終的には隷従することになり、ひいてはそのような観念、またそれを基盤に構成されている社会システムを、超越し、批判し、再想像する可能性を放棄することにつながるのである。

二十世紀には「哲学の終焉」（ハイデガー）という観念が生まれ、「プラグマティズム」の決定的勝利が声高に唱えられた（早くも十九世紀には同様に、「神の死」（ニーチェ）や「科学」の決定的勝利が叫ばれている）。一方で、尊大な思想が社会的に実行に移され、その結果、ソンムの戦いやヴェルダンの戦い、アウシュヴィッツの大量殺戮や広島の原爆、そしてグーラーグ（旧ソ連の特に政治犯を収容する強制労働収容所）やルワンダの民族浄化といった言語に絶する人間の苦悩という犠牲を払うことになった。他の世紀ではなく二十世紀になってこのような一見相反する現象が同時にみられたのは、全く皮肉としか言いようがない。このため二十世紀には、人間の心の自己治癒力、すなわち、人間の心のもつ自己破壊力——思想の名の下に恐ろしい社会的悪を行う力——を克服しそのくびきから自らを解放する力、が何にもまして必要となったのである。

ただ、二十世紀に哲学が自らの価値を情けないほどに貶めてきたことを目の当たりにして、我々が**思想の社会的地位**という問題にかつてないほど敏感になったことだけは、少なくともたしかである。カント、ヘーゲル、ショーペンハウアー、ニーチェ、マッハ、ヴィットゲンシュタイン、フロイト、フーコーなどの精神的遺産を相続した我々は、今や、普遍化を志向する人間の心の活動と社会で日々行われる思想の（制度化された）実現とを結ぶ錯綜した過程を、かつてないほど明確かつ正確に探求できるようになった。人間の心は、社会的・文化的多様性を超越して、また、人間社会や人間心理の時々刻々の状態が生み出す一時的な偶然性を超越して、普遍的思考を追求することができる、という主張を放棄しなければならない理由はどこにもない。むしろ我々は、そのような普遍主義的主張をまさに認めるべきなのである。なぜなら、我々の社会は、普遍主義的思考の持つ変革能力——宗教に奉仕する哲学（神学）や、人間の進歩に奉仕する道徳哲学・社会哲学など——によって構築されてきているからである。この普遍主義的主張を放棄することは、人間の普遍化志向的意識の過去の状態から我々がたまたま継承することになった社会の普遍主義的基盤を越え出る可能性を放棄することに他ならないのである。

ユーノミアとユートピア

十八世紀末以来、国際関係・国際法の実務家および学者の間で定着した支配的な世界観によると、世界は「国家」という概念を中心に組織されており、今後もそのように組織化される。その世界では、国家間システムの特性に合うよう適宜調整された様々な形態の政治、道徳、法律によって規律される国家間相互関係が基本的な社会過程とされる。この国家間システムにおいては、外交が典型的な社会過程として利用されるが、また同時に、自己秩序化は究極的には武力行使を通じて実現される。このような世界観に基づくと、国際社会とは——仮にそのようなものがあると言えるならばの話であるが——未成熟な**国家間社会**に過ぎず、世界規模の自然状態がかろうじて社会化されているだけである。

以下の意味での「二領域的な」観点——国内と国際という二つの社会的現実、二種類の秩序、二種類の政治、二種類の道徳、二種類の法律に分ける観点——は、哲学的見地および実践科学的見地からは**リアリスト**に分類されている。哲学的見地からみたリアリストの立場では、この二分法は、「国家」を自らの意思と利害を有する準人格的実体として捉えている。また実践科学的見地からみると、それは国際問題の現実の状態と国際関係を現実に処理している人たちの心の状態とをリアリストの観点から表現しようとするものである。しかし**未来の（もつ）力**の影響を受けるようになった今日、このリアリスト的世界観はもはや現実的ではないと言わなければならない。我々はこのような帰結と教訓を、二十世紀という異常な世紀の中でもひときわ異常な最後の十年間で得たのである。我々は今、人類社会の形成過程における歴史的転換点を迎えている。過去の生き方をそのまま引き継ぐのか、それとも新しい未来を構築するのか、我々はまさにその選択を迫られている。二十世紀の負の遺産を相続した新しい世界は、世界秩序の新しい思想を求めている。新しい世界無秩序は、新しい世界秩序を求めている。

本書『ユーノミア―新しい世界のための新しい秩序』では、**理想主義者としての**社会哲学を大胆に提示する。すなわちこの哲学は、**第一の**哲学的意味においては、人間の心が、人間社会の自己構制化に関する観念――時代と文化によって規定されたものではない観念――を含む普遍的観念を、自らの中に見出す能力を有している、という前提に立っている。次に、**第二の**哲学的意味においては、この哲学は、観念という形態をとった心の中の宇宙――すなわち心的事象の蓄積に他ならないが――を創造する能力を人間の心が有すること、を前提としている。このとき、社会は、社会的意識、すなわち社会の公的精神の中に、また個々の人間の私的精神の中に蓄積された観念を通じてなされる人間的な自己構制化の形式とみられることになる。**第三の**哲学的意味においては、この哲学は、人間の心が、**より良い**人間の未来という観念を自らの中に見出し、次に、それを現実のものとする道を選ぶことができる、ということを前提としている。このとき、いわゆる社会哲学は、これまで伝統的に理想と呼ばれてきた観念の特定形式を認識し定型化するものとして再定義することができよう。ここでいう理想とは、社会の現実に内包されており、また、法の制定、適用、執行を含むあらゆる社会過程を支配できる、より良い潜在能力という観念を指す。理想の追求は、必然的に、現実による専制支配に対する意図的な抵抗とならざるを得ない。理想主義は、現実についてのいわゆるリアリズムではなく、可能態についてのリアリズムである。このようにみるとき、人類のより良い未来という理想は、人類のより良い未来という可能態になるのである。

本書『ユーノミア』では、**社会的理想主義**が人類全体の社会的自己構制化に適用できるとの立場から執筆したのであるが、これについて多くの読者からは「ユートピア的夢想である」という反応があった。たしかに、部族間・民族間・国家間関係の歴史をみれば、人間の本性に基づいて行われる救いようのない反社会的行動――全世界、全時代に遍在する構造的社会不正義が特徴である人間的状況の中で発生する殺戮戦争の果てしない連鎖――で埋め尽くされているため、そのように考えるのも無理からぬことである。とりわけ、西暦一五〇〇年以降の近代国際関係の悲惨な現実の中で、理想が潜在的にせよ少しでも有効に機能した事例を見出すのが困難なことが、読者の前述の判断に寄与しているように思われる。このような現実を踏まえると、そこで理想という観念を説くことは弱肉強食の世界で利他主義の観念を説くのと同じぐらい非現実的である、と言われても仕方のないところであろう。

しかし、このような批判に応えるには、次のように述べるだけで十分であろう。すなわち、これまでの国内社会の革命的変容から我々が経験的に学んだことは、過去は未来に対して一定の方向付けを行うが未来を最終的かつ不可避的に決定付けるのではないということである。思考を働かせることによって我々がジャングルとも言うべき弱肉強食の社会の外に脱け出ることができる、ということは、既に本書で述べたとおりである。すでに何度も述べてきたことであるが、人間の過去は、ある所与の社会、ある所与の時点においてたまたま現実となったものとは異なる、実現しなかった人間の別の可能性、別の観念や理想も含むものなのである。ところが現実には、全人類社会の過去は、社会間社会をたまたま支配しその発展を牛耳るようになった一部の少数階級が創り出したものに過ぎない。この階級は、公権力をたまたま掌握したが、特定の利益しか顧みず、狭量な思慮しか持ち合わせていない。この一握りの支配集団は、社会的悪を大々的に行うという著しい欠陥を抱えている。このような支配集団が創り出した過去をそのまま全人類社会の未来として引き継いでいかなければならないとする理由はどこにも存在しないのである。

現実の国際社会は、これまでのところ、かの有名なキケロの問い「cui bono?（誰が利益を得るのか）」から明確かつ再三に渡る挑戦を十分受けてこなかった。国家社会が複数並存する粗野な自然状態から誰が利益を得、また逆に、誰がこの自然状態のために犠牲を払ってきたのか。本書『ユーノミア』が提示する理想には、人間こそが人類社会の受益者でなければならない、という思想が盛り込まれている。我々は、より良い思慮や理想を持った人たちで構成されるより良い人間世界を想像するべきではないだろうか。そして、そのように想像したならば、次に、我々が住まう世界、卓越した種としての人間で構成される、より良い人類社会へと現実化するために全知全霊を傾けるべきではないだろうか。

ユーノミアと行動

我々が心の中で抱いている国際社会観を、国家中心の世界像から人間中心の世界像へと変革することは、ほんの一瞬で可能である。そしてその次の瞬間には、全く新しい価値、可能態、目的を伴った全く新しい世界観が眼前に出現する。我々は、こうして一瞬のうちに、全く新しい人間の心の世界を創り上げてしまうのである。そしてこのように人間の心の世界が変容されると、人間の行動もすべて変容されることになる。理論は実践の一形態である。なぜなら、いかなる実践であれ、それはその時点で理論が提供する形態を必然的にとるからである。我々は、自らの抱いた観念が我々の心に世界の在り様を投影するときの形態を通じて世界を見るのである。世界、すなわち自然界と人間界は、いずれも我々の行動の場であるため、我々の行動は、我々の心が構築した世界像に基づいて形成される。我々は、いわば我々の心が書いたシナリオに基づいてドラマを演じているのである。我々は、言葉にできる現実の中でしか世界像とそれに向けての目的を見出すことができないので、その範囲内で利用できる言葉を用いるのである。我々が我々自身の世界像を変え、世界について新しい言葉で語ることは、我々の世界の未来を変えることにつながる。理想の現実化は、制度革新と、社会変革の計画と青写真によってだけではなく、何よりもまず、心の変化を通じて達成される。社会の変革とは、まさに心の変革に他ならないのである。

『ユーノミア』では、社会は、観念・実践・法――社会の**理想的・現実的・法的**基本構制（コンスティテューション）――の三者間で行われている不断の相互作用、すなわち三位一体の自己構制化の過程を通じて自己を形成すると述べた。この前提に立てば、社会のこれら三つの自己構制化のいずれか一つにでも変化が起きれば、当該社会の自己構制化の全過程に何らかの影響が及び、また個々の基本構制の変化が大きければ大きいほど、全過程に及ぶ影響力も増すことになろう。人間の社会的進化の歴史をみると、新しい観念が社会の自己構制化に対していわゆる**先行効果**を及ぼしてきたことが明らかになる。新しい社会理論は、それ単独では、制度的構造や社会内の日常的実践に根本的な変化を引き起こすことはできない。なぜなら、社会の変化は、個々の人間の心のなす思考をはるかに超えた自然界、生物界、人間界の諸々の原因が引き金となって起きるからである。社会理論にできることと言えば、せいぜい、我々が社会の変化を理解、制御、そして形成できるように、社会の変化を整序するための枠組みや範型を提示することぐらいである。社会哲学がそれ単独では新しい社会制度の形態まで指示することはない。新しい社会制度は、所与の社会において新しい社会哲学が、現実態および潜在的可能態としての社会的現実に出合うときに生まれる。新しい社会哲学は、新しい社会的実践によって命を吹き込まれるのを待つ社会の有機体である。新しい社会的実践は、その社会における発展の形態を定めるために、新しい社会哲学の出現を必要としている。

国際社会の現実を変革するためには、我々は、その現実をかたどってきた範型をここで一度破壊する必要がある。国際社会の未来に対する支配権を掌握するためには、国際社会の自己構制化に対する支配権を、我々が掌握する必要がある。過去数世紀間にわたって設けられてきた国際社会の諸制度の機能とその実際の活動を変革するためには、これら制度が作られてきた国際社会の現実そのものに対する支配権を掌握する必要がある。国際社会の現実を変革するためには、この数世紀間にわたって社会的現実の構造を支配してきた者たちの権力に対する支配権を、我々が掌握する必要がある。この数世紀、数多の社会的悪、数多の人間の惨苦の元凶であり続けてきた社会的力に対して我々が支配権を掌握するためには、我々の最も身近にある力、すなわち観念の力を用いる必要がある。二十世紀から受け継がれてきた新世界無秩序に秩序をもたらすためには、我々は、人間の心が持つ秩序構築力、すなわち、人間の心それ自体の秩序を再秩序化する力、人間の心の無秩序の中に秩序を新たに構築する力、さらには、自己超越と自己治癒を可能にする人間の心の持つ驚異的な力、を用いる必要がある。

さて、ここでいう「我々」とは何者を指すのだろうか。我々とは世の中の人々、すなわち、外交という名のゲームにおいて名もなき駒（将棋の歩）のように扱われ、戦争という名の儀式における犠牲として扱われる人間のことである。「我々」は、公権力や経済力の濫用による永遠の犠牲者でもある――農奴や奴隷のように自由を束縛され、炭坑、工場、スラム街に、また強制収容所や難民キャンプに牛馬のように駆り立てられ、銃口を突き付けられて家族や家庭から引き離され、貧困や飢饉、疾病によって人間性を奪われ、そして、今日先進国で新たに見られる現象として、大量消費主義や無知蒙昧な大衆文化の快楽主義の奴隷となることでやはり人間性を奪われている。しかし我々は、街頭においてではなく心の中で永続的な革命を行う可能性と、潜在能力と、かつ、革命を実行する力とを備えた人間である。そして、長い道のりを要する革命的変革も革命的な第一歩を踏み出すことで始まるのである。我々は、そうしたいと望むならば、人間の未来を選択することができる。我々人間は、人間の未来をどのようなものにするのか、またどのようなものにしたくないかを語ることができるのである。

ケンブリッジ大学トリニティ校にて

二〇〇〇年十二月

国際社会の設立に関する条約

我々人間は、
人類が、すべての存在が共有する自然の生息環境の中で生存する無数の生命種族の一員であることを**認識し**、
人類という種族が様々な人間社会を創り出すことによって、人間界という第二の生息環境を創り出したことを**考慮し**、
様々な人間社会が人類の生存と繁栄を目的としており、それゆえ国際社会も、あらゆる地域のすべての人間の生存と繁栄を目的としていることを**想起し**、
よりよい国際社会の設立を通じてよりよい人間界を創り出すことを**決意し**、
次のとおり協定した。

第一条【国際社会】　国際社会は、全人類から構成される社会であり、またすべての社会から構成される社会である。すべての人間は国際社会の構成員である。国家社会や法人を含むすべての下位社会も、国際社会の構成員である。
第二条【国際法】　国際法は、全人類の共通利益について定めた国際社会の法である。
第三条【公権力】　すべての公権力は、国際法に基づき付与される。公権力とは、専ら公の利益のために行使されることを条件とした法的権能である。
第四条【国際法の尊重】　我々は国際法を尊重し、またその尊重を確保することを約束する。我々は公権力の保持者に対し、その権力が国際法に由来し且つ国際法によって規律されていることを認めるよう要求し且つそれを期

待する。

第五条【共通利益の優越】　我々は、国家利益又は他のいかなる下位社会の利益が国際法で定められた国際社会の共通利益に優越するという思想を鼓吹、教導、その他いかなる宣言もしないことを約束する。

第六条【正義と社会的正義の適用】　1　我々は、正義と社会的正義という理想が、国際社会の平等な構成員であるすべての地域のすべての人間に適用されることを受諾する。

2　我々は、正義と社会的正義の理想が国際社会の平等な構成員であるすべての地域のすべての人間に適用されることを、公権力の保持者、特に政府や政府間国際組織の職にある者、また多数の人間に影響を及ぼす決定を下す地位にあるその他のすべての者が受諾するよう確保するため、可能な限りのあらゆることを行うことを約束する。

第七条【迫害又は搾取の正当化を目的とした公衆意識の操作の禁止】　公権力の保持者が、いずれの地域においてであれ、人間に対する政治的迫害や経済的搾取の正当化又は弁解を目的として公衆の意識を操作することは、行われてはならない。

第八条【人間の人格と多様性の尊重】　1　個々の人間の人格と人間諸社会の文化的多様性が、人間界の生態的多様性を作り出している。尊重と愛情が人間同士を結び付け、それによって人間諸社会を成立させる。

2　我々は、全人類の共通利益である人間の生態的多様性を保全し、また人間相互の尊重と愛情を保護、促進するため、あらゆることを行うと約束する。

第九条【自然界の保護】　自然界の保護と育成は、国際社会の共通利益とみなされる。

第十条【公権力の濫用による費用の負担】　人間は、公権力の保持者によるいかなる国際法違反又は他の公権力濫用により生じた費用も負担してはならない。この費用は、政府間国際組織への政府分担金によって充当されてははならない。

第十一条【本条約履行の強制を目的とした違法手段利用の禁止】　本条約のいかなる規定も、本条約の履行を公権力の保持者に強制するために違法な手段を用いる権利を、人間に付与するものではない。

第十二条【条約当事者】　本条約は人間を当事者とする条約である。本条約は、その条項を受諾且つ履行し、それによって全人類の共通利益に資することを個人の資格で明確に約束する個々の人間によって批准される。

戦争の廃絶に関する条約

我々人間は、

人間の歴史を顧みるに、政府が引き起こす戦争の犠牲を被ってきたのが他ならぬ人間であったことを**想起し、**

戦争の慣行は、公権力の保持者が自らの力を愚挙、横暴、無能さのゆえに濫用し、また戦争の慣行から利益を得る人々がその濫用に加担したときに行われるものであることを**考慮し、**

戦争から生じる惨苦に耐え忍ぶことを**もはや望まず、**

公権力の保持者を戦争慣行への依存症から最終的に回復させることを今ここに**決意し、**

次のとおり協定した。

第一条【戦争】　本条約において、戦争とは、公の利益のために行動していると主張する公権力の保持者により引き起こされる大量殺戮及び身体の重大な毀損行為、並びに財産の大量破壊行為のことを指す。戦争には、政府がその支配下にある人間を対象として行うその種の行為も含まれる。

第二条【戦争慣行の廃絶】　我々は、戦争慣行を廃絶するため、あらゆることを行うと約束する。

第三条【戦争の正当化の禁止】　一般的状況下であると特定の状況下であるとを問わず、戦争が政治的、道徳的又は法的に正当化される又はされうる、という観念について、これを鼓吹、教導、その他いかなる宣伝もしないことを、我々は約束する。

第四条【公権力保持者の戦争依存症からの治癒】　我々は、公権力の保持者が戦争を引き起こそうとする誘惑を退けることを支援し、その思考を改めさせるため、あらゆることを行うと約束する。

第五条【戦争の正当化を目的とした公衆意識の操作の禁止】　公権力の保持者が、戦争の犠牲者に対して負うべき道義的責任を回避する目的で、戦争の美化又は正当化のために公衆の意識を操作することは、行われてはならない。

第六条【対外政策・外交の禁止】　1　伝統的に対外政策又は外交として知られてきた反社会的且つ危険な慣行は、行われてはならない。
2　公権力の保持者は、個々の人間の利益（政治的・経済的利益を含む）と、全人類で構成され且つすべての下位社会で構成される国際社会の共通利益とを調和させるためあらゆることを行うという、国際法に基づく優越的な義務を負う。
第七条【戦争による費用の負担】　人間は、戦争による費用を負担してはならない。その費用は、政府間国際組織への政府分担金によって充当されてはならない。

第八条【本条約履行の強制を目的とした武力行使の禁止】　本条約のいかなる規定も、本条約の履行を公権力の保持者に強制するために武力を行使する権利を、人間に付与するものではない。

第九条【条約当事者】　本条約は人間を当事者とする条約である。本条約は、その条項を受諾且つ履行し、それによって全人類の共通利益に資することを個人の資格で明確に約束する個々の人間によって批准される。

国際社会における実力の廃絶に関する条約

我々人間は、
国際社会における国家間の政府権力の不平等性が、それを利用し又はその是正を目的とする実力の行使へと諸国政府を誘惑していることを**認識し、**
この種の実力の行使が公権力の濫用に他ならないことを**考慮し、**
人間の歴史を顧みるに、国際社会での実力の行使が公権力の保持者の愚挙、横暴、無能さに起因するものであったことを**想起し、**
国際社会での実力の行使が引き起こす惨苦に耐え忍ぶことを**もはや望まず、**
次のとおり協定した。

第一条【実力】 本条約において、実力とは、一政府が、他の政府に行動様式の変更を強制するため、後者の支配下にある人間に対して行う公権力による威嚇又は公権力の行使を指す。実力には、この目的のための軍事的、政治的又は経済的力の行使が含まれる。本条約において、国際社会とは、全人類から構成される社会、すなわち、すべての下位社会から構成される社会を指す。

第二条【実力の行使の廃絶】 我々は、国際社会における実力の行使を廃絶するため、あらゆることを行うと約束する。

第三条【実力の行使の正当化の禁止】 一般的状況下であると特定の状況下であるとを問わず、国際社会における実力の行使が政治的、道徳的又は法的に正当化される又はされうる、という観念について、これを鼓吹、教導、その他いかなる宣伝もしないことを、我々は約束する。

第四条【公権力保持者の実力行使依存症からの治癒】 我々は、公権力の保持者が国際社会において実力を行使しようとする誘惑を退けることを支援し、その思考を改めさせるため、あらゆることを行うと約束する。

第五条【実力行使の正当化を目的とした公衆意識の操作の禁止】 公権力の保持者が、国際社会における実力の行使の犠牲者に対して負うべき道義的責任を回避する目的で、実力の行使の美化又は正当化のために公衆の意識を操作することは、行われてはならない。

第六条【対外政策・外交・制裁の禁止】 1 伝統的に対外政策、外交又は制裁として知られてきた反社会的且つ危険な慣行は、行われてはならない。

2 公権力の保持者は、全人類の生存と繁栄に必要な国際的な公秩序を育成し促進するという、国際法に基づく優越的な義務を負う。

第七条【実力の行使による費用の負担】 人間は、国際社会における実力の行使による費用を負担してはならない。その費用は、政府間国際組織への政府分担金によって充当されてはならない。

第八条【本条約履行の強制を目的とした実力行使の禁止】 本条約のいかなる規定も、本条約の履行を公権力の保持者に強制するために実力を行使する権利を、人間に付与するものではない。

第九条【条約当事者】 本条約は人間を当事者とする条約である。本条約は、その条項を受諾且つ履行し、それによって全人類の共通利益に資することを個人の資格で明確に約束するすべての人間によって批准される。

序文

最初に、本書の通常ではない性格について、若干の説明をしておこう。

本書の着想は、筆者が一九六〇年から七三年にかけて、英国外務省（現在は外務コモンウェルス省）で国際法担当の職員として奉職していた当時に得たものである。この地位にあったことで、筆者は、国際統治のあらゆる重要な局面に間近に触れ、それと同時に、国内統治の持つ国際的側面についても詳しく観察することができた。この経験から筆者は、いわゆる国際関係の性質を、そして国際法の性質をも、根本的に変革していかなければならない、という確固たる道徳的確信を得たのであった。

英国が世界的な強国の地位をなお保持していた時代の最後に当たるこの当時、筆者が勤務していた英国外務省には、各国に置かれている英国大使館や各種国際会議に派遣された代表団からおびただしい量の公文書や書簡、電報が届いていた。そこでは、各国政府の対外活動について報告と評価が行われており、各国との関係なるものの実情に関する広範かつ含蓄のある見解も時折散見された。他方、外務省からは、政府の公式見解や訓令が大使館や代表団に宛てて発信されていた。この双方向の文書の流れを結合することによって、英国政府の思考法の全体像が見えてきた。それは通常、当該分野を専門に扱う省内の各担当部署の構成員が省の課内文書として作成した、影響力のない覚書という形態をとっていた。こういう過程を経て蓄積されていった思考が、省内の各階層でボトムアップされ、外務省の担当の副大臣または外務大臣自身、他の省庁、そして内閣委員会または内閣自体のうちどの機関が最終的な承認を行うかは案件によって異なるものの、最終的に承認されるまでの過程で、明確な文書となり、影響力を得て、ある行動をとる、またはとらないよう勧告されるに至った。

このようにして、過去と未来とを隔てる目に見えない境界線が、目に見える省内文書となったのである。外交史の専門家の立場からみれば、これらの文書は外交史の新しい章が構築されていく過程で基礎となる未定型の資料である。しかし、英国政府にとっては、また他国の政府にとっても同じであるが、そこに示されている行動は、過去からどのような未来を作っていくかを選択する人的な力と責任を伴ったものであり、まさに選択の本質を構成しているのである。ここで政府が行う選択とは、現実を変革しようという意図を持って、それまでに形成されていた概念・価値体系を、政府自身が認識したところの現実に適用することを指す。

英国政府は、長い間培ってきた全世界に対する責任感から、あらゆる事態に強迫的なほどに真剣に対処してきたすぐれて勤勉な政府であった。個々の決定の政治的・道徳的な内容がどのようなものであったにせよ、当時は、英国の外交システムは、知性の面でも人間性の面でも美質を有した人材によって運営される高度の優雅さと効率性を備えた体系だと考えられていた。

しかし、英国外交の内実はこの外観とは程遠いものである、ということに筆者はやがて気付くに至った。英国の外交が何世紀もの間、主導的に構築してきた世界システムにおいては、その特有の合理性は、視点を変えれば一種の狂気ともなるようなものであった。そこでは政治家や外交官は、非現実の世界の特権的住人であった。この世界が非現実であるのは、巨大な規模で人間の生命を脅かしている領域であるにもかかわらず、その世界固有の病的妄想にとり付かれた住人の目には現実そのもの、自然なもの、不可避なもの、正しいものと映るような世界、と受け止められているところにある。そうすると、その帰結は、いわゆる国際関係学の学者は、このような病的な行動形態を研究してきたということになる。さらに、これまで国際法学者が果たしてきた役割は、このような病的行動を合理化し正規なものとして扱おうとするものであったということになる。

古い世界秩序の無秩序性、新しい世界秩序の存立可能性という考え方は、筆者の外務省在職中に構想されたものであるが、その構想作りには筆者が国際統治の四つの特定領域を経験できたことが大いに寄与した。それらは奇しくも一九四三年以降の国際社会における最も重要な発展段階と一致するものであった。

（二）筆者が初めて国連総会の通常会期に参加したのは一九六三年のことであった。一九六〇年代初頭、筆者は、国連活動の経済的側面、特にＵＮＣＴＡＤ（国際連合貿易開発会議）の設立や、開発政策についてのその後長期に及ぶことになる交渉の開始に携わっていた。この南北交渉は、どうあがいても実現しようのない希望を高らかに謳い上げた二つの叙情詩――「新国際経済秩序樹立に関する宣言及び行動計画」（ＮＩＥＯ宣言）と「国家の経済的権利義務憲章」――の出された一九七〇年代に最高の盛り上がりをみせている。また筆者は、後に禍根を残すこととなる国際社会の二つの神話的叙事詩――「侵略の定義に関する決議」と「諸国間の友好関係についての国際法の原則に関する宣言（友好関係原則宣言）」――の原案をまとめる国連のそれぞれの委員会の審議について検討し、また時には会合に出席することになった。

外務省を退職した後も、一九七六年から一九八〇年までの第三次国際連合海洋法会議に英国代表団の一員として出席した。国連海洋法条約を採択したこの会議は、国際社会における立法の新しい形態と、国際社会の新しい一組の社会的期待の枠組み作りに向けての道筋を示したという点で、現代国際法の発展過程の中で極めて重要な動きであった。もちろん当時、第三次国連海洋法会議と国連海洋法条約が、古い世界秩序の幻想に依然とらわれている一部の政府の反社会的行動によって最終的に葬り去られてしまう、と予想することも十分に可能であった。

このように筆者は、国連の二面性という厳然たる事実をごく間近で観察する機会を得た。すなわち一方では、国連は新しい国際社会の組織化を目指す新しい国際社会のシステムとして機能しているが、他方では、儀礼的シニシズムの舞台――古い外交の世界――の風習に依然としてとらわれているのである。

（三）一九六三年から一九六八年まで、筆者はベルリンの英国占領地区政府の法律顧問の職にあり、そこで二度の世界大戦の帰結と現代世界システムの歴史的起源の現場に直接に触れることになった。当時、連合軍司令部の法律委員会にソ連代表は既に参加していなかった。しかし西側の三人の法律顧問は、シュパンダウ地区の連合軍刑務所（主要戦犯がいたためにこのように呼ばれた）に対する米・英・仏・ソ四ヵ国の共同責任という名目で、ソ連側代表（軍人・文民を問わず）と特別に接触する機会を有していた。

第二次世界大戦期に欧州で生活していた人たち――欧州文化の形成に対するドイツ民族の貢献を賛美していた人たち、ロシア民族の特別な資質や長年にわたる塗炭の苦しみについてロシア文学を通じてのみ知識を得ていた人たち――から見れば、二つのドイツ、孤立し分断されたベルリン、忌まわしい軍事占領の桎梏、不合理な冷戦といったような第二次大戦後の愚かしい状況は、それまでの古い国際秩序にもはや価値がないことを決定的に象徴するものと映じたことであろう。

(三) 英国がペルシャ湾岸諸国から撤退した時期、筆者は外務省アラブ局に勤務していた（一九六九～七一年）。当時、英国との特別な条約関係を一五〇年も続けてきたこれら湾岸諸国は、二～三年のうちに自国の完全な政治的独立という新しい状況に適応することが求められていた。また、世界の天然資源の主要な賦存地帯であるこの地域を統治するという責任を任せられることになったこれら諸国は、混沌とまでは言えないものの、かつてないほど激動していた世界経済の中で自らの足で地歩を築いていく必要に迫られた。このような湾岸諸国の状況は、他のすべての新興独立国が直面していた状況の縮図でもあった。その中には、天然資源をほとんど持たず、ただ貧困にあえぐ国民が陽気で素朴な希望を抱いていることぐらいが世界経済にとって救いであるような国もあった。

国際司法裁判所が扱った北部カメルーン事件（一九六三年）で、筆者は英国側の代理人補佐として出席した。さらに、命脈の尽きつつあった世界史の一時代の残滓に対して憤りを覚えながらそれを精査していた時期の国連総会第四委員会（非自治地域担当）の作業を、筆者は遠方から、また時には現場で、検討した。

世界のどの地域を見ても、欧州列強の国際的活動から影響を受けなかった政治社会は皆無に等しかった。いい意味でも悪い意味でも、この事実は、帝国主義時代の国際社会に取って代わることになる次代の国際社会においても決して忘れてはならない最も重要な事実として認識されて然るべきものであった。英国の政府代表の中には、その旧宗主国としての地位が英国の国益と依然密接に関連しているとの立場から、その地位の保持を断固として主張する必要があると考える者もいた。また、未来と過去とを調和させることこそが重要な問題である、との見解をとる代表もいた。すなわち、一方では、今の世界の在り様に対する道徳的・社会的責任感——誇りと後悔とを伴った感覚——に合致する行動をとること、他方では、国際的活動（特に国際経済分野での活動）に貢献すること、この双方の動きを調和させることで新しい世界秩序を構築していくことが重要である、という見解である。

（四）英国がＥＣ（欧州共同体）への加盟手続を進めていた一九七二年から七三年にかけて、筆者はブリュッセルのＥＣ英国代表団の初代法務担当参事官を務めていた。英国代表団は当時、ＥＣ加盟に伴い新たに直面することになった数多くの複雑な問題について、英国の立場を策定する作業に追われていた。

ＥＣの基本理念は、以下の三つの要素がダイナミックに絡み合って今日なお形成途上にある。すなわち、一つには、ＥＣ設立に関わった人たちの世界史的ビジョン、二つには、ＥＣで日々行われる極めて複雑な法的・行政的実務、三つには、国内統治システムが外交という枠組みを超えてまさに共同体政府としか言いようのない領域へと試行錯誤する過程で、それら政府間で精力的に行われる議論の応酬、である。

ＥＣのいずれの会合をみても、ＥＣ自身の歴史がそこに刻まれている。西欧各国の代表団——それぞれ独自の誇り高き伝統を有する国民を代表する——が、議論と対立と協働を日々繰り広げているわけであるが、その中にあって、自国の国民がかつてどのような境遇にさらされたか、ＥＣ各国の国民がかつて互いにどのように接していたかを忘れ去ることなど到底できることではない。過去二千〜三千年間に西欧諸国の当時の代表たちが会合を開いたのは、頻発する公権力の暴力行為の前後というケースがほとんどであった。しかし今日のＥＣでの会合では、かつて欧州各国が国家という共同体を創り上げてきたという共通の文化を精神としつつ、その国内社会を補完し完成させていくことを通じて、新しい形の社会、すなわち共同体、ゲマインシャフトの創設を目指す共同作業に従事している。このＥＣの自己超越的性質は、たしかに依然として萌芽的であり前・民主主義的なままではあるが、それでもなお、全世界的規模の新しい自己超越的国際社会の創設に向けての先駆的意義を持つという点は、ＥＣ発足当時も、また今日でも、変わっていないと思われる。

筆者が英国外務省に務めている間に到達した結論は、古い国際秩序とは、人類がその存続のため自らの行動を単純にそれに合わせていくほかないような自然現象でもなければ、人間間の相互作用を通じて生じた過去の無数の出来事の偶然的な寄せ集めでもないということである。たしかに既存の国際秩序が、政治家や政府高官、また（国際システムの中で何らかの役割を果たしている限りにおいて）一般大衆が認識することができ、また、それによって手にすることもできるようになる可能性を決めている。しかし、国際システムというものはそれ自体、観念構造であり、人間の心の中で生じてきたものに他ならない。国際秩序は、それを作り出す者の心を形成する。（国際秩序と人間の心はそのような関係にあり、）明日の世界の主人は、昨日の観念の下僕なのである。

筆者は一九七三年に外務省を辞し、ケンブリッジ大学での学究生活に入ったが、このとき、上述の経験を踏まえ、国際社会のシステム構造を理解しそれを変革するための方法を探求するという明確な意志を有していた。この問題には哲学と歴史という二つの側面があるということは既に理解していた。ここで筆者が必要と考えたのは、まず、我々が、我々の心の中に見出す特定の社会的・道徳的・法的観念が、いかにして心の中に現実態として存在するに至るのかを解明すること、そして、社会的・知的歴史の問題として、現在の世界システムがいかにして発展してきたのかを、決定することであった。

この二つの側面への取り組みは実に十五年にも及んだ。テニュア（教授としての終身在職権）としての大学での地位を約束されていなければ、とても職業として持続できない作業であった。また、研究領域が次々と広まっていったために、他者に理解してもらえるような何らかの全般的展望が得られる、との見込みがまったくないように思われ、心理的にも持続するのが困難な作業であった。この作業は、人間の心が過去四千～五千年かけて築き上げてきた自己省察という非常に不安定なものである。この自己省察は、たまたま世代を超えて生き延びた資料（特に書物）を素材として行われてきた。またこの作業は、互いに調和しない様々な学問領域（それぞれには勝手気ままに次のような名が付けられている――神学、形而上学、認識論、道徳哲学、美学、科学哲学、政治理論、社会理論、経済哲学、法哲学、憲法史、経済史、社会史、外交史など枚挙に暇がない）を結び付ける場でもある。

しかし結局、新しい国際秩序の哲学的背景の探求を目指す一連の講義を一九八四年に始めるに至る最大の契機となったのは、ケンブリッジ大学で大学院生と刺激的な議論を交わしたことであった。また、リバーヒューム財団の助成金を受けて一年間の研究休暇（サバティカル）を取得、スタンフォード大学の「戦争、革命、平和に関するフーバー研究所」の図書館で研究活動に専念できたことも大きかった。

この講義のほか、筆者が一九七六年以来開講している一連の講義（社会哲学と法哲学の概論）に対する受講者の反応から、今や、新しい国際秩序に適合する社会と法に関する一般理論を提示することができるかもしれないという感触を得るに至った。

この知的営為は、社会哲学や法哲学の分野の特定のテーマだけを扱う著作や雑誌論文を出版することではなく、社会と法に関する新しい包括的視点を構築するところに狙いがあった。またその作業は、政府や国際社会に直接・間接に関与するすべての者の意識にとって標準的内容となりうるような視点を形成し、最終的には既存の理論的構造に完全に代替することを目指すものであることから、終始実践的な作業であった。

筆者は、いわゆる国際関係論を、そして、その学問領域としての妥当性を、ほぼ当初から認めていなかった。筆者は、**国際関係**という言葉自体に対して、堕落した旧秩序の品質証明に他ならないという思いが拭いきれなかった。国際関係を専門とする研究者が、その研究対象となる意思決定者の重要な決定に実際に影響を与えているか否かにかかわりなく、彼らが意思決定者と共謀していることに変わりはない。なぜなら国際関係論の専門家たちは、「意思決定者の不可解な行動様式の中に超越的な合理性と妥当性を見出し得る」という見解を提示することで、意思決定者の行動を理論的に裏打ちしているからである。

国際法の学者、実務家、大学教師の置かれた道徳的・社会的状況も、結局、意思決定者のそれと大差ないように筆者には思われた。法は拘束するものであり、そうでなければそれは法の名に値しない。法はその支配下にある人間の意思判断に決定的な影響を及ぼすものであり、そうでなければそれは法の名に値しない。法は権力者の力に優越し、また弱者の境遇を改善するものであり、そうでなければそれは法の名に値しない。公権力保持者が公の利益という名目で行う殺人、窃盗、搾取、圧制、権力の濫用、不正行為を正当化することばかりに汲々としている法システムは、もはや法システムの名に値しない。筆者が国際法の実務経験を積んでいた十数年を通じいささかも軽減されることのなかった道徳的憤りが、このような先入見に反映されている。

二十世紀に活躍した国際法学者の中で、国際法を真の法的システムと呼ぶのにふさわしい次元にまで引き上げようと試みた学者が二人いる。

ハンス・ケルゼンは国際法の哲学的基礎の構築を目指した。ケルゼンは、カント派の伝統を踏まえつつ、義務の閉鎖的体系の一貫性に法的義務の基礎を置いたのであり、それによって、国際法を含むあらゆる法を単一の自己完結的体系と見ることができるようになった。ケルゼンが形式主義——法の形式的有効性と、法の実質的内容に関する社会的・道徳的価値判断とを峻別する考え方——をとったため（他の法実証主義者の法理論も同じ運命をたどったのであるが）、ケルゼンの理論が国際法学者に、ましてや国際政治の意思決定者に、意識を変容させるような観念構造として受け入れられることはなかった。

マイアーズ・マクドゥーガル（とその共同研究者たち）は、国際社会と国際法の概念構成を社会過程一般の概念構成の中に統合することを試みた。とりわけマクドゥーガルたちが執念を燃やしたのは、国際社会の価値処理過程を社会一般の価値処理過程の中に統合することであった。このとき法はそのような価値処理過程の一側面として認識されることになる。マクドゥーガルの研究は、次の二つの点で預言的なものであった。第一に、マクドゥーガルの研究は時代を先取りする先見的なものであった。第二に、反抗的でほとんど救いようのない一連の人間たち——国際関係の当事者——にも、新しい教義を説いた点であった。

マクドゥーガルが国際社会や国際法の性質の変革を試みて失敗した理由としては、次の三点が挙げられよう。第一に、マクドゥーガルは、本来当然に彼の読者となるべき人々の大半にとってなじみが薄く訴えるところの少ない、社会理論の特定の学派の専門用語や概念構造を用いていた。第二に、マクドゥーガルは、価値志向的であって、今や異論のある、しかも文化的にみて米国やルネサンス以降の欧州に特有の実体的諸価値を受容し、かつそれを主張していたように思われる（価値志向的である点は、実はケルゼンと同じなのである。もっともケルゼンは、少なくとも表向きには価値自由を標榜していたのではあるが）。第三に、これが最も重要な点なのであるが、マクドゥーガルの理論は、国際法の持つただでさえ乏しい法的性質をも脅威に晒したのであるが、それにもかかわらず、国際法を従来よりも強固な新しい基礎の上に再構築することができなかったように思われる点である。この理論では、立法は、ともすると、永続的な交渉の過程になるように思われる。しかし、法の法的性質を社会過程に過度に依存させてしまうと、仮に社会過程そのものが弱体なものである場合には、その法的性質を弱めることにもなりかねない。そして、複雑な現代の民主主義体制下での社会過程と比較すると特にその差が明確になるのであるが、国際社会の社会過程の、目も当てられないほどの弱体ぶりは疑いの余地もないであろう。

したがって、新しい国際秩序の形成を志す者が果たすべき課題とは、ケルゼンの精神に基づいて、国際社会と国際法に哲学的一貫性という基礎を提供し、また、マクドゥーガルの精神に基づいて、国際社会の社会過程を社会過程一般に統合することに他ならないと断言してよいものと、筆者には思われる。しかしこの課題の真の困難は、この二つの要素を双方ともに達成しなければならない点、しかもその達成に当たっては、特定の文化的・社会政治的集団の意識のみに受け入れられるような方法ではなく、人間の意識一般に受け入れられるような方法が採られなければならないという点にある。筆者は、これが一人の人間によって一時に達成できる性質のものではないことにすぐに気がついた。しかしそれでも、いつか誰かがこの課題に着手しなければならないのである。

このため、本書は、社会と法に関する普遍妥当的な一般理論、換言すれば、国際社会の全構成員が行動の際に準拠する理論となりうるような理論を提示することを主たる目的とする。

しかしそれに取り掛かろうとするとき、最も深刻な知的問題が目の前に立ちふさがる。もはや社会についての一般理論など定立できる時代ではない、という考え方も十分妥当する二十世紀後半という時代において、どのようにすれば社会の一般理論を定立できるのであろうか。この問題は、まず、消化すべき文献（人間の社会的経験に関する思想や情報）の量が、一人の人間が一生をかけて読み切れる量を今日ではとうに超えている、という実践的な配慮から生じる。ニーチェやトルストイやウェーバーは、それぞれのやり方で、心労に至るまで、この課題に挑戦したが、結局挫折している。マルクスの場合、その擁護者の言い分をそのまま信用するならば、この取り組みに成功していたと言ってよいのかもしれない。

一方で、同様に実践的に見るとき、仮に新しい社会の一般理論を打ち出せなければ、我々は古い社会理論の支配下で生きていかざるを得ないことになる。国際社会に視点を移すと、これは、我々が古い「非社会」の理論の支配下で生き続け、最終的には、その理論によって破滅に追い込まれることを意味しよう。

社会の一般理論の定立が不可能であることは、理論的見地からも証明できるであろう。社会と法に関する一般理論の前に立ちはだかる哲学上の難題は永遠のものである。人間の心は、そもそも、自らの置かれている状態についてのその後長期にわたる思考を開始した時点から、既にそのような哲学的難題に気付いてはいた。しかし、実際にその難題を以下のような文章で――依然粗削りなものではあるが――具体的に明示することが可能になったのは、ごく最近になってからのことである。それらの難題は、そのいずれをみても、対応が非常に困難である。社会の一般理論の提示を試みる者は、これらの難題の全体から強い圧力を受けるため、自らが提示しようとする理論が暫定的な性質のものであると、必ず断言せざるを得ないのである。

右に言う難題とは、次のようなものである。

（a）プラトン、ルソーの難題――道徳的秩序が存在の一側面であり、社会的秩序が知の一側面であるとした場合、どのようにすれば、これら二つの秩序を調和させることができるのか。

（b）聖パウロ、聖アウグスティヌス、ニーチェ、フロイト（そして東洋の各種の宗教および哲学）の難題――人間が変わるためには人間の本性が変わる必要があるが、どのようにすれば、人間の本性が人間の本性それ自体を変えることができるのか。

（c）マルクス（そして社会人類学、構造主義）の難題――我々の作り出す社会そのものが我々の意識を作り出しているとすると、どのようにすれば、我々は意識の内部において社会を超越することができるのか。

（d）ロック、ヒューム、カントの難題――我々は、世界について思考することで世界を作り出す。我々は、我々自身がその一部を構成している世界について我々がなす思考そのものについて、どのようにすれば、思考することができるのか。

（e）アリストテレス、ヴィットゲンシュタイン（そして聖書解釈学、現象学、言語学）の難題——数学は別として、言語（そして言語で表現される観念も）は、どのようにすれば、言語そのものを人間行動の一形式以上のものとすることができるのか。

今や、社会と法についての諸理論は、上述の難題に取り組まなければならない。そうでなければ、それら理論の存在意義は皆無に等しいであろう。このため、社会に関する一般理論なるものは、本書の第一部で試みるように、理論そのものに関する理論——すなわち、理論そのものの存立を可能にする理論——を包含するものでなければならないのである。

本書は、上述の永遠の問題すべてを個別にそして一括して取り扱うための各種の方法を提案または示唆することを狙いとする。しかしその際、それらの問題に直接、明確な形で触れることはしない。特に、それらの問題について過去何世紀間にもわたるおびただしい量の文献の中で提示や議論がなされてきたが、そのいずれの文献についても、本書の中でとくに論ずることはない。脚注が一切なかったり、先行文献に関する議論が一切省かれたりしている本書の異例な形態は、本書全体に一貫してみられるそのような意図によるものである。

まず第一に、本書は、社会・法哲学についての思考に対する過去の様々な解釈を再解釈するという、学術的な堂々巡りをしようとするものではない。本書の執筆は、古代メソポタミアの都市国家から今日の各種社会に至る、できる限り多くの社会に関する研究を伴う、ほとんど経験的と言ってよい作業であった。そのとき筆者が目指していたのは、とりわけ、それぞれの社会が、自らのことをどのようにして理論的に認識していたのか、また、革命の時代、緩やかながら着実な社会発展の時代など様々な時代を経て、どのように変化してきたのか、を明らかにすることであった。

また、読者によっては、本書で提示される理論から、マルクス主義的特徴（意識の社会的創造、価値の社会的創造）、宗教的特徴（大宇宙の内部における個人と社会の統合）、リベラルな特徴（社会の、それ自身に内包される超越的諸価値への服従）を読み取る向きもあるかと思われる。しかし、筆者としては、現在流布しているこれらの三つの既成観念の射程を越える、長い時間をかけて進化した諸社会の「社会についての理論」を想起させるような、もっと別の有力な特徴が本書の中に呈示されていることを期待せずにはいられない。

すなわち、このような問題意識を持った読者であれば、他の思想家たちの名前と結び付けられる多くの思想に共鳴する内容を本書の中に見出すかもしれない。「社会的現実としての善」（プラトン）、「合目的的な社会生成」（アリストテレス）、「道徳的権威としての過去」（孔子）、「秩序ある宇宙における人間の自己秩序化」（老子）、「正なる理性としての法」（キケロ）、「道徳的に善なるものの非自律性」（アウグスティヌス）、「人間の法の自然的起源」（トマス・アクィナス）、「宇宙の各部分における全宇宙の存在」（ライプニッツ）、「意志行為における個人と社会の精神的同一性」（ルソー）、「道徳的合理性」（カント）、「進化する憲法」（バーク）、「精神レベルでの格闘を通じての社会の自己創造」（ヘーゲル）、「科学的な世界モデルの形成」（マッハ／クライク）、「人間の自己超越」（ニーチェ）、「現実の社会的構築」（ディルタイ／ウェーバー）、「組織化社会の宗教的起源」（フュステル・ド・クーランジュ）、「言語の機能的通用力」（ヴィットゲンシュタイン）、「社会の組織的合理性」（カッシーラー）、「進化の人間的超越」（テイヤール・ド・シャルダン）、その他多数の思想。

しかし、本書で提示する理論は、上述の諸理論を統合するという形式をとってはいない。その理由は単純である。既存のこれまで慣れ親しんできた各種の思考形態に頼らずにこれまで扱ってきたような問題について抽象的に思考することは、少なくともここしばらくの間は不可能と思われるからである。いつの日か人間は、自らとその願望について、おそらくコンピューターの手助けを借りて、概念化を行う全く新しい方法を見出すことになると期待してもよいであろう（しかしそれは同時に、危惧すべきことなのかもしれない）。

本書の異例な形式、すなわち他の学者や文献への明示的な言及を全く欠いていることの第二の理由は、本書執筆の動機が普遍的理論の提示にあることに見出される。本書は、人間の社会的状況について抽象的、構成的に思考してみようと考える読者であれば、この主題に関するこれまでの特定の思考に親しんでいると否とを問わず、また、人間の社会的状況における読者の個人的経験や知識の蓄積が筆者のそれと近いものであると否とを問わず、誰でも理解できるように記述されている。本書の依拠する準拠枠は、特定の文化に固有の外的視点ではなく、不断に進化を遂げる個々の人間の知性の持つ内的視点である。筆者は、読者が、我々すべてが共有しているもののその働き方は個々人ごとに異なる、知的一貫性を備えた内的体系の声に応じて、以下に提示される思想に、可能ならば賛同してくださるよう願っている。

本書が異例な形式をとっている第三の理由は単純であり、筆者が、過去の社会理論に関する一般的な著作の伝統の中に本書が含められることを希求している点にある。つまり、本書は、理論の解説書ではなく、理論そのものを提示しようとするものなのである。

本書は思想の構造を扱っている。しかしそれは、今のところ、仮説、つまり構造の可能性の提示に留まっている。そのため筆者は、読者に次のような協力をお願いしたい。すなわち、本書についての論評や批判、また関連資料についての情報――社会哲学、法哲学、哲学一般、歴史一般、文化史、伝統、美術、文学といったかたちでの情報の所在、あるいは読者個人の見解や経験の所産といったかたちでの情報――の提供である。なお情報の提供に当たっては、必要ならば、本書の該当箇所の段落番号を明記されたい。

そのように依頼する趣旨は、世界各地からできる限り多種多様な伝統や考え方を、それも、できる限り正確に的を絞って収集するための共同の取り組みを開始することにある。

仮に今後、国際社会に関する一般理論が新たに確立することになれば、その進展の度合に応じて、国際法の基本概念が修正され、そして、やがては、新しい性格の実体国際法が段階的に構築されることになろう。国際社会で生起する諸々の事象の規模や複雑さを考慮すると、その国際社会を規律する法が、少なくとも、より進歩した国内法体系と同じ程度に豊かで複雑な内容を持った法体系に遠からず変革されていく、のは必定であろう。

しかし、我々は、単に国際法の修正だけで満足するべきではない。我々は、国際社会そのものに関する基本概念の変革をもたらし、やがては、全世界の国際的社会過程の根幹自体の抜本的な変革をもたらし、その結果、いずれの人間も人類の将来について共通の利害関係を有しているのであるから、政府、政治家、外交官にとどまらず、すべての人間社会、すべての個人にまで及ぶ新しい政策や新しい行動様式が確立される、という段階にまで到達することを目指さなければならない。

人間社会についての普遍的理論が早急に必要であり、かつ急務であることは誰の目にも明らかである。今日、人間社会間の圧倒的な相互依存を認識していない者はいない。この認識は、以下の三つの段階を経て発展してきた。第一段階では、まるで大量殺戮および大量破壊行為が合理的な人間が採用する戦略であるかのように連想させるグロテスクな名前を持つ「戦略」核兵器が開発された。第二段階は、世界のいずれの場所でなされた経済的決定であれ、それが全世界に直ちに相当な影響を与える可能性がある、との認識が広まるに至った経済的相互依存の段階であった。第三段階は、環境意識の段階であり、一つの全体的な自然体系としての地球を変容できる力を人間が有していることを、我々は、意識するようになった。

先見の明のある世界の指導者たちは、人間の相互依存という、人間意識の発展の第四段階を既に視野に入れている。後にソ連の大統領となるゴルバチョフ氏はかの有名な一九八八年の国連総会演説において、また、ローマ法王ヨハネ・パウロ二世は一九八九年のスカンジナビア諸国歴訪の際に、それぞれ新しい世界ビジョンの必要性を説いている。本書が、この人間意識の発展の第四次元、すなわち精神的な次元、人間精神の相互依存という次元――そこでは、すべての人間社会、すべての人間が、全人類の生存と繁栄に対して道徳的・社会的責任を負うことになる――に照明を与えることの一助になれば幸甚である。

なお、本書は一九八九年一月に既に脱稿しており、それ以降の主要な政治的発展（特に東欧の民主化）について言及するための書き改めは特に行っていない。

ケンブリッジ大学トリニティ校にて

第一部　社会

宇宙の理性は社会的なものである。

アルクス・アウレーリス、『自省録』、第五章・三〇段落

(ed. And tr. A. S. L. Farquharson, Oxford [1946], i. 93)

人は地に法り、地は天に法り、天は道に法り、道は自然に法る。

老子、『道德經』、第二五章

(tr. J. Legge, in *The Sacred Books of the East*, Oxford [1891], xxxix. 68).

第一章　社会と言葉

1・1　**（一）社会とは、人間の集団的自己創造のことである。**

（二）国際社会は、全人類で構成される社会であり、また、あらゆる社会で構成される一つの社会である。

（三）法とは、人間を社会化するための持続的な構造システムのことである。

（四）国際法とは、国際社会の法である。

1・2　以上四つの命題は、人類の新しい種類の未来を構築していくに当たって我々が使用できると思われる定義、格言、前提、結論、定理、定式、理論、観念、理想である。ここで人類の新しい未来とは、直近の過去の単なる延長としての未来のことではない。活用されていない潜在能力の実現としての未来――既に我々の手の届くところに近付いてはいるものの、それを現実態の域に引き出すためには、これまで誰も経験したことのないほどの理論的・実践的努力（想像力、理性、そして意志による特別な努力）や人間の意識の抜本的な変革が必要となる理論的・実践的可能態を実現させせたものとしての未来――のことである。これらの命題は、人間の存在に関する誰にも馴染みのない物語、換言すれば、人間の自己創造という誰にも馴染みのない過程、の中で新しい次元を切り拓いていくための手段である。また、これらの命題は、人間の自己発見の一形態――それは、再発見でもあり、新たな門出でもあろう――要するに、革命を引き起こしていくための手段ともなる。

1・3　**命題**（一）「社会とは、人間の集団的自己創造のことである」を提示することは、「社会とは、個人の行動を覆い隠すに過ぎない幻想である」とか「社会とは、個人が単にその構成要素であるに過ぎない組織体である」という、これまで広く受け入れられてきた命題を否定することである。

1・4　命題（二）「国際社会は、全人類で構成される社会であり、また、あらゆる社会で構成される一つの社会である」を提示することは、「国際社会とは、全世界の国家で構成される社会である」という、これまで広く受け入れられてきた命題を否定することである。また同時に、「**社会**という言葉の意味を忠実に解釈するならば、国家で構成される社会を超越した社会など存在せず、ましてや人類で構成される社会など、なおさら存在しない」という、これまで広く受け入れられてきた命題を否定することでもある。

1・5　命題（三）「法は、人間を社会化するための持続的な構造システムのことである」を提示することは、以下に挙げるような無数の命題と決別することである。すなわち、「法とは、古人の知恵である」「法とは、年長者の知恵である」「法とは、正義の声である」「法とは、自然の声である」「法とは、裁判官の声である」「法とは、神の意志である」「法とは、人民の意志である」「法とは、民族の精神である」「法とは、実践理性の現実化である」「法とは、善の社会的追求である」「法とは、一連の社会的規範や規則が結晶化したものである」「法とは、権力者の隠れみのである」「法とは、主権者の命令である」「法とは、実践的社会現象の理論化によって生ずる一組の随伴現象に他ならない」「法とは、社会工学の運用原則である」「法とは慣習である」「法とは、法がなすことの謂である」。

1・6　命題（四）「国際法とは、全人類で構成される社会であり、したがって、あらゆる社会で構成される一つの社会でもある国際社会の法である」を提示することは、「国際法とは、世界の国家が自分たちのために自分たちの手で作り出した法である」という、これまで広く受け入れられてきた命題を否定することである。また、「法という言葉の意味を忠実に解釈するならば、国際**法**が法の範疇に該当することは決してなく、ましてや、人類一般に適用される法であるはずがない」という命題を否定することでもある。

1・7　このような既成の議論は、言葉の意味、特に**社会**と**法**という二つの言葉の意味に捕われすぎているように思われる。何らかの定義で一致することができれば、これらの議論は雲散霧消するであろう。あるいは、言葉の定義の仕方に食い違いがあるのだという点で一致することができれば、やはりこれらの議論は問題ではなくなるであろう。しかし、自分たちの間で、また自分たちという枠を越えて意思疎通を図ることができる特異の能力を有する〈人間なる動物〉にとって、言葉とは、単なる自己表現の一形態にとどまらない。それは、生そのものの一形態なのである。

1・8　我々の生には多様な側面がある。すなわち、①電磁気的領域における一連の電磁気的事象、②化学物質の安定と変容を有機的に統御する生化学的な構造およびシステム、③諸々の神経生理学的下位システムから構成される生物学的システム、④本能、反射、感覚によって活性化される行動パターンを提示する生命体、⑤属としては**ホモ**、種としては**サピエンス**たる動物、⑥自己同一性（アイデンティティ）と自らの歴史を有する動物、⑦生の在り方を自ら決定する選択をなすことのできる自律的な倫理的主体、⑧社会における相互間の交流によって形成され、またそれによって条件付けられもする社会的存在、⑨法的関係に参加する法的人格、⑩（物理的および心理学的現象の世界を超越した精神的現実を理解できる者にとっては）実体的存在である精神、⑪（我々に関わりのある超自然的力の存在を信じる者にとっては）超自然的力の被造物であり、かつ、その奉仕者、といった側面である。

1・9　そして、このような生の多様な側面の一つとして、我々は、言葉で出来ている生を営んでいるのである。ここで、「言葉で出来ている生」とは、我々が個人的意識の中で生きているときの、その生のことである。そこでは、意識は、言葉という形式（それも、語り手が、他者を聞き手とするのではなく、ただ自分自身に対してのみ語り掛けるときに、用いられるような言葉）を用いることによって、意識自身を意識自身に対して提示することができる。同時に、「言葉で出来ている生」とは、我々が、他者と共有している社会的意識の中で生きているときの、その生でもある。そこでは、我々は、人類社会の平等な構成員として、社会集団の内部において、人と人との関係における言葉の共有というかたちで、他者との間で意識を共有しているのである。

1・10　記録の残っている人間の歴史全体から知られるように、我々が言葉に頼って営んでいる生とは、膨大なエネルギーを伴った生である。我々は次のような言葉のために生き、そして死ぬ。我々は次のような言葉のために何かを創造し、そして抹殺する。我々は次のような言葉のために建設し、そして破壊する。戦争や革命は次のような言葉のために遂行される。すなわち、**主権**、**人民**、**信条**、**法**、**祖国**、**自決**、**国民的感情**、**独立**、**安全保障**、**国土**、**自由**、**奴隷**、**異端者**、**圧制**、**帝国主義**、**正義**、**公正**、**権利**、**犯罪**、**平等**、**民主主義**。また、自然の情である人間の善性が、一国家の国名のように、一語に凝縮された聴覚的、視覚的な象徴に集中されるときには、愛、信仰、忠誠心といった言葉が、自己超越的な勇敢で寛大な行為を誘発することもある。それは、国家の名前というものが、超自然的な現実、人と人との深い絆、すべてを引き付けて結合させるようなエネルギーといった観念が凝縮されている言葉の範疇に属するからである。他方で、憎悪や不寛容や軽蔑を指示する言葉が、残虐な行為、すなわちジェノサイド、迫害、抑圧、殺戮などの行為を誘発することもある。このような行為は、民族、人種、信仰、階級、逸脱集団の名の下に、または、ある観念の作用により突如使用されるようになった言葉が引き金となって、発生する。このように、我々は、言葉を利用して、また言葉のために、最善のことをなしたり、最悪のことをなしたりするのである。

1・11　人間の言葉に依拠した生が営まれる現実こそが、生そのものの世界である。我々の言葉は、我々の世界を創る。数ある言葉の中から我々が一つの言葉を選び出すことは、生の一つのかたちを選び出すことである。すなわち、我々が一つの言葉を選び出すことは、一つの世界を選び出すことである。ある言葉を否定することは、生の一つのかたちと一つの世界を否定することである。使用する言葉を変えることは、生の一つのかたちと一つの世界を変化させることである。新しい言葉（既存の言葉の再定義を通して常に新たに創造される言葉も含む）を集団の内部で選び出すことによって、我々は新しいかたちの社会的生、新しい社会的世界を創り出すことができる。新しい言葉を創り出すこと、また既存の言葉の意味を変化させることは、新しい様々な現実を存在可能にすることである。我々は、最も深遠にしてかつ世間で一般的な我々の人間としての経験を盛り込んだ言葉を絶えず創り出し、そして創り直している。そのような言葉は以下のとおり。**神、宇宙、精神、生、死、変化、物質、原子、細胞、自己、意識、心、体、空虚、無、自然、超自然、不死、善、真理、慣習、法、道徳、規則、義務、権利、悪、犯罪、刑罰、家族、人種、民族、部族、都市、市民、国家、社会、人類、正義、民主主義、人民、自由、平等、階級、意志、愛、力、利益、神話、市場、需要、福祉、哲学、形而上学、科学、歴史、イデオロギー。**

1・12　普遍的な用語集や普遍的な文法書が編纂されたり随時修正されていたりするわけではないことから、我々が我々の世界を創り出していくために使用する言葉のリストには、限界がないように思われる。新しい言葉や、古い言葉に当てはめる新しい意味を生み出していく人間の想像力には基本的に限界は存在しない、と我々は推測する。しかし、同時に、ある所与の時間に我々個々人が実際に手にして利用することのできる言葉や言葉の意味には限界があることを我々は十分痛感している。我々が言葉を用いて自分を表現しようとするときに利用できるのは、ただ手元にある言葉だけであり、それ以上のものではない。我々の持ち合わせている語彙では、我々が感じたり考えたりしたすべてのこと、我々が将来なりたいと思っているすべてのもの、そして、我々の将来の姿として想像できる限りのことを十分に表現しきれないことを、我々は知っている。我々が潜在的な自己を表現しようとしても、我々の語彙が相対的に貧困であってほとんどそれができないことに、我々は無力感を覚えている。また、我々自身が生まれ教育を受けてきた世界の中で使用されている言葉や意味の網に捕われているような感覚を覚えている。そのような言葉や意味は、あたかも、我々が受け入れざるを得ない先天的かつ社会的な運命であるかのような働きをする。そして、仮にこの束縛を克服できる可能性があったとしても、それは、格闘やある種の苦難という代償を払った場合に限られるという、ある意味で限定的な克服でしかない。このように言葉や意味からの束縛に捕われている我々だが、しかし、それを逆手にとることでそうした状況から脱却することもできる。我々は、我々の使っている言葉と意味を変更することができ、それによって、我々自身を、そして我々の世界を変更することができる。我々の使っている言葉と意味——例えば、**社会**や**法**といった言葉が内包する意味——を変更することは、我々自身と我々の世界を、我々自身の手で我々自身のために変更することである。我々の言葉を変更することは、我々の心を変更することである。かくして、我々の言葉を変更することは、我々にとって、新しい生を獲得するために経なければならない一つの死である。

1・13 我々の限られた語彙が持つ束縛的作用は、とりわけ、我々の想像力に対する足かせとなる。我々の想像力は、計り知れないほど豊かであるように思われる。我々の想像力の限界を我々は知らない。また、想像力が想像力自身の限界を想像することはないという仮定を、我々はほとんど当然のことのように受け入れている。我々の想像力は、電気化学的下位システムとしての人間の脳が持つダイナミックな生理的能力の一側面である。想像力を通じて、脳の創造的能力は、我々の**心**や**意識**——脳が自らに対して提示するようなタイプの脳の活動に他ならない——と呼ばれるものの中に、新しい創造の果実を間断なく提示する。

1・14　想像力は、我々の心の中にある様々な内容物の連結系を発生させる。我々は、そのような想像力を駆使することで、潜在的な連結系の無限の連鎖の中から一連の連結系を取り出してそれを利用することができるようになる。一方で想像力は、心の中のあらゆる種類の内容物を連結する電気化学的経路を構築する。そして、想像力の所産は、時系列的な事象であるにとどまらず、一種の空間的広がりをも有しているように思われる。この想像力の所産は、相互に結びついて、不断に拡大し、稠密化するネットワークを形成する。そのネットワークが、想像する脳の生み出す様々な所産の間の相互作用を可能にし、さらに、その相互作用から生まれる様々な所産の間の次なる相互作用を可能にし、さらにその相互作用から……と無限に続く相互作用の連鎖が生み出される。抽象的な思考とはこのような相互作用を通じてこのような非常に大型のネットワークを構築していく過程である、と考えてもよいだろう。したがって想像力とは、心の持つ側面である。すなわち、心の内容物を素材として新しい心（の内容物）創造的を創り出し、そして、その連結と構成と調整を通じて、意識過程の内容物を創り出していく作用なのである。

1・15　〈意識・創造的・意識〉は、相対的に無意識の態様（モード）で機能することもある。無意識的態様というのは、換言すれば、脳の活動の脳自身に対する提示が最小限である状態、すなわち本能、反射神経、感覚などの生理現象に最も近い、自己注視が最小限である状態を指す。また、〈意識・創造的・意識〉は、相対的に意識的態様（モード）で機能することもある。この意識的態様には、脳がその活動の所産を、我々が**言葉**として認識している特定の音や記号というかたちで脳自身に提示する態様も含まれる。また、〈意識・創造的・意識〉は、無意識的態様から意識的態様に至るあらゆるレベルで、あるいは、両者が混在するかたちで、機能することもある。さらに〈意識・創造的・意識〉は、身体的刺激と連携して機能し、いわゆる**感情**というかたちの強力なエネルギーを個々の言葉やその使用に付加することもある。

1・16 したがって、我々が使用している言葉（それぞれの言葉に対応する意味も含めて）の現時点でのストックは、我々の〈意識・創造的・意識〉の現時点での状態を反映したものである。我々の言葉に内包されている意味が、その言葉が我々にどのような実践的効用をもたらすのか、つまり、我々が連続した意識過程の中でその言葉をどのように使用していくのかを決定する。言葉のもつ意味は、ここ当分の間は、想像力の創造的所産を我々自身に言葉という形態で提示する我々の能力に対して実践上制約として作用するであろう。また、我々が他の人と言葉を用いて意思伝達（コミュニケーション）を図るとき、すなわち我々の意識を他の人と分かち合おうとするとき、言葉のもつその制約的効果が一段と強く現れてくることもある。他人とコミュニケーションするときに、我々は単に言葉だけを用いているのではなく、象徴、身振り、その他の非言語的記号（例えば、国歌、国旗、国家元首の肖像、舞踊や行進の特定の型、美術や工芸といった伝統的な形式、敬礼、握手、印章、署名、拳の突き上げ、微笑など）といった複雑で多種多様な表現方法をも使用する。しかし、どのような記号、象徴、そして言葉を使う場合であっても、コミュニケーションを成立させるためには、それらの表現方法が我々にとってのみならず、我々がコミュニケーションを図ろうとしている相手にとっても共通の意味作用を有するものでなければならないという点で、記号、象徴、そして特に言葉が有するコミュニケーション能力は限定的なものでしかないのである。

1・17 したがって、記号の意味が共有されていることが、想像力の産み出す豊穣な所産を効果的に伝達する想像力自身の能力、すなわち、人間同士の間での意識の共有を有機的に編制する想像力自身の能力、に対して付加される重要な制約として機能することになる。コミュニケーションの相手からみるとき、我々自身か我々がその相手に対して語りうることのすべて以上の存在であることは確かであろう。一方、仮に我々が無限のコミュニケーション能力を有していたと仮定すれば、もちろん、我々自身は、我々が相手に語りたいと思うことのすべてには及ばない存在となってしまうであろう。こうして、人間のコミュニケーション能力は、我々人間の社会における可能性に限定をはめるものなのである。

1・18　このように、共有された一つの言語——**言語**という言葉の最も広範な意味において——は、無限の豊かさを誇る人間の想像力が作り出したものを社会内で共同利用することを可能とする卓越した継承財産なのである。一つの言語を共有することは、社会において多用な可能性を共有することである。一つの言語を習得することは、多様な可能性を習得することである。共有された言語に含まれるいずれの言葉も、その過去——それぞれの言葉が社会において用いられていた間に獲得した意味と観念連合の集積体——を内包している。岩石、植物、動物と同様に、そのような言葉はいずれも、それ自身を形成してきた過去の全体を自らの中に携えている。**神、慣習、法、愛、死**といった極めて強い力を帯びた言葉は、次の二つの能力を具備していることを極めて明瞭に自ら示すのである。すなわち、第一に、計り知れないほど長期間の、かつ、濃密な過去をその言葉自身の中に凝集させるという、どの言葉でも持っている能力に加えて、第二に、言葉の内容が千変万化を遂げるにもかかわらずその形式を存続していくという能力、である。言葉の永続性というのは強力な幻想であり、その影響力は、絶え間なく続くあらゆる種類の変化にもかかわらず一種の神秘的な仕方でアイデンティティを保持している岩石、植物、動物、人間のもつ永続性、という幻想と同様に、強力なものである。言葉は、他のあらゆる物質的な事物と同様に、安定性と変化を一つの形式の中に統合することができ、それによって、未来が過去とは異なってくることを許容しつつ、過去を未来に伝達することができるのである。

1・19　このため、社会の歴史は、行為の歴史であるとともに、言葉の歴史であるとも言える。言葉の歴史は、政治、外交、法、経済生活の歴史と同様に説明能力を有している。人間としての我々であれ社会としての我々であれ、その現在の姿は、我々の過去の可能性が現実化したものであり、また未来の我々の姿は、現在の我々の可能性が現実化したものである。言葉の歴史についても同じことが言える。現在の我々の状態は、我々がかつて語っていた可能性が現実化したものであり、また未来の我々の状態は、現在の我々が語ることのできる可能性が現実化したものである。言葉は、社会の歴史を、純化し、結晶化し、具象化し、そして保存するという仕方で自らの内に保有するにとどまらず、それを、社会の力として、すなわち、新しい社会的効果を引き出す原因として、利用しようとする。そういうことで、社会の後続する各世代も、つまりは、言葉の中での、そして、言葉による、言葉の再生成なのである。

1・20　今日まで存続してこなかった言葉や、かつて存在していたのかもしれない言葉は、我々には窺い知る術もない。今日まで存続しなかった意味については、何らかのことは窺い知ることができるかもしれないが、今日まで存続した言葉であってもそれがかつて有していた意味については、その多く（大半ではないにしても）が我々の知りうる状態にはもはやなくなっている。我々が知りうることは、ただ、そのような言葉や意味が失われていなかったならば我々が有していたかもしれない様々な可能性――自己認識の可能性、自己表現の可能性、ひいては、今とは違う個人や社会の存在の可能性など――に接する機会はもはや失われているということだけである。したがって、我々は、今日まで継承されてきた言葉については熟知しているが、継承の糸が切れてしまった言葉や意味についてはほとんど把握できていない。仮に他の言葉や他の意味を生み出していたら我々は全く違った世界に生きていたはずであり、そのような世界が存在していた可能性は数限りなくある。我々は、ここで、次のような相矛盾する二つの事態について、それぞれ遺憾の念を抱くことになろう。まず一方では、人間は人間の意識の継承に対する十分な配慮を怠ってきたことから、再定式化しさらには再学習していくためには追体験を維持していかなければならないという事態についてである。他方では、人間がしばしば、既に死語となっている言葉やその意味のとりことなって陶酔していることについてである。

1・21　今日まで存続してきた言葉や意味は存続のための適性を何かしら有していた、言い換えれば、その時々、その所々での社会的条件に首尾よく適応してきた、と考えるのが適当である。そのため、我々は、今日まで存続してきた言葉に敬意を払って然るべきであろう。そのような言葉は、もちろん、伝達される意識（の一単位）として効果的に他者に伝えられるべきものと人間が考えてきた、特定の意識（の単位）を他者に伝える機能を果たしている。また、言葉には、無限の広がりを持った意識の内部からその一部を取り出して、それを言葉というカプセルの中に入れて新たな存在とする、という作用があるため、今日まで存続してきた言葉は、当然に、人間が、それを認め、他者に伝達することが有益だと考えてきたある種の特異性を他者に伝える作用も果たしている。

1・22　それぞれの言語、そしてそれぞれの時代には、必ず、次のような状況を指示する言葉が存在するであろう。すなわち、**一者と全部と全体、精神と物質、生気と精神と魂と心性、脳と心、認知と方法の認知と事物の認知、意識と良心、知性と理解、事実と正義と真理、理念と理想、善と美、人と市民、人間と人格、法と慣習と立法、社会と共同体、民族と人民と国家、必然と必要と欠乏、愛と友情と愛情と欲望と情欲と性欲**。そのような言葉が存在する場合でも、それぞれの言葉の持つ差異について、その真実性、合理性、実用性、適切性を否定することはできる。しかし、こういった差異化がこれまで行われてきたという事実、また、こういった差異化が人間のこれまでの歴史全体を通じてある程度まで行われてきたという事実、を否定することはできない。

1・23　さらに、ある言葉がその存在を通じて示唆している差異化作用が、何らかの目的の実現にきっと役立つはずだ、と考えても理論的には問題ないだろう。たとえ、その目的自体がいかに人知の及びえない不可思議なものであろうと、また、その目的自体がどの程度まで、想像力と理性の混成した所産であるのか、無意識的な心の過程と意識的な心の過程の混成した所産であるのか、なそうとする意志と幸運な出来事の組み合わせから生まれるものなのか、特定の社会状況とその展開から生まれたものなのかにかかわりなく、そのように言えるであろう。このようにして言葉は力と威信を獲得し、我々の心と生き方を支配するのである。ある言葉がこれまで存続したこと、とりわけ、その言葉が、人間の社会的存在の波瀾の歴史を通じて、意味をいかように変えながらも、存続してきたことはすなわち、その言葉が時間と周囲の状況の抵抗に打ち勝ってきたということ、そして、ほとんど超自然的と言ってもよいような力を示してきたということに他ならない。長年生き延びてきた言葉――**社会**や**法**といった言葉――の力を理解しようと努めることは、ほとんどオカルトの世界に足を踏み入れることであると言ってよいであろう。

1・24　言語の生保全的機能には、建造物や社会制度の生保全的機能に類似したところがある。つまり、我々は言葉で構築された構造の中で生活しているのであるが、このことは、我々がそれ（言葉で構築された構造）以外の人間的居住環境の中で生活し、また、それ（言葉で構築された構造）以外の社会構造の中で生活していることと類似しているのである。人間の社会において、この〈言葉による構造〉は建造物と同様の目的で用いられている。すなわち、

〈言葉による構造〉は、我々の生存を脅かそうとする周りの世界からの様々な危険を遮断し、隣人からの干渉を避け、我々が個人生活を確立し家族の信じる宗教に従い自由に礼拝することのできる住居を調え、社会における共同生活を営む空間を用意し、我々個人や社会の、人間としての繁栄を支える快適さや便利さを備える、こういったことのために用いられるのである。我々は、他の社会制度――政治、防衛、宗教、教育、経済、法――の場合と同様であるが、言葉という制度を用いることによって、意識の奔流を堰き止め、かつ、その奔流を整序して、程度の差こそあれ永続的な形態の〈我々自身の形成〉へと導くことができる。これによって、我々は、過去から引き継いだ比較的安定した快適で便利な生活を引き続き享受できるとの見通しを得ることができ、また、過去の経験を応用することによって、その応用がなければ制御はおろか認識すらできなかったはずの未来に対して、ある程度の制御を及ぼすことができるようになるのである。このときに、これが可能となるのは、我々が〈言葉による構造〉を通じて、未来を受け取るための形式を用意することができるからである。すなわち、意識の中において、未来に具体的な形を与え、それを我々が相互に伝達し合うことが可能となるような形式である。

1・25　言語は、人間が最初に行った自己秩序化である。言語を用いることで、我々は、形をなさない混乱、目的喪失、そして分裂という恐るべき精神状態を回避することができる。言語は、〈意識によって作られた世界〉を制御するために用いる魔法の道具である。すなわち、言語は、意識によって世界を制御するために用いる魔法の道具なのである。

1・26　過去五百年間にわたってみられた社会的意識の大膨張は、集団的思考の生産性を飛躍的に高めてきた。この大膨張は、我々の過去の経験（とりわけ意識の過去の状態に関する）を蓄積し修復する能力が目覚ましい向上を遂げたのに呼応して発生した動きである。十五世紀の活版印刷の発明を機に、言葉は、過去の意識を保持し他者に伝達するための手段として特権的な地位を占めるようになった。しかし二十世紀に入り、視覚メディアの隆盛——写真、映画、テレビ——、そして、コンピュータ（コンピュータ言語という特殊な言語の使用による〈言葉による意識〉から〈数字による意識〉への変換能力を持つ）の発展がみられるようになると、もはや言葉は、意識の保持や伝達の手段としての比類のない地位を失っており、さらに近い将来、その地位が、視覚的、準数学的な表現形態、また現時点ではまだ発明されていない他の何らかの伝達形態、に取って代わられるという可能性も出てきている。しかしここでは、本章において我々が最も関心を寄せている、社会の自己認識と社会の自己秩序化こそが言葉の最後の本拠地になるだろう、という見通しにとどめておくのが無難かもしれない。

1・27　このように、言葉という形態による情報の蓄積および修復が効率のよいものであったことから、我々は、我々自身に関する情報の膨大な量の蓄積を手にすることになった。我々は、我々が過去にたどった意識の様々な状態について、また我々の過去における社会的経験について、膨大な量の情報を持ち合わせている。我々は、比較的長期にわたる、かつ様々な形態の社会における、全世界の人々の意識や社会的組織化について、膨大な量の情報を持ち合わせている。そしていま、過去数世紀間の、とりわけ二十世紀の、あらゆる熱狂的な社会的・知的活動を受け継いだ我々は、過去のいかなる世代とも違う特異な状況下に置かれている。今日の我々は、全人類で構成される社会なるものを理解しようとする上で、過去のいかなる世代と比べても比較にならないほど有利な立場にあるが、同時にそれは、我々にとって、次に述べるように、重荷ともなっているのである。

1・28　我々は既に多くのことを知っており、知り過ぎていると言ってもいいほどであるが、その半面、我々はますます物事を知らなくなってきているとも言える。我々が手にしている資源はかつてないほどに豊かなものであり、人間の自己認識、人間の自己理解、人間の自己秩序化、人間の自己超越、の新しい可能態を生み出している。一方、我々の社会的経験や知的活動は、その量と強さを大いに増しており、もはや、それを消化して活用する我々の能力をはるかに超えてしまっている。しかも、このような状況が生じたのは、折しも、個人的および社会的なレベルにおける自己秩序化に関する諸問題が、未曾有の規模、複雑さ、脅威、緊急性を提示している昨今においてであった。すなわち、二十世紀末の今日、我々自身が生み出す言葉の洪水によって翻弄されて、それから生じる、解決することはおろか我々の理解できる範囲すら超えているかのようにみえる諸問題の圧力に屈し、我々が、ある種の集団的痴呆の状態に陥ってしまう可能性があることは十分に認められるのである。

第二章　社会と理性

2・1　社会では、言葉が共有されている。社会では、理性も共有されている。理性とは、自己秩序化的意識である。社会とは、共有された〈意識・秩序化的・意識〉である。

2・2　無限の豊かさをもつ意識の間断なき流れが、意識によって言葉の形式で固定されている。しかし、意識は、これには止まらず自らにとって特別な意義を有する形式によって言葉と言葉とを結合する能力をも有する。すなわち、意識は観念を創造することができるのであるが、ここで「観念」の語は、正確を期して以下のような特定の意味で使用されている。すなわち、観念とは、意識の（いくつかの構成）単位を集合したものである。そして、観念の、意識内部における効果は、それに含まれている（いくつかの意識）単位がそれぞれ生み出す効果の総和より大である。いくつかの言葉が一定の仕方で結合されるとき、観念を形成する。したがって、観念は、その構成要素たる言葉の観点から見れば**複雑**であるが、その全体としての効果は**単一**のものである。観念の構成要素は、（言葉ではなくて）別の観念であることもある。その場合でも、この複合的な観念の生み出す効果は、その構成要素たる観念に含まれる言葉の生む効果の総和よりも大である。このようにして、人間の心は、小の観念（例、**太陽が輝いている**）から最も幅広い内容の観念――例えば神話、宗教、科学、法といった巨大な観念――までをも包含する深遠な観念構造を構築することができる。

2・3　第一章で検討した意味において、言葉それ自身が精神の有するエネルギーの集合である。言葉は意識の内部で大きな効果を生み出すために、そのエネルギーを放出することができる。そのため、観念は、複数の言葉で構成されている場合、それらの言葉が有する潜在的なエネルギーを必然的に有することになる。例えば、次の四つの言葉――**すべての、人間は、自由に、生まれる**――は、人間の意識の内部において強い根本的な力を有する言葉であり、それぞれが人間の経験すなわち〈意識・創造的・意識〉が計り知れないほどに集積されたものである。これらの言葉の有するエネルギーが一つの観念――**すべての人間は自由に生まれる**――に統合されるとき、その観念の持つ総エネルギーは個々の言葉のエネルギーを変数とした関数として捉えられるが、それらの単純な総和よりも大きくなる。言葉は、他の言葉といくらでも組み合わせて使うことができる。しかし、言葉は、特定の構造に結合されるとき、それに見合った一定の効果を生み出す。これが、観念に特有の融合エネルギーである。社会は観念の融合エネルギーを多く用いることで自らを構築・維持・発展することから、観念の融合エネルギーがどこから生ずるのかは我々の関心事となろう。社会は、観念によりエネルギーを与えられる。社会は、観念のエネルギーの吸引力によって生成される。社会は、観念の結合エネルギーにより維持される。社会は、観念の爆発性のエネルギーにより破壊される。

2・4　上に示した**観念**の規範的な定義は、言葉による構造にのみあてはまるものではない。重要な構造が意識の他の単位、とりわけそれほど意識的ではないレベルの素材から形成されることがある。そのような場合、心はその内容を自らに対して提示することはなく、自らが活動中であると感じてもいない。審美的経験、夢、感情の高まり、直観する瞬間といった意識の単位は、それ自身が複雑な構造であり、一定の仕方で結合された多くの構成要素を含み、そして、その各構成要素の有する効果の総和よりも大きな効果を有する。このような構造は**言葉によらない観念**と言える。かかる構造それ自体に、その構成要素として、言葉による観念も、言葉によらない観念も含まれている。

2・5　ただ一つの言葉――否、単一の大衆への感情的な訴え（センセーション）、イメージ、感情表現ですら、――心の働きによって、他の言葉や観念のネットワークを含むある文脈と結びつくことによって、一つの観念としての効果を持ちうる場合がある。国旗、「突撃！」という言葉、愛し合っている者たちの微笑み、夜の闇に聞こえる叫び声、キノコ雲、よく知られているトレードマーク――こういったものは、非常に複雑な**連想により導き出された観念**を喚起するものであり、それは、言葉で表現することができるものの、しばしば、言葉のみでは十分に表現しえないであろう観念である。人間が日常的に意識を秩序づける際に用いられる、言葉による観念、言葉によらない観念、および連想により導き出された観念という、三つの形式の観念の割合は個々人によって異なる。しかしながら、少なくとも言えることは、すべての人間が〈意識・秩序化的・意識〉のこれら三つの形式を必ず経験している、ということである。

2・6　こうした、観念を統合された構造として捉える見解は、必然的に以下四点を含意することになる。（一）心（人間の脳――その、脳自身に対する作用が意識という形をとる）は、統合という手段によって複合的な観念を創出することができる操作システムを有する。（二）心それ自身がそのようにして形成された観念に反応することができる。それによって、観念自体が、新たな観念の生成に積極的に参加できるようになる。（三）ある観念の内部における、その構成要素間の一定の配列の仕方が、その観念に特有の融合エネルギーを発生させることになる。（四）観念に特有のエネルギーを生じさせるものは、形式と内容の両面からの作用であり、特定の内容が、特定の形式（文法的、文章論的、意味論その他）で組み合わされていることによる。また、心の観念を形成する能力には、第五の基本的な側面があり、それは、心についての定義からの推論というよりは、事実の観察に基づく仮説というべきものである。すなわち、（五）観念は、個々人の心の間で伝達可能であり、したがって、個々人の意識の間で共有可能である。このことは、同時に、以下のことを含意する。（六）心は、他者の心が反応しうるような種類と形式の観念を作り出すことができる。（七）心は、他者の心の中で生成された観念を利用することができる。以上により、最後に、次の推論が導かれる。すなわち、（八）人々の間で脳の構造および機能上の同一性を想定するとき、それと並行して――少なくとも観念の伝達や受容を考慮に入れるために必要な限りにおいて――、人々の心の間には機能上の同一性が認められる。かくして、意識の共有という状態（これが、すなわち「社会」と呼ばれるものであるが）は、言葉の力が共有されていることにとどまらない。そこでは、観念のもつ神秘的な力も共有されている。

２・７　意識の顕著な特徴は、その**反省的性質**にある。意識は、その活動中に自己自身を注視することができる。意識は、あたかも外部の何ものかの活動について調査するかのように、自らの活動について意図的に検討を行うことができる。心は、自らについての検討中の自らを検討するという、特筆すべき能力を有する。心は、学習の過程を学ぶために、現に学習中の過程を利用することができる。心は「観念」という観念や、「観念の形成」という観念を形成することができる。このことは、心が、観念の生成あるいは生成された観念の受容といった出来事が去来する単なる受動的な場にとどまらないことを意味している。心は自らの活動に主体的に参加する。さらに、心は、自らの活動の所産を記憶という形で貯えておくことができ、それによって、すべてを初めからやり直さずにすむのである。とりわけ、心は、心にとって有用なもの、心の属する身体システム全体にとって有用なもの、および自らが所属する社会の共有意識にとって有用なものを、保持しておき再使用することができる。これらのことすべてがもたらす驚嘆すべき帰結は、心が**自らの活動を秩序立てる**ことができるということである。さらに、このことは、心が意識の共有を通じて、社会における意識の共同的な秩序化の過程に参加できることをも意味している。つまり、社会とは、意識の共同的な秩序化なのである。

2・8 意識の自己秩序化的能力は、伝統的に**理性**と呼ばれてきた。人間の理性は、これまでも、また今後も、理性自身にとって厄介な存在であり続けよう。原則として、理性は、決して、自分自身満足のいくように自らを説明できないであろう。というのは、そのためには、意識が自分自身に対して満足のいくように自分自身を説明するという、ゲーデルの不完全性定理（注3）を越えることが求められるからである。とはいえ、人類はこれまでのところ、人間意識の活動がつまるところ恣意的ででたらめなものであり、単に受動的で機械的なものにすぎないという正反対の議論を受け入れていない。意識は、その通常の機能の一部として、諸々の観念を集め、解体し、再び組み立てることで、観念を操作し、それによって観念を秩序化することが可能であるように思われる。

（注3） ゲーデルの不完全性定理は、一九三一年にゲーデルによって発表された数学基礎論における重要な定理。

2・9 これまで積み重ねられてきた人間の思考の歩み全体にわたって、反省的な意識は、意識自身を信じることと同じ程度に、意識自身を疑うことに多大の努力を払ってきた。理性は、繰り返し、理性を疑おうとしてきた。理性が常に自らの働きに抗うことが、まるで理性の働きの欠くことのできない一部であるかのようにである。一方、意識は、自己秩序化の一側面として、大きな観念構造を絶え間なく構築してきており、そこでは、個人的意識および社会的意識の存立のための十分に確立した基盤が提供されることがきわめて明確に確認されるのである。他方、意識は、かかる肯定的な観念構造の妥当性を疑問視し、確実性を疑い、かかる自己秩序化の可能性すら疑問視する別の観念構造体をも絶え間なく構築してきたのである。

2・10 現存している記録により証明されるように、過去五千年にわたって盛んに行われてきた意識の反省的活動は、人間の自己探求の過程でもあった。意識のかかる活動は、心のもつ統合化的傾向と分解化的傾向という両極の間での不断の相互作用・対話・格闘という弁証法的過程であった。その結果は、人類がいかなる点においても疑いの余地のない程の確実性のある状態には未だ達していないが、さりとて、決定的かつ完全な不確実性の状態にも落ち込んだわけでもなく、この両極端の間で確実性と不確実性の実に多種多様な程度を経験している、ということである。

2・11　これらの事実は、人間社会の歴史に次のように決定的な結果をもたらした。第一に、理性の力の明らかな制約を埋め合わせるために、あるいは、確信的な主張、とりわけ宗教的な確信や、さらには人種的、社会的、道徳的な確信を強制するために、実力が幾度となく用いられてきた。第二に、個人や社会は、こうして得られた確信を守るために、それを否認する人々に対して必要ならば死をもって抵抗し、とりわけ大事にしている確信や信念の擁護のために、実力に対しては必要ならば実力でもって立ち向かってきた。第三に、人々は、日常生活において、平均すると、相対的に確実性と不確実性との間で揺れ動く不安定な均衡状態に置かれており、そのため、心の推論能力を働かせることよりも、直観的、経験的あるいは実践的な判断を下してしまうという、代償作用的な傾向が発生している。ほとんどの個人にとっては、人間の条件という終わることなき無限に変化する挑戦――それは、自己超越的な瞬間や自己否定的な疑いの瞬間によって時々中断される――に対して、熟考されていない打算に基づく自然発生的な行動が、たいていの場合、その場に最もぴったりした反応であったように思われる。そして、これが、多くの時代を通じてたいていの人間社会において行われてきた、人間の社会的条件に対する平均的な反応であった。

2・12　二十世紀末の時点で、人間の信じる能力および疑う能力について夥しい量の根拠を我々は有している。歴史上の多くの異なる時代や、多くの異なる文化を通じて、そして多くの異なる人間のタイプや社会の形態に応じて形成された哲学についても、我々は入手しうる限りで圧倒的な情報量を有している。我々がともすれば、利用しうる観念の豊富さ、多様さ、不確実さ、それら相互の矛盾に圧倒されてしまいそうなのが現代における危険である。人間の確信と不確実性についてのあまりに多くの証拠に直面して、我々には、一種の絶望感、すなわち、人間の意識の自己秩序化の根本的能力についての絶望感に屈服してしまう危険すらある。愛すること、希望をもつこと、信じること、推論すること、これらの人間の根本的能力について絶望することが、あらゆる絶望の中でも最も人を駄目にする形態である。

2・13 しかしながらもう一つの可能性もある。人間の意識の内に保持され、今日、我々が利用可能な経験の豊かさによって、今や、我々は、〈意識・熟考的・意識〉の長い歴史――そこでは、意識は、自らを超越し、かつ自らを秩序化する能力を、支持してきたり、疑ったりしてきた――を通じて、人間の意識の働きについて評価を行うまたとない機会を有している。そして〈意識について考える意識〉により作り出され、累積的な社会的意識の中で生き延びてきた、すべての観念の構造（すなわち哲学）から引き出される圧倒的な印象自体を、我々は、今や、自らの意識の内にある観念として検討することができるのであるが、それは、まったく希望を見出せないほどに不確実で混乱したものではない。それどころか、観念の構造（哲学）は、それ自身あるいは我々の心におけるその効果によって、反省的で再帰的な人間の意識――すなわち、自らが存在するところの宇宙について省察する意識であり、また、自己自身について省察する意識――の素晴らしい力を、生き生きと表示する。理性は理性を疑うと同時に、理性を肯定もする。

2・14 人間の意識が、自らの力で自己秩序化できる能力を有することを疑問視する傾向のある、七つのタイプに大別される考え方が存在する。とはいえ、それら自体が、自己超越的で自己秩序化的な人間意識の最高の成果に属する。

２・15　第一に、自己や個人の意識が幻想にすぎないことを強調する考え方は、それ自身、幻想の持つ自己組織化的な力についての印象深い例証となってしまっている。この考え方は、（たとえ、我々が、我々の意識の中にあることの幻想性を超克すること、ないしは、それから抜け出すことが、生涯を通じての必須の目的であるとしても）なお、我々が現在の生を意識的存在として生きるべく運命付けられているということを認めてしまっている。かかる考え方をする意図は正しくは次の点にある。すなわち、意識を超越するすべてのものの観点から見て我々の意識がどのようなものであるにせよ、意識を超越するすべてのものが存在するという現実に我々の自己意識を少なくとも適合させようとする範囲で、我々が、我々の意識を、そのあるがままの姿で、意識できるようになることである。

２・16　第二に、意識の意識的なレベルでの作用において、無意識が主体的かつ決定的な役割を果たすことを強調する人間心理についての考え方があるが、これ自体が、自らについて反省し、かつ、その反省を秩序づけることのできる意識の所産に他ならない。実のところ、この考え方は、例示的に、あるいは意図的にでさえあるが、意識の上述したような部分（**無意識**という不適切な名が付いている）との関連における反省的意識の秩序化的能力を力説するが、その意識のこの部分は、当の意識自身に対しても、また、他者の意識との間であろうとも、明確な意識の伝達ができないものである。このような考え方は深層心理学に属すると言えよう。この立場によると、意識は無意識の部分に少なくとも到達することができ、そして、無意識の活動のいくらかを伝達可能な形式（言葉、芸術作品あるいは他の形式）で表すことができ、また、それによって、伝達不能なものが、伝達可能な形で表現されて、意識的な活動に影響を与えることができるという。さらに、この立場によると、意識が、意識自らの無意識的な活動によって、奇妙なことに意識の自己抑圧としてみなされているものから（まるで意識が自らにとってある種の敵であるかのように）自らを解放できるとさえ、この立場は主張する。しかし、この考え方は、我々の日常生活の小さな構造は言うまでもなく、社会の巨大な構造に至るまで、それらがいかに自己欺瞞であるにせよ、次のような前提に立って活動していかなければならないことを認めているのである。すなわち、かかる構造が、無意識的な心の活動にとってのみならず、(無意識的な活動をいくらか理解することによって自らを啓蒙する能力を含めて)意識的かつ自己秩序化的な心の活動にとっての舞台である、という前提である。

2・17　第三の、人間が自らの生活を組織するために非常に熱心に依拠してきた確信の根拠をすべて疑う、という知識を奉じる考え方は、たとえ、その考え方が、自らの究極的かつ本質的な無秩序を認識することが自らの秩序化能力の限界であると明言ないし暗示するとしても、それ自身、反省的意識の秩序化的能力の印象深い例示にすぎない。意識は、少なくとも、自らの自己秩序化的能力の限界内であれば、また、意識が前提としている確信にもともと認められる相対性についてやそもそもこういった確信の存立可能性について認識できる範囲内であれば、自らを秩序化する能力をもつと、この考えは主張する。次に、この考えは、意識が、かかる認識を、伝達可能な言葉や観念を通じて、他者の意識と共有できると明らかに信じ込んでいる。最後に、この考え方は、我々の確信の不確実性を認識することが、個々人の意識および社会的意識の双方にとって治癒的効果をもつものと、明らかに信じ込んでいる。要するに、このような類の考え方は、哲学なるものの不確実性を奉ずる哲学(反哲学)なのである。

2・18　第四の、伝達の手段としての言語が曖昧で幻想に満ちたものであること、したがって、理性によって秩序づけられているとされる観念を含めて、言語の形で表現されるあらゆる観念が幻想に過ぎないことを強調する、言語についての反哲学的な考え方は、それ自身が言語化された観念構造体の形式で表現されているという点で矛盾を来している。この構造は、意識の内部に蓄積されて、他の観念を変更するための観念として作用し、また諸意識間で意思伝達がなされるように作られているのであるが。この考え方は、言うなれば、哲学なるものの不可能性を説く哲学（反哲学）である。明らかにこの考えは、意識の思い込み（自己理解）やかかる思い込みから派生する行動を修正することを目指して提示されている。したがって、明らかにこの考え方が目指している目的は、一般的な懐疑主義理論と同様に、説明を要するすべての問題についてひたすら沈黙を守ることを我々に要求することではなくて、意識が自らを表現する際によく用いられる、言葉という形式の性質や限界をより良く理解することによって、我々自身についてより良く理解し、さらには我々の精神的経験を豊かにすることが可能になることである。つまり、この考え方は、その意味において虚無主義的というよりは治癒的なアプローチであるというべきである。

2・19　第五の、我々がそのただ中に放り出されている宇宙の永劫の開示を目の当たりにしての受容、諦念あるいは沈黙に基づいた考え方は、人間なる卑小な意識の中心による認知・選択行為になんらかの影響を与えようと努める。この考え方が、宇宙というものを、すべてを包含する秩序の領域であるとか、超自然的力の言葉で表しえない意志により支配される領域であるとか、不知の入り込めない暗雲の背後に隠されている神秘であるとか様々に認識するとしても、そのような考え方は、いずれも、その基礎にある哲学的観念が、それを観念として意識に取り入れる人間によってのみ独占されるべきものではない、という前提に立っている。この考え方は、次の点を、明示的にせよ黙示的にせよ認めている。すなわち、人間の意識が、自己超越することによって、他者の意識との間で意思伝達を行い、そして、個人的および社会的双方のレベルにおける観念および行動の適切な修正に導くことができるような仕方で、自らの無知や不能を形成し、再形成することが少なくともできる、ということである。要するに、このような類の考え方は、哲学というものの無能力を説く哲学なのである。

2・20　第六に、社会状況が社会の構成員の意識に対して有する圧倒的な力を発揮すると説き、個人の意識が原因と結果という社会の潮流の中を流されていく社会過程の展開を主張する考え方があるが、これも、必ずしも、意識が自らの参加する過程についての理解を形成することができ、実際かかる過程の将来における発展に関与する能力を有することを否定しているわけではない。また、この立場は、社会的エネルギーが効果を挙げるのは人間の意志および行為という形式においてであって、社会がそのような形式をもつダイナミックな過程であるということも否定しない。この立場は、つまるところ、個人および社会の両レベルにおいて自己秩序化的意識が、社会の漸進的発展とそれによるすべての意識の漸進的発展における役割を認めており、かつ、それに依拠しているのである。換言するならば、この考え方は、人間の意識の営みとの関連において決して虚無主義的ではない。実際に、この立場を唯物主義的とか決定論的と評することはできない。要するに、これは哲学の社会性を重視する見方なのである。

2・21　最後に、第七の考え方が取り上げられるが、それは、心とか意識という観念そのものが無用なフィクションであること、また、心とか意識は脳と神経系統という生理学的現象の物理的機能に過ぎないとする説明や、脳の活動は、生命体の機能に属し、生命体としての行動様式の一つに過ぎないとする説明以外に考慮すべきものは何もないこと、を論証しようとする考えである。つまり、この考え方によれば、かかる生理学的な機能は、物理的現象、生理学的現象や生物学的現象に適した研究方法の枠内で考究され、説明されるべきものなのである。たしかに、意識それ自身は問題となっている物理的、生理学的かつ生物学的な現象――つまり、脳と神経系統――の機能の一側面ではある。意識についての意識――脳が、「自らを意識として自らに対して表出していること」の意識として自らに対して現出すること――は、正確に言えば、一つの事実、すなわち、人間という名をもつ動物の物理的機能、である。しかし、この意識は、正しく単なる脳と神経系統の物理的機能以上のものとして、意識それ自身に対して現出する。そして、このような「心」の存在を否定する哲学は、それ自身、かかる自己認識的な意識において着想され、かつ、かかる意識を対象としたものである。

2・22　脳と神経系統についての、あるいは、人間という生命体全体についての物理学的説明が、意識という現象——つまり、脳がその活動を自らに対して系統立って表出すること——を全く無視する形で脳についての説明としての地位を確立することは、予見できる将来において、ありそうに思われない。ここ当分の間は、意識が独立して存在することに疑問を呈するこの考え方は、脳が思考することとは、脳が現に学習していることを（直ちに）行っていることである、という事実の提起する深遠な問題に光を当てるという効用がある。つまり、この考え方は、哲学の自己超越性についての哲学なのである。

2・23　要約すると、これまでの〈意識・熟考的・意識〉の長く込み入った説明には、以下のような共通の土台が含まれていると言えよう。（一）人間の反省的意識は、自らの内にある自己秩序化の過程を認識している。その過程には、意識それ自身についての一般理論および、おそらく現実全般の性質についての一般理論（現実の、意識を除いた残りの部分が、究極的に意識と、性質上、同一であると認識されると否とを問わず）が、たとえ言葉で完全に表現できないにしても、究極的には含まれていなければならない。（二）人間の反省的意識は、また、社会全体の生も含めて、日常生活の営みにおける人間の行動に向けて注がれるように明白に意図されているし、期待されてもいる過程である。言い換えると、理性は、観念がいかなる人間の特定の行動にも関与している限りにおいて、人間の意志および行為に影響を及ぼす、ということである。（三）言葉や他の観念あるいは他の意識の構成単位からの観念の形成は、明らかに、ある過程を含んだものである。その過程は、意識の内部に属するが、しかもなお、自己超越しようとする意識を内に含んだ過程である（この努力によって、意識は、すべてを包含する意識という新たな状態へと自らを導き入れることが可能になる）。

2・24 意識が自己理解の長い努力において自らについて考えてきたことすべてを踏まえて、我々は、自己秩序化的意識を説明するための仮説として、意識の作用の特定の様式として**理性が不可欠の形式であること**を確認すること、を提案することにしよう。この仮説は、個々の人間の心における理性の働きのみを対象とするものではなく、理性の社会的側面、すなわち、社会における意識の社会共同的秩序化をも包含するべきであろう。

2・25 ここで取り上げられてよいのは、次のような事情である。すなわち、意識が、自らを二つの関連する過程によって秩序づけていることであり、その一つは観念一般の形成と制御に関わり（**理性を用いて考え論ずること**）、もう一つは観念が大きく統合されてできた構造の形成と制御に関わるもので、本書では後者を**理論**と呼ぶ。前者の過程は、個々人の意識の中で生ずるものであるが、意識の共有状態（すなわち社会）において社会的に行われることもありうる。後者の過程は、個々人の意識が社会という共同の自己秩序化（すなわち社会）に参加することに伴い、主として社会による意識の共有状態において生じる。こういった過程は、社会が常に発展し、しかし決して完成することのない、社会〈自らにとっての現実〉を構築するときに頼りとする手段である。ここで、社会〈自らにとっての現実〉とは、そこにおいて社会が存続し繁栄することを目指す理想的な現実をいう。

2・26 理性を用いて考え論ずることとは、統合過程の一つである。理性は、構造を有する。諸観念の統合とは、以下の三種類の座標軸に関連した統合過程である。ここでいう座標軸とは、時間が意識によって意識自身に提示されるときの三つの段階（過去、現在、未来）を類推した概念である。（一）意識は、ある特定の観念を、同観念を生み出した意識の構成単位に関連付ける。本書では、これを**起源**の座標軸と呼ぶ。（二）意識は、観念を、他の既存の諸観念に関連付ける。本書では、これを**現実**の座標軸と呼ぶ。（三）意識は、観念を、様々な可能態（観念そのものの可能態を含む）と関連付ける。本書では、これを**可能性**の座標軸と呼ぶ。

２・27　観念の**起源**の座標軸が仮定上必要であるのは、次の理由からである。すなわち、（一）何もないところから観念が完全な形で形成されることはない。観念を構成する要素は、また、同観念の生み出す効果に不可欠の部分を構成する。観念のもたらす効果の一部は、同観念を生み出した背景や文脈、すなわち、いわば遺伝形質によってもたらされるのである。あらゆる観念は、意識の中の他の観念や、他の事象にその起源を有するのであり、とくに言葉や、それに集積された並外れた力にその起源を有するのである。言語化された観念が効果を有するのは、言葉が第一章で検討したような形で機能するからである。すなわち、意識の一般的な流れから抽出された特定の意識の（構成）単位を、言語化し、そして、伝達するという言葉の能力によってである。これに比して、言語によらない観念または連想により導き出された観念の効果は、（そういった観念を生み出し、また、そういった観念にその効果を付与する機能を持つ）より濃密で不透明な背景と文脈、すなわち、より複雑な遺伝形質によってもたらされるのである。

２・28　観念の起源の座標軸が、同じく仮定上必要であるのは、（二）分析のメカニズムからである。すなわち、起源の観点から分析することによって、統合によってもたらされた観念を、一個の全体としてだけでなく、その構成要素の集合体として、思考作用の対象とすることが可能となる。起源の観点からの分析によって、観念の構成要素を個別に思考の対象とすることもできるし、それら個々の構成要素の統合体として思考の対象とすることもできる。もしそれら構成要素自体が観念であれば、起源の観点からの分析によって、その複合的な観念を解体し、その構成要素たる観念、さらにその構成要素……といった具合に解明を遡行していくことが可能となる。また、起源の観点からの分析によって、こういった観念の構成要素やあらゆる下位の構成要素を、統合された観念には含まれていない意識の諸（構成）単位と関連付けて、思考作用の対象とすることが可能となる。この意味において、あらゆる観念は、存在であり、且つ、不存在（すなわち、統合された観念の中に含まれていないすべてのもののように、影としての存在）である。

2・29 観念の起源の観点が、同じく仮定上必要であるのは、(三) 綜合のメカニズムからである。観念は、単に統合体であるだけではなく、構造である。したがって、ある観念についての思考にあたっては、同観念の構成要素たる（下位）観念へと解体したり、それらの（下位）観念が生じた文脈を知らねばならないだけではなく、それらの構成要素たる（下位）観念が統合された（複合的な）観念の中において、どのようにして相互に関係をもたらされたのか、すなわち、観念形成プログラムについて知らねばならないのである。

2・30 科学の帰納的方法、数学の分析過程、論理学における演繹過程、一言語から他の言語への翻訳における基準、絵画の描法における遠近法の原則、芸術一般における審美的習律、感動および感情の記録と伝達、義務の認識、信念に分類される確信の認識——これらはすべて観念形成プログラムの例であり、そして、このプログラムが、生み出される観念についての判断に影響を及ぼす。すなわち、そのような個々の観念形成プログラムによって観念が構築され、伝達されるようになるばかりではない。同プログラムは、判断または統制のためのメカニズムでもある。我々は、ある観念を判断するにあたって、その内容に基づき判断を行うばかりか、同観念の形成過程に基づいても行うのである。

2・31　観念の**現実**の座標軸が、仮定上必要であるのは、観念が一旦形成されたのであれば、意識の中に蓄積された他の諸観念と接触に入らねばならないためである。人間の思考作用としては、共に存在する複数の観念間の相互作用に対処する方法を持たねばならない。ここで事実であるように思われることは、思考作用が、自らの中に見出す諸観念間の抵触、非一貫性、矛盾または非両立性を減じようとする傾向を特に有することである。思考作用は、自らの中に観念を形成すると、それを、多くの他の観念——同一の起源の次元に由来するものであるか否かを問わず——と関連づけようとする。諸観念が抵触したり、一貫性を欠いていたり、緊張状態にあったり、矛盾したり、または非両立的である場合、ある種の苦悶、苦痛、または不協和音を伴うのである。

2・32　しかしながら、このような緊張緩和過程に対しては、三つの機能制限的な原理も同時に妥当するであろう。(一) 第一の制限的原理とは、思考作用が、少なくとも意識のレベルまたはそれに近いレベルでは、ある観念と潜在的に抵触する他の観念にすべてあたるという全体的な探究はできない、という原理である。この探究の過程の多くの部分、おそらくその大半が、非常に低い意識のレベルで行われることは疑いのないところであるので、探究がどこまでなされたのかを、とくに意識の痕跡が消失した後では、意識レベルで知ることは不可能である。しかし、ここで明らかに事実であるように思われることは、完全に無意識下でなされた発見によっても、思考作用における抵触に起因する苦悶、苦痛、又は不協和音が生じうる、ということである。そのような場合には、その抵触の内容を言葉で表現できなくとも、真実ではなく、正しくなく、善いものではない何かがそこに存在することを、我々は**単純に知っている**のである。それゆえ、我々が個人または社会としての判断にあたってしばしば依拠する「直感」または「経験」と呼ばれるものは、思考作用の中で自動的に行われ、我々の意識のコントロールが多かれ少なかれ及ばないものであるが、一種の選別過程の機能を果たしている。

2・33　(二) 第二の制限的原理とは、観念間の抵触の存在が見出される場合であっても、思考作用は、ある程度の抵触とは折り合う能力を有するであろう、という原理である。もちろん観念の抵触のうち、ある種の抵触とくに起源が類似した観念間の抵触は認められない。(例えば、神が存在するという信念と、神が存在しないという信念。物理的宇宙はニュートンの諸原則で説明可能であるという帰納的な仮定と、それでは全く説明できないという仮定、のように)。そして、起源が異なる観念間の抵触でさえ、ある特定の人々やある特定の時代を想定すれば、多くの苦痛を生み出すかもしれない。(例えば、人間は道徳から自由な行為者であるという観念と、原則として宇宙におけるあらゆる結果は特定の原因を有するという仮説。人間は高等な霊長類から進化したという仮説と、人間は神の特別な被造物であるという観念。男女の間の恋愛は本質的に形而上学的意味をもつ結合であるという観念と、恋愛は生理学的な付随現象にすぎないという観念、のように)。

2・34　(三) 第三の制限的原理とは、観念間の抵触が生産的なこともありうるという原理である。思考作用が、観念相互間の内容上の非一貫性や非両立性に直面した場合に、その抵触を排除しようとも、単にそれを黙認しようともしないことがある。すなわち、意識はこの抵触を超越しようとして、相互に抵触する諸観念を利用して新しい観念――この新しい観念は、抵触する諸観念の総和以上のものであって、これらの観念を単純に否定することではない――を創造することがある。このようにして、意識は、総体として、緻密さと複雑さを増すことができるのであり、それは、既存の観念の内容を単に再配列するということによってなされるのではない。とくに、想像力は、理性に対して相矛盾する観念を提供することができ、そして、この相矛盾する観念が、理性によってその後に形成される観念の豊饒な源となるのである。

２・35　要するに、以上から我々が言えることは、自己秩序化的意識が次の傾向を有することである。すなわち、意識は、その内部にある抵触を解決しようとし、また、自らの中に統合された均衡状態を実現しようとする傾向を有し、ある程度の内部的抵触を黙認する傾向を有し、その内部的抵触を自らの内容を豊かにするための手段として利用しようとする傾向を有する。

２・36　この抵触と均衡の際限なき繰り返しのゆえに、第三番目の座標軸すなわち**可能性**の座標軸が、仮定上必要となる。思考作用は、物ではなく、状態でもなく、過程である。思考作用は、途切れなく連続した状態であり、際限なき過程であり、一瞬たりとも同じものではなく、人生全体を貫徹している。それゆえ、思考の中に現に存在する観念とは、当該観念を生み出した素材に始まり、それが、想像力の働きによって、予測できないほどに豊かな潜在的思考へと変容する過程における、不断に生まれては消える点に他ならないのである。現に存在する観念は、いずれも、将来現実化する可能性のある無数の観念の（これまた）可能的な構成部分である。それゆえ意識が自らの中にある観念を判断し、統制し、秩序化するにあたり、思考作用の中に**現在あるものが**、多少なりとも形を変えた存在としてか、あるいは非在（たまたま今は存在していない）としてか、いずれにせよ、**今後もあるであろう**ことを、意識は知っている。我々が観念を修正したり、認めなかったり、忘れたりすることはあろう。しかし、たとえ我々がひとつの観念を保持し続け、一見したところは変更はないとしても、その全体的効果は必然的に変わりうるのである。なぜならば、観念の効果は、不断に流動している意識の内容物の中の、当該観念を除いた部分と、常に相関関係にあるからである。

２・37　我々の有する観念が、我々自身の作り出す現実の一部となっている、ということも、我々は同様に知っている。そういった観念は、我々にとって意識の一部であり、それゆえ、我々の意識の中にあっては我々にとっての〈存在するものすべて〉の一部を構成している。我々は、観念を創り出すことによって、我々にとっての現実を創り出す。我々は、我々自身の現実を創り出すことによって、我々の意識を創り出す。こうして、我々は、我々の意識を創り出すことによって、我々自身を創り出す。

2・38 それゆえ可能性の観点から見た意識の秩序化は、次のような意味における、一種の実践的な自己統制である。すなわち、それは、我々が、所与の観念を、我々の内部において効果を発揮する可能性をもった要素（原因）として、保持していることが我々に対して与えうる影響を常に意識しつつなされる、自己統制である。例えば、特定の宗教的信念を持つことは、それ以外の無数の観念との調整を（それらの観念のいくつかは、一見すると、当該信念とは関係が極めて薄いように思われるものであるかもしれないが）伴うであろう。すなわち、ある特定の宗教的信念を持つことが、美的観念または道徳的観念または社会的観念に影響を与えることになろう。また、我々が特定の人物について、あるいは、特定の人間集団または階級または人種について――特定の観念を持つとき、それ以降の時点における当該人物やその他の人々との関係における我々の思考または行動が、影響を受けることになろう。逆に、我々が特定の信念、観念または態度を採用しない場合には、それはすなわち意識の中の抵触を解決するという内面的努力を行わないことであるが、その後の我々のあらゆる意識状態の可能態がすべて修正されることになろう。

2・39 それゆえ、如上の前提に立てば、理性――すなわち、意識の自己秩序化――は次のような意味における一つの過程である、と言うことができる。すなわち、脳の内容（物）の秩序化ができるほどに脳が十分に形成された時点から、脳がその機能を停止するに至る時点まで、意識が、不断に脳の内容（物）に働きかけ、その起源との関係、一貫性との関係、可能性との関係でそれ（脳の内容）を秩序化し続ける過程を、我々はそれと呼ぶのである。それは、次の意味で、自動的、自発的、自然的、必然的な過程である。すなわち、理性は、我々の呼吸や心臓の鼓動と同様に、我々が意識すると否とを問わず、不断に継続する意識の過程である。また、それは、見た目には忘却の状態としか見えない無意識のレベルから、言語化された観念という最も完全に意識されたレベルまで、意識のあらゆるレベルで行われうる過程である。

2・40　理性を用いて考え論ずることは、たとえその過程が、このように仮定上、個人の脳の自己秩序化の過程であるとしても、（現実には、）観念がある人の意識から他の人の意識へと伝達されることを通じて、二つ以上の脳によっても（同時的に）行われ得る過程でもある。さらに、理性を用いて考え論ずることは、社会の構成員間における観念の共有を通じて、また、社会〈それ自身にとっての現実〉の中に観念が保持されることを通じて、社会として行うことも可能である。かくして、理性を用いて考え論ずることは、個人・社会・人類というそれぞれのレベルで、生保全的機能を果たしているものと推定される過程であると考えねばならない。

2・41　意識の自己秩序化が果たす生保全的機能は、言葉が果たす（同様の）生保全的機能と同じく、人類という種の進化の歴史と結びつけられるものと推定される。理性は、人類が、地球という惑星の全生態系において現在占めている地位に到達することに寄与してきたものと推定される。すなわち、人類は、他の生物たちに比して非常に効率のよい生の形式を具えている。人類は、繁殖と生息環境への適応の観点から見て、成功した動物の中でも特に成功した動物である。人類は、社会性を有する動物の中でも、高度に社会性を有する動物である。人類は、他の生物資源および非生物資源を単に食用とする以外の方法で利用するという観点から、また、それらを原材料として作成する道具の利用の観点から見て、有能な動物の中でも飛び抜けて有能な動物である。とりわけ、人間という動物は、意思伝達（コミュニケーション）能力を驚くほど発達させることにより、非常に広範囲にその意識を共有することができ、それによって、意識の秩序化を同時に行うことができたのである。これが逆に意味することは、人類が秩序化された意識という集団的能力を獲得したということであり、この能力のため、人類は、あらゆるコミュニケーション能力を持つ動物の中でも、ユニークであると言ってよい地位を得ることとなった。

2・42 重要な観念構造である宗教、神話、芸術、哲学、歴史、科学、経済、道徳、そして法は、意識の集団的な秩序化によって創り出された。自己秩序化の三つの座標軸のそれぞれにおいてなされる諸観念の統合、という意識内の過程は、他者の数がいかに増えようともそれらを含みうるように拡張されてきており、またより重要なことには、時間の観点からすれば限りなく人間の寿命の限界を超えて拡張されてきている。〈意識・秩序化的・意識〉の過程を、際限なく多数の人々の意識に拡張したり、際限なく長期間に拡張したりすることは、人間の意識の有する潜在的エネルギーが無限に増大することであり、それゆえ、人類という種の有する潜在的エネルギーが無限に増大することである。

2・43 人間という動物がこれまでに達成した成果の中で最も注目すべきものの一つは、自然界という現実や個人の自己意識という現実を越えた、人間社会という現実を創造したことである。この新しい「現実」すなわち累積された社会意識は、有形的にも無形的にも存在する。その有形的存在とは、意識が永続的に保持されるように作られたすべての形態のことである――例えば、言語、書籍、工芸作品、式典・儀式・記号・象徴、現代の電子メディア。その無形的存在とは、人間の心の中において存在し、そこにおいては、当該現象は生命を有しており、劇的な効果の原因として作用する。社会的現実は、人間〈自らにとっての現実〉である。我々とは、すなわち、我々が思惟するところのものに他ならない。

2・44 この新しい社会的現実は、人間の意識のもつ自己秩序化的力によって創造され、その社会的現実という場所において人は自らの生活を営み、その社会的現実という世界は、同世界が完全に意識の中にある諸観念によって創造されるにもかかわらず、非常に実体的であるため、それを空間的な隠喩として表現したとしても、ほとんど隠喩とはみなされないほどである。**言葉**の創造とその作用は、いわば、自己秩序化的意識の**力学**である。**観念**の創造と利用は、自己秩序化的意識の**工学**といえる。本書で**理論**と呼ばれるであろうものの創造と利用は、自己秩序化的意識の**建築術**にあたる。理論は、重要な公共建築物であり、それは人類が秩序立って、快適に、繁栄して生活できるように、意識が設計したものであるといえる。

2・45 理論は観念の構造であり、観念を理論からの推論の必然的帰結として見なすことができるような仕方で、他の諸観念を説明する役割を果たす。

2・46 理論は継続して創出される諸観念に対して、その内容を予め決定する効果を有する、観念の構造である。理論は、理性的な自己秩序化の三つの座標軸（起源・現実・可能性）における作用に関する予め設定されたプログラムである。その結果、理論に従って創出される観念は、意識の中において相対的にわずかな緊張や雑音しか生じないのである。理論の働きのゆえに、理論に合致している観念は、生来信頼に値するものとして、生来首尾一貫したものとして、そして生来実り豊かなものとして感じられるのである。

2・47 諸理論は、意識の持つもう一つの生保全的特徴に他ならないものを反映している――すなわち、意識には、諸観念から構成される非常に一般的な諸構造を、繰り返し（すなわち、人間または社会が意志し行為するように迫られる、生命に対する挑戦が個別に顕在化するたびごとに）その最も一般的な観念の構造を自らの中に作り出すことはできない、という特徴がある。このため、人間および社会が、実効的に意志し行為することができるように、比較的わずかな予備的な自己秩序化活動を行っただけで、効率的に観念を創造することを可能とするメカニズムとして、理論が意識から進化したのである。理論は、人間の必要（ニーズ）に対応するための一つの機能としての、人間の理性の働きを最大限活用する。理論は、理論に合致している観念に対して、直感や経験といった諸観念が与える自己確信に類似した、自己確信を付与する。

2・48 ここで明らかなことは、理論が、社会の生活に対して、しばしば非常に広範な実践上の帰結をもたらしうる、ということである。社会の諸理論は、それらが、当該社会〈それ自身にとっての現実〉（すなわち、社会の、自己の世界と〈存在するものすべて〉から構成される社会超越的宇宙とを見る見方）の主要な部分となっているために、同社会の確立した構造の一部分としてみなされる傾向にある。社会のあらゆる意志および行為は、法的関係を構成、ならびに法的関係の下で行われる意志および行為を含めて、社会の諸理論を通じて形成される。社会の諸理論は、その社会の呼吸する空気であるといえる。

2・49 諸理論は、三つの異なる種類の理論の相互作用として構築される。その三種類の理論とは、本書では、**実践理論**、**純粋理論**、そして**超越理論**と呼ばれる。**実践理論**は、人が行為を意志するときの基礎となる一団の諸観念である。**純粋理論**は、実践理論を説明するために用いられる一団の諸観念である。**超越理論**は、純粋理論を説明するために用いられる一団の諸観念である。それら三種類の理論は、意識内で行われる高次の自己秩序化である単一の過程の、三種類の次元である。

2・50　前のパラグラフ**2・49**で提示されたような区別を諸理論の間に立てることは、次の理由から、**実践上**重要である。すなわち、こういった区別が、しばしば（さらには、通常に）看過され、曖昧にされていることが、実際に大きな、そして不要な混乱や衝突、苦痛、苦悩を巻き起こしているという事情があるからである。人々の間の関係や社会間の関係（とくにいわゆる**国家**間の関係）においては、さまざまな実践理論（例えば、人間の生存と繁栄を達成するための実践的な方策についての理論のような）を主張したり擁護することから、血と涙を含む多くの犠牲が流されてきている。こういった実践理論は、純粋理論（例えば、社会の性質や人生の目的に関する理論のような）のレベルにおける抵触を含むように思われるものもあり、さらに、時には、超越理論（例えば、諸観念の社会的形成に関する、あるいは、宗教または科学の分野における諸観念の現状に関する理論のような）のレベルにおける抵触すら含んでいるように思われるものもある。

2・51　次に、異なる種類の理論を区別することが**仮説上**必要であるのは、諸社会の自己創造を理解するために、すなわち、本書で提示しているような社会に関する純粋理論を確立するためには、異なる種類の理論の起源と機能を理解することが必要だからである。

2・52　**実践理論は、〈意志された行為〉に関する理論である。**すなわち、実践理論は、もし行為者が行為にあたって意志することについての理論を完全に言語化されたレベルで表現する能力を有するのであれば（実際には有しないのであるが）行為者がなすような〈意志された行為〉に関する説明である。実践理論は、この行為にあたっての意志を、同じ実践理論に従えば行うことが可能であったはずの当該行為とは代替的である選択肢に結び付けて統合的に理解する。また、実践理論は、この時、実際には選択されなかったが、それを実践理論の観点から説明しようとするならば実践理論の修正が必要となるであろうような選択肢をも統合に加えるのである。実践理論は、現実に実行されることによって、その真価を発揮する性質のものであり、自らの理論の実行との相互作用を通じて弁証法的に発展していく傾向がある。実践理論に基づいてなされるすべての行為が、明示的に説明されること、さらには、同理論の内容に依拠することにより、正当化されること、もしくは、正当化が可能であることを必ずしも必要としない。実践理論の機能は、より形式的であり、また、より功利的である。すなわち、

（一）実践理論は、その実行をめぐっての議論（これは政治的および法的な公共空間における議論を含む）において、共通の評価基準を提供することができる（**共有されたイデオロギーとしての実践理論**）。

（二）社会における行為者は、自分自身のために、社会の現実の制度や仕組みを正当化したり、社会における自らの行動を正当化するために必要であれば、実践試論に依拠するであろう（**正当化根拠としての実践理論**）。

（三）また、社会の外部者、または、社会において行為するのではなくただ社会を理解しようとする社会の内部者が、社会で起きていること、行われていることについての説明を得ようとする場合、実践理論はこういった説明のための基礎を提供する（**純粋理論の前提としての実践理論**）。

2・53　純粋理論は、実践理論に関する理論である。このことは、ある特定の実践理論が、所与の純粋理論からの唯一可能な論理的帰結であることを意味しない。逆に、純粋理論は、多様な実践理論を産み出すことができるのが一般的な傾向である。これが意味するのは、所与の純粋理論によって実践理論を説明し正当化できることであり、それゆ

え、同実践理論に基づいて社会の制度・仕組みや行動を間接的に説明し正当化できることである。純粋理論の機能は、これもまた、形式的であり功利的である。

（一）　純粋理論は、実践理論の内容、意味または含意に関する議論において、評価基準を提供することができる（**共有された哲学としての純粋理論**）。

（二）　行為者が、自分自身のために、実践理論を正当化し、それによって、社会の制度や仕組みおよび社会においてなされる行為の正当性を補強するために必要であるときに、行為者は純粋理論に依拠することができる（**正当化根拠としての純粋理論**）。

（三）　また、社会の外部者、または、社会において行為するのではなくただ社会を理解しようとする社会の内部者が、実践理論についての説明を得ようとする場合にも、純粋理論は、こういった説明の基礎を提供する（**純粋理論の前提としての純粋理論**）。

2・54　超越理論は、理論に関する理論である。超越理論は次の問いに回答を与える。すなわち、「一組の観念によって、他の諸観念を説明することは、いったい、どのような観念の組合せによって可能となるのか？」実践理論が人間の意志および行為との間の溝を埋めているように、超越理論は、特定の観念または観念の構造体と、意識の本性そのものとの間の溝を埋めている。超越理論は、いわば、実践理論と純粋理論の両方にとっての起源の座標軸、すなわち、合理性を超越して（メタ理性的に）機能する理性の領域に属する。この意味において、超越理論は、意識の秩序化の起源の座標軸に関心を集中する。つまり、超越理論は、諸観念が他の観念から形成され、そして、理論という、より大きな観念構造の一部となっていく過程に係わっている。あらゆる実践理論と純粋理論とを説明する、超越理論を我々が原則上は持ちうることは明白であろう。なお未解決なのは、すべての実践理論・純粋理論・超越理論について説明可能な、全体理論に関する単一のメタ超越的理論（それは、それ自身についても説明できる）なるものが原理上存在可能であるのか、という問題である。ここでの前提は、少なくとも現在の人間の意識の進化発達段階では、あらゆる理論を統合する単一の理論なるものは存在しえない、ということである。その理由は、意識は、現在の構造状態からすれば、自らの意識の外に出て、意識でない何かを用いて意識自らを表現することができないことは明らかだからである。

2・55 超越理論の社会における機能は、前述した理論の他の局面の場合と同じく、形式的でありかつ功利的である。（一） 超越理論は、実践理論および純粋理論の妥当性に関する議論において評価基準を提供することができ、それゆえ実践理論および純粋理論の内容、意味および含意に関する議論において評価基準を提供することができる（**共有された認識論としての超越理論**）。（二） 行為者が、自分自身のために、実践理論および純粋理論の受容を正当化し、それによって、社会の制度や仕組みおよび社会における行為の正当性を補強するために必要であるときには、行為者は超越理論に依拠することができる（**正当化根拠としての超越理論**）。（三） また、社会の外部者、または、社会において行為するのではなくただ社会を理解しようとする社会の内部者が、実践理論と純粋理論に関する説明を得ようとする場合にも、超越理論は、こういった説明の基礎を提供する（**純粋理論の前提としての超越理論**）。

2・56　次の図1、図2は、理論の各局面の間の関係を示している。

図1　特定の種類の行為に関する理論の三つの局面

意志された行為	実践理論	純粋理論	超越理論
宗教（遵奉）	宗教 （教義，倫理）	形而上学 （神学等）	信仰または 宣教の原理
芸術活動	技術や様式 の諸原則	美学 生理学 心理学	美的判断に 関する哲学
立法 司法 法的権限の行使	憲法・国制に 関する理論	社会哲学	義務に関する 哲学
科学的探究 工業技術	個々の学問領域 の諸原則	経験科学 および人文 科学に関する 哲学	認識に関 する哲学

図2　特定の具体的な理論の有する三つの（理論的な）局面）

実践理論	純粋理論	超越理論
実践理論	社会契約 理想主義，自然法 功利主義	論理的および倫理的な 合理主義
自由民主主義	歴史的決定論 唯物論，社会主義	論理的および倫理的な 合理主義
コモン・ロー	立憲主義 司法に関する理論	論理的および倫理的な 合理主義

ここで用いられている合理主義の用語は，共有された意識の中で，本書で理性と呼ばれている能力を用いて行われる，秩序付与的な活動の可能性に対する信念，を指す。

2・57　このような「理論の理論」については、以下の七つの特徴が指摘されねばならない。すなわち、(一)このような議論の立て方は、理論を、意識と行為との間の媒介者として位置付けるものである。理論の前ないし後に、〈意志された行為〉が存在する。そして、理論の前ないし後に、意識が存在する。とくに、理論を含めたあらゆる観念が生ずる源泉として、想像力と理性とが存在する。それゆえ、あらゆる理論は、究極的には、意識(心)自体の作用を明示的または黙示的に説明している、何らかの超越理論に依拠している。

2・58　(二)理論に関する三つの局面は、相互に依存している。それらは、単純な階層的関係なのではない。いずれかの局面が、他の局面よりも理論として上位にあるわけではない。それらは、議論のレベルにおいてもまた実践上も、相互に支持し補強し合っている。例えば、ある宗教における宗教的な儀式の決まりが、その教義の権威性という観念を支えるであろうし(例えば、聖職者が聖なる行為をとり行うことにとどまらず、真理について語る霊力をもつと見なされるに至る、といったように)、あるいは、そういった実践的な要請が、信仰の観念を支えることになろう(例えば、聖典や教理問答集の暗誦といった宗教儀式的行為が、同時に、その信仰を広める布教活動ともなっている、といったように)。また、さらに別の例としては、自由民主主義または共産主義といった実践理論の場合、それを支える純粋理論の働きによって、同システムへの参加者は、同システムの現実の機能を見て、それを、それらの実践理論が促進しようとしているまさにその現象(例えば、被治者の同意や、階級的な抑圧の不在)を含んだものとして判断するようになることが挙げられよう。

2・59　(三)実践理論は非常に多様な種類の〈意志された行為〉を創出するが、そのとき創出される〈意志された行為〉は、当該実践理論によって必要なものとして見なされているか、同理論に合致するものとして見なされているか、それとも、同理論に従って説明可能か、ないしは、正当化可能なものとして見なされているような性質の行為なのである。例えば、自由民主主義の下での日々の政治生活であれば、自由民主主義の実践理論に合致して、日々の政治問題に関して可能な限り広範な議論を提供するように組織化されているものと想定される。実践理論は、議論を条件づけるにすぎず、議論を特定の帰結へと、不可避的に導くものではない。

2・60　(四) 同様に、純粋理論から導かれて実践理論へと至る演繹 (そしてその逆も) および超越理論から導かれて純粋理論へと至る演繹 (そしてその逆も) は、決して一義的、必然的なものではない。所与の理論は、その推論上の帰結として、広範囲にわたる言語理論を導出する可能性がある。とくに、実践理論は、無数の、相異なりかつ相互に重複する純粋理論によって支持されるであろう。ある実践理論について、それに関する「真の」(純粋) 理論がどれであるのか合意に達する必要はないように思われる。しかしながら、特定の社会においては、このような問題に関して正統性を確立しようとし、純粋理論にかかわる事柄についてさえ異議申立てに対して (教育、刑法、検閲、流刑、追放、魔女裁判、宗教裁判、異端者や非国教徒の殺戮という手段によって) 封殺しようとする、圧力が現実に存在するかもしれない。

2・61　(五) ある社会の諸理論が、当然、他の諸社会によって共有されていることは十分にありうることである。**超越**理論の場合には特にこのことがあてはまる。それは、超越理論が意識の機能の主要な側面 (意識を自己秩序化する意識の能力) の説明と密接に関係しており、そして、意識は、少なくともある程度の一般性のレベルで見る限り、明らかに、あらゆる社会の構成員によって共通に所有されているものだからである。しかし、一つの社会において相異なる複数の宗教 (例えば、ヒンズー教と仏教といった) が折り合って共存しているような場合、その社会は、意識の性質および機能に関する相異なる複数の理論を共存させているのである。（たとえ、前述の議論からすれば、社会実践上、社会内でなされる人間の行為に影響する意識の諸側面についての一つの共通の理論に基づいて同社会が動いていかなければならないはずであるとしても。）

2・62　㈥　**純粋理論**の場合には、ある社会の純粋理論が他の諸社会によっても共有されていることはもっと起こりやすかろう。なぜなら、純粋理論は、まさしく、社会の現実的または実践的な調整の上位にありそれを越える何らかの観点から、これらの社会的調整を超越しようとするもの、すなわち、特定の社会に対して、その存在やその諸制度についての、経験に依存せず、ほとんど超自然的とも言うべき根拠を付与しようとするものだからである。例えば、自由民主主義と共産主義が、合理主義という共通の超越理論に依拠するばかりか、純粋理論の重要な諸要素をも両者の理論が共有していることが例として挙げられよう。なぜこのようになったかの理由は、自由民主主義と共産主義の双方が生み出された起源である、純粋理論・超越理論に属する諸観念の歴史的発展の中に見出すことができよう。自由民主主義と共産主義（および他のいかなる社会理論も）について、その各（理論的）局面を明確に区別することで、両者の間の不一致の範囲をやや正確に確定することが可能となる。すなわち、その実践理論・超越理論の局面における不一致の範囲が、自由民主主義または共産主義のいずれか一方の実践理論に依拠している者の〈意志された行為〉（すなわち、公的政策決定、政治的対話）を通じて提示される差異の範囲とは、実質的に異なることが明らかとなるからである。

2・63　㈦　もしある所与の社会の純粋理論が、社会の構成員たる身分を同社会の純粋理論の事例として前提しているのであれば、それは、閉鎖的で排他主義的なものとなる傾向がある。例えば、社会が、人種、民族、文化的特性、宗教的特性といった概念に基づいているような場合がそうである。その特徴的な例は、社会の形成とそのアイデンティティが、神、神々または超自然的な力や出来事の直接的な結果として見なされているような、特定の形式の神権政治に見出されるであろう。他の形式の神権政治は、とくにそれほど排他的ではない普遍的宗教に基づく場合、このような効果を有しない。後者の場合には、宗教に基づく純粋理論が、いかなる数の社会についてであれ、その実践理論と社会的調整の仕組みや制度について説明し正当化するために用いられることになる。

2・64　どの社会も、自らが創り出すこういった種々の理論の中に生きている。社会は、理論で充填された現実を創出し、この現実が社会自らの〈意志された行為〉を形成し、さらにこの〈意志された行為〉が社会の現実の日々の生活を形成する。第一部の残りの部分では、この終わりなき自給自足的社会サイクルによって、社会が自らを社会化することで自己創造すること、すなわち自己創造することで自らを社会化することがどのように可能となるのかが、検討される。

第三章　社会の自己創造

3・1　社会は事物ではなく過程である。いかなる社会も——家族で構成される社会から全人類で構成される社会に至るまで——継続的な自己創造の過程である。

3・2　我々は社会の中に生まれ出る。この事実から引き出される第一の帰結は、我々は生まれ出ずる社会を選択することができない、ということである。第二の帰結は、もしも我々が他の社会に生まれていたとするならば、どのようになっていたのか、我々は知りえない、ということである。第三の帰結は、我々は生まれるや否や社会との相互作用の関係に入るのであり、しかも、死ぬまでその関係から離れることはできない、ということである。第四の帰結は、他の各社会への参加が、我々の生まれ落ちた社会への参加によって条件づけられている、ということである。

3・3　我々の、自らが属する社会との相互作用は、社会が我々を形成するとともに、我々も社会を形成するという意味において相互依存的である。社会で共有されている意識は、我々の、その意識への参加によって修正される。我々の個人的意識は、我々の、社会が共有する意識への参加によって修正される。我々が**言葉**を学ぶとき、我々は、その言葉の属する社会が共有する意識に対して、現実が示される仕方を学ぶ。第一章において考察された、社会で形成された言葉の持つ二重の効果が我々に影響を与え始める。それと全く同一の過程によって、我々の伝達能力は、我々の想像力に対する社会的制約が増すにつれて拡大する。我々が社会的に形成された**観念**を習得するにつれて、我々は、第二章で考察された、観念の持つ二重の効果によって制約されるようになる。すなわち、我々が社会の一員となる以前に既に生起していて、我々が社会の一員となるときには既に社会の構成そのものの中に含まれているところの、意識による社会的秩序化に、我々は自らを委ね始める。そして、それと同時かつ同一の過程によって、我々は社会の観念の一層の発展に参加する能力を獲得し始める。

3・4　我々が属する社会において経験する教育の過程は、我々を、その社会が必要とする人間へと変えていく。教育によって、我々は、社会化され、啓蒙され、市民とされる。こうして我々は、社会が自分自身で作り出した現実に、とりわけ第二章で考察された種類の現実形成的理論に、参加することが可能となる。それと同時にかつ同一の過程によって、我々は、社会による現実形成のすべてに参加することができるようになる。

3・5　教育は、順応的かつ創造的な人間を作り出すことを目的とする。社会の自己創造過程の継続性を維持していくために、社会の構成員は以下のことをしなければならない。すなわち、社会の現実に参加すること、それを自らのものとすること、社会の可能態について学ぶこと、社会の熱望を自らのものとすること、自らの生来の能力を用いたり、社会の力に参加したり、そして、社会的に有用な行為をなしたりできるように訓練されること、である。教育によって、社会は、我々の意識を支配する一方で、我々は、教育によって、社会の力を支配するようになる。つまり、知識は意識を支配する一方で、意識は知識を支配する。

3・6　我々は、その誕生の時から死を迎えるまで、原因かつ結果として、主体かつ客体として、創造者かつ被造物として、自由な行為者であり、かつ、我々の使用人たる社会の使用人として、我々個的存在が持つ両義性を生きる。

３・７　このようにして、各個人の存在が、その個人の所属する当の社会を変えるのである。少なくともこの意味において、各個人は不死であると言えよう。宇宙は、個々の人間の存在およびその行為によって常時変化している。かくして、人間として存在することは、すなわち、人間として世界を変化させることなのである。

３・８　以上のことは、人間を、電磁気現象の集合体の一つとして把握したとしても変わりはない。すべての物理的出来事は、宇宙の状態の変化をもたらす。しかし、人間の場合には、世界を変化させることは、世界の変化を選択することである。意識は、我々が行為をなす前に、我々に対して可能態を提供することができる。未来が物理的現実の世界において現実のものとなる前に、〈意識によって作られた現実〉において可能態として提示することができる。物理的現実にとって、未来は過去を映し出す鏡にすぎない。物理的現実にとって、未来においては過去に存在しなかったものは何も存在しない。それは、たとえ、過去から未来に至る道が、意識の内部で確率論的な意味でしか認識しえない出来事を通じて到達するものであるとしても、そうなのである。しかしながら、〈意識によって作られた現実〉にとって、過去と未来は等しく現に存在する。社会の歴史は、その未来が現在である限りにおいてのみ、社会の未来である。未来は、意識の過去の状態から意識によって作り出された可能態の一組の束であり、そのいずれもが、現実化する可能性を現時点で有している。意識のもつ、想像し秩序化する能力は、物理的宇宙が物理的な因果関係の過程によって創造しえないような事物を創造することができる。〈意識によって作られた現実〉においては、意識は、選択し次に行為することによって、可能態を現実態とすることができる。我々は、ただ存在しているだけで、宇宙の状態を変化させるばかりでなく、宇宙の未来を選択することができる。**人間として存在することは、世界を変化させることを選択することである。**

３・９　人間は、このようにして、自然界の因関関係に侵入する。人間は、〈意識によって作られた現実〉において、原因として行為し、そして、自然界において、超経験的な原因として、つまり、原因の原因として行為する。これが、社会生活の内実をなす。社会生活は、〈意識によって作られた現実〉の社会共同体的な創造であり、人間的因果関係の社会共同体的な組織化である。

３・10　人間的因果関係を組織化するために、意識は、人間的因果関係の作用についての理解を得なければならなかった。意識は、物理的宇宙の究極的な構造を表現するためにも、また、意識の世界の究極的な構造を、意識の内部で仮説的に再創造するためにも、観念を創造しなければならなかった。そして、意識は、自然界における**変化**を説明するときに用いる観念に対応する観念を手段として、そうするのであった。このように、意識の生成、そして、非意識の生成は、〈意識によって作られた現実〉の内部において並行的に再構築される。

３・11　**欲望**と**義務**は、〈意識によって作られた現実〉の内部における**生の衝動**と**必然性**に対応している。後者の対概念を、意識は、人間の身体的行動を含む自然界における生命体の行為の決定要素として認識する。**意志**および**行為**は、〈意識によって作られた現実〉において、自然界における**原因**と**結果**に対応している。後者の対概念を、意識は、自然界における物体としての人間の身体の生成を含めて、あらゆる物体の生成をもたらすところの自然界の変化の（主な）内容として認識する。

３・12　**生の衝動**という語は、ここでは、特別な用法に従い、生命体が、その種に固有の組織構造の内部に含まれている一定の形式の潜在的エネルギーを（引き出して）用いるという、生命体に固有の行動様式を指すものとして用いられている。生命体と非生命体がはっきりと区別されるのは、この特徴によってである。つまり、生命体は、自らの未来のための原因として、自身の内部に蓄えられている潜在的な生命エネルギーを使用する点で、非生命体とは区別される。しかし、このエネルギーの使用が、生命体の未来の唯一の原因ではない。生命体は、自らの未来を決定している他の多くの原因（気候、土地、環境、協力的もしくは競争的な他の生命体の存在といった）によって影響を受けることになる。しかし、どれほど他の原因によって影響を受けても、生命体内部の下位システムは、システムとしてのその生命体自身の未来と明確に結びついている出来事を創出し続ける。そのような出来事は、生命エネルギーを、本能的・反射的・電磁気的衝動といったさまざまな種類の物理的衝動に集中させ、導き、そして用いる。生殖により再生産される動物や植物の場合には、性衝動がかかる衝動の一例である。個々の植物や動物、さまざまな程度の単純さ、複雑さを具えた各有機体は、かくして、一個体としての（その特定の有機体、そして、それが属する、全生命システムの中の一つの種としての有機体の再生産を含めて、）生存と発展に役立つような仕方で、周囲の環境に働きかけて、それを変換することができる。

3・13　生の衝動　意識は、生命体による潜在的な生命エネルギーの自然界への適用を、意識の内部において再創造するべく、**生の衝動**の観念を形成することによって、自らを、自然界内部の生命体として認識する。しかし、それは、意識を持った生命体としてである。つまり、生命エネルギーを自らの生存と発展のために適用できるばかりでなく、その過程を意識的に自らに提供できるところの生命体としてである。こうして、生命体は、物理的衝動の観念を、**欲望**の観念へと翻訳する。（ここで、欲望とは、生の衝動が、〈意識によって作られた現実〉の内部においてとる形式のことをいう。）そういうわけで、**欲望**の語は、ここでは、人間の意識の内部にあって物理的衝動に対応する一つの衝動（生の衝動）を表現するために用いられている。すなわち、人間が、自らの属する世界を、自らの生存と発展に役立ち、かつ、人類という種の生存と発展にも役立つような仕方で変えていくことによって、自己自身の未来の原因として行為することを可能にし、また、強制もするところの衝動である。欲望を通じて、人間は未来を選択する。欲望によって、人間は、自らを、自らが選んだ未来へと引き入れる。

３・14　**必然性**の語は、ここでは、意識の内部において形成される次のような観念を指すものとして使用されている。すなわち、生命体を含む自然界のあらゆる事物が、宇宙全体の秩序によって支配されているという観念である。物理的宇宙の部分を構成するいかなる事物も、宇宙全体の体系だった作用から逃れることはできない。しかし、人間の意識は、物理的な秩序についての、人間の意識の作り出した既成の観念、とりわけ、宗教、神話、自然科学そして数学の領域で形成されてきた観念を超越することができる。人間の意識は、物理的宇宙の全体像について、これまでとは異なる観念を形成することができると考えるに至るかもしれない。つまり、人間の意識は、探求と理解のために、物理的宇宙を、意識それ自らから、また、何らかの推定上の非物理的宇宙からも孤立させようとする、自らの観念の中にある傾向から超越することができるかもしれない。しかし、少なくともここ当分の間は、第二章において考察された理性の統合作用が、物理的宇宙全体の相互連結的な構造システムという根本的な観念、つまり、すべての物理的事象の相互連結性という根本的な観念を創り出してきていることを認めることとしよう。

３・15　**必然性**とは、この仮定上の宇宙的な構造システムがもつ統制効果を表現する観念である。**必然性**という観念が表現しようとするのは、次のような現象である。すなわち、物理的宇宙についての多くの考えられうる未来の中で一つの未来が生じ、そして、それは、生じたがゆえに唯一可能な未来であった、というものである。それは、すべての事物が宇宙の構造システム全体の中では相互に連結しているという仮定に立つとき常に、唯一可能な未来であった。地球は、別の展開を遂げることもありえたのであろうが、現実には太陽によって支配されており、したがって、それ以外にはありえなかったのである。その樹木は、別の生き方もできたのかもしれないが、現実には強風によって倒されており、したがって、それ以外にはありえなかった。もしも別の事態があったならば、自分が獲物を捕らえていたかもしれなかった動物が、自分自身が餌食となってしまった——ということがあれば、それ以外にはありえなかったのである。**自然界における必然性は、出来事の後では当然の事となる。**可能態が現実となるとき、それは唯一の可能性である。可能な出来事は、それが現実のものとなるとき、それは必然な出来事である。可能と思われていたそれ以外のすべての出来事は、不可能な出来事となる。ひとつの出来事の後では、その出来事以外にはありえなかったのである。つまり、可能態が必然性となり、それ以外の考えられていたことは不可能となる。ここで、意識に、出来事以前に物理的な必然性を予知させるのが、自然科学の役目である。

3・16 意識は、物理的宇宙の**必然性**に想到することによって、自らを、物理的宇宙の一部分として想到するに至る。そして、それによって、自らが普遍的秩序の必然性によって支配されていることに想到するのである。人間の身体は、時が経つにつれて成熟に達し、老衰し、やがて死を迎えるであろう。人間によって作り出されるすべての物理的世界は、これからも、宇宙の必然性によって認められ、かつ支配されている世界であろう。しかし、意識は、自らを、物理的宇宙の一部分についての意識としてだけではなく、意識によって支配されている物理的な事物についての意識としても想到するのである。そして、それによって、そのような事物の未来が含み持ちうる無数の可能態について認識し、そして、欲望の衝動の下で、こういった可能態の中から選択することができるのである。このような〈意識によって作られた現実〉の内部において、**必然性**の観念は**義務**の観念へと翻訳されるのである。かくして、**出来事が生ずる以前、すなわち出来事が意識内部の出来事である時点で、義務は必然性となる。**

３・17　義務は、意識が、システムとして行為できるように、独力で、自分自身の内部から作り出す必然性である。義務は、四つの考慮すべき事項を調和させたものである。すなわち、（一）意識は、想像力と理性の働きを通じて、必然性によって支配される自然界において得られるものをはるかに越えて、〈意識によって作られた現実〉の内部において無限の可能態について想到する能力を有する、ということである。つまり、意識は、無から何物かを創造することができる。意識は、夢を見ることができる。意識は、それなしでは生じえないような事物を生じさせることができる。（二）しかし、意識は、自然界に属する（脳と神経システムという）物理的構造の作用の一局面である。（三）それにもかかわらず、自然界の**必然性**は意識の世界には達しない。意識の世界においては、意識は、物理法則を無視することができる。すなわち、時空を制約する枠組みを無視することができる。（四）それにもかかわらず、自然界の必然性は、意識それ自身によって想到されるとき、自然界が相互連結システムとして作動することを可能にさせるようになる。こうして必然性は、無秩序へと衰微しようとする傾向を抑えて、秩序を生じさせる。もしも自然界がシステムとして機能するのであれば、それは必然性によってである。もしも自然界が必然性によって支配されるのであれば、それはシステムとして行為することができる。

３・18　そういうことで、意識が、義務を、意識の創造能力に対する制約として認めるとき、その能力は可能態を創造する。自然界における必然性と同様に、意識がシステムとして機能することを可能にするのは、制約である。**義務は、全体的システムとしての意識がそもそもシステムとして機能することを可能にするべく設計されており、意識の全体性に対する統合的な制約として働く。**義務は、意識が選択するに当たって、統合されたシステムとして存続していくためには何が必要かを想起させる。もしも意識が人間システムの内部でシステムとして行為すべきであるならば、意識の世界において義務は、意識による選択を通じて現実化する可能態を、その他の可能態から選り分けなければならない。この点は、自然界において必然性が、システムとしての宇宙と一致する可能態のみが唯一現実化する可能態であると決定しているのとまさに同じである。必然性と同様に、義務も個々の出来事をシステム全体に連結する。我々は、**物理的宇宙の全体性**を知ることなしには、**必然性**を仮定的にしか知ることができない。すなわち、考えられる出来事の中で、可能となりうるものと、可能ではない、非可能な出来事に分ける選択の中にしか必然性の痕跡（つまり影響）を見出せないのである。それと同じように、我々には、**意識の全体性**について意識することができなくては、**義務**を、仮定的に、つまり、我々の選択の形成的パターンとしてしか、知ることができない。このように、義務は、必然性と同様に、我々の可能態に対するすべての制約を仮定的にパターン化したものである。

３・19　欲望は、意識をもった生けるシステムにとって不可欠の構造的カテゴリーである。一方、義務は、意識を持った生けるシステムにとって不可欠の構造的カテゴリーである。かくして、欲望と義務は、両者相まって、**意識を持った生けるシステム**としての人間、すなわち、自己創造的な構造システム体としての人間の、究極的な構造的カテゴリーである。人間を含むすべての生物は、自然界において、必然性の構造に属する衝動に従って行為する。一方、人間は、〈意識によって作られた現実〉の内部において、義務の構造に属する欲望に従って行為する。

３・20　**原因**と**結果**は、自然界における**変化**を理解しようとする意識による努力の過程において、意識によって形成される観念である。意識の目から見るとき、自然界は、次から次へと事態が現出する、終わることなき**生成**のプロセスとして見える。関連する事態と事態との間の関係は、原因・結果の関係として認識される。この関係は、意識にとって、仮定的にさえ自らに対して説明することがもっとも困難な事柄である。というのは、そのことは、脳に対して、脳自身の究極的な組織的作用を、意識的に自らに提示することを要求することになるからである。もっとよい説明が見当たらない限り、この関係についての説明は少なくとも次のような観念を含むものでなければならないように思われる。すなわち、ひとつの事態（結果）が、二つの他の事態（原因であるとして認識される事態と、その原因が働きかける事態）の間の相互作用の中に、潜在的に含まれている、という観念である。

３・21　意識が、このような変化の概念すなわち原因と結果の概念を最終的に超越することもありえよう。しかし、さしあたりここ当分の間は、これらの概念は、想像力と理性の働きによって生まれたものであり、第二章で論じられた理性の三つの座標軸（起源、現実そして可能性）の内部で統合された観念である。この点を言い換えるならば、次のようになる。第一に、これらの概念は、自然界との特殊な相互作用のプロセス（特に感覚として知られる生理学的システムを通じての観察）によって形成されてきた。次に、これらの概念は、数多くの他の関連する観念（特に古典力学上の諸観念）と結合している。最後に、これらの概念は、意識が、自然界において、あたかもそれが本当に自然界の特徴であるかのように振舞うことを可能にする。これらの概念は、本来形を成さない宇宙の生成を、統合された体系的な宇宙秩序の下での必然性として意識が認識するものと、調和させる。つまり、原因と結果は、特定の出来事という形で自らを現実化する宇宙の必然性に他ならない。

３・22　意識は、自らに対して自らを説明するために、自らを、変化を内に含むものとしても認識してきている。つまり、意識にとって、意識は生成でもある。そして、意識は、自らを、〈意識によって作られた現実〉において原因として行為し、また、自然界において超越的な原因、つまり、原因の原因として行為する能力を持つものとして、認識してきている。意識は、この能力を、いわゆる**意志行為**によって**行動を選択**する能力であると認識してきている。〈意識によって作られた現実〉における意志および行為は、自然界における原因と結果に対応する。つまり、意志が原因に、行為が結果に対応している。

3・23 意志とは、人間が行為するためにエネルギーを集中させるときの意識のプロセスである。このとき、行為するために意識において処置の対象となるのが欲望である。意識の内容をなすものは、どんなものであれ、意志の形成に干渉する傾向がある。とりわけ、意志は、個人的意識と社会的意識が相互的に作用し合う過程の影響を受ける。意志なる行為は、かくして、個人的行為であると同時に社会的行為である。

3・24 同様に、意志することに伴う行為も、個人的であり、かつ、社会的である。これは、この行為が、個人的および社会的意識の内部の出来事によって影響を受けるからであり、また、一個人の行為、複数の人々の行為または社会の行為が、他の個人・集団・社会に対して影響を及ぼすからである。行為は――挨拶すること、悪口を言うことから、種子を蒔くこと、都市を爆撃することに至るまで――無数の形態をとる。行為がなされるとき、それは、単に自然界を変えることだけにとどまらない。それは、新たな意志および行為が生まれる過程を含めて意識内部の過程に参加するためでに、意識に再参入することでもある。

3・25 ここで、次のような問題について熟考してみるのは大変興味深いことである。（もっとも、それに対して有効な答えを見出すことは相当に困難であろうが。）すなわち、自然界の生成時における必然性の現実化（そして、生命体の世界における衝動と必然性の現実化）についての説明のために意識がとる概念的アプローチが、はたして、それに対応する、意識の世界の生成時における欲望と義務の現実化についての説明に対する（意識のとる）概念的アプローチよりも（論理的に）前に出てきたのか、それとも、後に出てきたのか、という問いである。分かり易く言えば、自然界における**原因**と**結果**が、意識の世界における**意志**および**行為**を暗示するものなのか、それとも、前後関係はその逆なのかという問いである。

3・26　これらの各種の概念の関係は、図3のようになろう。

3・27　意識は、観念と行為との間を仲介するために、**価値**という観念を用いる。価値は、諸々の可能性の中から選択するための根拠としての役割を果たす観念である。観念として、価値の形成は、第二章で考察された、理性を構成している三つの座標軸――起源・現実・可能性――の規制に服する。すなわち、価値は、その起源、その整合性、その帰結といった観点から判断される傾向がある。価値は、選択のための根拠として、これも第二章で考察されたところであるが、諸々の社会理論からの推論であり、また、そういった社会理論へと導く推論でもある。別言するならば、社会の諸価値は、宇宙の究極的な性質および意識の究極的な性質についての説明にまで達する観念構造の中へと統合されるのである。

3・28　価値は、意識に対して、意識の残余の部分と一致しつつ、欲望および義務から意志および行為へと移行することを可能にさせる。このように統合されることによって、この移行は説明がつき、かつ、正当化される。このようにして、特定の意志行為は、（自然界の性質と作用に関する社会の諸理論が想定するところの）自然界に属する**必然性**と、（個人的および社会的意識の性質と作用に関する社会の諸理論が想定するところの）意識

図3　自然界と意識の世界の作動原理

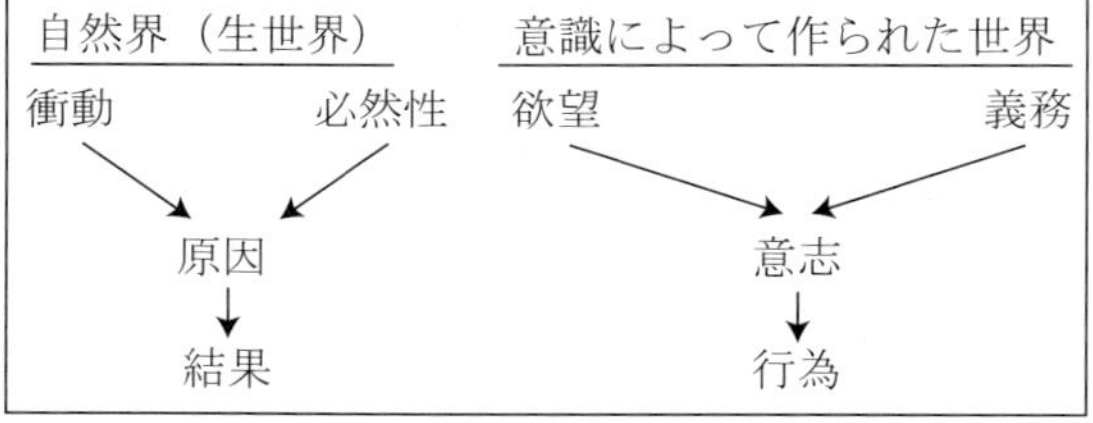

世界に属する**義務**とに一致させられることが可能になる。このようなやり方で、社会は、あらゆる意識が、生命体の有する自然界内部のシステムとしての能力ならびに意識の世界内部のシステムとしての能力の双方を用いて生保全的機能を追求するためになす行為を、組織化することができるのである。

3・29　欲望および義務ならびに意志および行動は、**仮定上の意識のカテゴリー**である。それら自身は実体的な価値ではない。それらは、ちょうど衝動と必然性そして原因と結果が、自然界の内実との関係において超越的であるのと同様に、すべての実体的価値との関係において超越的である。言い換えるならば、それらは、それ自身実体的な価値ではないが、実体を全く欠いた空虚なカテゴリーでもない。その生保全的機能（これは、つまり、システムとしての意識の構成全体からの表出に他ならない）を考慮するならば、これらのカテゴリーが、個々の価値の形成に影響を与えていることが理解されよう。それゆえ、すべての価値は、意識の構造的カテゴリーとの関係において、また、意識の実体的な内容から生まれる諸々の可能性との関係において、条件的なのである。

3・30　価値は、形容詞、副詞、名詞といった異なった文法形式で表現される。たとえば、「善い、善く、善」、「公正な、公正に、公正」、「有用な、有用に、有用性」、「自由な、自由に、自由」といったように。こういった相異なる文法形式が存在しているという事実は、その基準をなす価値が存在していて、それがそのような語に反映されているに過ぎないことを示唆する。これらの語は価値を内包しているのではないし、ましてや、それを形体化したわけでもない。各価値は、これらの語を生じさせた意識の全プロセスからの仮定上の派生物である。それぞれの語は、第一章で考察された意味での、意識の一単位である。各語は、無数の観念の一部分を形成し、また、第二章において理論と呼ばれたところの、観念の大きな構造の一部分を形成することができる。

３・31　例えば、我々が善という語を発話するとき、我々は、ただ言葉を用いているだけではないし、ただ連想により導き出された観念（その語が用いられたときに我々が見聞したことのある善いこと）を用いているのではない。我々は、このとき、意識が欲望に基づく衝動の下に、そして、義務の制約の枠内で働くときに、その特定の意識活動から生じるような残余物ないしは蒸留物を利用しているのである。価値が、必然的に、それを言葉で表現しようとする我々の能力に優越しているというまさにその理由から、我々は、価値を、仮の、近似的な表現でしか説明できない。価値は、我々が表現できること以上にはるかに複雑である。というのは、その複雑性は、究極的には、全体システムとしての意識のそれに他ならないからである。このような仮の、近似的な表現で我々が、例えば、善について語るとき、それは、行為しようとする意志を生み出す蓋然性が相対的に高い何かについて、つまり、多少なりとも欲望と義務との間で均衡を図るべき何かについて語っているに過ぎない。なおまた、この蓋然性は、無数の他の事柄に付着している他の蓋然性と均衡させる必要がある。――つまり、生命体としての我々がもつ生理学的な衝動（それは、我々を、善とは言えない行為に導くかもしれない）、競合する諸価値（有用性、安楽さ、寛大さ、反感等々の）、そして、想像力と理性の欠如を含めて、我々の意識の内部過程の不完全性といったような事柄に付着する蓋然性との均衡である。

３・32　かくして、〈価値・語〉（価値を帯同した言葉）は、最も意識的なレベルと言ってよい意識のレベル（通常、他者の意識とのコミュニケーションを可能にするために言語化されている意識のレベル）における、意識のあらゆるレベルで発生する無数の他の出来事と連結している出来事の発生なのである。こういった出来事はすべて、意識が、全体として、意志および行為の営為に対して働きかけたことの所産である。特定の〈価値・語〉の存在は、その問題を扱ってきた意識の長い経験を物語っている。この経験は、単に一人の人の人生を通じてにとどまらず、人類が共有する意識の長い歴史を通じて蓄積されたものである。特定の〈価値・語〉は、この意味での人間の経験に基づきシステムとしての人間意識の存続と発展にとって必要かつ有益と認められてきた区別を反映している。こういった区別と、それに対応する価値および〈価値・語〉は、意識の所産として、欲望の衝動の下に、かつ、義務の制約の範囲内で、産み出される。価値は、〈意志された行為〉を目指して意識を統合する。

3・33 ここで、価値と行動の関係は図4のようになろう。

3・34 社会の自己創造は、以下で述べるように、指数的な複雑性をもった複合的な弁証法（的な関係）であると言えよう。（一）社会は、社会的に組織化された自らの生成のすべての局面において、その内部で相互作用し合っている。社会は、その生成を組織化するにあたって、〈意識によって作り出された現実〉を産出するばかりでなく、その現実の内部において、欲望および義務から意志および行為への移行を可能にする価値をも産出する。このような組織化は、社会の意識においても、また、個人の意識においても、相互作用の無限の循環である。すなわち、そこにおいては、各局面が他の局面と相互に作用し、相互に修正し、そして、その全局面が、当該社会の言葉・観念・理論・価値のすべてを含んだ〈意識によって作られた現実〉の残りの部分と相互に作用し合うのである。

図4　価値と行為の発生

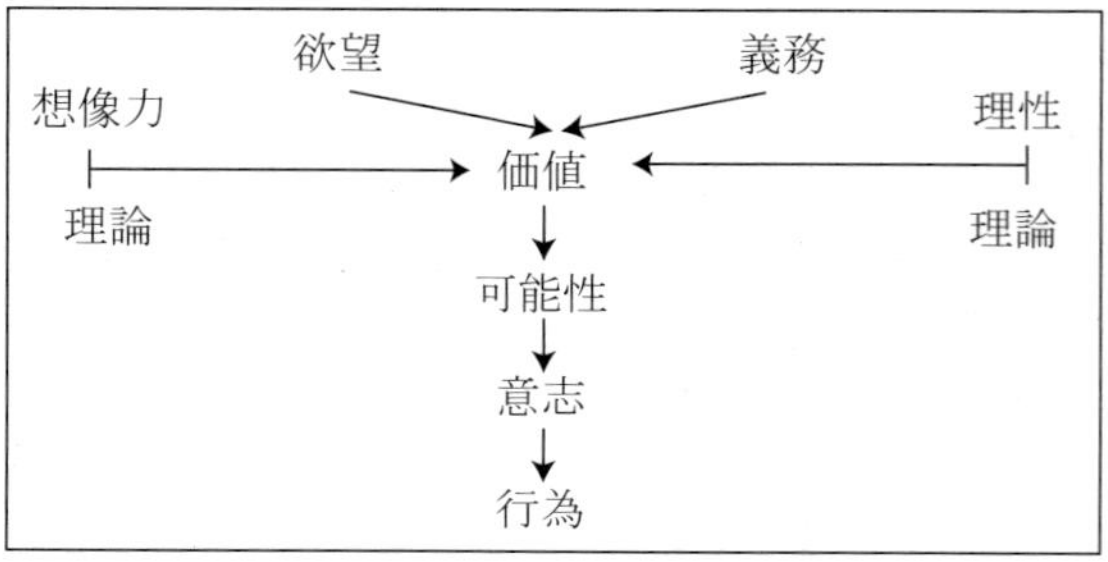

注　この図に，さらに，**行為**と**理論**を結ぶ線と，**行為**から**意志**へと向かう線とを加えることもできよう。これによって，行為が有する相互作用的な効果を図示することが可能となろう。すなわち，行為を通じて現実化された可能態についての情報が意識にフィードバックされるに伴い，理論，価値，意志行為そして行為が，それぞれ修正されるという相関関係が図示されるであろう。

３・35　㈡　そして、所与の社会の社会的過程の総体は、〈意識によって意志された物理的行為を通じて、また、自然界からの意識に働きかける作用を通じて〉意識を超えた世界、すなわち非人間的な因果関係の支配する自然界とも相互に影響し合っている。こうして、〈意識に属する社会〉の生成と〈自然界に属する社会〉の生成は、互いに共同規制する。

３・36　㈢　そして、所与の社会（社会Ａ）の自己創造は、外部の他の社会の自己創造と相互に作用し合っている。ここで「他の社会」とは、(ⅰ) 社会Ａが社会Ｂに構成員として所属しており、その社会（社会Ｂ）の自己創造に自ら（社会Ａ）も参加しているような関係にあるときの、その社会（社会Ｂ）をいい、また、(ⅱ) 自ら（社会Ａ）は、その社会（社会Ｃ）の構成員ではないがその社会（社会Ｃ）自身の意志および行為、そして、その社会（社会Ｃ）の構成員の意志および行為が、社会Ａの生成（その「(他のなにものにも依存していない) 自分自身にとって（だけ）の現実」の形成を含めて）に影響を及ぼしている、という関係にあるときの、その社会（社会Ｃ）をいう。

３・37　㈣　そして、所与の社会の自己創造は、その内部に含まれている社会つまり下位社会の自己創造と相互に作用し合う。ある社会の構成員が同時に他の社会の構成員でもあるような重複社会のすべては、自ら（当該社会）が所属する（上位）社会の創造に参加することで、自ら（当該社会自身）をも創造するのである。そのような関係にある重複社会として、次のようなものが挙げられる。家族、部族、氏族、学校、大学、スポーツクラブ、社会的・文化的クラブ、商工業企業、公企業、職業団体や労働団体、政党、行政機関、政府（内閣と各省庁）、議会、裁判所、教会、軍隊、国家、政府間国際機構、非政府間国際組織・団体、国営貿易企業、国際金融・商業市場、国際社会。

3・38 (五) そして、所与の社会の生成は、その構成員である個々人の生成と相互に作用し合っている。すなわち、個々人が、自らの属する社会の現実形成の過程において、社会〈それ自身にとっての現実〉を形成することで、また、個々人が、所与の社会を含めて自らが属する諸々の社会の自己創造に参加することで、この相互作用がなされている。

3・39 (六) そして、以上の相互作用の五つの形式は、それぞれの間で相互に作用し合う。

3・40 そういうことで、社会の自己創造の過程は、生命それ自身の過程と同様に、活動的であり、複雑で濃密で連続的である。社会は、価値の仲介で、欲望および義務ならびに意志および行為を社会化するための自己創造的な構造システムである。そして、すべてのこのような自己創造は、社会の自己創造的な言葉・観念・理論・価値とを産み出すために想像力と理性を用いた意識の営為なのである。そして、すべてのこのような自己創造は、社会が、そのすべての有り様、その有り様ではないものすべて、そして、そのすべての存在しえたはずのものと格闘しているがゆえに、格闘なのである。

第四章　社会の社会化Ｉ　アイデンティティのディレンマと力のディレンマ

４・１　社会とは格闘の過程である。いかなる社会も、そのなりうるであろう姿、将来なるであろう姿になる過程の途上にある。家族で構成される社会から、全人類で構成される国際社会に至るまであらゆる社会は、社会化の過程にある。

４・２　第一章から第三章までで検討した、自己創造的な社会の意識に関する考察によって、人間という存在の置かれている状態は二元性に根ざしているということが既に明らかにされた。第一に、意識は、自らが人間の身体の中に存在するものとして認識している。すなわち、様々に物理的物体の中の一つのそれとして、あるいは電磁気的現象から成る物質的世界の中で生起する一連の電磁気的現象として、あるいは生化学的システムから成る有機的世界の中で営まれている一連の生化学的システムとして認識する。しかし、意識は、また、自らが身体の単なる奴隷ではないものとして認識し、同時に、身体が意識の単なる奴隷ではないと認識している。意識と身体は、それぞれ自身の生活と来歴を有しているように見えるが、にもかかわらず、両者は、その生活を共にして生きていくべく運命付けられている。各々が、他方のシステムの一部を構成しているシステムなのである。しかし、意識は、各々が他方に参加していることを認識するとき、その同じ行為によって、同時に、両者を分離しているのである。

４・３　第二に、意識は、意識〈自らにとっての現実〉を自然界の現実とは異なるものとして、認識している。〈意識によって作られた現実〉とは、意識が、意識によって認識された現実と接触することを通じて形成された現実であって、〈字義通りの意味での〉意識によって作られた現実ではない。すなわち、人間の身体がそのただ中にある、自然界の現実のことである。それでもなお、〈意識によって作られた現実〉と、物理的現実とは、意識の観点からは本質的に異なるものであり、後者が必然性と因果関係から成る世界であるのに対して、前者は、可能性の世界であり、また、人間が意志および行為を通じてかかる可能性を実現させる責任を負っている世界である。〈意識によって作られた現実〉は、単に物理的現実の潮流の中で営まれるものではないが、しかし、その逆でもない。両者は、ここで仮定上単一であるとされる宇宙を反映する合わせ鏡であり、それぞれが相手の鏡の中の像を写し出すように設定されている二つの鏡である。

4・4　第三に、人間は、明らかに、動物の一つの種でしかなく、生命体の一種でしかない。また、人間は、明らかに、自身が世界の一部分として行為するのに先立ち意識の中で世界を認識することのできる唯一の動物ではない。人間が〈それ自身にとっての現実〉を有する唯一の動物ではないのは明白である。しかしながら、動物たちの間でのこの点での程度の差が、本質的な差異として見なされるようになってきた。意識がとりわけコミュニケーションを通じて人々の間で非常に効率的に共有され蓄積されるようになったことにより、人間は自身の意識を認識するうえで他の生物世界とは隔絶する程度にまで複雑に発達させることができるようになったのである。しかし、それはなお半分程度の分離でしかない。人間は、自己認識および行動に際して、自らが人間なる動物の種族に属することを永久に忘れてしまうことは決してできないのである。

4・5　第四に、個々の人間は一人で生きる存在ではあるが、同時に一人で生きているわけではない。我々は誕生の際には他の人間と関わりをもって生まれ出ずるが、死ぬときは一人で死ぬのである。我々は、自己自身の意識と自己自身の来歴をもって一人で生きているのであるが、しかしまた、他の人間、すなわち我々が生きる上で必要とし、労働をともにし意識をも共有しなければならない相手としての人間と一緒でなければ生きていくことはできない。このような形で、我々は社会と共同しつつ一人で生きているのである。

4・6　第五に、人間は、自然的な側面と超自然的な側面を併せ持った存在として、自らを、生命をもたない物質と、〈存在するものすべて〉と形容しうる物質と意識の双方を包含した宇宙との間の中間的な段階の存在として認識することができる。人間は、宇宙が単に意識によって作られているだけではなく、同時に意識を内包している、と認識することができる。そして、そのような認識は、人間が、単に物理的でもなくまた単に意識的でもない、単に理性的でもなくまた単にランダム（偶然的）でもない、非偶有的な（何ものによっても条件付けられていない）存在という超自然的な秩序を想到するに至るとき、宗教、神話および哲学といった特定の形態をとることが可能となる。ここでいう、非偶有的な存在たる超自然的秩序とは、換言すれば、神、神々、または超人間的な力もしくは人格による秩序であり、〈存在するものすべて〉という究極的で測り知れない深さを持った、しかし深遠な意義をもつ超人間的な現実、の生み出す秩序である。

4・7　それは、あたかも創意工夫に富み、かつ、好奇心旺盛な創造主が、広い宇宙の一隅で実験を行ったかのようである。この実験において、一方では物体に、その様相の変化について制御する若干の能力が付与され、他方では生命体に自らの生活について特定種類の選択をなす能力が付与されるものとしよう。ただし、こういった制御と選択から次の二つの可能性が除外されているものとする。すなわち、自然界における必然性の秩序によって完全に支配されているだけという可能性と、自然界の必然性の秩序とは完全に独立して自由に行為できるという可能性である。つまり、人間的経験の対象が物質および意識の双方となることは認められるが、物質あるいは意識のいずれかのみになることは許されないのである。したがって、知識についても一つの可能性は排除されることになる――すなわち、現実の現実性（人間にとって厳然たる事実であるところの現実のもつ現実性）つまり、その内部に物質および意識の双方を包含している現実が、人間にとっての真の現実であることを知る可能性は、人間から排除されているのである。人間の経験とは、かように、興味津々なものであるが同時にタンタルス的（タンタルスの神話のように、永遠に見せつけられては、じらされる）宿命にある。

4・8　人類史上における偉大な功績や悲劇、そして日常生活において日々なされる細々とした葛藤、これらはすべて、人間的条件の曖昧な二元性（実際には二元性とはとても言い難いものであるが）から生ずるのである。人間は物質や動物のように振舞うことができる一方で、この世に生まれた神のように振る舞うこともできる。人間はまた、互いに互いを物質や動物のように扱うことができる一方で、互いに互いをかけがえのない、評価できないほどに貴重な創造物として扱うこともできる。人間は、自然界のただ中において驚嘆の念と喜びを無限の物理的力の源として見出すことができる一方で、その同じ空間において危険、病気、恐怖、苦痛、死をも見出すのである。人間は、自然界の生み出す驚くべきエネルギー衝撃を利用して、自己の欲望を愛・寛容・創造的活動へと高めて活用することができる一方、その同じエネルギーを用いることによって、自己の欲望を他者への攻撃・破壊・人格毀損へと歪めて悪用することもできる。人間は、社会において、自己実現と他者に対する奉仕の無限の機会を見出すことができるし、また、同じ社会において、利己主義・残酷な行為・他者に対する抑圧の無限の機会をも見出すのである。

4・9　社会での人間の生活とは、人間的条件のこの曖昧な二元性を相手として永遠に繰り広げられる格闘である。

人間は社会において、人間的条件の中に生きている。社会での生活において我々は、この人間的条件を単に理論上の仮説としてだけではなく、現実に存在するもの、換言すれば、我々の過ごしている生そのものであるということを理解するのである。いかなる言葉・観念・理論・価値を持っていても、いかなる意志を持ち、いかなる行為をなすとしても、人間はこの人間的条件の二元性によって規制されて生きている。歴史上その存在が知られている諸々の社会で現実に営まれてきた社会生活の歴史には、人間的条件の二元性に関する人類の経験が蓄積されているのである。

4・10　ここで仮定上、人間の社会的経験の全体を一連のディレンマとして提示することができよう。この一連のディレンマの中に、前述の人間的条件の曖昧な二元性が社会的に現れるのである。このようなディレンマは、単に社会で二元性として存在しているだけではない。ディレンマは、ここでは、すべての社会的生成という一つの（典型としての）パターンから派生する（具体的な）諸々のパターンとして、提示されている。これらのディレンマは、一つの社会がその特定の社会へと生成していく際にとる形式である。このディレンマは、社会化のあらゆるシステムに共通に見られる一つの（典型としての）システムに他ならない。かかる意味における、人間社会の五つの永続的ディレンマは次の通りである――自己と他者、一者と多数者、自然の単一性と価値の複数性、正義と社会的正義、新しい市民と古い法。

4・11　ここで**ディレンマ**という言葉が指す状況は、一見したところ互いに相反し矛盾し両立せず相容れないように見え、最終的な解決もできず、また除去することもできず、しかし、決して回避することもできないような類の諸々の可能性が意識に対して与えられているという状況である。

4・12　社会の永続的なディレンマという仮説が意図するところは、社会生活という明らかに無定形で弁証法的な状況の中にも、人間の社会的経験の蓄積の全過程を形成するような規則的で均整のとれた、体系的なパターンを見出すことにある。ここで主張したいことは、こういったディレンマが、その単純性、遍在性、永続性によって、人間的条件のもつ究極的な創造性を社会的に表明している、ということである。

4・13　ここでの仮説は以下のようなものである。すなわち、家族で構成される社会から全人類で構成される国際社会に至るまで、人間社会はすべて、社会的意識により形成される現実の内部で行われる社会化の過程である。そして、その現実の内部では、社会過程は格闘となる。そして、その格闘は、一連の創造的ディレンマの中に顕現する、人間的条件の究極的な性質によって指図されるというものである。

ディレンマ　その一　自己と他者（アイデンティティのディレンマ）

4・14　自己と他者との間のディレンマは、アイデンティティのディレンマである。我々ではないものが我々自身なのである。我々は、我々ではないものすべてとの関係においてアイデンティティを確立する。以上のことから明らかなように、我々のアイデンティティが意識の問題である限りにおいて、自己と他者とを分かつアイデンティティの境界線は明確なものでも固定したものでもない。我々の（個人としての）意識は、自らが属する様々な社会の意識に影響を及ぼす一方で、社会の意識からの影響も受けている。そして我々の個人としてのアイデンティティの境界は、それと同程度に社会の意識からの影響を受けるのである。個々人の意識が受けるこのような影響は、脳神経系統を含む我々の身体が自然界との交流によって受ける影響よりも明らかに大きいものであろう。我々の身体は自然界とつながっており、我々が生活を営みかつそれを維持していくために、自然界から我々が受け、また、自然界に我々が与える影響に依存しているのである。にもかかわらず我々は、自らの身体的アイデンティティを一つの（閉じた）システムとして定義する。すなわち、多かれ少なかれ閉鎖的と見なしうるシステム（ここでは、身体とその下位システムのことであるが）を、ある程度、恣意的にでも分離することが、自然界の他の物質的な対象の場合と同様に圧倒的に適切であり、かつ、有用であると、我々は考える。

4・15　我々のアイデンティティが社会に組み込まれていることは、実は、それ以上のことを意味する。すなわち、（一）我々の個人的なアイデンティティの重要な部分は、家族、宗教、国家、人種といった、我々が属する社会のアイデンティティから得られる。（二）我々の属する諸々の社会は、その社会が社会の構成員と同一視されることによってや、おそらくそれ以上に、その社会のアイデンティティと社会の構成員のアイデンティティとが区別されることによって、社会自らのアイデンティティを確立する。そもそも社会は、構成員が変わっても同一の社会として存続するようにできているのである。社会は構成員を内に含むが、構成員とは区別される別個の存在である。（三）我々が属する諸々の社会は、そのアイデンティティの主要な部分を、それらの社会自身が属する別の社会から得ている。それはたとえば、スポーツチームとそれが代表する都市や国家との関係であり、また国家社会（ステイト社会）とその基本構制（コンスティテューション）上の機関である政府との関係である。（四）我々の属する社会のアイデンティティの本質的な部分は、当該社会とは異なりまた当該社会が属している別の（上位）社会でもないが、特定の「他の社会」と見なしうる程度にそのアイデンティティが似通っている、他の社会との対照を通じて獲得される。その例は、政党、国家社会、言語集団、宗教教団、その一宗派の間の関係である。

4・16　社会生活のエネルギー・レベルが非常に高いことの主要な一因は、個人のレベルから人間が形成する無数の社会の全般までにわたって、人間が熱狂的にアイデンティティを求めることに見出される。〈意識によって作られた現実〉における存続をかけた格闘は、単なる物理的な意味での存続をかけた格闘ではない。それは、一つのアイデンティティとして生き残るための格闘であると言える。人間は、個人的な自意識のもつ、荒々しい自己保存のエネルギーを、社会意識へと伝達する。そして、人間は、多分、自らが属する諸社会のもつ活力に満ちた自己保存のエネルギーから、アイデンティティを形成したり防守したりすることについて何ほどか学ぶであろう。我々の社会が、我々自身の一部を構成することから、我々の属する諸社会の存続は、我々自身の生存と同じ程度に重要なものとなる。

4・17　以上の帰結として、次のように言えよう。歴史的に見て、社会は、これまで自己保存のエネルギーを高いレベルで集積することができたのであり、そのことから、以下の一連の重要な結論が導かれる。(一) 社会を維持するのに必要な意志は、当該社会の公的な意志および行為すなわち社会全体を代表する意志および行為の主要部分を構成する。(二) ある社会の公的意志を全面的にあるいは優勢に支配する者が、社会の存続のために必要とされる意志を掌握する。(三) 社会の自己保存が、その構成員の生存よりも優先されることがありうる。(四) 社会の構成員は、社会の存続を維持するためにその命を犠牲にするように求められることがある。(五) ある社会の公的意志を全面的にあるいは優勢に支配する者は、同時に自己の生命を犠牲にすることを意志することはなく、その構成員の生命を犠牲にするよう意志することが十分にありうる。(六) ある社会の構成員の生命が、他の社会の存続を維持するための犠牲となることがありうる。(七) ある社会の公的意志を支配する者が、同時に、自己の生命や自らの属する社会の構成員の生命を犠牲にするように意志することなく、他の社会の構成員の生命を犠牲にすることを意志することが十分にありうる。

4・18　これが、**戦争**と呼ばれるものの、正気でもありかつ狂気でもある論理である。

4・19　非常に多くのことが、我々自身が属していると認識する社会に関係していることは、今や明らかである。同時に、非常に多くのことが、我々自身が所属していないと認識する社会に関係している。我々は自らの属する社会のために人を殺す。我々は他の社会の構成員を殺す。また、我々は殺しはしないとしても、人を傷つける。我々は、自らのために、人間の尊厳、食物、健康、教育、自恃、自己実現といった我々にとって必要と考え生きていくための条件を他人を犠牲にしてでも手に入れる。しかし、我々と同じ社会に属していない者のためには、こういった生活条件を求めようとはしない。我々は、他者から奪うかそれとも剥奪の状態のままで何もしないのである。

4・20　**国民国家**と称されるようになったものは、自我の神格化として扱われるようになってきている。いわゆる国民国家の公的な意志を表明する力を支配してきた者たちは、ある種の社会を国民国家として認め、**他の社会**を他の国民国家として認めてきた。そうすることで彼らは、自らの属する国家のいわゆる国家性なるものが、国家の意志を支配する階級（政府や他の機関、およびその構成員）の中に、また、非人格化された構成員の集合体（いわゆる市民）の中に投影されているものと考えたのである。

4・21　彼らはまた、市民が以下のような意味での価値形成的理論を受け入れるようになることを目指して、社会の意識を秩序づけてきた。すなわち、市民の究極的なアイデンティティは、その人間性にあるのではなく、国家の一員であるというアイデンティティにあり、またここでいう「究極的な」という言葉の意味は、我々がある国家の構成員として、他の国家の構成員である人間を殺すか傷つけるように、望むらくは自ら意志して（さもなくば他者の意志による強制によって）行為するよう要求されているという意味においてである。人々がそのような理論の名の下にこれまで何百万人という規模で犠牲を出しており、今もそれを続けていることを見れば、人間の意識が人間の意識を支配する力を有していることについてこれ以上雄弁に語るものはない。だが他方で、概して人間が、同じ人間である他者の究極的なアイデンティティがその人間性にあるのではなく、国家の一員であるというアイデンティティにあることを、今日に至るまで本心では信じていないことを見れば、人間の意識に抵抗する力を人間の意識が有していることをこれ以上雄弁に語るものはない。

4・22 自己と他者のディレンマは、社会の、なりうる可能性のある社会になろうとする、つまり、今の社会になるための格闘である。自己と他者のディレンマは、人の生が終わることのない自己創造のプロセスであることから、決して勝ち負けのつくことのない格闘である。我々に対して未来を意志する力と責任とを与えてくれる意識は、我々が、自己形成を遂げているすべての他者と協力あるいは競争しつつ、我々自身を形成することを決して止めようとはしない。我々が生きている限り、そして社会が存続する限り、我々自身となるための、我々および社会の格闘は続くのである。

4・23 意識は、自己と他者のディレンマとの格闘を、言葉・観念・理論・価値を通じて自らに対して提示する。その格闘において武器として用いられる強力な言葉は、以下のものを含む。**原住民（アボリジナル）、外国人、アパルトヘイト、先住民族、自主性、信者、カースト（排他的階級制度）、選民、階級、植民地主義、皮膚の色、国家、差別、特権階級、敵、平等、人種的、信仰、祖国、外国、自由、異教徒、本国、故国、帝国主義、独立、土着、無神論者、一体性、干渉、解放、周縁、構成員、国民、国民性、ネイティブ、非構成員、アウトロー（法の保護を奪われた**

者）、部外者、不可触賤民、人民、偏見、人種、自衛、自決、自治、主権、領土保全、反逆者、部族。（原文アルファベット順）

ディレンマ　その二　一者と多数者

４・24　一者と多数者のディレンマは、力のディレンマである。個人とは、単一の構造をもったシステムである。個人とはまた様々な器官やシステム、および一連の電磁気的現象、一組の生化学的構造などの集合体である。社会も単一の構造を持ったシステムである。社会はまた一組の下位構造と下位システムである。社会はまた人間の集合体である。社会はまた一連の歴史上の出来事でもあると言える。個人と社会の関係は一者と多数者の関係である。そして、力をめぐるディレンマとは、一者と多数者との間の関係を体系的に作り出すための格闘なのである。

４・25　個人と社会は右で述べたのとは異なるもう一つの意味においても一者と多数者の関係にある。両者は、ともに複合的な要素から成る統一体である。すなわち、両者ともに、その構成部分は、さらに下位の構成部分のシステムを成している。人間は、下位の生理学的システムを統合した一つのシステムであり、それらの下位システムを意識のシステムに統合させている。社会もそれと同様に、それ自身の下位システム（例えば意思決定機関）と、個人という（下位）システムより成る（上位）システムの両者を統合した一つのシステムである。また社会は、自らに含まれるいかなる下位社会をもかかるシステムの統合のプロセスに含めている。

４・26　意識は綜合と分析、一般化と個別化、諸要素を統合し統一することと分離し増殖すること、というそれぞれ相対立する作業をほとんど同時に行っている。ここで再述するが（パラグラフ3・25と比較せよ）――意識が、人間と人間社会についての認識を形成するために、自然界の〈多様性の中の統一性〉と〈統一性の中の多様性〉についての認識を利用してきたのかどうか、またはその逆に、自然界についての認識を形成するために、人間と人間社会における〈多様性の中の統一性〉と〈統一性の中の多様性〉についての認識を利用してきたのか――、このような問いについて思索することは興味深いものではあるが、それが役に立つように思索するのは決して容易ではない。いずれにしても、その帰結として言えるのは、〈意識によって作られた現実〉の内部における自然界の認識と、個人的及び社会的経験の認識との間には密接な同一性が存在するということである。

4・27　分解と統合という意識のもつ二元的な機能は、自然科学の諸分野において劇的な影響を与えてきた。というのは、これによって自然科学は自然界をいったんバラバラに分解した上で、その作用についての仮説の形式で自然界を再構成するからである。科学によって作られた仮説上の構造とは、一定範囲の多様性の世界を切り取って孤立化させることにより形成された理論の、仮説上の統一体に他ならない。この過程の持つ説明能力は以下の事実に起因するる。すなわち、もしこの理論という仮説上の統一体が自然界において人間が意志し行為することの基礎となるのであれば、そのときには、あたかも自然界がこれらの理論という統一体を（存在するものとして）認識している、換言すれば、自らの世界に属するものとして扱っているように、我々の目には映ずるであろう、ということである。つまり、自然界は科学の予言に応答するのである。その結果は、意識が自然界の必然性を隠しているヴェールの端を引き揚げていると自ら認識するということである。かくして、自然界の必然的秩序は、科学的仮説の諸理論にそれぞれ対応する、部分的かつ中間的な諸秩序を、何らかの仕方で内包するものとして開示されるであろう――ここで、それは、〈万物の普遍的な秩序〉との関係で見れば**部分的**であり、この普遍的秩序と〈科学的理論が理論的統合のための選択を行う対象であるところの〉自然界の区別できないほどに無数の具体的な内実との間の中間に位置するという意味では、**中間的**である。

4・28　社会は、〈意識によって作られた現実〉の中において意識によって作られた部分的で中間的な統一体であり、人間もまたそうである。諸科学の成果と同様に、個人が自らを人間、すなわち仮定上の〈多様性の中の統一性〉として認めることから得る利益は、一見して明らかである。同様に、人間が一個のアイデンティティとして意志し行為する責任、必然性の世界において生命の衝動の働く場であることに伴う責任、そして欲求と義務とを調和させる特定の行為者となるべき責任、このような不可避かつ終わりなき責任を負っていることも明らかである。

4・29　社会において、人は社会の人間化を通じて再度人間化される。すなわち、個々人の〈多様性の中の統一性〉は、社会の〈多様性の中の統一性〉を通じて再現されるのである。社会は人間化され、個人は社会化されるのである。社会は一個の人間の統一性に同調する。こうして個人が社会という多様性のある統一体の一部となるのである。

4・30　単に比喩か理論的な構成に過ぎなかったはずのものが諸々の現実の中でも最も本質的なものとなっている。社会はその意識の内部において、個々人の人格を吸収してきた。一方、個人の側は、社会の構成員であるというアイデンティティによって社会の原子、細胞としての非人格性を習得してきた。諸々の理論の内部に形成される抽象的な単一体（つまり観念）が意志および行為の現実の中心点となり、エネルギーのすべての段階において強力な力を発揮してきた。その力のレベルは、いわゆる国民国家の意志し行為する強力なエネルギーや、国際社会の強力なエネルギーにまで達している。

4・31 個人の観点から見るとき、特定の個人に帰属しその人の身体と結合している意識が、意識の第一次的でそれ以上還元できない単一体である。それに対して、社会の意識は派生物であり集積物であり合成物である。所与の社会の視点からすると、当該社会に帰属点をもつ意識が、意識の第一次的な単位であり、社会の構成員の意識は、その統一性（つまり社会）における多様性なのである。このことがもたらす注目すべき帰結としては、個人が二つのアイデンティティを有すること、そしてそれにより人間が意志し行為することには二つのタイプが生じる、ということである。すなわち個々の人間として意志し行為することもあるし、社会の構成員として意志し行為することもある。所与の社会の社会的仕組みによって、その社会の意志および行為に各構成員が関わる程度や形態が定まってくる。すべての構成員が社会の意志および行為に参加するが、その方法や程度はすべて異なる。

4・32 この、社会の構成員としての二種類の生き方から重要な帰結が導かれることが、これまでの人類の歴史が我々に教えるところである。その帰結は、とりわけ社会の理論と価値の作用に関わるものである。社会の理論や価値が、個人として行為する人間の意志と、社会の単位として行為する個人の意志とに、それぞれ異なった影響を与えることがきわめて容易に立証されよう。とりわけ、ある社会の理論のもつ倫理的側面は、社会の意志および行為に対する場合と、個人の意志および行為に対する場合とでは、異なってくるであろう。仮に社会的単位として行為する個人が絶対君主、独裁者、軍事指導者、寡頭制支配者、高僧、裁判官、革命家、テロリストなどであれば、そういった者と社会との間の理論や価値の面での倫理的乖離は公然かつ明白なものとなろう。他方、仮に社会的単位として行為する個人が、国の政府、他の自治体、支配政党、軍の参謀本部、商工業企業の経営陣、他の種類の社会組織の執行部などの一員である場合には、前述の倫理的乖離がそれほど目立って顕在化することはない。

４・33　並外れた社会的力をもたない社会の構成員のレベルにおいても、個人が市民として社会過程に参加することは、理論と価値との間の分裂、人間としての行動と社会の構成員としての行動との間の分裂を伴いがちである。というのは、社会はそれ自身の生き方およびその構成員の生き方のあらゆる瞬間、あらゆる場面に浸透するソシオノミーを有しているからである。

４・34　ここで**ソシオノミー**と呼ぶ用語は、その社会の言語・観念・理論・価値が**義務の総体**として当該社会の社会意識に存在し、また、それゆえに各々の構成員（下位社会や個人）の意識にも存在している状態を示すものとして用いられている。家族という社会から全人類で構成される国際社会に至るまでのいかなる社会においても、社会のソシオノミーはその社会の基本構制（コンスティテューション）や法体系を含むにとどまらず、（とりわけ、宗教、神話、哲学、道徳、経済といった）社会とその構成員の意志及び行為における欲望と義務との間の調和の達成に障害となる、他の種類の現実形成の様式をも含んでいる。つまり、ソシオノミーとは、義務の形式で理解された社会の現実に他ならない。

４・35　ある社会のソシオノミーの影響下にあるとき、我々はそれによって支配され、いわばトランス（忘我の）状態になる。日々の生活において、我々は多くの社会への出入りを繰り返している。ある下位社会（たとえば家族）の内部にあるとき、我々はそのソシオノミーの影響下に入り、その社会の義務的な現実に参加している。しかし、そうしつつも、我々は、同時に、当該社会が属する、国家社会や国際社会といった上位社会のソシオノミーからの影響も受けている。我々が、その所属するある社会を離れて外部の社会に入るとすると、当然その社会のソシオノミーの影響下に入ることになるが、そのときには我々が属していた社会のソシオノミーを持ち込まざるを得ないのである。

4・36 その結果は、異なった社会に属すれば我々は別のように意志し行為することができ、ある状況では意志することができないようなことを別の状況では意志し行為することが可能となる、ということである。一日の終わりに将軍が軍服を脱ぎ、判事が法衣を脱ぎ、権力者が家族という社会に戻るように、我々は義務をまるで着衣のように身につけたり脱いだりする。我々が個人として行為する場合には欲望の問題として行いたいとは思わないことを、社会の名の下に義務として行うことができる。市民としては行うことが義務であると感じられることをなすとき、我々は、人間としては嘆き悲しむこともできる。

4・37 よって、社会は、それ自身の意志のみならず、必要・利益・権利・義務を有するものと見なされるに至る。理性や想像力のもつ驚くべき力のすべてが社会のために用いられ、言葉・観念・理論を生み出し、その社会の名の下に無限のエネルギーを発揮する行動を生み出す。よって社会はあたかも一個の人間であるかのように愛や恐怖の対象となる。そしてまた社会は、非合理的な想像力の生み出す力に満ちた空想（ファンタジー）的な生世界を有するようになる。社会は他の社会との間で**関係**と呼びうるものを結ぶに至る。それは個人間の関係と何ら異ならない感情と打算に満ちたものである。すなわち、一方では誘惑し、騙し合い、陰謀を巡らせるかと思えば、他方では、世話をしたり、分け与えたり、保護を与えたりする社会である。

4・38 よって、一者と多数者のディレンマにおいてなされる格闘は、力という言葉によって認識されるあるものの支配を目指した格闘として見ることができよう。この言葉は、〈意識によって作られた現実〉の内部で認識されるある形態のエネルギーを指示しており、それは、非意識の世界すなわち自然界において意識が見出すある形態のエネルギーに対応している。「力」という言葉が、この一つの意味で用いられるとき、それは、容易に、その語のもう一つの意味での用法にも影響を及ぼすことになる。どちらにとっても、他方の意味との間の関係は単に比喩的なものではない。それぞれが他方に強力に働きかけて、それを支える関係にある。人間の力は、明らかに、生命の衝動そのものに満ちており、それゆえに、人間の力は、自然界から人間の意志および行為の世界に注ぎ込まれる自己創造的エネルギーに満ちている。

4・39　人間の力は、意志を媒介として欲望を行為に変えるエネルギーである。社会は、人間の意志および行為を組織化する際に、人間のエネルギーを力という形で組織化する。社会とは、エネルギーを社会の力という形態に組織化するものである。

4・40　以上によって、社会は、意志と行為を組織化するための、部分的で中間的なシステムである、と言うことができる。ここで**部分的**とは、社会がそのすべての構成員（市民や下位社会）の意志および行為の全体を組織化していないという意味においてであり、**中間的**とは、社会それ自身が、下位社会として、その意志および行為を組織化している上位社会――それは、全人類から成る国際社会、すべての社会を包含する一つの社会、にまで達する――の一部分となっているのが常だからである。

4・41　また、次のように言うこともできる。ある社会のソシオノミーは、当該社会の構成員の**意志**との関連において、ある種の**行為**として現れる。すなわち、社会の構成員が意志の過程において可能な行為形態を選択しようとするとき、社会的意志は、社会過程の組織立った作用によって、その可能態を（現実の行為へと）変化させることを、義務として行うのである。こうして、社会の〈自らにとっての現実〉が〈義務としての現実〉となるとき、その〈社会にとっての現実〉は、社会の構成員が意志し行為することの可能な様態について思いをめぐらさなければならないような現実となる。つまり、社会のソシオノミーは、その社会の構成員のために一種、必然の世界を作り出すのである。

4・42　また、次のように言うこともできる。力をめぐっての格闘は、勝つことも負けることもなく、終わることのないものである。というのは、生の衝動のゆえに、すべての社会とすべての人間は生きるために意志し行為せざるをえないし、そういった意志および行為は、社会が認識する現実そして社会の構成員によって認識されている現実の内部でなされるからである。人間と社会は、一者と多数者という格闘に必然的に組み込まれている。というのは、人間と社会は、一者が無力化すれば多数者の側が力を得、一者の方が力を得れば多数者の側が無力化されるという関係にあるからである。

4・43　意識は、一者と多数者というディレンマとの格闘を、言葉・観念・理論・価値を通じて自らに対して提示する。その格闘において武器として用いられる強力な言葉は、以下のものを含む。**絶対主義、ブルジョワ、資本家、カースト、市民、市民的自由、階級、集産主義的組織、集産主義、共産主義、同意、憲法、慣習、民主主義、（王の）神授の権利、適正手続、平等な保護、平等、搾取、自由、自由市場、一般意志、政府、人権、個人、個人主義、利益、労働、土地、土地改革、法律、指導者、合法性、法人、（王や制度の）正当性、解放、市場の圧力、支配者、民族、国益、国の安全、自然権、政党、平和、農民、日雇労働者、人民、計画、計画化、権力、特権、無産階級、財産、公共の利益、公共の秩序、公共の安全、代表、権利、法の支配、自治、権力分立、農奴、召使、奴隷、社会契約、社会連帯、主権、国家、最高権（力）、専制政治、労働者。**（原文アルファベット順）

第五章　社会の社会化Ⅱ　意志のディレンマと秩序のディレンマ

ディレンマ　その三　自然の単一性と価値の複数性

5・1　自然の単一性（単一であること）と価値の複数性（複数であること）というディレンマは、意志のディレンマである。地球は、無限の広がりをもつ宇宙の中にある無数の世界の中の一つであって、その自然の歴史は限りあるものである。地球は、人間の意識が捉えていない場所が今や一平方メートルも残っていない世界である。我々人間は、数多くある生物の種の中の一つの種である。人間という種の歴史は、宇宙の歴史、地球の歴史、他の種の歴史に比べれば、きわめて短い。そして、我々に知られている人間社会の歴史は、この人間という種の歴史に比しても取るに足りないほどの短い期間のものである。にもかかわらず、我々人間は、個々人に至るまで種の構成員（同じ人間）としての認識を持ちそれぞれ固有の名前を持ち、そして、恐らく今や、上位の人間社会に統合されていない家族など一つもないのであり、そして、その（社会）意識がより活力のある他の社会の意識によって影響を受け修正されない社会がどれ一つもない、そのような種である。

5・2　我々は、地球という惑星に存在する無数の人間以外の生命形態を生み出し成長させているのと何ら異ならない原則や過程に従って形成され、成長する生命体である。様々な環境下にある原子や細胞の中で行われる物質間の相互作用を通じて、我々は生きそして死に至るのである。それは原因と結果の関係にあり、自然界におけるいかなる他の原因から導かれる結果とも同じものである。我々の人生のいかなる瞬間も、宇宙の果てまで広がるエネルギーの場における束の間のパターンである。このエネルギーの場において、我々人間は一定の存続期間とエネルギーをもった一組の出来事に過ぎず、その重要性は同じような存続期間とエネルギーをもついかなる他の事象の組み合わせともなんら異なるところはない。我々の存続期間とエネルギーは、我々の知る多くの出来事の組み合わせよりもかなり規模が大きいものであるが、その一方で他の多くの出来事と比べれば限りなく小さなものである。比喩的に言えば、我々は一瞬の火花よりも大きいが、大陸の移動よりは小さいものである。

5・3　しかし、この原子の集合ないしは細胞の集合は、原子でも細胞でもないもの、すなわち我々がここで「意識の世界」と呼んでいるものを創り出してきたのである。意識の世界とは、個々の人間の意識において作り出される世界であるが、また、社会において集団で行動する人間が創り出す世界でもある。意識の世界は、自然界の中に位置するが、自然界の中に流入しまた自然界から流出する世界でもある。意識の世界はしかしながら、時間と空間から成る次元とは異なる次元を有し、地球全体およびそれを越えるあらゆるものを包含し、宇宙の果てまで及び、そしてその果てを越える世界である。意識の世界はまた、個々の人間の一生をはるかに越え、ある社会の誕生から消滅までの期間をも超越して存続し、各時代に生きる人間を、既に生きた人間およびこれから生きるであろう人間と全て結び付ける世界である。

5・4　人間は世界において未来を作りだす責任を引き受けるよう運命付けられ、また、そのようにするための能力を与えられている。同時に人間はこの責任を、自然界を規律している必然性と共有している。すなわち、世界の共同の支配者として、人間の意識は、自らの世界すなわち自然界と意識の世界を支配する者として、意志および行為によって変容する。すなわち、意志することによって、人間の意識は、自然界の必然性と（意識の世界の）義務とによる制約を受けつつ、自らの欲望、生気に満ちた自己創造の衝動に応えて行為することを選択するのである。ここでいう義務とは、（自然界の）必然性が、人間の意識によって（意識の世界における）秩序あるシステムとして認識されたものに他ならない。社会のレベルでは、社会的意識が、社会およびその構成員の行為を組織するために、社会の意志を組織する。自然の単一性・価値の複数性というディレンマは、人間の意識が意志すること――個人の意識による意志と社会で共有されている意識による意志――を組織するための格闘である。そして、このような意志の組織化は、個人および社会の意識が意志することの基礎として利用する諸価値の社会的形成を伴う。

５・５　もし人類社会の歴史に関するまだ比較的短期間の記録を検討し、その短い期間に人類が創造し、成し遂げてきたことすべてについて振り返ってみるならば、そこにおびただしい多様性のただ中にある驚くべき均一性を見出して、我々は衝撃を受ける。宗教・神学・哲学・彫刻そして文学という形で蓄積されてきたものすべてについて、農業・商業・工業生活に関する記録の全体について、また、いわゆる社会の公共生活に関する出来事の全体やいわゆる個人の私的生活に関する出来事の全体について検討するならば、我々は、時間・空間を超越する人間存在の一つのパターンがあるという仮説に容易にたどり着ける。そのパターンとは、伝統的には人間の本性とか人間的条件と見なされているものである。

５・６　我々は、エジプト、メソポタミア、インド、中国、ギリシャ、ペルシャ、イスラエルおよびローマの古代文明、そしてそれらを引き継いだ中世および近代文明を見るとき、何かすでに見慣れたものという意識を持ちつつそれに接するのである。いかにエキゾチックなものであるにせよ、これらの諸文明のいずれも我々と無関係ではない。いつどこであっても、人間が生きていくために直面する苦闘と、社会化した人間がそれに対してなす反応は、家族のような類似性を持つ。この反応は、反射神経や本能による、生命を支え保護するための生理的反応や、感情および心象の働きによる無意識的な反応にとどまらず、自己秩序化的意識がなす反応でもある。というのは、この反応が、人類を欲望および義務から意志および行為へと導くために必要な言葉・観念・理論・価値を形成することになるからである。我々より以前に生きていた人々で、我々と同一の究極的な人間の本性ないし同一の究極的な人間的条件を巡って格闘した人々であって、生きている我々の意識の中にその生の有り様の刻印を残しているような人々のことを見る際、我々は、あたかも多かれ少なかれ曇った鏡を覗き込むかのように、そこに自分自身の姿を認識するのである。多くの言語があるにもかかわらず、そこでは、我々は一つの言語しか話さないのである。人間の生の営みは明らかに単一の営みなのである。

5・7　さてここで、我々は、若干焦点をずらして見ることにしよう。そうすると、我々が見ることができるのはただ、分裂・争論・不和・軋轢・紛争・敵意・憎悪・攻撃、そしてこれらのものが必然的に伴う悲惨な結果である殺戮および破壊のみである。偉大な宗教が骨肉争う宗派に分裂する。偉大な帝国が崩壊して戦い合う諸国家に分裂する。偉大な文明が、相争う下劣な後継の文明に引き継がれる。そしてあらゆる戦いの中で最悪の部類のものは、近親者の間での骨肉相食む争い、同一宗教内での宗派対立、同一文化内での文化的争い、同一地域内での地域紛争、一民族内での内戦、血族の間の反目と血讐であると言えよう。我々は、人間の意識が持つ素晴らしい統合能力の存在を目の当たりにして感銘を受けるのであるが、同時に、我々は無秩序を作り出す人間の力にも愕然とさせられるのである。

5・8　皮肉なことに、さらにもっと痛ましいことが明白になってきている。人間の想像力および理性の持つ無限の力は、秩序、発展および繁栄という社会的言葉を作り出す（つまり、言葉の内容を社会的に実現する）ことができるが、同時に、それらを破壊する手段を発明することもできるのである。そして、この皮肉な状況は、ここ何世紀かでかつてないほどに痛ましいものとなり、かつ明白なものとなってきた。十五世紀以降の自然科学の発達は、以下の二つのことを実証してきた。（一）人間の意識は、人間が秩序ある意志および行為を用いて自然界に対して非常に大きな力を発揮することを可能にするさまざまな理論を創出することができる。（二）人間の意識は、普遍的に妥当する理論（自然科学の理論）を創出することができるが、それはその理論が世界のすべての大陸、宗教、文化および民族において、全く一様に妥当する知的価値および実践上の可能性を有しているという意味において、普遍的なのである。しかし同時に自然科学の発展は、苦悩に満ちて、かつ、切迫した次の二つの問題を提起している。（一）人類は、想像力と理性を用いて、自然科学から得た人類を統合したりあるいは分裂したりもする物理的力を果たして、人類の生存および繁栄のためにか、それとも、人類の破滅のために、利用しようとするのであろうか？（二）人類は、人間の世界においてとりわけ社会的な価値の世界において意志および行為を普遍化させる方法を、自然科学の普遍性から学ぶのであろうか？

5・9　かくして自然の単一性・価値の複数性というディレンマが生じるのであるが、それは、観念が理性の三種類の座標軸の織りなす世界の中に統合されることによって、比較・修正・超越の限りないプロセスに取り込まれることが、第二章で検討した自己秩序化的過程の本質を成すという事実に基づくものである。想像力のもつ創造的な力と理性のもつ秩序化的力の真価は、それによって、意識が対立する諸観念を受け入れることができるばかりではなく、実を言えば、意識が自らの中から、また自然界や他の意識との接触によって様々な可能態を生み出すためには、意識の中に対立する諸観念が内包されていなければならないところにあるのである。

5・10　人間の意識が発展するのは自己を超越することによってである。意識が自らを創造するのは自らに対峙することによってである。意識が肯定することができるためには、否定することもできなければならない。新たな観念・理論・意志・行為は、相対立する観念から生じるものであり、それは自然界や意識の世界の変化しつつある挑戦に絶え間なく反応することであり、それによって人の生活が不断に豊かにされ、力を与えられるのである。しかしながら、相対立する観念からは相対立する価値も生じることがあり、また、相対立する価値から相対立する意志や行為が生じることもありうる。そういうことで相対立する意志および行為は、友人間の不和から世界戦争に至るまで様々な形態や程度で形成されることになる。こういったものが価値の社会的ディレンマである。社会は、存続し発展しようとするならば、相対する価値を包みこまなければならない。しかし同時に社会はそれほど多くの不和を抱えることはできない。

5・11　十五世紀以降、自然科学が、その実験室から宗教や呪術や形而上学や政治学からの怪しげな助力を取り除くことによって、物理的宇宙を、いわば自らの専門の共働者とすることができたのは、自然科学の特権であった。自然科学においては、理性を統合している座標軸は、意識を含まないもの、言い換えると、完全に分離した（客観的な）態度で、意識の（もつ）不断に変化し続ける諸観念に反応するもの、との関連において作用することが可能である。かくして人間の意識は、自然科学において、自らの目的のために、自然界を意識とは無縁のものと認識することによって、科学者の間での対立や不一致を排除することはないが、自然界が第三者として、すなわち、想像力を持たず、よって理性も必要としない第三者として、すべての論争に関与するのを認めるような仕方で、想像力や理性を用いることができたのである。

5・12　これに対して、人間の反省的意識が自然界以外のあらゆるものを考えるとき、とりわけ人類そのものや人間の意識、その社会生活について考えるときには、人間の反省的意識は上で述べたような特権を有してはいない。人類が人類について考える際には、変化しつつある言葉・観念・理論・価値を、これまた変化を遂げる言葉・観念・理論・価値と競わせるのである。自然科学は、理性の第三の座標軸（可能性の座標軸）を用いることで、自然界における出来事の規則性を見出して、首尾一貫しない観念を排除し、よって、ここ当分の間は全体的と見なしうる諸観念の間で一貫性を作り出すことができるのである。

5・13　社会は言うなれば永久的な実験である。人間の意識は、自らの社会実験によって自ら学ぶことができる。しかしながら、社会実験の結果、あるいは社会による自己教育の成否が根本的に不確実である理由がいくつかある。（一）社会実験は高くつくことがある。専制政治や社会の退廃（デカダンス）という実験は興味深いものであろうが、人間の幸福の点で浪費的であり、人生の好機を奪うことになる。（二）社会実験は、自然科学の実験のように容易に行えるものではない。社会は、その一部にせよ全体にせよ自らを独立自足した環境の中に孤立させて、社会自身の過去から、また〈社会過程の総体〉という複雑に入り組んだ相互反応から、切り離すことはできない。（三）社会実験から得られる証拠は、単に計測、形式化、あるいは抽象といった処理に服するものではない。社会的仮説は、四囲の人間意識の全領域を動員してなされる解釈なのであって、想像力と理性の生み出す、しかし不協和音を伴う可能態すべての影響を受ける。（四）永久的な社会実験によってもたらされる意識の一貫性の明らかな増大も、単に新たな矛盾の第一階梯となるのが通例である。というのは、意識は自己を超越するために止むことなく自らに働きかけるものだからである。

5・14 そういうことで、意識は、その意志および行為が自らを過去から未来へ導いて行くことを可能にする価値を形成し、さらに不断に再形成していくために、(つまりは、自らの存続と繁栄を追求するために、) 意識自らによる自己理解、そして、意識自らによる価値形成に秩序をもたらすための別の方法を見出さなければならなかったのである。社会は、過剰なまでに豊富な想像力と理性を統制していくために以下に示す五つの実践的戦略を用い、それによってぶつかり合い、変化し続ける価値の止むことのない流れを創り出す。

5・15 (一) 社会は、諸観念を社会の**アイデンティティ**の中に編入することによって、社会において〈観念の統一〉を強制しようとする。(二) 社会は、観念を社会における**力の配分 (状態)** に編入することによって〈観念の統一〉を強制しようとする。(三) 社会は、社会構造の内部に、制御のとれた意見不一致のための舞台を取り込む。その舞台には、**政治・世論・私生活**と呼ばれるものが含まれる。(四) 社会は〈価値に関する観念〉を犠牲にして〈**情報に関する観念**〉を増加させようとする。(五) 社会は、一般的〈意識によって作られた現実〉、すなわち、〈社会過程の総体〉の大部分が作動するように説明することを目指して作られた現実、の枠内において半永久的な下位システム (すなわち社会の根幹的な機関や他の下位社会) を創り出す。

5・16 (一) 社会が、観念を自らのアイデンティティの中に編入しようとしてきたこと、とりわけ第四章で検討した自己と他者のディレンマとの格闘においてそうしようとしてきたことが、人間社会の歴史におけるもっとも重大な問題の一つである。かくして、人は、社会の構成員になることによって、一定の観念を受け入れ、それに対して確固たる忠誠を尽くすように求められることになる。それによって、社会の自己保存のためのエネルギーが、その社会の観念を保持することに向けられよう。社会が自らを守ることは、観念を守ることでもある。このような観念の保持は、それらの観念に対する忠誠を守り続けるよう強いられているはずの当該社会の構成員にのみ関係することではなくて、社会の観念にとっては脅威と見なされうる非構成員や、その社会の観念とは相容れない観念をもつと見なされうる他の社会にも、関係するものである。その結果、もしそうでなかったならば理性を統合している座標軸の影響を受けて、超越されるか否定されるか常にしていたはずの諸観念が、自然界における物体と同じ性格を呈することとなる。すなわち、そこでは観念は、欲望に基づく衝動と、義務に基づく制約とを調和させるという使命を放棄してしまい、一種の必然性という性質を帯びるようになる。

5・17　人類の社会的経験の歴史全体から判断すれば、観念のこのような客観化もしくは具象化が、若干は、いずれの社会にとっても不可避な特徴なのは明らかである。社会の諸理論は毎日、公開の議論で再検討され再確認されるわけにはいかない。それゆえ、ある社会がもし日々一つの社会として存続しようとするのであれば、その社会は多くの理論を装備していなければならない。同様に、想像力や理性を社会の諸理論に適用することにより生まれる諸価値は、一週間のうちの毎曜日、公開の議論の中で再形成されるわけにはいかない。それゆえ、ある社会が日々一つの社会として存続しようとするのであれば、その社会は非常に多くの価値を装備していなければならない。とりわけ、社会が新しい市民と古い法をめぐるディレンマと格闘する場合には、社会は、変化のただ中において相対的な安定性を確立するという要請に対応することが必要になる。このディレンマについては以下の第六章で検討する。

5・18　しかし人間の社会的経験についての歴史が同時に示しているように、安定性が支払う対価は、抑圧・停滞・侵害である。あらゆる社会は、必然的に抑圧の一形態となる。なぜならば、社会の一員となるということは、その社会が有する諸観念のうち必要最小限のものを、信念の問題でないとしても行動の問題として、受け入れることになるからである。あらゆる社会は、必然的に停滞の一形態となる。なぜならば、社会なるものは、持続しうる観念を、少なくとも必要最小限は、含みもっていなければならないからである。あらゆる社会は、必然的に多かれ少なかれ攻撃的となる。なぜならばある社会は、そのアイデンティティ、自己、そして自己に含まれる諸観念を、当該社会の構成員との関係においてばかりか非構成員や他の社会との関係においても、保持しなければならないからである。価値をめぐる永続的なディレンマとの格闘はまさに、価値の多様性をどの程度犠牲にすることによって、価値の単一性をどれだけ多く獲得できるか決定しなければならない格闘なのである。

5・19 （二）ある社会内部における力の配分（状態）が果たしている主要な任務は、必要とされる諸観念の単一性を組織し、必要とされる価値の単一性を組織し、そして、それによって必要となる、これら単一性を防御することである。そして必要とされる力の構造には、政策形成や立法の構造、すなわち意志し行為することを目的とする観念の社会的な加工過程のみが含まれるわけではない。ここで必要とされる構造には、教育機関、宗教施設、裁判所、官僚機構、法と秩序を保護するための機関も含まれる。

5・20 観念や価値を社会のアイデンティティの中に編入する場合がそうであるように、こういった力の構造は、抑圧・停滞・侵害を必然的に伴う。しかし、社会の力の構造の場合には、観念および価値の単一性を強制するために物理的および心理的な実力が用いられる可能性もある。このようにして社会は〈意識によって作られた現実〉に取って代わり、所与の社会の意識と一致することを確保しようとする。社会の平均的な構成員にとっては、現実の方が社会的に決定された現実に一致するようになることが、どちらかといえばむしろ多いのである。平均的な構成員は、社会の諸価値——純粋理論や超越理論はいうまでもなく、実践理論についても——を支える構造の多くを知らないであろう。社会の平均的構成員は、言葉・観念・理論の特別な性質や機能について多くを知らないであろう。それゆえ、彼らは、社会的現実から逸脱した観念またはそれに反する観念を社会的現実に一致させる立場にはなく、単に社会的現実に服従するか、さもなくば、私的生活、個人的意識、または自ら課した内的異境住まいに引きこもる以外にないであろう。

５・21　(三) 社会は自らに課されている任務の重要な部分が、(社会と) 個人の意識との関係を組織することにあるということを常に理解していた。また社会は、その社会を創出する社会的意識が、その構成員の意識、非構成員の意識、他の社会の意識およびその構成員の意識と共通のものでなければならないということも常に認識していた。様々な社会が存在するということは、つまりは、社会的意識と個人の意識との関係という問題に対してそれぞれ異なった解決方法を有する一連の試みがなされている、ということなのである。社会経験を通じて、我々には、多数で様々な種類の解決方法があることが知られている。

５・22　過去数世紀にわたり社会は、人間の社会経験から学び取るべき教訓として、以下の四つの部分に分けられる民主的教訓を学習し、あるいは再学習してきたように思われる。すなわち、(ａ) 個人の意識は究極的には制御不能なものである。公的な場における異論をすべて封じるためには、最終的には物理的および精神的な極度の力を恒常的に使用する必要がある。またそうしたとしても、私的な場における異論は存在し続ける。(ｂ) 今まで既に考察した理由により、代替的な観念が生まれることは不可避である。自然科学以外の分野においては、言葉・観念・理論が、各々その代替物と共存しているというのが、言葉・観念・理論の持つ性質である。つまり、言葉・観念・理論は、それぞれ相互作用することによって存在している。しかし、このことは、すべての観念が同等の価値を有するということを意味するのではない。実存するものがすべて必ず合理的存在ということはない。理性はそれどころか、第二章において検討した理性の三つの座標軸の作用によって、観念を修正したり超越したりすることが可能である。しかしこのことは意識が、相矛盾する観念を抗し難いほどまで創出するということを意味するのではない。

5・23　(c) 人間的条件・人間の本性の単一性は、社会的に組織された諸観念の多様性を凌駕するものである。しかし、一つの社会を他の社会から孤立させることは不可能である（少なくとも、もはや不可能となっている）。よって社会の構成員が、他の社会の構成員と共有しているものは何で、共有していないものは何であるかを認識させないようにすることは不可能である。(d) 最も目覚ましい教訓は、社会の融合によるエネルギーは、その構成員が有するエネルギーの融合如何にかかっているということである。もし社会の一部分（とくに経済的に同質な部分）が、社会過程に対する影響力を独占しているとすれば、非生産的な争いに多くのエネルギーを分散させる結果に至るであろう。さらに悪いことに、個人の意識が抑圧されればされるほど、社会のエネルギー全体のレベルも低下していく。社会の構成員たる人間のもつ生の衝動を反映した欲望は組織化されねばならないものであるが、そのことは、必ずそのエネルギーの何がしかの抑圧を伴うことになる。しかし、欲望によって社会的に生産的な観念が生み出されることを、社会は大いに奨励し、誘発し、拡大し、その道筋を整え、そして調整しなければならない。この任務は、社会のアイデンティティおよびその権力の構造を維持することと同程度に、社会の存続と繁栄にとって重要なものである。観念は、潜在的なエネルギーを秘めたものである。社会は、エネルギーが組織化されたものである。つまり、社会は、その構造およびシステムを通じてエネルギーを生成する存在である。

5・24　以上の教訓は、数え切れないほど様々な実験を通して得られたものだが、特に次の三種類の制度上の実験によるものである。すなわち、（a）社会の構成員が、とくに政治と呼ばれる過程そして政治制度と呼ばれる制度を通じて、社会の意志に参加することを認める制度、（b）子供たちを社会の言葉・観念・理論・価値に順応させるのみならず、子供たちを人間として成長させ、子供たちの自己実現、そして同社会の分業体系においてなされるいかなる形態の社会的活動であろうとも、子供たちを社会に対して精力的に参加させるという目的のために行われる教育の社会化の過程、そして（c）多かれ少なかれ社会化されていない生活から成る私的領域と、社会全体を代表して行動する機関および下位社会が行う社会の意志および行為からなる公領域とを分ける境界線の設定、である。かかる境界を定めそれを防衛することが法の主要な目的となっている。十八世紀以降の基本構制主義（コンスティテューショナリズム）の発展（本書第二部において考察される）により、これらの実験が社会の諸構造システム体の中に据えつけることが可能となったのである。

５・25　㈣　パラグラフ**５・22**および**５・23**において考察した、社会経験から得た教訓というものが、自然科学が劇的な発展を遂げた時代に学んだものであるということは、恐らく偶然の一致ではなかろう。一時期、科学的手法を社会科学の研究にまで拡張することが可能であるように見えたことがある。しかし（パラグラフ**５・12**および**５・13**で述べた）社会科学の研究に特有の性格のゆえに、自然科学的手法は社会科学の研究にとっては、単なるかけ離れた類推に基づく着想にすぎないということが再び明らかになってきている。しかし科学の明らかな普遍性や中立性は、社会的意識に対してもっと特殊な影響をもたらしている。すなわち、社会において**情報**の量を増やし他の種類の観念の量を減らすことが望ましいという思想を鼓吹したのである。

５・26　情報とは、価値中立的な観念である。いかなる観念も、〈情報に関する観念〉でさえも、価値中立的たりえない。いかなる観念も、意識によって、意志することそして行為することの根拠として用いられることから、すべての観念は価値という観点から判断されることになる。しかし、ある観念が意志し行為することの根拠としての役割を果たすこと以外の目的のために形成された場合には、かかる観念は〈情報に関する観念〉と言えるだろう。他の観念の場合と同じく、意識の中における〈情報に関する観念〉の存在は同観念を支える諸理論に依存する。すなわち、実践理論は、同観念がどのように利用されるかを決定し、純粋理論は同観念を他の関係する諸観念と統合し、超越理論は、同観念を観念たらしめる理論の可能性について、意識の作用の観点から、説明する。それゆえ、〈情報に関する観念〉であったとしても、それを支える諸理論ほどの実効性を有してはいない。もし理論が本質的に、価値創造的であるならば、（それに支えられる）観念は相対的に価値中立的ではなくなる。科学ですら、（それを支える）純粋理論と超越理論に依存している、換言すれば、現実の性質に関する特定の諸見解と、意識の性質に関する特定の諸見解に依存しているということである。そして、科学は理論に従って行われうるものであり、そこでの理論の役割は、価値を生み出すこと、あるいは、例えば、政治的主張や宗教的信念や社会理論もしくは国民としてのアイデンティティを支持することである。

5・27 したがって、情報とは、価値中立的というよりは価値中立化されたものである。しかし、この相対的な中立性は、意識の中における同観念の位置づけに対して重要な効果を有する。つまり、情報という観念は、議論されることなしに、あるいは、その起源の座標軸ないしは可能性の座標軸すなわち方法論的起源かそのありうべき帰結のいずれかを明確に示すことによって自らを証明しなくとも、比較的広範に受け入れられ易いということである。ある観念が情報として認められるほど、それが議論を引き起こすことはなくなる。ある観念が議論を引き起こすことがなくなればなるほど、その観念は他の観念によって否定されたり、修正されたり、取って代わられることがなくなるのである。ある所与の社会において、同社会にとって必要な諸理論から直接的に導かれた観念は、当該社会の構成員によって、あたかも情報であるかのごとく扱われる傾向にある。そういうことで、例えばあるスポーツクラブまたはスポーツクラブの連合体において、そのスポーツのルールが適用される出来事は、情報として集積されることになる。ルールの適用に関して議論があるかもしれないが（例　ある審判の判定は不公正であったか？）、それ以外の点では情報は価値中立的である。所与の経済システムにおいては、経済的事象に関する情報、とくに統計は、これと同じ地位が与えられる傾向にある。所与の宗教においては、神学上の観念や、さらには道徳上の観念までもが、証明や正当化を必要としない、実質的に〈情報に関する観念〉としての地位を有するようになる。

５・28　所与の法システムの枠内では、このアプローチは、重要な効果を有する。証拠の信頼性、行動の合理性、危険の予測可能性、将来の出来事に対する人々の期待感、人間の意図――これらのことに関する法廷における決定は、あたかもある事件に関する事実を価値中立的な基準と比較することによって決定することができる、情報関連の事項であるかのごとく扱われなければならない。法廷において、いわゆる**証拠**は、単に推定されたにすぎない理論的基礎に依拠する情報の集合として扱われる。その理論的基礎が自然界の作用（特に自然界の因果関係）に関係している場合には、そのような推定は相対的に無害であろう。その理論的基礎が人間の行動（例えば、予見可能性や合理性）に関係する場合、それらの推定は必然的にある程度の欺瞞を含むことになろう。なぜならば、人間は、社会の価値を含めて、社会〈それ自身にとっての現実〉の枠内においてのみしか、人間性について判断することができないからである。

５・29　観念の中立化という過程が、いかに固有の概念上の難点を有するものであろうとも、観念の中立化は、現代の社会過程の主要な特徴の一つである。大規模な現代の諸社会（とくに、商工業企業、官僚機構、法、国家社会、国際市場）が圧倒的なほどに複雑であることに鑑みれば、観念の他の諸形式に比べて、情報にますます依存していかなければならないことが認められよう。〈情報に関する観念〉が、欲望や生の衝動に強く結びついておらず、また社会的アイデンティティや力の配分にもそれほど強く結びついていないことに鑑みれば、厳しい対立の生じがちな意識の諸分野において、〈情報に関する観念〉の増量に対応して厳しい対立が減少することを歓迎するのは合理的であろう。もし王が哲学者たらんことを欲しないのであれば、彼らが機械たらんと欲することは悪いことではなかろう。

5・30　（五）社会において、価値を統一するための五番目の戦略（社会制度を通じての、現実の創造）は、次の第六章で検討する。差し当たっては、以下のことが指摘できよう。驚くべきことと思われるだろうが、自然の単一性・価値の複数性というディレンマをめぐっての社会の格闘は、社会のエネルギーを秩序づけるための格闘と化するのである。観念は、潜在的なエネルギーを秘めている。価値は、とくに高い潜在的エネルギーを秘めた観念である。社会は、諸価値を一つにまとめたり、あるいはさらに増殖することにより、一つのエネルギー・システムとしての社会の存続を組織化しているのである。

5・31　意識は、自然の単一性と、価値の複数性のディレンマとの格闘を、言葉・観念・理論・価値を通じて自らに対して提示する。その格闘において武器として用いられる強力な言葉は、以下のものを含む。**異常、絶対的価値、忠誠、反社会的、原型、権威、野蛮、信念、冒瀆、聖書、カトリック、文明、階級意識、階級の敵、社会的地位の割り振り、良心、諦視、転向、十字軍、文化、慣習、慣習的、逸脱者、反対者（非国教徒）、不同意者、教義、教条（ドグマ）、教会合同主義、教育、啓蒙、平等、エートス（社会集団に固有の道徳的慣習）、邪悪、キリスト教、物神崇拝、**

習俗、自由、一般意志、ゲットー（ユダヤ人居住地区）、善、異端、歴史、聖戦、人道的、ヒューマニズム、人道主義的、人道、知識、（モーゼの）律法、伝説、自由主義、忠義、狂気、人類、瞑想、精神病、道徳、神秘、神秘主義、神話、自然、反対（野党）、正統、迫害、政策、プライバシー、預言、プロテスタント（新教徒）、改革、相対主義、啓示、修正主義、（宗教）儀式、儀式的、教派、罪、紋切り型（ステレオタイプ）、タブー（禁忌）、（宗教的）寛容、伝統、反逆（罪）、部族、真理、普遍的、普遍主義、価値、キリスト教（十字架への道）、生活様式、礼拝　（原文アルファベット順）

ディレンマ　その四　正義と社会的正義

5・32　正義と社会的正義のディレンマは、秩序のディレンマである。社会は、小宇宙である。それは、（存在するものすべてより成る）宇宙ではない。あらゆる社会は、諸体系の中の一つの体系であり、諸構造の中の一つの構造である。社会は、自然科学が認識するところの自然界なる普遍的体系の一部を構成する。社会はまた、意識の世界の一部をも構成するが、その世界は時間や場所の限界を有さず、すべての社会とすべての人間を包含し、想像力と理性そして欲望と義務という、それなしでは人間社会として自らを形成しえないであろうような、（生物）種としての人間の特質を含んでいる。あらゆる社会は、自らがその中に形成される上位社会のシステムの一部を構成するが、その上位社会の現実そしてその上位社会の基本構制（コンスティテューション）の枠内で、自らの自己創造と自己社会化を遂行するのである。そのような上位社会には必然的に、すべての社会によって形成される社会である、国際社会というシステムが含まれている。

5・33 社会は、先験的（人間の経験を超越する）総体的システムの一部を構成する。この先験的総体性は、社会のすべての理論――実践理論・純粋理論・超越理論――によって認識されている〈仮定上の（議論を進めて行く上での前提としての）全体性以上のもの〉である。そして、社会は、この先験的総体性（の力）によって、〈存在するものすべて〉（自然界のすべてと、意識によって意識の中で認識される世界のすべてを含む）の総体性を、自分自身で知りうるのである。また、社会は、その社会の〈それ自身にとっての現実〉が、いくつかの特定の宗教的理論を含む限りにおいて、それらの宗教的理論によって認識されている**超自然的現実**の普遍的システムの一部を構成する。

5・34 そういうことで、あらゆる社会は内的側面とともに外的側面も有する、ということになる。つまり、社会は内面と外面を有する。この両者ともに、社会に特有の構造システムの不可欠の部分である。社会の外的側面とは、それなしではその社会が自己のアイデンティティを形成しえず、また、それなしではその社会自身が変容してしまうような他者の一部である。社会のアイデンティティは、（その社会の）自己と他者との合力であるので、社会は、「社会」という単一の観念の中に、その内的側面と外的側面とを結合したシステムである、と言える。（ここにおいて、また、本書の他の箇所で用いられている「合力」という言葉は、力学における用語法からの転用である。力学では、それぞれ他の方向に働く二またはそれ以上の別々の力から合成される、ある方向に働くある大きさの力、を意味する。）

5・35 社会――永続的ディレンマとの格闘において社会が意志し行為することを含めて、その〈社会過程の総体〉――の内的側面は、その社会の構造が構築し、そのシステムがシステム化するものに他ならない。そして社会が意志し行為することは、その社会が自らを社会化することである。これに対して、社会の外的側面とは、社会の自己秩序化システムの範囲に属する問題ではない。外的側面においては、社会が外部の世界と関わりをもつ限りにおいて、社会は、他の諸々の社会、（その社会の部分を除いた）残りの意識の世界、（その社会の部分を除いた）残りの自然界、そして社会の諸理論によって形成される〈意識によって作られた現実〉の（その社会の部分を除く）残りの部分と、対面するのである。

５・36　以上のような外部的存在はすべて、社会〈それ自身にとっての現実〉の中に取り込むことが可能である。すなわち、（一）すべての外部的存在は、社会によって、その社会の理論の枠内においてまたそれらに照らして、認識されることができる。（二）社会はそのような外部的存在に参加し、それ自身が、社会にとって外部的であるものの中に含まれている実在となる。このことはとりわけ、社会が上位社会に参加する場合に認められる。（三）外部的存在との関連における、社会の現実形成とその結果として生ずる社会の意志および行為は、それらの外部的存在の組織的な発展にも影響を及ぼす。（四）社会の外部的存在は、社会によってその外部的存在として認識されるだけで、社会の自己創造および自己社会化の過程に組み入れられて内部化する。社会の外部的存在は、（社会の内部に）存在していないという形態で存在している。つまり、社会の外部的存在は、社会の内部からその外部として知覚されることによって内部化するのである。

５・37　社会の外部的存在がその外部性を失う場合がある。社会がその外部的存在を内部化しようとすることもありうる。例えば、ある人が他人の財産の所有権を取得する場合、商工業企業が他の企業を取得したり吸収する場合、ある宗派が他の宗派と合併する場合、ある家族の構成員が他の家族の構成員と結婚する場合、武力あるいは合意によって領土がある国家社会から他の国家社会へ移転される場合などである。また社会は、その外部的存在の外部性を軽減しようと試みることもある。例えば、商工業企業間で市場戦略について合意する場合、隣接する部族、都市、または家族の間で一定地域の共同使用について合意する場合、ある宗派が他の宗派と宗教上の交流を深める場合、あるスポーツ・クラブが他のスポーツ・クラブとの競技大会に共同参加する場合、複数の国家が一定事項に関して共同行動をとることについて相互に合意する場合などである。そのような内部化は、また、既存の社会を全体的あるいは部分的に吸収することによって、新たな社会を創造するという形式をとることもあろう。例えば、ジョイント・ベンチャー、単一の国家社会、連邦国家、中央政府機関、国営企業、政府間国際組織、同盟、連合、持ち株会社、信託などである。

5・38 これとは逆の経過をたどることにより、社会の内部性または部分的な内部性が、外部性に転化することもあるし、内部性の程度を減少させることもある。それは例えば一つの社会が複数の社会に分裂する場合、ある領域に住む人々が現に属している社会から分離独立して別個の社会を形成する場合、連邦国家の解体、契約関係の解消あるいは条約関係の終了、婚姻関係の解消、会社の解散、宗教教団が分裂の危機にさらされる場合などである。

5・39 したがって、ある特定の時点において実際に機能している社会とは、その内部的存在とその外部的存在との間の現実的かつ特定の関係の謂である。社会の内的秩序と、その社会にとって外部的であるもののもつ秩序は、この両者を統合する第三の秩序において結合されている。社会の体系的な秩序は、その社会にとって内部的であるもののもつ秩序とその社会にとって外部的であるもののもつ秩序とを統合しているユニークな秩序である。つまり、社会であるということがすなわち第三の秩序であるということである。

5・40 正義とは、社会というこの第三の秩序を規律する秩序である。正義とは、社会が自らを社会化する過程で自らを創造する際に、すべての「社会の自己秩序化」中に反映される秩序のパターンである。正義とは、それなくしてはある特定の社会の体系的な秩序が認識されえないであろうが、しかしそれ自身は秩序の特定のいかなるシステムとしても認識されることのできない類のものである。正義とは、理論上の可能性として認識される社会の秩序化である。正義は、いわば社会の数学である。数学が、自然界の秩序の根底に存在する秩序ではあるが、しかし自然界の絶え間のない生成によって支配されているのではないと受け取られているのと同様に、また、数学が、意識によりかつ意識の中において発見される秩序ではあるが、しかし明らかに単に意識によってできているのではないと受け取られているのと同様に、正義は、この同じ意味において、社会の秩序の根底に存在する一つの秩序なのである。つまり、正義は、社会の様々な体系的可能性の中での独自の地位を占める唯一のシステム的可能性なのである。

5・41　正義それ自身は、何ら実質的な内容をもつものではない。正義の及ぼす効果は、社会を秩序の中に引き入れることである。正義は常に、所与の社会の具体的な秩序化の一歩先に、すべての社会の具体的な秩序化の一歩先に、そして、すべての社会から成る社会である国際社会の具体的な秩序化の一歩先に存在する。正義とは、社会の内部における秩序化の可能性を、実現可能にするところの秩序の可能性であり、それは、社会が生の衝動と物理的必然性との間で調和を図り、欲望と義務との間で調和を図ることを選ぶ度に、社会の意識が現実化するところの秩序の可能性のことである。

5・42　正義に対するかかるアプローチは、いささかも神秘的ではない、ただ単に、否定を通じて肯定する、という対象への接近法として意図されたものである。このアプローチは単に、仮定上の「意識の自己認識」の内部に、また理論上の「社会の自己認識」の内部に、それなしではそれらの自己認識が体系的構造とはなりえないであろうが、しかしそれ自身は体系的構造とはなりえないような類のものを認識しようとする手法である。しかし正義が、何ら実質的な内容を有さず、かつ、それを知覚したり知るというよりはただ心の中に思い描くことができるものであるとしても、そのことから、正義が何ら実質的な効果を有しないということにはならない。それどころか、正義の及ぼす効果は、すべての社会において起こるすべての出来事において知覚されている。社会には、正義の観念を反映していないものは何もないのである。

5・43 正義は、存在という形態で存在し、また不存在という形態でも存在している。すなわち、もし正義という観念が存在していなかったならば、社会の意識は無定形となり、機能しなくなるであろう。もし正義の有するこの形成的効果が存在していなかったならば、最もひどい不正義でさえ不正義ではなくなってしまうだろう。もし正義の有するこの形成的効果が存在していなかったならば、社会の組織化の中でも最も実際的で功利主義的かつ短期間のものであっても、もはや組織化とは言えない代物となるであろう。社会の衰退、解体および破壊――圧制の転覆、帝国の衰退、自己破壊的な紛争あるいは無秩序状態を生み出す部族または国家社会の崩壊、戦争犯罪へと向かう恥ずべき堕落行為――でさえ、想像力と理性、欲望と義務、生の衝動と自然界に働く必然性によって提供される様々な可能態の中で、人間の意識が自己自身を秩序化しようと努力する際に、人間の意識の範囲内で創り出される出来事なのである。

5・44 正義は社会に対し、その指針、方向性、趨勢、そして人々を引きつける磁軸を与える。最も肉体的な次元から最も精神的な次元に至るまでのあらゆる形態において、愛はその効果の点で正義に非常によく似ていることから、両者は一方がすなわち他方であるという関係にある、つまり正義が愛であり愛が正義である、と推定してみるのが議論を進めていく上で魅力的である。愛として次のような形態が挙げられよう。性欲としての愛、肉体関係を強く求める愛、自己を見失うようなタイプの愛、他者の安寧を切望する愛、自己犠牲的な愛、動機なしに与える愛、自己破滅的な愛、他者との同一性を求める愛、自分が他者に吸収されることを望むような愛、他者のためになりたいと願望する愛、超自然的なものを切望する愛、超自然的なものの内に自己滅却することを切望する愛、超自然的なものとの一体化を切望する愛、など。以上のようないかなる形態の愛も、単なる衝動、単なる手段、単なる目的の合理化ではない。愛は、正義と同じく、その本質において完全である。愛は、正義と同じく、意識の中に見出されるが、しかし、それは別のところに由来する。その効果を異にするのは、ただ、愛の形成的効果が、人間の意志および行為の様々な可能態に応じるものである、という点においてである。正義と同じく、愛もまた、無数の形態の不存在の中に存在する。すなわち、それは、きわめて多くの形態を有する軽蔑、蔑視、憎悪、差別、残酷さ、侵略といったものの中に、強い影響力を持って存在している。正義が、社会的意識の中にある秩序がとりうる可能態の中で、随一の可能態であるのと同じように、おそらく愛も、個人の意識の中にある秩序がとりうる可能態の中で、随一の可能態なのである。愛はおそらく、(正義が社会の数学であるのと同じ意味において、)人間の数学であると言えるであろう。

5・45　正義こそ、社会を進歩させる本質である。正義は単に秩序の可能態であるばかりか、秩序づける可能態でもある。正義は、進歩という社会のエンジンにとっての燃料に相当する。意志し行為するシステムとしての社会は常時変動しており、どの二つの時点をとってみても同じであることは決してない。愛と同じく、正義は、社会をその「なりえたはずの姿」に牽引することによって、社会を正義自らに向けて牽引する。社会のさまざまな永続的ディレンマとの格闘を含む、社会のあらゆる努力と格闘は、目的を欠いた活動ではない。さまざまな社会のさまざまな目的は、個々の人間の想像力と理性とが案出しうるものと同じく実に多様である。ある社会の目的は、社会的現実の構造の他の部分に同じく、複雑で曖昧であり、変化し続ける。しかし、社会は、自らを破壊することを目的とするシステムではなく、また、非社会化を促進することを目的とするシステムでもない。社会は自らを社会化することを目的とするシステムである。そして社会化とは、社会の可能態の現実化の方向に向けた動きを意味する。そのようなシステムの秩序の中でも随一の秩序としてランクされる正義は、社会が、より良くなり、社会が社会そのものとなるように、つまり、社会がその資質を十分に開花させることができるように、常に社会を誘い、促し、そして勧めている。ちょうど、愛がそのあらゆる形式において我々に提供する可能態が、我々が今ある我々以上の存在となることによって、一次的にせよ永遠にせよ、ますます我々自身に近づいていく、というものであるのと同じように、正義が社会に提供する恒久的な可能態は、社会が今あるそれ自身以上のものになりうるはずである、つまり、連続した存在である社会それ自身を継続的に超越してゆくことが可能であろう、というものである。

5・46 つまり、正義とは、あらゆる構造からなる構造の中において、随一の構造たることを求め、あらゆるシステムからなるシステムの中において随一のシステムたることを求めるような社会の謂である。

5・47 したがって、正義と社会的正義との間には永続的ディレンマが生ずる。社会とは現実にそれになりうる姿である。社会は現在も今後も、それがなりえたかもしれない姿では決してない。正義は、社会を今ある社会にすることはできるが、同時に、正義は、社会がそれがなりえたかもしれない姿ではないことについて、社会を絶えず責め立てる。つまり、正義は、社会がなりえたかもしれない姿なのである。これに対して、社会的正義は、社会がそうなろうと求めているものすべてを指す。

5・48 正義は、決して沈黙させられることのない建設的な批判者である。社会にとって、正義はいわば法廷を物笑いの種にする道化役であり、法廷の重大な誇示に欺かれることなく、尊大な裁判官に対して、自分たちが誤りを免れえない人間性を有することを常に思い出させる役回りを演じるのである。正義は永久革命である。しかし、正義を欠いては、いかなるものも永久革命とはいえないという意味においてそうなのである。

５・49　これに対して、社会的正義は、ある所与の社会〈それ自身にとっての現実〉の枠内において、その社会の中でかつその社会に対して効果を発揮するような類の正義である。動物という種の一員として、人間は、自らの生存を求めるというおそらく自然の性向とでも言うべきものを有している。すなわち、その人個人の生存、またおそらくはその属する社会集団の存続、さらに種としての人類の生存さえも求める性向である。さらに、人類という特定の種の構成員として、人間は、その生保全的な必要を超えた欲求を生み出す自然の性向を有しているように思われる。すなわち、人間は、個人としても社会全体としても、その生存ばかりか繁栄をも追い求めるのである。そのような追求が、人間の種としての特徴であるのか、いわゆる人間の本性の問題であるのか、または単に人間という種の、現実の社会史の副産物にすぎないかはさておき、この現象は今や現実の人間的条件に根深く定着しているように思われる。単に生存することではなくて、人間が繁栄することというのはどういうことなのかを理解することによって、人間の意識は、宇宙全体を、価値の領域、(ひいては) 正義、すなわち、あらゆる価値の中でも随一の価値の領域に変えるのである。

５・50　個人や社会がその生活条件を改善するために精神および肉体を酷使するまで労を厭わないことに示されるように、現代社会は自己改良という錯乱状態に陥っている。それは以下のようなものを追及する営みであろう。すなわち、雨漏りのしないトタンの屋根、故障せず病気を伝染しない水道、栄養のある食事を日に一度もしくは週に一度はとること、雇用または定職、最低生活賃金、いくらかの土地の自己所有、自らの穀物や家畜が適正な価格で売れること、家族に対する基本的医療、自分の子供に対する初等教育、農場を取得したり家を購入したりあるいは商売を始めるための貸付、買収されない警察、権力を濫用せず腐敗していない地方公務員、私益のみを追求しない地方の政治家、自らの宗教を信仰する自由、社会的または経済的な機会の均等、戦争の終結、戦争の回避、夫または妻、馬または車、幸福で健康な子供、休暇、ストレスが少ないこと、もう少し大きな家、モダンなキッチン、より条件の良い仕事、大学の学位、自分の技能や才能に対する社会的承認と報酬、より多くの金銭を得ること、別荘、ヨット、純粋な心、より高次の意識の状態、神との神秘的な合一、天国における永遠の命、涅槃、など。

5・51 我々が具体的に欲しているものが何であれ、欲望の働きによって、我々は常に今持っているものよりも多くのものを欲することになる。これが、意識の世界における自己創造的な生命の衝動なのである。これに対して、得られるものだけを欲せしめる、つまり、自己秩序化的システムとして、我々にとって可能なものだけを欲せしめるのが、義務の働きである。以上が、自然界および自己秩序化的意識において、我々が自己秩序化的システムをなしていること、そして、その我々が、〈存在するすべてのもの〉のシステムまでをも包含する、自己秩序化的システムのネットワークに組み込まれていること、の帰結である。正義は、我々の体系的な自己秩序化にとって必要不可欠なものであるところの、欲望と義務の調和の可能性を提示する。換言するならば、正義は、我々の繁栄と我々の生存との間の調和の可能性、という考え方を創出する。これに対して、社会的正義は、社会に対して、社会の存続と社会およびその構成員の繁栄との間の調和の可能性を提示する。

5・52 それゆえ、正義の属領ともいうべき社会は、同時に、永遠の不正義でもある。社会は実現された欲望であるが、同時に挫折され、わき道にそらされ、実現が引き延ばされた欲望でもある。社会は秩序における無秩序であり、無秩序における秩序である。人間をより人間らしくさせるに際して、社会は常に人間性を侵す。社会は、完全性を実現しようとするものであるが、同時に、永遠に不完全である。これらの明白な逆説は、以下の四つの考察から引き出される。

(一)　生の衝動、自然界の必然性、そして正義はすべて、社会にとって外的であるものであることから、これら自身は社会の自己秩序化の産物ではない。これらは、社会に先立って存在するものである。社会が、自らの自己秩序化によって、それらを、自らの自己秩序化の中に取り入れるのである。

(二)　個人としての人間、個人が属している社会、そして複数の社会が属している社会は、常にかつ必然的にそれらを超越する一つの秩序の部分を構成している様々な状態の秩序である、と言える。

(三)　社会は、意志し行為することを通じての自己秩序化として、「そうなったかもしれない姿」を「現在の姿」に、すなわち、可能態を現実態に変化させる。しかし、この現実態は、すべて次の段階における可能態なのである。社会は過程であって固定した状態ではない。

(四)　社会を超越する秩序（すなわち、諸々の上位社会の秩序、〈存在するものすべて〉という宇宙の秩序）もまた、一つの状態ではなくて過程であり、それ自身、すべての下位社会を含んだ完全社会の秩序化である。それは、社会が自らを超越し、完全という名の下に不完全を超克し、正義の名の下に社会的正義を超えるように、絶えずこれらの諸社会に対して促す秩序化である。

5・53　以上によって、正義と社会的正義をめぐるディレンマは、社会においてその社会の意志および行為を通じて決着がつけられなければならない、ということになる。意識は、自然界の因果関係に照らすと不可能であって、また、正義の完全な秩序化との関係からすると不正義であるような諸々の可能態を、想像力と理性を通じて認識することができるのであるから、所与の社会が、現実の不正義を引き起こすような形でその意志を組織化することはありうることである。人間社会の歴史は、人間の意識の自己創造的な力の証拠になるような負の側面を有しているが、その同じ力が人間社会の歴史における輝かしい側面をももたらしているのである。社会の永続的なディレンマのすべてをめぐって所与の社会において現実になされる格闘こそが、社会的正義の実現が現実にどのように行われるかを決定している。社会の自己秩序化のすべての側面において正義が登場してきて社会を悩ませている。社会的正義をめぐる格闘は、社会が意志し行為するすべての局面、すなわち、社会におけるすべての永続的なディレンマとの格闘のすべての場面に登場してきて悩ませることになる。

5・54 人間の意識は、意識たることをやめない限り、正義から逃れることはできない。人間が、自己創造的な意識内で意識によって社会が形成されかつ秩序化されることを可能にするところの理性という力および想像力を与えられている以上、正義から逃れることは不可能である。正義は、自明であり、縮減不能であり、抑圧不能なものである。

5・55 正義は自明の存在である。なぜなら、人間の意識は、ただ愛の自覚にのみ比較しうるほどの率直さと確信をもって、正義および不正義を知るからである。正義は、理性的な推論を超える理性である。正義は、意識がもっとも混乱し狂乱している場合でさえ、意識に対して一貫性を押しつける。正義および不正義の確実性は、あらゆる議論とすべての疑いに抗う。

5・56 正義は、それ以上縮減不能なものである。なぜなら、正義は、一連の原理や観念というよりも、むしろ秩序化の一形態であるからであり、それゆえ、（神、快楽、効用、主観性、行動条件の設定といったような）他のいかなる観点からの説明も必要としない。正義は、説明を必要としない説明なのである。

５・57　正義は抑圧不能なものである。なぜなら正義は、〈存在するものすべて〉の宇宙の秩序の中にある、我々の意識の秩序から生じるからである。正義を拒絶すること、不正義を行うこと、不正義に従うことはできるが、人間の意識が正義を消滅させることは、不可能である。人間であるということは、正義を知ることである。

５・58　意識は、正義と社会的正義というディレンマとの格闘を、言葉・観念・理論・価値を通じて自らに対して提示する。その格闘において武器として用いられる強力な言葉は、以下のものを含む。**資産、均衡、利益、負担、資本、（集産主義的）共同体、共同遺産、国家（コモンウェルス）、共同組合、費用、犯罪、赤字、需要、発展、差別、分配、義務、経済、平等、平等な権利、衡平、衡平な、交換、搾取、収用、公平な、公平、詐欺、自由、自由市場、所得、不正義、利子、投資、正義の、労働、土地、債務、最低限度、金銭、必要、機会、小規模農民、刑罰、計画、計画化、政策、権力、貧困、価格、特権、利潤、進歩、進歩的、所有権、処罰、反動主義的、再分配、改革、責任、歳入、革命的、権利、貯蓄、希少性、安全（保障）、取り分、社会的、連帯、供給、余剰、課税、窃盗、不平等な、不公平な、不正義の、価値、賃金、欲求、富、福祉、労働者、悪。**（原文アルファベット順）

第六章　社会の社会化Ⅲ　生成のディレンマ

ディレンマ　その五　新しい市民と古い法

6・1　新しい市民と古い法のディレンマは、生成のディレンマである。社会は動的な過程である。永続的なディレンマとの間で、社会が格闘を繰り広げるに際して、想像力と理性がなすすべての働きに際して、すべての言葉・観念・理論・価値の形成に際して、また、意志し行為するすべての営みにおいて、社会は、果てしなく続く事象の流れであり、果てしなく続く生成の流れである。それでも、何ものかが一貫して存在している。社会という何ものかが、生成のすべての過程を通じて存在している。社会のあらゆる生成過程を通じて生成されるものは、まさに社会なのである。社会のあらゆる変化の過程を通じて変化しないものも、まさに社会なのである。社会は、安定しているものでもあるが、変化しているものでもある。社会は、〈変化の中の安定〉であり、〈安定の中の変化〉である。新しい市民・古い法のディレンマとの間で繰り広げられる、決して終わることのない社会の格闘は、現在において過去と未来を結合して、その保存と創造とを調和させるための格闘である。

6・2　アイデンティティのディレンマとの格闘を通じて、社会は、自らのアイデンティティの（様々に）変化するパターンを形成する。社会は、力のディレンマとの格闘を通じて、自らの体系的構造の（様々に）変化するパターンを形成する。社会は、意志のディレンマとの格闘を通じて、自らの価値の（様々に）変化するパターンを形成する。社会は、秩序のディレンマとの格闘を通じて、〈存在するものすべて〉の秩序との関係の（様々に）変化するパターンを形成する。社会は、生成のディレンマとの格闘を通じて、自らの（様々に）変化するパターンのすべてについて、社会〈それ自身にとっての現実〉を形成する。

6・3　以上のすべてのパターンは、次のような意味において変化するものであると言える。すなわち、ある社会の〈社会過程の総体〉がその影響を受けるすべての強力な力が組み合されたことによる圧力により、これらのパターンは変化する、という意味である。ここで「圧力」とは、社会の内部生活からの圧力であり、また、〈存在するものすべて〉であるところの宇宙からの圧力まで含んだ、社会の外部的存在からの圧力である。ここでいう外部からの圧力には、外部の諸々の社会からの圧力のみならず、自然界、すなわちその必然性、自然環境、自然現象からの圧力が含まれる――これらの圧力はすべて、〈存在するものすべて〉であるところの宇宙の秩序化および無秩序化から発せられる圧力である――。一方、社会の内部からの圧力とは、社会の内部生活の総体から発せられるものである。すなわち、社会の内部生活は、相互的でかつ自らを生み出す原因と作用し、それ自身のアイデンティティ・力の構造・意志・秩序化に変化をもたらし、そのことによって、自らが取りうるさまざまな可能態、および自らの意志、行為が取りうる可能態を、自らの行動を通じて修正するのである。

6・4　社会は、自らの現実を自らの構造の中に組み入れ、自らの構造を自らの現実の中に組み入れることによって、〈変化の中の安定〉／〈安定の中の変化〉を達成しようと格闘する。社会は、自らがその中で一つの社会として存在しているような現実を創造しようと格闘することによって、自らを一つの構造システムとして社会化しようと格闘する。社会は、その存続のために必要とする現実を自ら形成する。

6・5 社会は、〈意識によって作られた現実〉の内部、すなわち、想像力と理性の作用を通して意識によって作られる二次的な世界の内部、以外の場所には存在しないのである。もし意識に、自らにとっての世界を作り出す能力がないとすれば、社会はそもそも存在しなかったであろう。しかし、社会は〈意識によって作られた現実〉の中にのみ存在するわけではない。社会は、それもまた自らが作り出しているところの、意識の世界の中に生きている。社会は他のいかなる生物と同様に、生き物なのであり、それはつまり社会が、自らの生成の様式として、世界を変化させることを選択しているということである。

6・6 相対的に永続しうる構造を創造し、自らの現実を形成するために、社会的意識は、自然界において見出される機能の様式に類似した、三つの機能の様式を見出してきた。それは、第一に、意識ばかりか無意識をも含む、機能の様式である（それは自然界が、そのシステム的機能の一側面として意識を含まねばならぬのと同様である）。第二に、意識を時間という次元で認識することで意識の機能が一つのシステムとして認識されることが可能になるが、そのような（意識の）機能の様式である（過去・現在・未来という時間的次元によって、自然界は意識により認識される）。そして第三に、諸々の可能態を含み、またいくらかの可能態については現実態への変容をも含むような、意識の機能の様式である（それは自然界が、多くの現象すなわち原因を有する結果で満ちているように見えるのと同様である）。

6・7 言い換えれば、社会が創造しようと努めるものは、〈社会過程の総体〉の現実の状況、すなわち社会の現実の生成とは異なるものとして認識することが可能であるが、しかし、全く同時に、その社会の生成の所産であり、生成の源泉でもあり、またかかる生成の行われる場でもあるような何かである。自然界の無意識の領域についての我々の理解とは異なり、そのような継時的な現実もまた、意識の中においてのみ、そして意識のためにのみ、存在しうるような類のものであることに鑑みると、社会の——自ずから、しかも、独力で——継時的な自己を創造しようとする営為が、想像力と理性の並外れた努力を必要とするのは明らかである。

6・8　生物は、生の過程において、自己を生成する。社会もその点では同様である。動物の身体はその両親の生命によって形成され、両親から分離されて一個の動物として生まれ存在することにより、一つの独自の生命体としてその自己を形成する。社会もその点では同様である。自然界の中の無意識の世界の諸形態（対象および過程）は、少なくともそれらが人間の意識において認識される場合には、無意識の世界の諸形態とは異なるものの行為により、無意識の世界の諸形態とは異なるものから形成されることになる（一つは、エネルギーの活動によってエネルギーから形成されるものであり、もう一つは、エネルギーのパターンはとらないが、エネルギーでなくなることはないパターンをもったエネルギーとして形成されるもの、である）。社会もその点では同様である。

6・9　社会もその点では同様である。否、社会の方がそれ以上のことをしていると言うべきである。というのは、社会は、人間の意識の内部においてそのようなことをより多くなさなければならないからである。人間の意識は、個々の人間の内部で自らを作り出すことによって、自らを作り出す。社会においても、人間の意識を、一つの物理的システム（脳神経系統）の自己表出的なシステムとしてのみではなく、多くの自己表出的システム（複数の個人の意識）を統合した自己表出的システム（社会的意識の中に存在し、社会的意識のために存在する社会）として形成することによって、社会的意識は自らを作り出す。社会は、それ自らの活動によって、多くの構造システムの意識の内にあり、多くの構造システムの意識のための、構造システムを創り出すのである。

6・10 それゆえ、あらゆるシステムは、意識的なものであろうと無意識的なものであろうと、常に自己超越的であるところの生成であると言える――換言すれば、生成とは、常に自己を**超越すること**であるが、また**自己**を超越することでもある。我々は明日を生きるために、日々死んでいる存在である。我々は過去の我々でなくなることにより、今の時点において、過去の我々なのである。我々は現在の我々でなくなることにより、将来の時点において、現在の我々となるであろう。社会は過去の社会でなくなることにより、今の時点において、過去の社会なのである。社会は現在の社会でなくなることにより、将来の時点において、現在の社会となろう。このようなことがまさに社会の生成をめぐるディレンマであり、すなわち**新しい市民と古い法のディレンマ**なのである。

6・11 社会がその継続的現実という問題に取り組む格闘が、すべての社会的活動、すなわち、社会の自己認識、力の構築、意志の形成、自己秩序化、のすべてにおける第二の次元である。日々を生きることによって、社会は、必然的に昨日のためにも明日のためにも生きるのである。意識が達成した最も偉大なものは、社会の生成のディレンマにつき社会が行う格闘を通じて生じた現実形成的な副産物であった。宗教、神話、美術、哲学、歴史、自然科学、経済、道徳、そして法という形式によって、社会は、統制された自己超越を通して、〈変化の中の安定〉を創出するのである。そのような継続して生ずる観念構造は、果てしなく続く社会過程において、琥珀、蝋、蜜、珊瑚、あるいは沈泥のごとく密かに生じ、徐々に堆積する。そのような観念構造は、現実の社会構成員の心から見るとき常に現実に存在するものとして認識されるにもかかわらず、それは過去の果実であり未来の種子なのである。その観念構造は、現在の音声を通して過去の言葉を未来の聴衆に向けて話す。その観念構造は、過去を現在において把握することによって未来を把握しようとする。その観念構造は、過去を再構築し、現在を構築し、そして未来を予め構築する。

6・12　言葉・観念・理論と同様に、観念構造は、第二章で考察した仕方で、理性と想像力とによって形成される。その観念構造体のとりうる内容には、意識の想像する力の限界以外には限界が存在せず、またその構造的一貫性には、意識の推論する力の限界以外には限界が存在しない。しかし観念構造には、その現実形成機能が持つと考えられる特別な能力がある。すなわち、観念構造が現実形成的であり、意識が現実の全体を認識する仕方に影響を及ぼすがゆえに、それは社会過程のあらゆる側面に対し、社会のあらゆる可能性のパターンに対し、またしたがって、社会におけるあらゆる意志およびあらゆる行為に対し、必ず影響を及ぼすのである。観念構造は、とりわけ社会過程全体の副産物として形成されたがゆえに、永続的なディレンマに関する社会のすべての機能に対して影響を及ぼすために社会過程に再登場し、社会のアイデンティティの形成、社会の価値形成、そして社会の自己秩序化に対して、強力に影響を及ぼすのである。観念構造は、社会の過去と現在との間で展開する相互作用の果てしない循環に参加し、そしてその循環から社会の未来が生ずるのである。このようにして、社会の精神が、社会の精神を扶養している。

6・13　社会の〈現実・構造〉は、（日々の社会の活動が永続的でないのと比べると）相対的に永続的である。また、社会の〈現実・構造〉は、社会の進歩のための格闘を生き残ったものとしての威信や権威を有している。さらに、社会の〈現実・構造〉は、心に訴える記号、象徴、儀式、祭典と結合している。以上のことから、社会の〈現実・構造〉は、意識の中において、強い力を獲得し、かつ、それは、高揚された言葉や霊感を受けた行為によって絶えず補強されている。社会の〈現実・構造〉は、それ自身の中に、潜在的な社会エネルギーの多大な資源をとり込んでいる。そして、それには、衝動的な感情――愛、忠誠心、歓喜、高揚感、自己保存、自己犠牲、恐怖、不安、屈従といった感情――の持つ多様なエネルギーが含まれる。

6・14　それゆえ、社会は、その相対的にみて恒久的で、現実形成的な観念構造に対する統制を失ったり、それに屈服する可能性を常に有している。そこには、現実形成的な観念構造が、社会を非現実の世界、幻想の世界に導きかねない危険性が存在する。そのような世界が個人的意識の領域で経験されると、それは疎外された世界、精神異常の世界、自己を危険にさらすとともに他者をも危険にさらす世界となるのである。かかる場合には、社会的意識は病的なものとなり、超越が我執に転化することになろう。

6・15　社会におけるそのような状況の進行は、当該社会の構成員もしくはその多数にはおそらく感知されることはないであろう。それは、その社会の局外者すなわち他の社会もしくは他の社会の構成員によってのみ認識されうるものであろう。そして、こうした局外者による認識は、個人の意識のレベルにおける精神異常についての認識（感知）の場合と同様に、その局外者自身の理論、自己形成的現実、精神の正常性に関する理解などに大きく依存することであって、これまた、更なる第三の社会やその構成員の目から見れば、多かれ少なかれ、病的なものとして映じるであろう。

6・16　また、全人類によって構成される国際社会が、現実形成が非現実性によって病的にとりつかれるようになったと仮定してみると、どうであろうか。国際社会を超えて人間の社会は存在しない。人間の社会的経験から、現実形成における症例は二つの状況において生じやすいことが示される。まず、個々人の心において生じた病的なものが、彼（等）にとって社会全体の病理として転化される状況であり、次に、集団の拡散した心理すなわち大衆の社会的意識の中に生じる場合である。全人類の持つ社会的エネルギーは量的に莫大であり、また、人類は非常に巨大な群衆である。

６・17　人類全体を単一の現実形成過程に統合できる、マス・メディアの能力が急速に進展する中で、その提供する利便性と同じ程度で危険性が増大している。今や、理性の権威によって現実と幻想との間の境界について観察している者に課される責任の重大さはかつてないほどである。

６・18　社会の現実形成におけるあらゆる過程で、個人および社会の意識に対して、またかかる意識が現実的に生み出してきた所産に対して、人間の社会化についての記録のある歴史を通じて、最も強大な影響を与えてきているのは**宗教**である。宗教は、すべての価値をすべての現実に統合しようとする。宗教は、全宇宙の秩序を個々の人間の意志および行為に結びつけようとする。宗教的な本能は、想像力の、ありうべき現実を形成しようとする能力と、理性の、ありうべき現実に秩序をもたらそうとする能力の反映である。また、宗教的本能は、個々人のもつ、自分自身の神秘性を感じとる感覚と、個々人の負う、〈存在するものすべて〉の神秘的な生成の中における自分自身の生成に対する個人の神秘的な責任との反映でもある。

６・19　宗教は、人間にとって、思考することと同じくらい自然なものである。人間にとって、意志し行為することとは、意識を通じて、価値に従って、欲望の衝動の下でかつ義務の制約の範囲内で、意志し行為することである。それゆえ、反省的・内省的な意識が、すべての意志と行為、すべての価値・欲望・義務、すべての生の衝動と宇宙の必然性を、単一の意味構造の内部で調和させるための理論を見出そうとするのは、当然のことである。これが、すなわち宗教の働きである。

６・20　宗教は、不可避的なものである。人間の意識は、〈存在するものすべて〉の全体性を認識するという問題が存在することを認識することができる。その問題に関しては、いくらでも理論を思いつくこともできる。また、その問題を無視することもできる。しかし、人間の意識は、〈存在するものすべて〉の全体性を認識するという問題について全く認識しないでいることはできない。

6・21 〈存在するものすべて〉の全体性という問題を考えることによって、宗教は宗教自体を超越しようと試みる。すなわち、意識に対して、〈存在するものすべて〉という現実の中における意識の位置づけに関する理論を提供しようとする。想像力はこの任務をより良く果たすことができる。一方、理性はそれができない。その結果、世界には唯一絶対の宗教なるものは存在せず、諸々の宗教が存在することとなる。また、宗教に対する信仰のみならず、宗教を信仰しないという生き方も存在することになる。宗教は社会において現実を形成する理論の一つであることから、そのような諸理論の有する自己規制的効果は、宗教に対しても妥当する。つまり、宗教が、社会を幻想や非現実性の世界、ある種の狂気の世界へと導くこともあり得う。かかる非現実性が、社会の内部において、また他の社会との関係において、重要な役割を果たすようになるかもしれない。そして諸宗教は、不断の自己強化作用を通して、可能な限り高レベルの社会的エネルギーを生み出しやすいために、大規模な暴力や、最も破壊的な紛争を引き起こしがちであり、大戦争にまで至るのである。

6・22 そういう次第で、宗教は、個人と社会全体の意志し行為する生活全体を支配し易いのである。そういう次第で、宗教は、社会にとって常に有益であるわけではなく、社会と個人に対して危険でさえあることもある。人類が、有益な効果のみを有する、唯一の超越的宗教を創造することができさえすれば、人類は、さまざまな宗教を払い下げにすることができるであろう。そのような宗教の可能性は既に存在しているのかもしれないが、予見しうる将来において、国際社会における普遍的な宗教として、その可能性が実現する見込みはほとんどない。逆に、人類があらゆる価値を〈存在するものすべて〉の現実に普遍的に調和させることを求めることがないように人間性に条件を課するとか、あるいは、機械が高度なレベルの思考を引き受けることになり、しかもある一定のレベルの抽象化もしくは一般化の段階で思考を停止し、それを越えるより高次の一般的な観念を受け付けないようにプログラムされることによって、人間性の剝奪が多かれ少なかれなされるのであれば、人類は宗教を不要なものとできるだろう。人類の将来に含まれている可能性は、このどちらの展開でもありうる。おそらく、どちらも、単一の超越的な〈宗教の中の宗教〉を生み出すことよりは可能性があろう。

6・23　宗教が、崇高な帰結や崇高でない帰結をもたらしつつも、ここ当面は存在し続けるのであるから、個人と社会がなすべきことは、既存の宗教とその社会的効果を監視し、想像力と理性の働きのもう一つの面として、それら宗教を改善しようと努め、宗教が生み出す意志および行為が社会にとって有害であると見なされるような場合にはその影響をできるだけ緩和するよう努めることである。

6・24　**芸術**によって、意識は意識を物理的世界の一部にする。芸術作品とは意識で満たされた物理的世界の一部であると言える。油彩画、水彩画、建築物、音楽、壷、ポットと皿、彫刻、詩、演劇、小説、映画——このように、物理的なもの（顔料、石、紙、粘土、音、視覚的イメージ、線、（物の）形態、型式）が、〈意志し行為する意識〉によって、意識の中に存在しかつ意識のために存在する事物へと変形される。それらの事物は、こうして、意識の内部において強力な効果を発揮するための原因となる。つまり、意識の内部的存在となり意識の全過程に参加するのである。芸術作品は、意識の外に存在する事物でありながら、その機能は内部的である。芸術は〈意識・創造的・意識〉である。

６・25　意識は、意識を芸術作品の中に再投入するべく芸術作品を創作することによって、物理的世界にその姿を現す。かくして、芸術作品は、物理的世界に属するものとして四つの重要な特質を帯びることになる。すなわち、(一)芸術作品は、相対的に恒久的なものとなる。(二)芸術作品がいずれかの意識の知覚する範囲内にたまたま入ったような場合には、それは、その意識による観照の対象となりうる。(三)芸術作品の重要性は、それを感じ取る者の人数や範囲が多様であるのと少なくとも同程度に、多岐にわたる。(四)芸術作品のもつ唯一客観的な重要性は、それが、少なくとも特定の人々にとっては特定の重要性を持ちうるという特質をもったものである、という点にある。

６・26　芸術作品という手段によって、意識という複雑な単位が、時間を超越し、それを創作した芸術家の意識をも超越するものとなる。洞窟の壁画から安っぽいテレビドラマに至るまで、人類は、物理的現実の中に意識を再創造することによって、意識の中に物理的現実を再創造することを行ってきている。かかる行動は、ある特定の生保全的機能に資するものであると推定されねばならない。

６・27　意識の中にあるいかなるものも――言葉・観念・理論・価値、蓄積された人間のあらゆる経験、本能、および衝動的な感情といった――それらがいかに曖昧なものであろうと複雑なものであろうと、また言葉で表現できないものであろうとも、――物質自体に対する反応から、神もしくは神々の性質に関する省察に至るまで、痛みからくる泣き叫びから生の喜びに至るまで――芸術家によって芸術作品という媒体の中に盛り込まれる。特に、いわゆる無意識のレベルにある意識の内容（物）は、意識によっても伝達されえないのだが、芸術作品の創作者とその鑑賞者によって容易に芸術作品の中に直ちに投影され客体化されうる。

6・28　芸術作品は、数もアイデンティティも不特定な観客が鑑賞するものとして存在しうる。観客が、作者の死後、恐らく死後かなり経ってから、その芸術作品を鑑賞するということもあろう。観客が、芸術作品が創作されたときの社会とは別の社会の構成員である場合もあるが、その場合には、解釈と評価がなされる社会状況が異なってくるため、美的基準および期待が異なっていることもある。観客は自らの意識および自らの現実を、芸術作品との接触の中に持ち込むのであり、その結果、その作品は、意識のあらゆる段階において、意識の内部で、様々な効果を数多く誘発するようになる。芸術作品は、ひとたび創造されると、無数の生を生きるのである。

6・29　芸術は、生理学と哲学の結合である。芸術作品は、物質を経由して意識から意識へと移り動くことにより、作品それ自身から意識を分離させ、作品それ自身を自らが観照できるようにする。意識は、意識それ自身とは異なるものの、意識それ自身から生じた何ものかとして、芸術作品の中で意識それ自身を観照するのである。芸術作品が感覚を通じて、すなわち、人間の身体が物質を通じて理解するとき、〈意識・熟考的・意識〉（哲学）が、生理学的な事象となるのである。芸術批評、文学批評、そして音楽批評は、哲学の一形態である。これらの批評は、〈意識・熟考的・意識を創造する意識〉である。

6・30　芸術は、活動中の哲学である。芸術は、観察者側のいかなる意志や行為を求めることなく、価値としての世界そして義務としての世界を含む〈意識のための世界〉を観照するものである。芸術は、様々な可能態を観察者に提示するが、観察者がそこで何らかの選択をなすよう要求するものではない。芸術作品は想像力の産物であることから、ありうる世界像を随意に提示することもできるし、歴史を書き換えることもできるし、人間の本質を再形成することもできるし、社会を再構成することもできるのである。これらはすべて、いかなる形態の事前の約束もすることなしに、またいかなる帰結からも自由に、行われるのである。

6・31　しかし演劇は、真剣な仕事である。演劇は決して演劇のためにのみ存在するのではない。演劇は、それを行う者の意識の秩序化に対して永続的な影響を与える可能性のある世界を開拓することである。審美的な愉楽は、生理学が哲学に反応し哲学が生理学に反応することによって、心と身体が同時に味わう愉楽である。それ故、我々が最も優れた芸術作品を目の当たりにして味わう愉楽は、我々が自然科学の壮大な観念構造、数学の公理、荘厳な景観そして美しい人を目の当たりにして味わう愉楽と類似したものである。心と自然界とが共有している秩序を心が認識するようになると、心と身体とから成る人間システムの全体、すなわち自己表出的な人間生命の全体が、喜びを感じるのである。さらに、その秩序が人間自身の生命の秩序、すなわち、道徳的に自由にそして事前の制約なしに観照しているという状況の下で、我々に提示される人間経験および人間感情の秩序、である場合、我々は、単に精神が高揚するばかりではなく啓蒙されもするのである。

6・32　それ故、最高水準の芸術ばかりでなく娯楽としての芸術に至るまで、芸術は、超自然的性格を帯びる。芸術は、我々が耳で聞いて関心を抱いても口で表現できないようなことを表現することができる。よって芸術は、〈意識にとっての現実〉において宗教が占めている位置のすぐ傍に自らの位置を占める。また芸術は、宗教の内奥に病的な傾向があるのと同様に、芸術自らの内奥にも病的な傾向を有している。芸術という現実の非現実的な部分が、〈意識によって作られた現実〉のそれ以外の部分を圧倒し、とりとめのない空想、疎外そして精神異常の世界を生じさせる、という危険性は常に存在する。相当程度の社会的エネルギーを集中的に利用することにより二十世紀に完成された大衆娯楽という芸術には、集団幻覚の危険が潜んでいる。これは、宗教によって生ずることのある集団疎外と同じ程度に重大な危険である。宗教の場合と同様に、芸術を通じて超越的現実を形成しそして再形成することは、必然的で終わることのない社会的格闘である。宗教の場合と同様に、その格闘は危険に満ちている。

６・33　**神話**によって社会は、〈存在するものすべて〉の秩序に自らを関連づけようと試みる。したがって神話は、〈社会にとっての宗教〉である。神話は、社会をその起源に関連づけ、社会より超越するもの（物理的現実の残りの部分、そして超自然的現実）に関連づけ、社会の目的を確立し、社会の過去の中に社会の未来を見出すのである。神話の中に社会は、代々継承されるべき伝統を構築する。

６・34　こうして神話は、社会の存在意義を、その過去から、しかし、その過去が永遠の現在であるかのような仕方で受け継ぐことによって、〈変化の中の安定〉を追求する。神話は、社会の構成員の意識の中に現存在する。しかし神話はまた、社会のすべての過程においても現存在しており、社会におけるすべての言葉・理論・観念・価値、そしてすべての意志および行為に影響を及ぼしている。神話はかかるものとして、社会的意識の条件設定的機能を通じて、教育を通じて、諸社会制度による意思決定および決定の執行を通じて、また、神話に由来する儀礼、禁忌、規制などを通じて強化される。幼い頃に学んだ伝承や迷信や習俗は、大人の現実であるところの現実、すなわち社会〈それ自身にとっての現実〉たる現実となる。

６・35　神話は、社会的意識における、無意識の側面を組織化する点で、特に効果的である。個々の人間の場合と同様に、人間社会もまた、その意識の内部に言葉では表現できない分野を有している。それがたとえ言葉・観念・理論という形で表現されえないとしても、無意識は言葉・観念・理論の生成に間断なく影響を与えているし、そういった言葉・観念・理論に随伴する感情や衝動的エネルギーの生成にも影響を及ぼしている。第一章および第二章で述べたように、意識は、意識が表現することのできる以上のものを統合することができる。神話によって、社会は、自らの現実を構築しようとする場合や、社会が巻き込まれている激しい変化の奔流に対抗して相対的に安定した秩序をもたらそうとする場合に社会にとって根本的な重要性をもつ材料を、自らに対して提供することができる。（これは、考えられうるあらゆる種類の材料である。すなわち、しばしば象徴的、間接的、芸術的な形式をとるが、言葉・観念・理論の形式でも存在する。）つまり、社会は、（神話によって、）宇宙の創造、社会の創建、社会の創建者（神々、英雄、賢人のどれであれ）の出自とその特徴、創建者が社会に託した目的や願望、社会建設の物語、社会の起源や過去が社会の現在及び未来に対して発揮する影響力、といった諸々の観念を、自らに対して提供することができるのである。

6・36　かくして、神話の生保全的機能は、――宗教や芸術の生保全的機能と同様に――人間とりわけ人間社会が超越的現実をわがものとすることができるようにすること、換言すれば、社会の現在の条件において社会を超越する現実を、社会の現在の〈それ自身にとっての現実〉の内部に位置づけることを可能にすること、である。神話は、社会の超越的存在――それは、（現実）社会の、基本構制（コンスティテューション）上の構造システムとしての存在を超えるものである――についての仮説であり、社会の生成のパターン（原型）であり、「社会のアイデンティティ」のアイデンティティであり、社会自身のための社会自身についての説明である。このことから神話は社会のソシオノミー（責務として一般に認識されている社会の内的現実）の中に強力に入り込んでおり、義務が社会のシステム的全体性の権威の下に欲望を緩和するとき、すべての義務に取り付いているのである。こうして、社会の神話は社会順応的行動を要求することができよう。

６・37　神話は、複雑でない社会にのみ存在しているのではない。最高度に複雑な社会においても、ある種の世俗的な宗教として神話は残っている。社会の複雑さが、ある一定のレベルに達すると、神話はその名を**歴史**と変える。歴史は、社会が自らに対して、自らの過去を提示するという形式を取る。社会において過去に起こったことのすべてを知ることはできないのであるから、社会自身が、その過去の残存物の中から、未来に対して伝えていくものを選び出さなければならない。そして、社会自身が、その歴史を記述するにあたって、自らが選んだ過去についての重要性を決定しなければならない。しかし、社会の過去について学ぶ際、社会は自分自身について学んでいる。社会の現在の状況は、その〈社会過程の総体〉から生じる、すべての現実態の結果であるので、歴史は過去を学んでいる過去なのである。しかし、社会の過去および現在もまた、社会がその可能態を認識していることによる結果である。それゆえ、歴史は社会の未来を学んでいるその現在でもある。社会の未来は、その過去の内部に存在している。また、その過去はその未来の内部に存在している。歴史の機能は、社会の未来と過去を、現在の一部として認識することである。

６・38　芸術と同様に、歴史は、過去の社会的意識を、あたかもそれが自然界の一部であるかのように表現しようとする。歴史は、社会の過去を、あたかもそれが遡及的な秩序化・説明・正当化に服しやすい、自然システムの過去であるかのように扱う。しかし、社会の過去は、因果関係に従う物理的事象のみならず意識および意志と行為によっても構成されることから、芸術と同様に歴史は、意識の単位にこの準物理的地位を与えるべく、意識の単位の変換をなさなければならない。

６・39　歴史は、過去を仮説に作り変える。過去に対して、現実態――〈社会過程の総体〉の過去による過去の活動を越えて存続してきた可能態――としてばかりか仮説として、現在に影響を与える能力を与えることによって、歴史は、過去に対して第二の存在を与える。このようにして、過去は意識の中に再参入するのであるが、これによって過去は超越的な性質を帯びるのである。意識の過去は、歴史を通じて、比較的永続的な形式を獲得し、そして比較的客観的な形式を獲得する。つまり意識の過去は、それをたまたま知覚することになるどんな人にとっても、歴史によって付与された形式のゆえに、観照の対象となることができる、という意味において、相対的に永続的であり客観的なのである。歴史によって、人間の過去は、人間の現在において、非人間的な過去であるかのように振舞うことが可能となる。

6・40　歴史が社会の現在および未来に対して強い影響を持ちうること、および、歴史が自然界の観察ではなく、〈意識を説明する意識〉であることから、歴史を書くことが、社会的格闘の一場面となりうることは驚くべきことではない。歴史を書くことが、本書で検討している、社会におけるあらゆる永続的ディレンマの中でなされる格闘の主要な舞台であることは、驚くべきことではない。――すなわち、社会がその過去に照らして、自己を確認しようとする格闘、社会がその過去に照らして、自らの力の構造を秩序づけようとする格闘、社会がその過去に照らして、価値の秩序を築こうとする格闘、社会がその過去に照らして、当該社会と超越的秩序との間の関係を定めようとする格闘、社会がこれまでの社会の歩みからしてなりうるであろうと考えられる社会に現実になろうとする格闘、こういった格闘の舞台である。一方、次のような事態も驚くべきことではない。すなわち、ある特定の社会において、その社会が、自らの不自然な過去を不健全に参照する形で社会の将来像を描くことによって、その歴史が（実際に）集団的な幻想となったり、狂気に転じるという事態である。

6・41　歴史家は、いわば（社会の）現実のもう一つの重要な国境地帯において見張り番をしていると言える。歴史は、その形成される場である社会的意識から逃れることはできない。しかし、歴史家は、現実形成――それによって、社会は自らの生成を秩序づけ、社会的安定と社会的変化との間の調和を図っている――に参加することによって、特別な形態の社会的力を行使している。この特別な社会的力には、特別な社会的責任が伴う。歴史家が責任を負うべきなのは第一に、社会およびその目的に対してである。社会において現実に公権力を保持する者に対する歴史家の責任は二次的なものである。

6・42　国際社会もそろそろ、その過去、神話、歴史と折り合いを付けなければならない。それは取りも直さず、そのあらゆる下位社会の過去と折り合いを付け、そしてそれら下位社会間のあらゆる相互関係という騒然とした過去と折り合いを付けることである。国際社会には、人間が社会を形成して以来の過去がある。国際社会は、自らを一つの社会として認識することができるようになるとき、自らの歴史という現実を持つことになろう。その時には、国際社会の歴史家なるものが存在することになろう。国際社会の歴史家の任務は、極度に困難なものである。それは、その責任が、一つの全体としての国際社会、すなわち人類全体に対して、および人類の過去の中に存在する人類の未来に対して、負うものだからである。

6・43　**自然科学**において、社会は、意識があたかも自然界を理解しているかの如くに自然界において意志し行為することを可能にさせる一つの理論を創造する。(その理論によると、)科学が対象とする世界は、意識が、その世界は意識ではない世界であり、意識も、したがって価値も存在していない世界であると認識しているような世界である。すなわち、科学が対象とする世界は、意識が**自ら**の世界を創るにあたって創り出した**もう一つの**世界である、と言うことになる。科学の役割は、意識の中に一歩一歩、理論的な構造を創造することであるが、その理論的構造の、自然界の**真の**現実との**真の**関係は、科学的に知りえないのであり、ましてや、〈存在するものすべて〉の真の現実との真の関係についてなど知りようがないと言うことになる。換言するならば、現実の本性に関する形而上学的問題に対して解決策を提案することが、科学の生保全的機能ではないのであって、ましてや意識の本性に関する哲学的問題に対して解決策を提案することなどできない、と言うのである。

6・44 科学の生保全的機能は、ある特別な用い方で想像力と理性を用いることである。すなわち、想像力は、理論的モデル――これは数学的な構造、システム的機能のモデル、分類のモデルを含む――を創造するために用いられる。(この理論モデルは、自然界の中の意識によって認識される部分を象徴的な形式で含むものである。) また理性は、第二章で検討された理性を構成している三つの座標軸(起源、現実、可能性)の内部において、理論的構造化の過程を統制するために用いられる。

6・45 科学は、自然界の現実と意識の現実との間に位置する第三の現実を創り出す。この第三の現実は、〈意識の中の現実〉であるが、同時に〈自然界に由来する現実〉である。科学は、新たな世界を、すなわち、心が作り出したのではない世界を素材として心によって作り出される世界を、作り出す。十五世紀以来の科学の功績は、そのような第三の現実の構築に成功した点にあった。その驚くべき実用上の成果によって得られた名声のおかげで、科学は、〈意識によって作られた現実〉の一般的構造の内部に、確固たるかつ明らかに恒久的な地位を、第三の現実のために得ることに成功してきたのである。科学とは、我々が自然界を意識を通じて統制しようと試みるために用いる魔術である。科学は、数ある魔術の形態の中でも、独自の効果を有するものである。

6・46　科学的現実は、科学が、意識の世界とその諸価値とを、その仮説上の構造の中で統合させることを追求してはいないという意味で、価値自由的である。にもかかわらず、科学的現実は人間の意識の所産なのであり、そしてそれゆえ、想像力と理性の所産であるのみならず、欲望と義務の所産でもあり、したがって、価値によって仲介された意志および行為の世界なのである。科学することとは、すなわち、機械としてではなく人間として行為することである。

6・47　それゆえ、科学と人間の意志および行為との間の関係は、複雑である。この関係は、次の四点で、〈社会の現実形成〉において、そしてそれゆえ、〈社会の自己形成的社会化〉において重要な役割を果たしている。(一)科学は、特権的な地位にある参加者として、個人と社会の、意志および行為に立ち入る。自然界への関与や接触を伴う意識のいかなる行為も、科学的現実により決定的に影響を受ける可能性がある。科学を無視して行為することはできる。例えば魔術的現実、神話的現実、宗教的現実、あるいは芸術的現実の中で行為することを好み、科学の純粋理論および超越理論に従って理性によって命じられた想像力が生み出すものよりも、自由な想像力の産物の方を好み、かくして科学に反抗して行為することはできる。しかし、確実性に近似するある程度の蓋然性をもって自然界を変革させる意図をもって行為しつつ、同時に、科学の有効な仮説に反して行為することはできない。これが意味することは、科学が、社会の観念・理論・価値に対して、そして個人の意志行為や、個人の価値決定に対して決定的な影響を与えることができる、ということである。そしてその影響は、他のいかなる種類の観念の与える影響とも異なるものである。すなわち、科学的観念は、情報という観念形態に接近する傾向がある。

6・48　(二)しかし科学的現実の影響はそれに止まらない。科学的現実は、形而上学的とまでは言えないものの、一般に、哲学上の影響を与えてきた。科学的現実は、一種の宇宙的唯物論を可能たらしめる。確かに科学自身は、現実の有する究極的な本質（神？精神？心？物質？幻覚？不可知な物？）につき何ら科学的なことを述べることはできないが、科学は、その機能の遂行に成功するための不可欠の条件として、あたかも、物質の形態を持つエネルギーから成る自然界があたかも自己完結的、自己説明的で、自己正当化的でさえあるかのような説明の仕方をするのである。このことは翻って、次のような推論に自然に導くこととなった。すなわち、科学が人間世界の物理的諸側面を含む自然界を変容させる能力を現実に持つことに特に鑑みると、現実の本質について、超越の問題、つまり、自然界の背後にまたそれを超越したところに何が存在するのかという問題について、殊更に検討する必要がほとんどないか全くないということである。そしてこの推論には、我々に対して次のように思わせてしまうような（現にそうであるが）、価値判断が明らかに含まれているように思われる。すなわち、仮に社会の意識を含む人間の意識が、あたかも、科学の理論のような実践的かつ非超越的な理論により規律されているかのごとくに振舞うのであれば、その限りにおいて、人間の意志および行為は秩序だったものとなるであろう、ということである。こうして、科学は、我々に対して、もしも人間が人間的でないとすればするほど、人間はよりいっそう秩序だったものとなるであろう、という考えを示唆してきた。

6・49　科学的現実は明らかに、秩序だった現実、ないしは秩序だったものとなる可能性を潜在的に有する現実、である。特に人間および社会に関する現実のような非科学的な現実は、科学的現実と比較するとき、かなり無秩序であるように見える。宗教、神話、芸術、歴史、哲学、経済、道徳、そして法が創り出す様々な現実は、流動的で不完全であるように見えるだけではない。特に、異なる時間や場所においてさまざまな宗教、神話、芸術、歴史、哲学、経済、道徳、そして法が存在していることに鑑みれば、それらの現実には支離滅裂な不統一性が内蔵されているようにも思われる。かくして、科学はこれらの現実を甚だしく不安定化、弱体化させ、それにより、これらの現実によって生み出される観念や理論をも不安定化、弱体化させてきたのである。

６・50　魔術、占星術、医学、そして心理学が徐々に科学の生み出すさまざまな可能性に屈服して、科学的現実の中に埋没していくのと時を同じくして、意識の内部には、科学の限界を超えるような分野は原則として存在せず、ここ当分の間は科学的現実によって呑み込まれないような現実が他にも存在しないであろうという観念が形成されてきている。そして、意識自身にとってさえも、意識がこれまで維持してきた特質を失いかねないように見えるのである。物質的ではない人間の現実がやがて消滅するのではないかとする、この感覚が、この数世紀の間に、人間自らに対する信頼に対して重大な影響を及ぼしてきており、それによって、人間的諸価値に対して人間が抱いてきた信頼をも動揺させている。

６・51　㈢　科学は徹底して進歩的であり、その仮説的観念の範囲や特質を不断に拡大している。**進歩**の観念は、近代の科学の時代以前には、決して人間の意識の中に最終的に自らを確立していなかった。当時においては、生成とくに社会的生成の仮説には、自然の衰退と退化、周期的な発生と消滅、循環的な再生、言語に絶する変化、運命の変遷、超自然的な決定といった観念が含まれていた。これに対して、科学は宗教、神話、歴史、哲学が失敗してきたところの人間の意識の奥深くに自然の進歩という観念を打ち立てることに、今や、成功しているのである。我々が今日知っていることよりも多くのことを明日**知る**――この語の特定の意味において――であろうことは今や確実であるように思われる。また、我々は、自然界に対して今日有している力よりも、明日の方がより大きな**力**――この語の特定の意味において――を有するであろうということは今や確実であるように思われる。知識と力は、社会の存続と繁栄のための格闘において重要であることから、我々が今日よりも明日においてより**成功した**――この語の特定の意味において——社会を有するであろうということは、必然的な結論であるように思われる。社会は、実際に、本来的に、生来的に進歩的たりうるのであり、人間が適切に意志し行為することによってその存続と繁栄とが達成されうることを示すことが、本書の目的の一つである。

6・52 （四）科学の産物が〈社会過程の総体〉に取り入れられるとき、それは完全に価値自由的である。それは、大いなる善をなすために用いられうるが、大いなる悪をなすためにも用いられうる。科学の産物や副産物の氾濫は今や、統制できないほどに圧倒的である。社会は進歩に対して無制限に同化することはできない。科学が、社会に対して、科学の生み出すすべてのものを受け入れ、科学が提供するものはすべて社会にとって必要であり欲しさえしていると思い込ませるようになると、社会的進歩が科学の進歩に屈服し、科学の従属物になってしまう。そうすれば、科学に導かれた社会的現実は、人間に対する非人間的なるものによる圧制となろう。

6・53 これが、科学の生み出す過酷な逆説である。科学は、自然界を、人間の意識の内部にぴったりと収まるようなものに縮減することによって、実は自然界にへり下って服従しているのである。また、科学は、人間を単なる物質的な次元にまで縮減する傾向があるが、実はそれと同時に、科学は人間に対して自然界を支配するますます大きな力を与えるのである。

6・54 科学的現実は今や、国際社会のただ中に自分自身を確立している。世界中のどこにも、科学的現実によって支配されていないところはない。それは次の意味においてそうである。第一に、特に、科学的現実のもつ極度の安定化効果、すなわち果てしない変化の流れを制御しうるその能力が、今や人間という（生物）種全体にとって、およびすべての人間社会にとって、利用可能なものとなっている、という意味においてである。第二に、科学の客観性や普遍性が示す貴重な教訓、すなわち価値を超越し、価値の対立をも超越する可能性が存在することが、世界中で感じられている。第三に、今や人類という種全体が、自然科学のもつ世界を変革する壮大な力、すなわち、とりわけ人類が正義および社会的正義のディレンマと格闘する際に、自己秩序化的な人間の意識による意志および行為を通じて世界を変革する力、を手にしている。また第四に、科学的意識が自然界の意識を越えて、人間の価値の世界にまで広がることで、科学的な社会〈それ自身にとっての現実〉の有する唯物論的傾向あるいは非人間化的傾向が、今や世界中で感じられ、それによって人間的現実の、他のあらゆる形態をも部分的に変更するのである。

6・55　**道徳**によって、社会は、比較的永続的な価値の構造を創造する。道徳とは、秩序の純粋理論と、理性の超越理論に基づいた、価値の実践理論である。道徳が創造する社会的現実は、宗教の「**正しさの根拠としての存在**」、芸術の「**創作性としての存在**」、神話や歴史の「**かつてあったものとしての存在**」、科学の「**仮説としての存在**」、法の「**しなければならない**（合法性としての）**存在**」、といった観点からは表現されない世界である。道徳的現実において、世界は「**するべきである**（倫理的な義務）」の観点によって表現されている。道徳によって、意識は理性によって命じられる義務のシステムを創造する。道徳とは、社会の全体的な秩序という視野から見た義務である。

6・56　かくして、社会的現実の他の形態と同様に、道徳も世界を理解する一つの方法である。世界——自然界と意識の世界——にあるすべてのものは、道徳的現実の内部において、それ自身の道徳的重要性を有する。言葉・観念・理論・価値・意志・行為のどれをとっても、道徳的重要性を有しないものはない。道徳は意識に対して、世界を義務として提示する。また、意識の世界にとって義務が、自然界にとっての必然性と同じ対応関係にあることから、次に述べるような意味で、道徳が欲望に対する制約となっている。（ここで、「欲望」とは、一つのシステムとしての意識に対する諸条件を、意識が、一つの概念としてまとめて把握したものに他ならない。）すなわち、自然界において結果が原因からの秩序立った帰結であるかのように行為することは、自然界において必然性を義務として受け入れることである。また、意識の世界において行為が意志の秩序立った結果であるかのように行為することは、意識の世界において義務を必然性として受け入れることである。

6・57　義務は、他の多くの仕方で――特に価値を創出することで、また、価値を意志と行為に対して適用することで――、欲望に対して抑制的効果を発揮する。義務と行為との間には社会的および個人的意識の全過程が横たわっている。社会のすべての現実形成は、意志が働く場であるところの現実を形成し、そしてまた、義務が自らを意識に対して提示する際に依拠する条件をも形成する。我々が社会的世界を認識できるようになると、我々は社会の秩序を理解できるようになる。我々が社会的世界の秩序を理解できるようになると、我々は義務を認識することができる。我々が義務を認識するようになるとき、我々は意志し行為するのである。

6・58　道徳は社会のソシオノミー〈義務の総体としての社会〉を、〈システムとしての社会〉の表現としてばかりか、〈連続体としての社会〉の表現として提示する。道徳は、〈義務としての社会〉の過去を、社会の過去から、現在を経て、未来へと伝える。道徳はその永続性により、価値たりうる。道徳的現実の機能は、人間の意識が、秩序のシステムとしての意識の世界における自らの経験を、システム的な形式で収集することである。道徳的現実の機能は、法的現実の機能とは異なり、社会を秩序のシステムとして形成することではない。道徳は立法する（定めを作る）が、道徳自体は立法される（意識的に定めとして作られる）ものではない。

６・59　個々の社会には、それぞれ独自の道徳的現実がある。つまるところ、社会とは道徳的現実であると言える。しかしながら、社会において道徳的多元性を指向する傾向が道徳的統一性を指向する傾向とほぼ同じ程度で均衡している。第一に、個々の人間は、同時に複数の社会（例えば、家族、宗教、国家社会（ステイト社会）といった）の構成員であり、それゆえ、道徳上の経験をある社会から別の社会へと持ち込むということが生じ易い。第二に、国際社会以外の社会は、上位社会に従属する下位社会である（例えば、組織された宗教団体に属する家族、特定の国家社会の法制度の下で設立された商工業企業、連邦国家を構成する州のように）。このような状況においては、一つの社会における道徳的現実が、他の社会に流入するということが生じ易い。

６・60　第三に、統合化をなす理性の力は、すべての人間、すべての社会に共通のものである。意識の組織的な機能が、人間の種としての特徴である。第四に、社会の組織的な秩序化は、すべての社会に共通のものである。社会の自己創造および社会の社会化は、人間の種としての特性からの組織立った産物である。以上のことから、現実の社会的経験が社会によってそれぞれ異なっていたとしても、それぞれの社会における、社会としての自己秩序化の過程なる経験、換言すれば、道徳的現実すなわち組織立った社会的義務の現実という形をとって現れる経験は、実質的に一致することになる。

６・61　最後に言及されなければならないことは以下の通りである。すなわち、もし仮に国際社会が、それ自らを社会として認識するようになり、国際社会自らの現実形成過程および、国際社会自らの現実について気付くようになるとしたら、その暁には、これまでの人類の道徳的経験が、国際社会、すなわち全人類によって構成される社会であり、かつ、すべての社会によって構成される社会、の道徳的現実として、あらゆる時代にあらゆる所において、用いられることになろう。

６・62　**経済**は、潜在的な人間による自然変容の世界として理解される自然界であり、また、意志および行為による世界変容システムとして理解される意識の世界である。経済なる社会的現実を形成するにあたって、社会的意識は、〈意識にとっての世界〉を、〈意識を作り出した世界〉、〈ものを作り出した言葉〉の世界、〈言葉を作り出したもの〉の世界として理解することを選ぶ。経済の視点から見ると、自然界は人間のもつさまざまな可能態を現実化する舞台となる。また、経済の視点から見ると、自然界および意識の世界の双方ともに、人間の潜在的可能性の世界となり、そこでは、現実態が、人間の意志および行為の産物であるか否かを問わず、個人および社会の意識の自己認識の内部において直ちに可能態となる。すなわち、すべてのものが、人間の意志および行為の対象となりうるのである。

６・63　経済において、意識が欲望の対象として世界に対して働きかける目的で、その意志を集中するとき、世界は欲望の観点から見られており、他方意識が、自然界の必然性から生じ、また、社会のソシオノミー（義務の総体としての社会）から生ずる、義務に対する組織立った制約を認識する場合には、世界は義務の観点から見られている。〈経済としての社会〉に対して働く意識の活動を組織するために、言葉・観念・理論・価値が作られる。経済の実践理論や純粋理論は、観念を、その内部において社会とその構成員（下位社会と個々の人間）の生存と繁栄のために欲望と義務が調和しているような構造へと統合する。

６・64　社会の現実形成における経済以外の他のすべての現実の内部で、経済的現実は社会の諸価値をそれらの現実と共有しており、それらの価値を意志し行為するための基礎として用いる。しかし、経済という特定の現実形成は、

経済的価値という独自の価値観念を創出する。経済的価値とは、人間の意志および行為による世界の変容を目的として価値が測られる世界のことである。社会が正義と社会的正義のディレンマと格闘する際に行われるすべての評価と分配の範囲内で、社会は経済的価値に照らして評価と分配を行い、社会の社会化的秩序を、その社会が認識する〈存在するものすべて〉の秩序と調和させ、自らの行う経済的な世界変容を他のすべての社会化の過程と調和させる。

６・65　そういうことで、経済は社会の現実形成の、他の経済以外のすべての部分に直接に依存する現実であり、社会の現実を、自然界および意識の世界で社会が存在し続けるために必要とする〈意志された行為〉に再形成するのである。経済はとりわけ法に依存する。過去から未来へと連続的に、経済的現実と経済的分配が行われるのは、法的現実の内部において法的関係、特にいわゆる財産に関する法的関係の形式である。経済が、社会とその構成員の生存と繁栄という社会の目的に資すべく世界を変容するために、社会的力を分配するのは、法を通じてである。

６・66　経済的現実の性質と機能については、後の第十七章で考察する。

６・67　**法**によって、社会は自らの自己創造を蓄積する。法とは、社会の自己に向けられた生成である。法とは、社会の目的に適った自己秩序化である。法的現実においては、衝動と必然性、欲望と義務が、可能態として現実化しており、それが次に意志および行為によって現実化することになる。法的現実においては、社会のアイデンティティが可能態として現実化しており、それが次に意志および行為によって現実化することになる。法的現実においては、力の構造が可能態として現実化しており、それが次に意志および行為によって現実化することになる。法的現実においては、価値が可能態として現実化しており、それが次に意志および行為によって現実化することになる。法的現実においては、正義が可能態として現実化しており、それが次に意志および行為によって現実化することになる。

6・68　法は可能態を、法的関係——意識が法的現実の内部で確立する、個々の人間と他の人間、個々の人間と自らが属している社会および属していない社会、社会と他の社会および個々の人間、との間に生まれる関係——という形態で現実化させる。法的関係は可能態である。なぜならば、いくつかの可能態の中から一つの可能態たる法的関係が選択され、それに基づいた行動を引き起こすのは、意志の働きによるからである。

6・69　法的関係は、法によって、および価値によって人が手にしうるようになった可能態、それゆえ間接的に、当該社会の〈意識にとっての現実〉に含まれている言葉・観念・理論によって人が手にしうるようになった可能態を素材として創造される。法は、法的関係を創造するために意志し行為する。法の意志と行為は、一般的な社会過程の内部で生ずるものであるが、とりわけ社会の永続的なディレンマとの格闘の内部で生ずる。法の独自性は、その意志と行為が〈社会過程の総体〉の産物を現実化するときにとる形態（すなわち、法的関係）にある。

6・70　あらゆる法は、古い法である。あらゆる法は潜在的な法である。法は観念であり、事実ではない。所与の時点において、法は、過去からの可能態かつ未来に向けての可能態として以外には存在していない。法は、法が非可能性を排除するという意味において、拘束的な可能態である。法は、法がなすことができるすべての現実化の範囲内では、力を付与する可能態である。法が創造する法的関係は、社会過程の過去の状態の、結果であり現実化された産物である。法的関係は、社会過程の、未来の状態の潜在的な内容である。このようなやり方で、法は、現在における意志し行為することの可能性を排除することなく、過去の社会過程が未来に伝えられるのを可能にし、それによって、安定と変化との間を仲介する手助けをする。

６・71　法は、その明示的権能として安定と変化との間を仲介する権能を有する点で、新しい市民と古い法のディレンマと社会が格闘することから生じる社会の諸構造において、特権的な地位にあると言える。宗教は、法的関係の内容に強い影響を与え、その形式、手続、儀礼に影響を与える。芸術は、法が想像力を用いて自然界と人間世界を認識する際の形式に影響を与える。立法は、象徴的で抽象化され一般化された形式で（しかし、視覚芸術あるいは文学のように、観衆自らが認識できる日常生活の具体的な事項に言い換えることができるような法典において）、人間と社会の事件および関係を表現する。法規は、人間と社会のさまざまな可能性についての複雑な表象（イメージ）である。裁判所によって裁定された事件は、「（世の中の実際の）物語についての物語」である。判例集に収められた事件は、「物語についての物語」についての物語である。個々の人間および社会の過去を以下に述べるような仕方で認識することで、神話および歴史は法に対して影響を与えている。すなわち、人の世の外見上の儚さに比べると組織された継続性を有する人間の諸目的から見て重要である何ものか、また人間に対する動機付け（モチベーション）の観点から説明できる何ものかとして、人間の過去を認識する仕方である。自然科学は、法が必然性の世界における原因と結果という科学的現実を受け入れている限りにおいて、法的関係の創造と現実化に対して影響を与えている。法的関係は、以下の前提に立っている。すなわち、自然界における出来事および、自然界に働きかけまた自然界から作用を受ける人間の意識の世界における出来事は、（たとえこれらが〈意識にとっての現実〉における出来事であるとしても）科学的現実における出来事である、という前提である。

６・72　道徳は、法にとって、特権的な地位を有する協働者であると言える。道徳は法に対して、次のことをなすように強く促す。すなわち、法が、意志し行為することが個々の人（人間および社会）に帰属することを明確にし、個々人に、自由、理解力、予見可能性、目的、犯罪、責任を帰属させ、矯正と処罰の観点から判断することを求めるのである。道徳は、法に属する言葉と観念の多くを法に対して供給している。道徳と法は、潜在的社会エネルギーの多くを共有しており、人間の衝動的な感情さえも法的関係を創造し現実化することに、集中させる。そして、法は、道徳にフィードバックされて、道徳が、若干の社会においてまた若干の期間、道徳システム、すなわち、一種の拡散した法システムとして認識されるようにする。

6・73　法は、こうして、社会による他の永続的ディレンマとの社会の格闘の成果を含む、一般的な社会過程の成果に実質的に与るばかりではない。法は、また、自動延長的な〈意識によって作られた現実〉の一部を形成するために、生成の永続的ディレンマの中で社会によって創造されたあらゆる自己安定化的現実に実質的に与っている。法は、宗教から形而上性を、芸術から想像する技術を、神話と歴史から歴史性を、科学から唯物主義的な客観性を、道徳から主観性（責任および動機付け）を獲得している。

6・74　法は観念であり事実ではないが、事実の条件になる傾向を有する観念である。社会の自己安定化的現実の一つとして、法は、実際の意識から相対的に独立している何ものか、実際の意識との関係で超越的である何ものか、自然界における物質の独立性に相通じる何ものか、を創り出すことによって意識の中に特別な現実を形成するという、社会の自己安定化的現実の特徴をなす戦略に加わっている。法の準独立性という特性は、意志との関係においてである。法は、**将来の行為**を統制する目的で、**過去の意志**による行為を社会的現実の中に保持する。

6・75　意志行為は、利用しうるあらゆる可能態の中で、ある一つまたは複数の可能態が現実化されることを決定する。意志行為は、「**しなければならない**」という文言形式をとる。意志行為の一般的な働きは、可能態を現実態に変えることである。しかし法は、ある特別の働きをもった意志行為を創り出す。法は、社会的現実の中で、可能態として保持されている一組の意志行為である。

6・76　それゆえ法は、単なる可能態ではない――すなわち、法は、行為が犯罪、（民事上の）不法行為、契約、婚姻、法人の設立を構成**しうる**（may）という行動モデルではなく、行為が犯罪、不法行為、婚姻、法人の設立に対する反応を構成**しうる**（may）という行動モデルでもない。法は、ある特別な種類の可能態である。すなわち、それらの可能態は、**既に**意志行為であるところの可能態である。たとえば、この行動は、犯罪、不法行為、契約、婚姻、法人の設立、を**必ず**構成**すべし**（shall）、とするものである。また、この行動は、犯罪、不法行為、契約、婚姻、法人の設立に対する反応を**必ず**構成**すべし**（shall）、とするものである。つまり、法の文言にある未来形は、予言ではなくて、先んじてなされる行為を表しているのである。

6・77　法は、社会に保持されている意志行為である。社会は、法を創った時点で既に意志行為を先んじて行っている。所与の法に由来する特定の〈意志された行為〉は、その法に保持されている所与の意志行為に由来する行為である。このように、干渉的な意志行為が多く存在しよう。単数あるいは複数の行為者が、関連ある行為（犯罪、民事上の不法行為、契約、婚姻、法人の設立）を意志し、また、これらのことに反応する行為（履行、遵守、起訴、民事訴訟、裁判、有罪判決、刑の言い渡し、刑の執行）を意志しなければならない。しかし、そういった行動に関係するすべての意志および行為のネットワークにおいて、法は、準独立的であり、準客観的であり、準恒常的であり、準事実的であり、準情報的である。

6・78　法的なるものに見られるこの「**準―**」**たる性質**は、法が意識によって理解される、意識の内部の現象であって、意識によって理解される自然界の現象ではない、という事実に由来する。法を認識することは、〈社会過程の総体〉の一部である。自らの行動の範囲が法が対象としている可能態の領域である者は、彼等自身、〈意識によって作られた現実〉特に先に検討したあらゆる意識形成的な現実の枠内において、意識の内部で意志し行為しているのである。法とは、社会の機械装置となることを自らは切望しているにもかかわらず、意識であることを宿命づけられている意識なのである。

6・79　おそらく道徳なる現実との連想によってか、法がまるで次のようなものであるかのように時には認識されかつ表現されている。すなわち、法とは、道徳をその内容としていると認識され、また言われてもいる戒律、訓戒、規律、指図をただそのまま繰り返して述べている一組の法規則であり規範であると。それに対して、法が道徳に対してなす返報的効果は次のようなものである。すなわち、道徳は、時には、また、あるいくつかの社会においては、法の一定の形式化作用の影響の下に、一組の道徳的規則として定式化される傾向がある。法は一組の規則や規範ではない。法は意志である。そして法が意志することは、他者との関係において、ある人の行動を意志することである。法とはすなわち、一組の法的関係なのである。

6・80　それゆえ、以上のことからの要約として、法的現実は、新しい市民と古い法のディレンマとの格闘を通じて、社会によって創造される超越論的現実の一つであり、次の五つ《「ママ」》の主要な性質を有する現実であると言えよう。（一）

法的現実は、他の超越的現実と同様に、社会の未来の内実を決定するために、社会の過去から社会の未来へと伝達される現実である。(二) 法的現実は、これまた他の現実と同様に、それ自体が変化の影響を受け、〈社会過程の総体〉のもたらすあらゆる圧力の影響の下に、止むことのない修正の動きの影響を受ける。(三) しかし法的現実は、他の現実とは異なり、単に、理論としてまたは理解の一形式としてのみ、社会によって創出されるのではない。法的現実は、意志による意志としても創出される。法は、先んじて未来を意志することによって、未来を先形成する。(五)《〔ママ〕》 過去の意志行為は、法的関係という形式で維持されていく。そして、この伝えられる法的関係が、後続の意志行為による現実化のために用いられる可能態を制限し、こうすることによって、自然界と意識の世界とにおける社会的力の行使を制限するのである。

6・81　社会意識における法の創出は、図5に示される。

図5　社会的意識の内部における法の発生

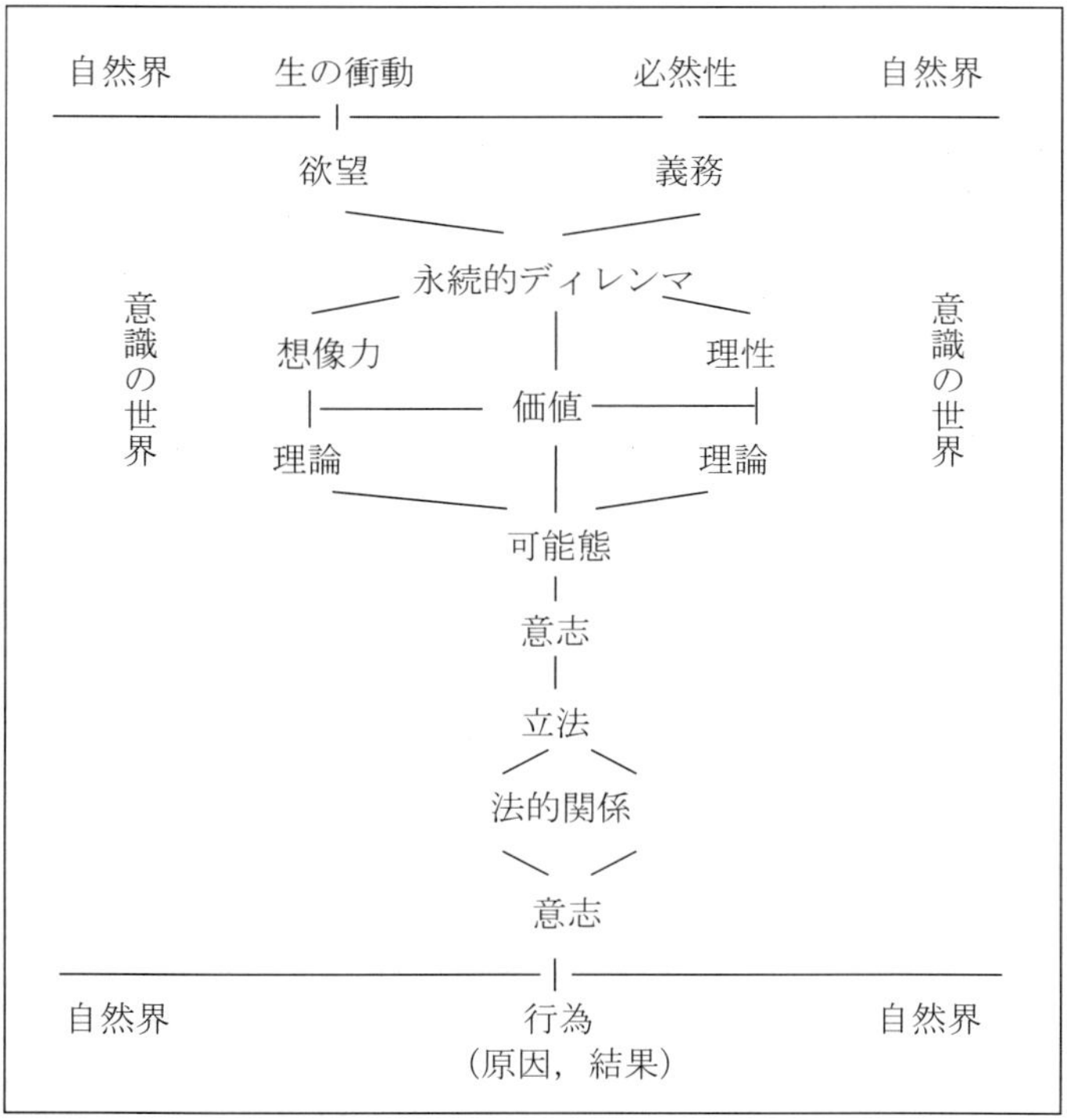

6・82 法的現実の性質と作用は、本書の後の部分、特に第二部で検討される。

6・83 意識は、新しい市民、古い法というディレンマとの格闘を、言葉・観念・理論・価値を通じて自らに対して提示する。その格闘において武器として用いられる強力な言葉は、以下のものを含む。**行為、権威、美しい、拘束的、原因、戒律、社会の基本構制（コンスティテューション）、慣例、間違いがない、創造者、犯罪、文化、慣習、決定、命令、証書、裁量、責務、効果、（社会）施設、証拠、悪、信仰、形式、形式性、神、神々、善、有罪、違法な、免除、意図、無効の、判決、正義、法、合法的、法律（上）の、立法、正当な、民事責任、道徳的、自然な、本性、新しい、義務、古い、刑罰、人、所有、権力、先例、特権、証明、財産、処罰、責任、改革、応報、革命、権利、規則、（道徳的な）罪、制定法、伝統、真正の、不法の、取り消しうる、自主的な、意志、不正**（原文アルファベット順）

図6　ディレンマのシステムとしての社会の生成

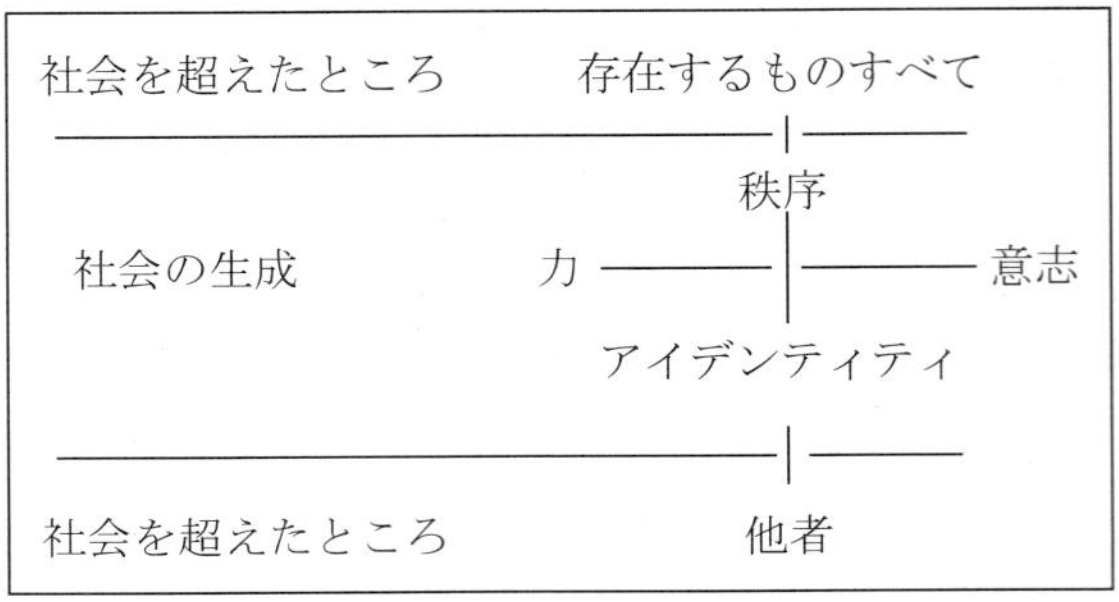

6・84 人体（および物理的宇宙）の、物理的下位システムとしての、人間の脳神経系統の機能に関する科学的仮説が、社会的意識の内部における相互に連動し作用し合うが、なお分離可能な諸過程に対応する物理的諸過程を、そのうち提案するようになるであろうことは、十分に考えられる。なお、この、社会的意識の内部の諸過程は、本書では、社会化しつつある社会の抱える五つのディレンマとして扱われている。これらのディレンマは、図6に示されるような形式で、社会の生成過程の枠内で相互に関連し合っていると言えよう。

６・85　人体の物理的下位システムとしての脳に関する仮説は、おそらく以下のようなことを示唆するのであろう。すなわち、

・自己と他者のディレンマ（アイデンティティのディレンマ）は、脳における**内部的統合化**システム、に対応している。
・一者と多数者のディレンマ（力のディレンマ）は、脳における**ネットワーク形成**システム、に対応している。
・自然の単一性と価値の複数性のディレンマ（意志のディレンマ）は、脳における**変換**システム、に対応している。
・正義と社会的正義のディレンマ（秩序のディレンマ）は、脳における**外部的統合化**システム、に対応している。
・新しい市民と古い法のディレンマ（生成のディレンマ）は、脳における**貯蔵および選別**システム、に対応している。

６・86　ここで、次のことが常に念頭に置かれていなければならない。すなわち、人間の意識が他の点ではそれがどのようなものであるにせよ、少なくとも、人間の脳という、諸システムからなる一つの複合的なシステムの有する機能の一側面であることから、人間意識の全活動は、社会の形成に至るまで、これまた、人間の脳の機能の一側面でなければならない、ということである。そして、この点は、人間の脳の機能と社会の機能の相関関係という、前述の、特定の仮説が、原始的な空想の産物以上のものであるのか否かに関わりなく、そうなのである。

第七章　社会と人類

7・1　単一の（生物の）種としての人類　人類は、生物の種としての特質、種としての歴史、種としての潜在的可能性を共有している。人類は、人間としての生理的現象、人間の身体とその下位システム、脳神経系統のもつ能力と限界を共有している。人類は人間的条件を共有している。人類は人間の意識を共有している。人類は〈意識により作られた世界〉を共有している。人類は欲望と義務、想像力と理性、意志と行為を共有している。人類は言葉・観念・理論・価値を作り出す能力を共有している。人類は地球という惑星と、その豊富ではあるが限りのある資源を共有している。人類は、変えることができない自然界の必然性と、尽きることのない生命の衝動を共有している。

7・2　一つの人類。五〇億の人間、そのそれぞれが独自の存在であること　個々の人間は、それぞれが個人的意識を有しており、個々の小宇宙の中心であり、〈意識の世界〉の独自な一組の集合点である。個々の人間の意識は、それ自身の欲望の中心であり、義務の中心であり、価値の中心であり、可能態の中心であり、意志の中心であり、行為の中心である。個々の人間の意識は、それ自身にとって唯一独自の価値であり、それ自身にとって唯一独自の目的なのである。それぞれが、それ自身の生成――すなわち、自己実現、なりえたかもしれない姿への生成、今ある姿への生成――である。そして、各個人は、それぞれ（他者との関係において）他者として生まれ、他者として死ぬ。それぞれが、同じ宇宙の一隅にある一惑星である地球の共同居住者、共同使用者、共同労働者、共同建設者、そして共同享受者である。

７・３　一つの人類。無数の中間的な社会　人類と個々の人間との間には無数の中間的な社会が存在する。すなわち、家族、村落、部族、共同体、都市、自律的な地域、宗教、教会、宗派、クラブ、民族集団、言語集団、民族、人民、国家、国家連合、共和国、連邦国家、会社、法人、企業体、組織、団体、連盟である。そして、このそれぞれが、〈意識の世界〉であり、それぞれ〈意識にとっての現実〉の複雑な網の目なのである。こういった中間的な社会のそれぞれは、それ自身の欲望の中心であり、それ自身の義務の中心であり、それ自身の価値の中心であり、それ自身の可能態の中心であり、それ自身の意志の中心であり、それ自身の行為の中心である。それぞれの社会は、それ自身にとって唯一独自の価値であり、それ自身にとって唯一独自の目的なのである。それぞれの社会が、その社会自身の生成――すなわち、自己実現、なりえたかもしれない姿への生成、今ある姿（その社会）への生成――である。そして、それぞれの社会が、一つの同じ宇宙の一隅にある一惑星である地球の共同居住者、共同使用者、共同労働者、共同建設者、そして共同享受者なのである。

７・４　一つの種。一つの人類。一つの宇宙の中の一つの惑星である地球。単一の自然界の不可分の一部であるそれぞれ一個の人間　人間の身体のあらゆる原子とあらゆる細胞、人間の脳のあらゆる神経は、宇宙のエネルギーのすべてと直接かつ相互作用的につながっている。そのために、すべての人間は、他のあらゆる生物と、つながりがあったし、今後もつながりを持ち続けるであろう。すべての人間は、普遍的な秩序のシステムの生み出すエネルギーに与っているのである。すべての人間は、一つの惑星である地球のエネルギー、すなわち、想像することもできないような、出来事の全体性（宇宙全体）の中での小さな出来事の小さな副産物、を共有している。

７・５　一つの人類。五〇億人の人間。一つの社会。一つの人類の、あらゆる人間の、そしてあらゆる中間的な社会

の、意志および行為を包含した一つの社会的格闘　人間的条件をめぐっての、苦痛に満ちた、しかし、驚くべきほどに実り豊かなディレンマの中での一つの社会的格闘――ここで、人間的条件とは、すなわち、他者の形成を通じての自己の形成、力の増殖を通じての力の統一、価値の増殖を通じての価値の統一、絶え間ない再秩序化を通じて〈すべての秩序を統べる秩序〉を探求すること、無尽蔵な豊富さで新たな現実を作り出すことによって、安定した現実を創造すること、である。各個人の生活は、他のすべての人の生活と固く結合されている。それというのも、人間はすべて、小さな惑星である地球とそのわずかな資源の〈意識を通じた変革〉によって、生き残り、そして繁栄することを追い求めるからである。

7・6　人類が、神秘的な宇宙における自らの存在の意味深さを学ぶのに伴って、自己創造的な種としてのその潜在的可能性は増大する。人類が地球とその資源の脆弱性について学ぶのに伴って、その資源を利用する人類の力は増大する。人類があらゆる個々の人間の尊厳を尊重することを学ぶのに伴って、人間社会の潜在的可能性は増大する。これが、人間的条件に関する実り豊かでかつ希望のもてる逆説である。

第二部　社会の基本構制《コンスティテューション》

秩序の原則についての無知の故に、人々が、物事には計画がなく
カオス的であると考えたとしても、驚くことではない。
ボエティウス『哲学の慰め』
(tr. V.E. Watts, Harmondsworth [1969], 133.)

それゆえゼウスは、我々人間の種族がすべて滅びてしまうことを恐れて、ヘルメスをつかわして、人間に対して、
他者に対する尊敬と正義の感覚の美質について告げさせたが、それは、
我々の都市に秩序をもたらし、かつ、友愛と結合の絆を生み出すためであった。
プラトン『プロタゴラス』
(tr. W. K. C. Guthrie, Harmondsworth [1956], 52.)

第八章　現実の諸次元

８・１　時間と空間は、言葉である。これらの言葉は、関連する様々な言葉と、連想により導き出された観念より成る大きな集団の構成要素であり、また、意識の本質と宇宙の本質に関する大きな一般性を持った諸理論をも含んだ、強力な言葉である。時間と空間に関する言葉・観念・理論は、すべての人間の言語に見られるし、また言語の域を越えて、人間の意識すべてに現れる。時間と空間という観念は、意識が、意識自らについて、また、意識でないものと意識との関係について深く考えるにあたって、意識によって作られたものだが、かえって、意識を領有するようになった。それは、我々にとって**必要な**観念であると考えられるようになっている。すなわち、我々の信ずるところでは、もしそれらの観念が存在しなければ、我々は、自然界を認識することができないばかりか、意識の世界や、それらの世界を超越する宇宙における個人および社会の意識の働きさえも理解することができないであろう。時間と空間という観念は、〈我々にとっての現実〉の固有の次元としてばかりでなく、現実それ自身の固有の次元としても考えられるようになった。

８・２　時間と空間という観念によって、我々は**現在**と呼ぶ現実の特権的な形態を、我々自らに提示することができるようになる。現在は、ここであり、かつ、今であるところのように考えられ、我々自身が現に存在していると考える時間であり空間である。我々が生きていると意識するときに、我々は、一つの継続的な現在というものの中で生きていると認識する。だがそれにもかかわらず、我々は、現在を、見たり、観察したり、検査したり、計測したり、記述したり、または知ることもできない。ここ（空間的）は、いかなる場所でもない。ここという、特定の場所は存在しない。ここという場所は、ここでないところと同じくらいに多数存在する。今（時間的）は、いかなる時でもない。今という、特定の時間は存在しない。今という時間は、今でない時間と同じくらいに多数存在する。現在は、いかなるものでもない。**今**は、時間軸の中で固定された特定の時間であるように思われるが、常に変動し続けている。**ここ**は、空間の中で固定された特定の場所であるように思われるが、常に移動し続けている。現在とは、我々が生きている場所であるが、それにもかかわらず我々が決して見出すことができない場所である、という意味において相矛盾する性質を、奇妙にも有している。現在とは、我々が現にそこに住んでいる仮定上の空間なのである。

8・3　現在は我々の意識の構造において非常に基本的であり、そして明らかに非常に必要な観念であるが故に、意識の過程で、ある不可欠でかつ特有の機能を明確に果たしている。また現在は、我々の意識の内部における、また、我々の意識と我々の意識を超越するすべてのものとの間に存在する、本源的な構造上の関係を、明らかに反映している。我々自身が今、ここに、存在すると考えるとき、我々は、現在を、我々自らの意識において、また我々自らの意識のために、現在を認識するのである。我々が意志し行為することができるようになるために、我々は時間と空間という観念を認識する。

8・4　〈今としての現在〉は、過去と未来という我々の観念から形成された観念である。つまり、それは、意識が意志し行為するに際して、意識に対して提示される過去と未来である。それはまた、我々が意志し行為することの中に内蔵された過去と未来である。我々は、現実態、すなわち実現された可能態を、過去として認識する。我々はまた、可能態、すなわち我々の意志および行為によって、そして無数の他の変容過程（自然界における自然現象の展開および他の人々や社会の意志および行為を含む）によって、現実態へと変容することができるような可能態を、未来として認識するのである。

８・５　時間の矢――引き戻すことができないほどに不可逆的に未来が過去となるように運命づけられていることを、我々はそのように認識する――は、実は、我々の意志および行為であるところの変容過程についての我々の理解をそのまま反映したものである。我々は、意識による選択行為を通じて可能態を間断なく現実化する営みとして、我々の意志および行為を、自らに対して提示する。また、我々は、我々以外の宇宙の残りの部分に対しても、これに類似する変容活動を投影する。すなわち、我々は、宇宙が不断に生成しているのを観察して、エネルギーが休みなく再組織され、物質が終わりなく統合・解体の過程を繰り返し、生命が絶え間なく成長し衰退し、そして再生するように、宇宙の活動が可能態を現実態へと変容させていると解釈するのである。このように激烈ではあるが明らかに秩序だった宇宙の活動について、代替的な説明の仕方を我々自身に対して提供しようとして、人間の意識は、偶然性よりも因果関係を、外部から押しつけられる運命よりも内在的な秩序（という説明の仕方）を選択することになろう。そのような選択をなすことによって我々はまた、あらゆるものの未来は潜在的にあらゆるものの過去に含まれており、可能態は現実態の中に潜在しており、現実態は可能態を現実化したものと、見なすことをも選択している。そして、我々は、〈今としての現在〉を、未来と過去の境界、可能態と現実態の境界、気付くことのない交差点、あるいは、それ自体は変容しない変容であると認識するのである。

８・６　我々は、時間という観念を用いることで、我々が意志し行為することが可能となるような形式を宇宙に付与するのである。宇宙をこのように配列することによって、宇宙は、その内部において、我々人間という類の存在が自らを、諸原因を生み出す一つの原因として、つまり、意識に対して以下のように自らを提示できる存在として、認識できるような種類の宇宙となるのである。すなわち、①様々な選択の可能性を含む未来、②意志による選択を含む現在、③我々の意志を通じた行為に起因する、現実態を特に含む過去を提示できる存在である。

8・7　時間という次元によって宇宙を配列し、時間的構造を持った〈我々にとっての現実〉を構築するに際して、我々は、宇宙が他の次元に基づいて配列されたり、いかなる次元によっても配列されたりすることのない可能性や、意識と無意識が他の形式をとることによって全く別の現実が存在するようになる可能性を排除しない。我々はまた、我々が意志し行為することが可能となるために、時間の構造を必要とするように思われる我々自身の意識のレベルが、人間の努力を通じて、あるいは自然界としての宇宙の展開を通じて、我々人類の後の世代の意識によって**超越**される可能性を排除するものではない。あるいは、我々は、人類が現在の意識のレベルさえも**失って**、諸原因を生み出す自己創造的な原因たることを止め、見たところ分別不能な集塊のような自然界に人類が再び仲間入りするようになる可能性をも排除するものではない。

8・8　もし未来が、我々の意志および行為に対して変容の可能性を与えるものであり、そして、現在が、我々の意志および行為を生み出すところの変容を包含するものであるとすれば、過去は、我々の意志および行為によって変容させられる素材を供給するものであると言える。過去は、それが不可逆的で回復不可能なものであろうとも、それにもかかわらず、変容させられることのみがその唯一の機能であるところの現実態を包含する。したがって、我々は変化を認識することによって永続性を認識する。つまり、待機中の変化を存続させることが、過去の機能である。したがって、未来の様々な可能態は、未来によって変化するものを内に含む過去によって制限されている。したがって、過去の存続は、常に未来の諸可能態の現実化という危険にさらされている。そういうことで、過去が未来に道を譲り、そして未来が崩壊して過去になる仮説上の場面として、現在は、我々の生において劇的に重要な地位を獲得する。このドラマの展開する舞台は、個人および社会の意識を含む我々自身の意識である。そしてこのドラマは〈我々にとっての現実〉そのものであり、すなわち、我々人間がその中で主要な役割を引き受けているドラマである。

８・９　時間という次元によって、可能態および現実化した可能態として宇宙を把握することができるのであれば、意識は空間という次元によって、無意識として宇宙を把握することもできよう。空間は現実を現実在の状態に組織するものであるが、意識は意識それ自身が、この現実在の状態から分離したものであると認識でき、また意識は意志および行為を、この現実在の状態に集中させることができる。〈今としての現在〉によって意識は、未来を可能態として、過去を現実態として提示することによって、意志および行為を通じて、未来と過去との間に介在することができる。〈ここのとしての現在〉によって意識は、共在する現実在（すなわち〈今としての現在〉において現実化した可能態）をすでに包含する宇宙における意志および行為を通じて、未来と過去との間に介在することができる。

８・10　逆説的ではあるが、時間という観念によって変化を把握することを通して、意識は安定を認識することができ、**継続**から変化と安定の双方のイメージを形成する。この逆説に対応する形で、空間という観念によって意識がそれ自身ではないものとの共存在を把握することを通して、意識は無意識を認識することができ、そして**位置**あるいは**範囲**から統合と分離の双方のイメージを形成する。〈ここに在ること〉が、意識と、意識がその存在を意識しているところのものとの統合をもたらす。〈ここに在ること〉はまた、意識と、意識がその存在を意識しているところのものとの分離をもたらす。あるものの在る位置を示すということは、その近さや遠さ、すなわち、それがここであり同時にそこでもある、ということを認めることである。

8・11　あるものの在る位置を示すということはまた、あるものを創造することでもある。時間という観念が、現実のそれぞれの部分に対して継続・生成・歴史・未来・過去を与えることによって、現実のうちの操作可能な部分を分離させるように、空間という観念も、現実のうち支配可能な部分を分離させ、現実のそれぞれの部分に対して位置・広がり・原因作用の及ぶ各範囲を与えることによって、現実のうちの操作可能な部分を分離させる。空間は、現実の各部分に対して、単なる存在のみならず、唯一無二の存在を与える。空間は、ある所与のここにおいて現に在ることを共有するすべての存在に参加しつつも、ただ一つの存在なのである。空間は、その中心が「ここ」であるところの単一の構造としての宇宙を構築する。〈存在するものすべて〉は、常に「ここ」であるところの宇宙の中心との関係を持ちつつ存在している。

8・12　それゆえ、我々は、考えられうるすべての〈ここに在ること〉の、仮定された中心点とも言うべき、一つの〈ここに在ること〉を中心としてその周囲に現実を構築することで、我々の現実を形成している。例えば、私が今目にしているこの文章が、視覚的印象として私に及ぼす効果は、私の脳の内部のある特定の物理的場所で生じている出来事として、および、私の脳の外部で生じている（すなわち、脳の内部の出来事と密接な関連があると私が認識する自然界の諸要素における）出来事として、私がその発生位置を特定することのできる効果である。この頁に印刷されており私が今目にしているこの文章は、同じ頁や他の頁にある他の多くの文章との比較において「ここ」なのである。また、私が今この文章を読んでいるこの場所は、他の場所との比較において「ここ」である。（ここでいう場所は、宇宙であるところの場所と、もしそのようなものを我々が認識できるのであれば、宇宙を超越する場所をも含むものである。）例として挙げた、今ここにある文章が観念として私に及ぼす効果は、空間の次元から借用した言葉と観念によって隠喩的に言えば、意識の内部にある（ここに在る）効果と表現できるものである。

８・13　そのようなものによる他者の意識に対する効果は、空間的な用語を用いて次のようなやり方で伝達される。すなわち、一方では、〈空間の次元での現実〉という、意識の中で共有されている類似の経験に対する信念を正当化するように見えるやり方であり、他方では、そのような経験すべてと、そのような経験すべてについて仮定された原因の仮定上の総体である、共有された〈空間としての現実〉を確立しようとする傾向をもったやり方である。個人の意識および社会の意識は、自らの〈空間を基礎とする現実〉を構築するが、それは、意識の内部において個人および社会のレベルでのそれぞれの存在を認識するため、そして、自らの存在、存続そして繁栄を可能なものとするためなのである。意識は、数え切れない数の**ここ**にとって**そこ**であることがその本質であるような仮定上の宇宙を構築する。

８・14　〈今としての現在〉にとっての未来および過去とは異なり、現実態は〈こことしての現在〉に入ったり、出たり、再び入ったりする。いかなるものも、変更することができないほどの**そこ**に在るのではないし、言い換えるならば、必然的に我々の意志および行為の及ばないところに在るのでもない。現実態を、我々の意志と行為の及ぶ範囲を超えたところに位置づけることを、我々に可能とさせるような、単一の方向を指示する「空間の矢」なるものは存在しない。しかしながら、時間は、この「矢」を有しており、二つの基本的な点で、空間と相交わる。すなわち、第一に、ここからそこまでの隔たりは、不可避的に、空間的な隔たりとしてのみならず、時間的な隔たりとして認識される。つまり、ここからそこまでの間の空間はまた、時間の局面における空間でもある。そして、第二に、〈こことしての現在〉にとどまっている、もしくは再入していると認識される現実態（この頁のこの箇所の文章、この頁、この本、この部屋、この惑星、この宇宙）は、それにもかかわらず、出来事としても、すなわち、不断に変化しており、一瞬たりとも同じものではない、間断なき生成としても認識されるのである。もっとも、これを、我々は、一定期間——たとえば、一本の樹木の生育期間、あるいは一人の人の一生、あるいは、一箇の建造物・虹・火花の出現そして消滅を我々が認識している時間といった――〈こことしての存在〉である、として認識することができるのであるが。

8・15　そういうことで、〈今としての現在〉と〈こことしての現在〉の間の相互作用が、我々に現実態を提示するのであるが、その現実態は過去の中に、そして（こことしての）現在の中に保たれていて、可能態の現実化にあたって（いつでも）変容されうる状態になっている。その可能態は我々の未来の中に見出されるものであるが、我々の意志および行為（つまり、現実化するための我々の選択）を通じて新しい現実態となる。そして、この新しい現実態が、次にそれ自身過去の中に保たれて、（もしそれが依然として（こことしての）現在にとどまるのであれば）我々の意志および行為による変容のために（いつでも）利用可能となる。我々は、時間と空間という次元によって現実を認識することで必要とする現実を構築しているだけではない。我々はまた、自分たちが既に認識している現実との関連において我々が意志し行為することによっても、現実を構築する。

8・16　かくして、時間と空間は、意識においてこの世界を認識し、かつ、ありうべき意志および行為の世界としてこの世界を認識することのできる、人間の能力の一つの帰結である。もし人間が、意識において自らの活動をそれ自身に提示する働きを持たない脳をもつ、物理的宇宙の一部であるにすぎないとすれば、人間の脳は時間と空間を必要としなかったであろう。時間と空間という枠組みによって、意識にピタリと寸法の合う宇宙として宇宙を再創造することによって、人間の意識は、相互に連結した構造を造り出した。すなわち、そこでは宇宙は、なお可能態でもある現実態（変化としての持続時間と、安定としての持続時間）を含み、また意識それ自体ではない現実態（意識を含み持った場所的空間と、意識を有しない場所的空間）を包含するものとして、構築されている。

８・17　時間と空間の次元についての認識、および、〈今としての現在〉と〈ここことしての現在〉から形成される現実についての、人間の意識による、その現在の発展状態における認識は、我々の衝動としての**感情**と結びついており、かつ、それによって強く支持されている。そして、この事実が、〈我々にとっての現実〉を我々が理解するのには、以下に述べるように、特別な方法があることを立証し、正当化するように思われる。すなわち、感情は、自然界の一部として認識される、人間の身体の中で生じる現象であるのと同時に、意識の世界において生じる現象でもある。我々は、感情の次元では、一連の二元的な意識状態とその間に位置する無数の範囲の中間状態によって、我々は自らの存在に対して反応している。快楽と苦痛、希望と恐怖、愛と憎悪、欠乏感と飽満感――そのような意識の状態およびそのすべての中間状態が、我々に対して影響を及ぼすのであるが、それは、そのような意識の状態が、〈今・ここ〉として認識される現在の一部であるように思われるからである。そのような意識の状態が、ここでこの身体に生じている。そのような意識の状態が、今この身体に生じている。感情を通じて、意識は、未来が過去へと経過していくのを同時的存在として感じ、ここそことを同所的（空間が完全に重なり合う）存在として感じるのである。

８・18　我々は、感情との関係において能動的でもありまた受動的でもある。しかし、この点はたまたまそうなっているだけのことである。もし我々が今ある姿と異なっていたのであれば、我々の感情との関係も今とは異なっていたであろう。我々が現在の我々であるのは、我々が意志および行為によって自らを現在の我々のように創造してきたからである。しかし、我々は、我々が経験する感情のすべてを創り出すべく意志し行為しているのではない。また、我々は今経験している感情のすべてを回避するように意志し行為することなどできるはずがなかった。我々は我々の感情を、我々人間の身体の中に宿らせ、その影響は我々の意識の内部に及んでいるが、そのことが可能なのは、感情が、自らを、現実態――それから、我々の意志および行為が常時利用しうる可能態の多かれ少なかれ相当部分が形成現実態へと未来が変容させていかなければならない、諸々の現実態の中に絶えず存在するのである。

行しており、そうすることで、我々による、未来からの可能態の選択に絶えず影響を与えており、一層多くの過去の

されるもの——として、我々に対して提示するからである。我々の感情は、我々の現在から我々の過去へと絶えず移

8・19 我々には良く知られている感情を人間の身体の中で生み出す物理的現象に類似した物理的現象（例えば、攻撃、防衛、狩猟、逃走、交尾、養育、分配）を、人間以外の動物も経験することを、我々は理解している。人間の感情に相当するように思われる、そのような動物たちの反応（恐怖、苦痛、快楽、疲労感、愛情）があることを、我々は理解している。そのような動物たちがまた、未来の意志および行為に影響するような形で、過去の現象を想起することができること（行動パターンの学習、脅威や好機についての状況認識、つがいの相手や子および同じ集団の仲間の認識）、そして、そのような動物たちが未来の意志および行為に影響するような形で、位置を確認することができること（鳥の渡りのルート、巣、狩りの場、偽装（カムフラージュ））を、我々は理解している。しかし、そのような動物たちが、そのような経験を概念化するために用いる形式については、我々は知らない。そのような知識を欠いているため、そのような場合には**本能**や**反射**といった言葉を用いる。そして、我々自身の場合であっても、同じ言葉を使用する傾向があるが、そのことが示唆するのは、我々の可能態やその中での選択が、無意識の世界の〈そことしての存在〉にある程度属しているということである。

8・20 感情が、〈今としての現在〉および〈こことしての現在〉という我々の観念と連合していることが、意識を有する動物としての我々の生存と繁栄を可能とするために、我々が利用する現実の構造に対して、劇的に肯定的な効果を及ぼしてきた。感情はそれを否定する余地など認めず、尊大な態度で迫ってくるであろう。それとは対照的に、

観念は、脆く、順応的で、脆弱であり、疑問視されやすく、議論の余地があるように思われる。我々は（もしかしたら他の動物も）、快楽と苦痛、恐怖、欲望、不快感等々といった感情を〈今・ここことしての現在〉において極めて直接的にかつ極めて明白に経験するために、我々が次のような観念を受け入れることは困難になる。すなわち、〈今・ここことしての現在〉は、意識を有し自己創造的な動物たる人間、すなわち、自分自身と自身の状況について観照し、その現実を秩序づけることのできる意識に特有の、大変便利な仮説である、という観念である。

８・21　時間と空間という我々の〈意識にとっての宇宙〉の現実は、自然科学によっても強く肯定されているように思われる。科学の仮説は、いずれかの場所において、いずれかの時間に生じた現象に関係するものであろう。宇宙の創世から、この本の印刷されたこの頁からのエネルギーの放出にまで至るあらゆる物理的現象は、時間と空間という座標軸に準拠することによって位置が確定されるであろう。宇宙の生成と、その終ることのない変化は、〈いずれか任意の時点における〉（つまり、今かそのときか）、〈ここという場所〉（つまり、私の宇宙）において生じている変化であるように思われる。そして、科学を世界を変革するための用具として上手に適用することによって、科学の諸々の仮説は、完全にかつ何ら違和感もなく、人間の意志および行為の一部となり、人間の意識によって意志された諸々の原因に反応して驚くべき結果を生み出している。時間と空間という人間の主観性に基づいて構築されている自然界は、自然界なる現実（それがいかなるものであれ）の不適切な仮定上の再生産にすぎないことが、遅かれ早かれ明らかになるであろう、と二十世紀の科学は示唆し始めている。しかし、予見しうる未来までの当分の間は、人間の意識は、人類の必要や欲求に十分に応えて、科学の不思議を生み出すことができるであろう。

８・22　意識は、時間と空間を用いることによって、世界を意識に適合させてきた。しかし意識は、それ以上のこともなしてきた。意識は、時間と空間を用いることによって、意識を意識に適合させている。意識はそれ自身を、意志し行為する働きを持つ一つのシステムにするのである。我々は可能態を包含する未来を認識し、行為することを目的として複数の可能態の中から選択することを含んだ〈今という現在〉を認識する。また我々は現実化した可能態を包含する過去をも認識し、さらに、我々が〈我々でないもの〉と見なすあらゆるものに我々を関連づける、〈こことしての現在〉を認識する。以上のことから、我々は、我々自身が、意志および行為を通して世界を変容させようとする働きを持つシステムであることを、人間という種としての遺伝形質を通じて、また、躾や教育を通じて知るのである。そういうことで、未分化の宇宙における客体としての我々が、我々自身の宇宙において主体となる。そして、我々自身の宇宙における主体としての我々が、我々自身の世界の創作者となるのである。

8・23 宗教の生保全的機能の一つは、次のような我々が持つ根深く、根絶し難い感覚を吸収するところにあった。すなわち、宇宙が単に〈我々にとっての宇宙〉だけであるはずがない、という感覚や、宇宙が人間の意識を含んだものであることには相違ないが、単に人間の意識の中に含まれているだけのものではない、という感覚である。宗教において我々は、想像力と理性によって、時間と空間で構成されるのではない宇宙、単に人間の意志の展開する場に留まらない宇宙、人類が単なる偶発的な出来事であるに過ぎない宇宙、つまりありうるかもしれない宇宙に関する理論を構築する。かくして宗教が想定する仮定上の宇宙は、隠喩を用いた話法によらない限り、つまり、時間と空間によって構成される、人間の主観性に基づく宇宙について語るときの話法では語ることができないものである。宗教にとって、〈存在するものすべて〉の宇宙は以下のような目的を持って存在するものである。すなわち、時間と空間によって構成される自然界を超越する宇宙として存在するのであり、隠喩でなければ、我々がそれについて語るべきではないような宇宙として存在するのであり、また、完全に服従すること以外には、我々がそれと関連しつつ意志し行為することができないような宇宙として存在するのである。〈存在するものすべて〉の宇宙は、自然界の必然性と意識の世界の義務とが包含されている宇宙であり、すべての生命およびすべての欲望をも含みかつそれに凌駕するようなあるものの中に包含されており、かつ、そのあるものによって凌駕されているような宇宙である。そういうことで、宗教の理論は、時間と空間を超えた神を見出すことができるのである。

8・24　想像力と理性のもつ驚くべき力によって、意識は、我々が、絶え間ない生成の奔流を塞き止め、それを〈今・ここととしての現在〉として把握することを可能にする。それによって、我々は、我々の意志および行為を通じて、我々の未来に対して責任を負い、また、未来を過去から創り出し逆に過去を未来から創り出す過程に参加することができるようになる。

第九章　社会の基本構制《コンスティテューション》の諸次元

９・１　社会の基本構制《コンスティテューション》とは、社会が時間と空間という次元で自らを観照した成果である。基本構制において社会は、自らの過去を創り出すことにより自らの未来を創り出す責任を引き受け、また自らの未来を創り出すことにより自らの過去を創り出す責任を引き受けている。社会は自らに対して、継続的な〈今・ここととしての現在〉を与えることにより、それをなすのである。

９・２　社会では、意識が共有されており、また意志および行為が共有されている。社会は、時間と空間という次元での、意識による現実の創造に参加しており、したがって、意志および行為のもたらす可能態に与る。個々の人間は、それぞれの人格を有している。個々の社会はそれぞれの基本構制を有している。基本構制と個々の社会との関係は、人格と個々の人間との関係と同じである。すなわち、社会の基本構制は、その当の社会に、唯一無二の〈今・こととしての現在〉を付与し、その社会が、過去から未来を創り出し、未来から過去を創り出し、現実態から可能態を創り出し、そして可能態から現実態を創り出すことを可能にするところの、唯一無二の構造システムである。

９・３　基本構制も人格も、唯一無二なものとして構制されあるいは人格化された個的存在（社会、個人）が意志し行為することを可能にする。両者はまた、その個的存在（社会、個人）が他の個的存在（社会、個人）の意識の中に現在することをも可能にし、それによって、時間と空間の次元を持つすべての現実、すなわち、現実態の中の究極の現実態——時間的構造をもつ現実の中で持続する時間をもち、空間的構造をもつ現実の中で場所的空間をもつ——を形成する。社会の基本構制は、〈個人にとっての〉人格と同様に、〈他者のための存在〉を可能にすることにより〈自己のための存在〉を可能にし、また、〈自己のための存在〉を可能にすることにより〈他者のための存在〉を可能にする。

９・４　人格をもつ個人、および基本構制をもつ人間社会は、意識による意識の中でなされる作用であることから、それぞれの現実形成は、意識が意識自らに対して、現実形成過程を適用することに他ならないのであるが、その現実形成過程を通じて、意識は、時間と空間の次元における、無意識に対する関係を築いているのである。意識は、個人および社会を創り出すにあたって、それらを、時間と空間の世界における、現実態、現実に存在するもの、現実に存在する事物として創り出している。意識による、無意識との関係における現実形成によって、意識が、意志および行為という特有の働きをなしうることから、さらに次のことが導かれる。すなわち、個人および社会において、意識は、意識そのものとの関係において行動して、自らを、意志し行為することを目的として自ら形成した現実において、またその現実との関係において、意志し行為することができるものに作り上げることが可能となっている。唯一無二の個人、唯一無二の社会が、意志および行為の唯一無二の源泉なのである。

９・５　個人にとっての人格の場合と同様に、社会の基本構制によって、社会は、意志および行為を包含する仮説上の〈今としての現在〉において、また、意志および行為によって修正されるところの仮定上の〈こことしての現在〉において、存在することが可能となる。生きるということは、意志し行為している意識によって形成される〈今・こことしての現在〉において存在することである。社会および個人は、それ自身の意志および行為を包含し、また、それ自身の意志および行為によって修正される〈今・こことしての現在〉において存在すなわち生きている。それぞれの〈今・ここととしての現在〉において、過去は未来へと変形され、未来は過去へと変形され、「そこ」は「ここ」になり、「ここ」は「そこ」になる。社会の基本構制と個人の人格により、社会および個人は自らの宇宙の生成を組織化する。

9・6 社会の基本構制はしたがって、三位一体のものである。すなわち、基本構制は、その生成のすべてを通じて、継続的かつ独自の〈自らにとっての現在〉である。しかし基本構制は同時に三つの相貌、三つの局面、三つの観点、三つの契機、三つの内的次元を有している。社会の基本構制は、その一者の中に三つの基本構制――法的、現実的、理想的――を含みもっている。言い換えると、社会は、その過去を一つの現実態で提示する基本構制、社会の意志および行為の中に包含されている基本構制、社会の未来の諸可能態を包みもつ基本構制、を有している。社会の基本構制を通じて、社会は、意志する意識としての社会の、現に今ある状態の働きとして（現実的基本構制）、自らがそのようになったと、社会が認識している状態の働きとして（法的基本構制）、そして、自らがそのようになりえたかも知れないと、社会が認識している状態の働きとして（理想的基本構制）、自らを創り出すのである。

9・7 **法的基本構制**は、法としての、すなわち、（社会の内部に有効に）保持されている意志行為の構造およびシステムとしての、基本構制である。社会的力の配分と行使に関係する、この社会に保持されている意志行為は、法的基本構制の内部においてなされる。それによって、力は、現実的基本構制の内部において、現実的な社会の意志および行為において、社会的力として用いられることが可能になる。法的基本構制は、どのような部類の社会的力をどのような部類の者が所持するかについて定め、社会的力の内容とその限界について定める。法的基本構制はまた、社会的力を実行し強制する方法についても定める。法的基本構制は、右に掲げたようなことを、意志行為により定め、次に、それらの意志行為を、法として、すなわち、新たな意志および行為の可能態が様々ある中での現実態として、保持するのである。

9・8　現実的基本構制は目下の社会過程、すなわち力の構造およびシステムにおいて現実化されているものとしての、基本構制である。現実的基本構制は、〈今・ここことしての現在〉において、次のような場合にその効果を発揮する。すなわち、現実に人々が法的基本構制によって利用可能となっている社会的力を行使して、理想的基本構制の諸々の可能態を実現しようとする場合である。別の言い方をすれば、現実に人々が、自らの未来を自らの過去から創り出し、自らの過去を自らの未来から創り出す者として、意識の内部において意志し行為する場合である。現実的基本構制は、社会過程の〈今・ここことしての現在〉の〈自らを除く〉他の部分と相交わる場合に、基本構制としての効果を発揮する。すなわち、現実的基本構制が、法的に形成された社会的な力だけではなく自然的な力（物理的な力、および、想像力と理性を通じて作用し、個人の意識および社会の意識を通じて作用する意識そのものの力）という、あらゆる力の形態と相交わる場合である。かくして、現実的基本構制は、社会〈それ自身にとっての可能態〉の現実化パターン、すなわち、当の基本構制と、個々の人間の人格および他の諸社会の基本構制との間の関係のパターンであると言える。

9・9　現実的基本構制はしたがって、〈今・ここ〉における社会の永続的な自己創造の場なのである。そこにおいて、社会は、以下のことをなすべく、意志し行為しつつ格闘する。すなわち、その唯一独自の社会的アイデンティティを創造すること、社会構成員のすべての力の相互作用を組織化すること、社会の内的秩序と現実のそれ以外の部分の秩序との間を調和させること、社会の現実的な自己の内部にある潜在的な自己に想到すること、社会自身を、その未来（つまり、その未来の構成員によって構成される社会）に伝達すること、である。現実的基本構制のシステム的な意志および行為の枠内で、社会は、その言葉・観念・理論・価値に従って、自らのために自らを創造し、〈存在するものすべて〉の現実の内部に存在する社会〈それ自身にとっての現実〉を作り出す。

9・10　**理想的基本構制**は、社会がいかなる社会となりうるかという観念を、社会に対して提示する場合に、基本構制としての効果を発揮する。理想的基本構制の内部で、社会は、社会自らの生成のために、欲望と義務を組織化する。社会は、現実には選択されなかった自己の姿、すなわち、当該社会が抱いている社会としての自己についての観念に適合した、想到しうる様々な自己の姿に想到する。理想的基本構制において、社会は、意志することによって、想到しうる複数の自己の姿の中の一つから、現実の自己を作り出す選択をなしている。社会の想到しうる様々な自己は、法的基本構制および現実的基本構制に内在している可能態なのであるが、それらは、法的基本構制と現実的基本構制の形を定める可能態でもある。法的基本構制によって社会的力に作り変えられ、そして、現実的基本構制において社会的力として適用される力はまた、理想的基本構制の現実化を可能にする力でもある。社会的力の目的や目標は、理想的基本構制から導かれる。理想的基本構制は、社会〈自らにとっての可能態〉であると社会自らが認識するパターンであり、よって、社会の、意志および行為を通しての想到可能な自己創造のパターンである。

9・11　〈社会過程の総体〉は、社会の生命の一瞬一瞬のあらゆる側面において現れる社会の基本構制の三つの次元が当該社会によって統合されていく過程を含む。基本構制の継続的な現在（現にあること）はまた、恒常的な再提示でもある。基本構制は、その構成要素を構制したものである。すなわち、基本構制のそれぞれの局面が、他の残りの局面と結びついて一つに統合されている。**法的**基本構制には、社会的力の現時点における分布状態が含まれるが、法的基本構制自身は、過去における社会過程の作用の産物であり、そこでは、現実的基本構制と理想的基本構制の過去のすべての作用による効果が現在まで引き続き及んでいる。**現実的**基本構制は、下位社会を含めた、現実の人間の現実の意志および行為を含むものであるが、法的基本構制自らが意志した現実態や、想到しうる理想的基本構制の可能態とともに作用する。**理想的**基本構制には、社会の潜在的可能性が含まれるが、それは、社会の法的基本構制の現実態および現実的基本構制の可能態から、その存在が（外部から）推定されるのである。

９・12　そして、このような基本構制の間の統合は、社会が、自らの現実の諸次元を絶え間なく操作することに他ならないのであるが、それはまた、それ自身常に変化している（複数の）観点の統合でもある。法的基本構制は、単に過去から生き残っているだけのものではない。それは、社会過程の意志および行為を通じて、明日の法的基本構制を目指して常に再形成されている。現実的基本構制は、単なる所与の事態（ある特定の人々が、ある社会的な力を実際に所持し、その力をある方法で行使する、といった）ではない。社会的な力というものは、他の現実すべて（すなわち、社会内部の現実、社会外部の現実、そして物理的現実）との関連で行使されるのであり、それらの現実は常に変化しているため、その力の行使のために用いられる可能態の内容を規定している現実態は、常に修正されることとなる。理想的基本構制は、社会がそれを目指して定められた針路を進む、不動の星ではない。社会の言葉・観念・理論・価値が、〈社会過程の総体〉の激烈な活動を通じて、当該社会の潜在的自己に関する社会の観念を改めさせることにより、理想的基本構制は常時改定されているのである。

９・13　基本構制は、様々に変化する諸力の合力であるところの、様々に変化する諸力がさらに合成された、様々に変化する一つの力である。社会の基本構制により、社会はそれ自らの実体を素材として、その社会自身の構造に関する（上部）構造を構築し、また、その社会自身のシステムの作用によって、その社会自身のシステムを構築する。社会は自らのシステムを通じて、その社会自身のシステムを統べる（更なる）システムを構築する。社会が基本構制に基づいて意志し行為することにより、基本構制の下での社会の意志および行為が可能になる。

9・14 社会の作用を理解しようとするとき、意識が非常に困難を感じてきたのは、この社会の自己相互作用、すなわち社会の**内部作用**についてである。つまり、社会の構造およびシステムが、自らの構造およびシステムを創り出すということであり、社会の基本構制が、自らの基本構制を創り出すということであり、したがって、社会は、自らを創り出すことにおいて（作業の過程で）自らを創り出している、という点である。そして、こういったすべての創造が、意識の内部において行われることから、社会の意識は、社会自らを観照することによって、社会自らを創り出している。つまり、社会は、自らを観照することによって、自らを創り出している。また、社会は、自らを創り出すことによって、自らを創り直してもいる。社会は、社会自身を構制することによって、その自己を構制している。

9・15 社会の内部において行われる社会の内部作用が、（そのような観念を想定しなければ）奇妙とも言える以下のような社会現象を説明する。すなわち、基本構制自体が社会における弁証法的な格闘において明示的に争点となる場合に、基本構制は、現実的なものに、かつ、潜在的なものに、かつ、単なる仮説的なものに全く同時になるように思われることである。社会が基本構制上の文書（国民国家の成文憲法、法人や団体を設立するための綱領や規約、法人組織の定款、他の形態の社会のルールブック）を有する場合には、基本構制は現実的なものであるように思われる。また、たとえ具体的な基本構制上の文書が存在しなくとも、基本構制は、自ら想到した基本構制的〈意識にとっての現実〉の特定の諸形態（例えば、法律、慣習、伝統、タブー（禁忌）、典礼、宗教的儀式、行事、伝統、物語、詩、歌曲、詠唱といったを採って現実に存在している場合には)、基本構制は現実的なものであるように思われる。基本構制がこのように現実的なものであるとき、社会の構成員は、あたかも基本構制が既に存在していたかのような口調で、それについて語ることができる。社会の構成員は、そのとき、次のように述べるであろう——**誰それは基本構制に反する！　基本構制は攻撃されている！　基本構制を守れ！　基本構制の違反者を処罰せよ！**

９・16　しかし同時に、社会の他の構成員は基本構制に関するこのような見解に強く異議を唱え、基本構制がその擁護者および信奉者によって提唱されているのとは全くの別物であるかのように主張するかもしれない。そういった人たちは、全く別の可能態をもって基本構制的であるとするかもしれない。彼らは、自分たちこそが真の基本構制を擁護しているのであり、自分たちの行動や振舞いは真の基本構制によって正当化されると公言するであろう。このような事態が生ずるのは、社会過程において根本的な選択をなすことが、社会の意志および行為の可能態として登場してくる場合である。これは、激しい社会的な動乱の時期、いわゆる革命の時代に、最も顕著な形態で認められる事態である。その際、現実的基本構制の下で社会的力を行使している者は、以下に述べるような革命家たちによって、基本構制の侵犯者として非難されるであろう。すなわち、自らが真の基本構制を代表する者であると主張し、基本構制に基づかない力（すなわち、法的基本構制によって分配されたのではない力）を行使することによって現実的基本構制を転覆しようと試み、新たな法的基本構制を樹立するという自らの意志を正当化するために理想的基本構制にすがる者、である。革命期ではない通常の時期においては、基本構制に係わる問題について正しく決定を下す社会的な力、すなわち、しかじかの行為・事態は基本構制に合致すべきであると意志し行為することができる社会的力が、ある当局（そのような権限を持つ者）に対して付与されているようなシステムが基本構制の下で存在していなければならないであろう。

9・17　このような現象——つまり、そのために生命を捧げるほどの価値はあるが、しかしまた、単に潜在的なものとして、もしくは仮説的なものとして理解されることもできる基本構制——は、次のような事実の直接の結果である。すなわち、社会の構成員が、基本構制について熟慮しつつ同時に、基本構制について論争しつつ、基本構制の下で意志し行為しつつ、基本構制のために生きそして生命を捧げつつ同時に、基本構制を作り出している、という事実である。つまり、(社会の構成員によって) 基本構制として見なされることが、基本構制になるということなのである。基本構制になるということは、基本構制として見なされるということなのである。

9・18　基本構制が現実的であると同程度に潜在的であるように思われるもう一つの側面がある。法的基本構制は、力を抽象的なカテゴリーの形式 (基本構制上の機関と下位社会、法人、法的権限、法的権利、法的義務、公的な職務、財産の諸形態、犯罪、不法行為、法律に基づく取引) で社会化する。そうすることによって、法的基本構制は現実態 (社会的力) を創造するわけであるが、その現実態は、現実的基本構制の内部においては、可能態として、すなわち意志および行為の実行可能なパターンとして現れる。法的基本構制の現実態と、現実的基本構制の可能態との間に社会過程の全体が存在し、それが、社会的力の抽象化された諸形態を行使した場合の実際の帰結を規定している。同様に、理想的基本構制の観照の所産は、(社会の実践理論を取り入れて吸収し、また社会の純粋理論および超越理論を援用しつつ) 言葉・観念・理論・価値に基づいて言語化される。したがって、ここでもまた、基本構制の理想的側面は、単にとりうる意志および行為の諸パターンであるに過ぎないように思われる。理想的基本構制の抽象化された可能態と、現実的基本構制 (現実の社会的力) の現実の可能態との間に社会過程の全体が存在し、それが、社会の未来に属する抽象化された可能態が現実化した場合の実際の帰結を規定する。

9・19　三つの基本構制の間の統合、絶え間なく変化する基本構制の三つの側面の相互作用、社会の社会化という内部作用、これらは、生成の過程を生じさせる。基本構制は過程であって、状態ではない。基本構制は生成するものであって、存在するものではない。

9・20　しかし、社会の基本構制が過程であるとしても、それはある特定の過程、ある特定の社会の過程である。基本構制は、**単なる**潜在的可能性にとどまらない。それは、ある特定の社会に内在する特定の潜在的可能性であり、当該社会独自の連続的な現在において、社会過程全体を通じてなされる、その特定の意志および行為の産物である。想像力と理性、生の衝動および欲望に反応してなされる意志および行為、自然界の必然性と意識の内部に見出される義務の制約下にある意志および行為、これらのものにより利用可能となる可能態の広大な範囲の中から選択される特定の可能態がすべて基本構制の三つの次元に包含されかつ具現されている。

9・21　所与の社会における法的基本構制の特定の現実態（基本構制上の機関、社会的力の分配、社会的力の統制）を生み出し、当該社会における理想的基本構制の特定の可能態（特定の経済理論、個人の社会に対する関係についての特定の概念、社会の他の諸社会に対する関係についての特定の概念、社会的現実と普遍的現実との関係についての特定の概念）を生み出すのは、当該社会の所与の社会過程である。また、さらに明確なことに、現実的基本構制の特定の可能態――社会（あらゆる下位社会を含む）の個々の構成員が法的基本構制および理想的基本構制を（公職において公権力を獲得しかつ行使するため、財産を獲得しかつ使用するため、下位社会を形成するため、また例えば教育、調査、芸術、娯楽、情報伝達媒体といった、あらゆる現実形成的な社会過程に参加するために）利用する特定の可能態――を、生み出すのは所与の社会の所与の社会過程なのである。

9・22 基本構制の下で、もしくは基本構制との関係において行為することは、基本構制を**創る**ことである。しかし、それは同時にその**基本構制**を創ることである。所与の基本構制の現実性は、**その**基本構制**自体**の潜在的可能性である。また、所与の基本構制の潜在的可能性は、その基本構制自体の現実性である。ある基本構制は、まさに**その**基本構制**自体**の生成である。基本構制とは、まさに**その**基本構制**自体**を構制することである。

9・23 したがって、所与の基本構制の個別具体性は、その基本構制が生じるところの所与の社会過程の機能によるものである。基本構制と、第一部で検討した社会の永続的ディレンマとの格闘は、その社会の特定の基本構制を生じさせ、かつ、その基本構制により存立可能となる社会を作り出すための、格闘を含んでいる。

9・24 自己と他者との格闘（アイデンティティのディレンマ）において、社会は、社会自身に対して実質を与え、そして、自らが自己自身へと生成していく過程において関係する他の社会すべてに対して実質を与える必要がある。基本構制は、その三つの形態において、この必要性に応じてその求める種類の実質を与える。基本構制の現実性は、現実の自己が実質を保有するのに十分なほどに、実質的なものである。基本構制の潜在的可能性は、潜在的な自己の生成が可能なほどに十分なものである。また、所与の社会にとって、**他の**社会の基本構制は、**自己**認識の形成を促すのに十分なほどに、実質的なものである。しかし基本構制はまた、潜在的な自己の生成を許容できるほどの潜在的可能性を有するが、単にそれのみではない。基本構制はまた、自己発展が起こりうる諸々の可能態の範囲を形成することによって、自己の潜在的可能性を条件設定も行う。社会は、自らのアイデンティティを引き受けるために、基本構制を形成する。しかし社会はまた、そのアイデンティティの形を定めるためにも基本構制を形成する。再度強調するが、社会のアイデンティティとその基本構制の間には、相互に強め合うエネルギーの循環が存在する。

9・25　したがって、基本構制はそのすべての形態において、社会の自己のアイデンティティを確立する過程の不可欠な一部なのである。基本構制は、恒常的に形成途上にあるアイデンティティを受け入れ、内部化し、保持することができる。社会のアイデンティティは、基本構制を創り出すことによって、自己自身のイメージを見出すことができる。すなわち、不断に変化する基本構制という鏡に映し出された自分を通して自己自身を顕示することができるのである。

9・26　社会における、一者と多数者との格闘（力のディレンマ）において、社会は、社会の単一性と複数性——すなわち、社会自身の内部構造における単一性と複数性、その社会が他の諸社会の構成員となることによって生ずる単一性と複数性——という際限なく続く問題の解決に実質を与える必要がある。社会の構造は、一つの構造化であり、そして、社会は、その構造化過程の成果を保持するためにある形式、すなわち、その成果を現実態、可能態の両者として扱うことのできる形式、を必要としている。こうした成果は、後続の意志行為によって行動へと変わりうる可能態の範囲を制限している限りにおいては、**現実態**なのである。力（政府、財産、経済、家長、教会、の力）の生み出す諸関係は、かかる力の保持者、およびかかる力の欠如またはその存在によって影響を受ける者によって利用されうる可能態の範囲を制限している。社会の構造化の過程の成果は、その成果そのものが、必然的に、継続中の社会における格闘の一部であり、他の成果によって否定されたり、修正されたり、超越され易いという限りにおいては、**可能態**なのである。

9・27　したがって、基本構制はそのすべての形態において、社会の自己構造化の不可欠な一部、すなわち、社会における力の組織化の不可欠な一部である。基本構制は、不断に形成している構造を受け入れ、内部化し、保持することができる。社会の構造は、その基本構制の構造を参照することにより、構造自身を構造化することができる。

9・28 自然の単一性、価値の複数性との格闘（意志のディレンマ）において、社会は、暫定的な現実態としての社会の一時的かつ部分的な価値統一体に、実質を与えることができるようになる必要がある。価値統一体は、暫定的なものであるかもしれないが、それが存続する限り、社会の意志および行為、ならびに下位社会を含む社会のすべての構成員の意志および行為に影響を与える。最も一般的なレベルの社会の意志から、個々の人間の意志に至るまで、社会のすべての意志は、複数の可能態の中からその一つを選択することを伴うが、その場合の可能態および選択という行為は、社会の言葉・観念・理論によって条件が設定され、また欲望によって促され、義務によって抑制されるものである。部分的かつ暫定的なものではあるが、社会の価値統一体は、欲望および義務の間、ならびに、意志および行為の間で調停を試みる。そうするためには、価値統一体は、社会の構造の中に組み込まれていなければならないが、その場合に、価値統一体は変化の可能性を免れているというのではないが、社会の意志および行為に対して効果を及ぼすに十分なほどに実質を有しているのである。

9・29 したがって、基本構制はそのあらゆる形態において、社会の意志の組織化の不可欠な一部である。基本構制は、絶えず進化する超越論的な社会の意志、すなわち意志および行為に関する社会自らの意志行為を、受け入れ、内部化し、保持することができる。社会は、意志および行為をなすにあたって、基本構制に基づいてなされたときの社会自らの意志および行為を、意志し行為することができる。

9・30 正義と社会的正義との格闘（秩序のディレンマ）において、社会は、〈存在するものすべて〉の秩序に対する当該社会の関係を間断なく再秩序化するという、当該社会による営為に実質を与えることができるようにする必要がある。社会という小宇宙は、第一に自らを超越するものすべて（大宇宙）と、第二に自らも構成員であるところの、国際社会を含めて、諸々の社会と、第三に物理的宇宙およびその必然性と、これらすべてのものとの関係を、永遠に確立しまた再確立しなければならない。しかし、社会という小宇宙も、また一つの宇宙である。したがって、社会は、何にもまして、構造およびシステムとしての社会自らの秩序との関係を、永遠に確立し、また再確立することを最優先にしなければならない。社会は、全体性をもち、統合された構造をもつ自己一貫的なシステムとして、自らの意志および行為を不断に統合して、すべての永遠のディレンマ――その全体性との関連における――との格闘を統合していかなければならない。社会的正義の秩序を探求するにあたっては、社会は正義の秩序を探求せねばならない。その探求の成果は、日ごとに、過去の秩序探求の成果や、未来の秩序探求の可能態と日々統合可能なものでなければならない。

9・31　したがって、基本構制はそのすべての形態において、社会の自己秩序化の不可欠な一部である。基本構制は、社会が自らを一つの全体的な構造およびシステムとして秩序化する際に、社会の自己秩序化の帰結を受け入れ、内部化し、保持することができる。社会は、その基本構制の中に自らが見出す、自らが意志した秩序に服することができる。

9・32　新しい市民と古い法との格闘（生成のディレンマ）において、社会は、自らが現実として扱う、自分で作り出した現実に、実質を与えることができるようになる必要がある。基本構制が、生成のディレンマという舞台において特に重要な役割を演ずることは明白である。基本構制が三位一体のものであり、過去・現在・未来の間に確固とした関係を作り出すことから、また、基本構制が現実態でありかつ潜在的可能性でもあることから、社会がその存在を持続させ、その存続と繁栄とを確保するために必要とする、〈変化の中での安定〉かつ〈安定の中での変化〉を創り出すための最も実効的な手段を、基本構制は提供することができる。宗教、神話、芸術、哲学、歴史、科学、経済、道徳そして法といった偉大な社会の観念構造は、それ自身、既に現実化された過去から、現実化の過程にある現在を経て、現実化可能な未来へと、社会を導いていくための驚くほど効率的な手段である。これらの観念構造がこのことをなすのは、意識が行為を意志するときに、自らが意識という現実になることによってである。しかし、これらの観念構造自体は（その存立を）基本構制に全く依存している。また、これらの観念構造は（その存立を）それらに比してより強固で安定しており、同時にその変化の範囲には限りがない構造システムを社会が有していることに全く依存しているのである。

9・33　まさにこの点においてこそ、三位一体の基本構制は、個々の人間の有する人格と酷似する。我々の人格とは、その過去、持てる力、および今後の人生計画の要約であると言えよう。我々が意志し行為するように求められるとき、我々の人格を成している全体性が我々の人格的現実を組織化することになり、その結果は、我々の意志および行為の帰結は、我々が行為するように求められたときの状況から作り出される産物であるばかりでなく、そのような状況との間で相互に作用し合う、我々の人格の産物でもある、ということになる。我々個人の人格形成は、かかる相互作用の結果として生じたもの、すなわち我々の人格と、他の人間すべてと我々の属するあるいは我々に影響を及ぼす力を有するあらゆる社会のあらゆるものの生成、との間で交わされる相互作用の結果として生じたものである。同様に、社会の生成は、当該社会の基本構制と、他のすべての人間と当該社会に影響を及ぼす力を有する他のすべての社会の生成、との間で交わされる相互作用の結果なのである。

9・34　かくして、人間の意識の世界の〈今・ここととしての現在〉は、すべての人間とすべての社会の生成の総体である。そこにおいては、個人と社会のそれぞれの意識が、自らの過去により認められ、自らの未来の計画により提案されるところに従ってなされる力の行使における意志および行為についての責任を負うのである。社会の基本構制と個人の人格は、この責任を社会および個人に対して負わせ、その責任を行使して意志し行為するための可能態を生み出すのであるが、しかし同時に、当該社会および当該個々人が自らの意識の世界の全内容（すべての言葉・観念・理論・価値を含む）の作用として、行う選択のためにその意志および行為を残してもいるのである。まさにこの意味において、基本構制は、人間にとっての人格と同様に、社会の構造およびシステムである。しかし、社会の文化と生活は、個人の場合に比べてなにかしら規模の大きいものである。社会の文化と生活は、その社会が自らの中から作り出すものすべてより成る全体性であり、時間および空間を超越して存続する。この全体性の内部で、基本構制は、社会が、社会としての意志および行為を通じて、その生成とその自己創造について責任を負っていく上で必要な形態をとりつつ、社会の現実を保持している。

第十章　社会的交換

10・1　意識の内部における構造およびシステムとしての社会は、当該社会の基本構制《コンスティテューション》という観点から、意識の内部にある自身について認識することによって、またその基本構制を絶え間なく再認識し、その基本構制を現実化させるために意志し行為することによって、自らを創造する。社会の構造システムは、エネルギーの交換を含んでいる。社会的交換は、自然的力を社会的力に変容し、そして力を目的に変換する。法的基本構制の下で創られた社会的力は、法的関係という形態をとる。

10・2　構造であるシステムは、無定型の状態を克服する。システムである構造は、無目的の状態を克服する。かくして構造システムは、自らの過去（今ある構造となる前の構造）を包含し、また自らの未来（そのシステムによって現実化され、そして、過去となるであろうところの可能態を含む）をも包含することができる。かくして構造システムは、過去を手段として未来を掌握し、また未来に働きかけることによって過去を掌握する。

10・3　そして、仮にある構造システムが、意識の内部に存在する構造システム、すなわち意志および行為のための構造システムであるならば、その構造システムもまた、現在、すなわち継続的な現在を有している。この現在は、第八章において考察したように、その構造システムの過去および未来から意識によって創り出され、そして、そこにおいては、その構造システム自体が自らの過去から未来を生じさせるべく意志し行為する責任を負っている。したがって、意識の内部における構造システムとしての基本構制は、社会は、無定型の状態と無目的の状態を克服することを可能にし、また、その中において日常生活が営まれるところの継続的な現在を社会が持つことを可能にする。この日常生活は、意志し行為する生活であり、社会の社会化の世界、社会の自己創造の世界である。

10・4　岩石は、構造システム（原子）を包含しており、かつ、構造（格子、結晶体）を包含しうる一つの構造である。自動車は、構造（金属、ゴム、人工の素材）および構造システム（点火装置、制動装置、照明――原子の構造システムも含めて）を包含した一つの構造システムである。樹木は、構造システム（原子、細胞）を含んだ構造（セルロース、水）を包含した、一つの構造システムである。立法府は一つの構造システムであり、これは構造（建造物とその内部構造）および構造システム（人間）を包含しており、さらにこの人間も、構造（筋肉、骨など）および構造システム（脳、神経システム、他の身体システム、原子、細胞）を包含した、構造システムである。

10・5　以上のような**構造**と**システム**の区別は、規範的な区別であり、（本書の）ここで提示している仮説に適合するように提案されたものである。意識から見て、自然界と意識の世界に存在しているように思われる統合の様々の形態を、言葉や観念によって表現する方法は他にも存在しよう。この区別は、構造のもつ**全体性**とシステムのもつ**変容能力**に焦点を当てたものである。つまり、構造を記述するためには、その構成要素を列挙するだけでなく、構成要素間の相互の関係が記述されることも必要である。また、システムを記述するためには、今述べたような構造に関する記述に加えて、その構成要素間の相互作用が記述される必要がある。

10・6　自然界および意識の世界の特徴が、数多くの構造のレベルのいずれからも記述しうることは、明らかである。すなわち、自然界の場合では、素粒子のレベルから宇宙全体の構造システムのレベルにまで及び、意識の世界の場合では、意識の最小単位のレベル（言葉、感情、言語化されていない観念）から全人類の意識を集積した構造システムにまで及ぶ。双方の世界における、あらゆる構造システムには、それを構成する下位構造そして下位システムが含まれる。双方の世界における、あらゆる構造システムは、他の構造そしてシステムの構成要素であるところの、その下位構造そして下位システムである。自然界と意識の世界に共通に見られる同一の特徴が、様々な目的に応じて、さまざまに異なる構造上のレベルおよびシステム上のレベルから記述されることになる。

10・7　ここで我々が言いうることは、意識が、自ら意志し行為するためには、特定の構造およびシステムについて認識することが有益であることを我々は知っているということである。しかし、いかなる個別のかかる認識も、排他的なものではないし、必然的または最終的なものではない。構造についての認識は、創造され、修正され、かつ放棄されることもありうる。既に第一部で検討した、社会の永続的ディレンマとの格闘は、社会自身の、特定の意志および行為の観点から見るとき、社会がこの構造についての認識を十分に我が物とするための主要な場である。社会は、その構造およびシステムの枠内において社会の現実を理解するのであるが、この構造およびシステムを、直接的にまたは間接的に決定しているのが、社会が利用しうる言葉・観念・理論・価値である。宗教・神話・歴史・芸術・自然科学・道徳・法といった、巨大な社会の諸制度は――それら自身が、下位の構造およびシステムを豊富に有する構造システムなのであるが――、構造およびシステムを認識し維持するうえで、主要な役割を果たしている。社会過程全体の動的性格は、社会が自らの目的のために用いる、常に変化する構造およびシステムの中に反映されている。

10・8　**構造の全体性**は、内的な全体性でもあり、外的な全体性でもある。それが内的であるというのは、構造の諸要素が、構造の外部にあるものには何ら関わりがなく表現することができるような関係で相互に関連し合っている、という意味においてである——例えば、ある一本の木、ある一台の自動車、ある一つの法律がそうであるように。それに対して、外的な全体性というのは、構造の全体性が、他の諸構造からの分離をまさしく指している、という意味においてである。例えば、一本の木が、その木が成長している地球、近くにある他の木、その木を見る人間から分離している、というように。また、一台の自動車は、他の自動車、その自動車が走行する道路、その自動車を運転している者から、分離される。また、ある立法府は、基本構制上の他の機関、その立法府がその一部となっている基本構制上の構造、その立法府の構成員であるところの人間から、分離される。

10・9　システムの構成要素間の相互作用は、**変容**を伴う。変容は、あらゆる形態においてエネルギーを変容することである。それは構造化されていないエネルギー（例えば、電気エネルギーあるいは運動エネルギー）、物質として構造化されているエネルギー、すなわち意識の単位（言葉・観念・理論・価値）その他あらゆる種類の下位構造におけるエネルギーの変容である。変容される素材はシステムの変容能力によって変容され、その結果、そのような素材は、システムの働きを通じて、新しい、または別の構造およびシステムとなる。

10・10　生きている樹木のシステムは、光、二酸化炭素、水蒸気、土壌から得た化学物質を、細胞よりなる物質に変化させる。樹木は、その生システムの作用によって構成物質が再度変容させられるまで、その細胞物質のある部分を比較的短い期間だけ保持し（葉）、そして、他の部分についてはより長期にわたって保持する（樹幹）。この変容には、最終段階として、その構成物質が他の自然システムによって、新しい物質（木材、ガス、土壌、昆虫、植物、新しい別の樹木）へと変容する、つまり樹木が枯れたと呼ばれる段階も含まれる。自動車のシステムは、ガソリン、石油、貯蔵された電気、空気、そして運転手の保有するエネルギー（運転手の身体のエネルギー、運転手の意識のエネルギー）を、自動車の下位システムが、車輪と道路の表面との間の摩擦エネルギーを生じさせるために利用するエネルギー形態へと変容させる。立法府のシステムは、人間による弁論と執筆のエネルギー、機械システム（マイクロフォン、タイプライター、プリンタ、照明、暖房機器など）のエネルギー、他の社会システム（法、道徳、教育、世論のメディア）のエネルギーを、議会における討論、討論の記録（議事録）、立法行為、決定の形態に変容するが、さらに、それらは他のシステムにおいてまた新たな変容を経るのである。

10・11 繰り返しになるが、そのようなすべての変容過程が、それ自身、多数のより一般的なシステムの構成要素をなしていることは明らかである。このような連鎖は、地球を包み込みかつ変容させる、太陽という名の星なるエネルギーの変容を経て、あらゆるものを包み込みかつ変容させる、宇宙という全体システムなるエネルギーの変容にまで至るのである。意識が関係している範囲で言えば、人間にとって既知のすべての下位構造と下位システムを含んだ（しかし、それに限定されているわけではない）普遍的な構造システム（自然界と意識の世界の双方の構造およびシステムを含む）を措定することが、一部の宗教哲学に共通して認められる特徴である。

10・12 そういうことで、構造は無定形の状態を克服する。すなわち、構造は、意識が、世界（すなわち自然界と意識によって作られた世界）を、あらゆるものの仮説上の単一性と、あらゆるものの仮説上の複数性の間に位置する諸々の中間的形態という形式のものとして、把握することができるようにする。物理的エネルギーの認識しうる最小の構成要素と全宇宙との間において、また、意識の最小の構成要素と人間の意識の全体との間において、意識は、自らが手にしうる一つまたは複数の構造を、その構造の現在の状態でか、あるいは、いずれ構造になる可能性があるという状態で利用することによって、意志し行為している。世界は、構造の形態で把握されることにより、〈今・こことしての現在〉を有することとなり、そこにおいて意識は、未来を過去へと変容させるよう意志し行為することができる。構造は、過去（構造が形成されたところ）をその未来へと運ぶのであり、その構造により、未来（構造として形成される）は、現在（構造を形成する意志および行為）の作用を通じて、過去になることができるようになる。構造は、意識のある部分に対応して、現実のある部分において位置を占めている。

10・13　またそれゆえ、システムは、無目的の状態を克服する。システムは、そのシステム自体が生じてくる形成過程を、意識が掌握することを可能にする。システムは選択をなす。システムは、可能態を現実態へと変容させる――自動車の場合で言えば、ガソリン、石油、電気、空気、運転手のエネルギーは、他のシステムにおいても用いられ、他の変容の原因となることもできたであろう。エンジンの点火システム、ブレーキシステム、照明システムは、他の構造システムの部分として用いられることもできたであろう。また、自動車というシステムが、今あるようなものとして作用しなかったかもしれない。エンジンは、点火されることがなかったかもしれず、照明はつかなかったかもしれず、ブレーキは効かなかったかもしれず、ハンドルやギアシステムの欠陥のため車は誤った方向に進んでいたかもしれない。それゆえシステムは、許容される変容の範囲内に収まるように、変容を選択することになる。システムは、許容される変容の一定の組み合わせの範囲内に限定されている。しかし、その変容の組み合わせの範囲内でも、システムの行為は、一定の範囲で可能な結果を生み出すことができる。システムであることは、可能態の中からの選択を可能にすることによって、開放することであり、他方、選択されなかったものや可能ではないものを排除することによって、拘束することでもある。システムであることは、一つの過去――それ自体かつては多くの未来の中の一つであった――から派生する、多くの未来の中から一つの未来を選択することである。

10・14 **目的**という概念は、人間のあらゆる活動、あらゆる意志および行為、あらゆる社会的活動にとって極めて中心的な概念としてみなされるものであって、かくして、人間や人間社会であるところの構造システム体のもつシステム的性質を表現したものであると言える。人間と人間社会は、システムである構造のもつ開放性と拘束性の両側面を共有している。これはすなわち、一定の限られた範囲にある複数の可能態の中から、いくらかの可能態を現実化する能力である。人間のシステム的構造のゆえに、我々は変容を生み出すことができ、可能態を現実化することができる。しかし我々のシステム的構造は、我々が若干の特定の変容だけを生み出すことを可能にし、若干の特定の可能態だけを現実化させることを可能にするに過ぎない。例えば、人間は、ジャンプして月まで達することはできない。しかし人間は、人間を月まで飛ばすためのロケットを作ることはできる。人間は、すべての現実がもつ性質を知ることはできない。しかし人間は、自然界について部分的な像をイメージして、それを秩序立てて配列することができるのであり、そのことによって人間は、人間を乗せて月面に到達するロケットを作ることができる。人間は、自らを神とすることはできない。しかし人間は、自らの意識の世界の現実についての像をイメージし、それを秩序立てて配列することができる。この営為を通じて、人間は、個人としても社会としても力を与えられ、それにより人間は、人間としてより一層良く生きることができ、自らを人間としてより一層高めることができ、自らを恒常的に再創造することができるようになる。

10・15 そして、人間は意識を持つことで、自らのシステム的能力を認識することができ、また自らがなすシステム的活動を現在という次元において思い描くことができるが、そうすることで、人間は意志および行為を通じて未来を創り出す責任を負うのである。要約すると、人間は様々な目的を形成することができる。ここで、事象が、意識が自らのシステムの生み出す諸々の可能態の中から一つを選択することを指すとすると、目的とは、そのような事象が起こる前に心の中に描かれる選択である。

10・16　第三章で述べたように、もし欲望が、意識の自己創造的世界の内部で認識される生の衝動であり、また義務が〈意識の自己秩序化的世界〉の内部で認識される宇宙の必然性であるとするならば、目的とは、〈今・ここ〉としての現在〉の次元、すなわち意識の意志および行為の次元、の内部において意識が認識する可能態である。我々は、我々のシステムには一致するが、我々の目的には反するという形で意志し行為することはできない。我々は、いわゆる無意識の行動の場合のように、意志することを伴わずに行為することができるが、その場合我々は、意識に対して、我々のシステムが有する可能態を提示していない。しかしもし我々が意志し行為するのであれば、そのとき我々は、我々の目的に沿って行為していることになる。意識が、未来と過去を、意識自身の意志し行為する責任の作用として認識するときの意識の形成が、第八章で検討した現在という次元である。

10・17　自動車は、ある場所から他の場所へと、所定の範囲の速度で地上を移動できる。樹木は、その数量や生育の速度で一定の範囲を維持しつつ、森林になったり、また再生産のための構造システム（花、果実、種子といった）の発達を促したりしている。立法府は、諸々の形式で公的な討論を行ったり、一定の実質的内容をもつ法令を一定の範囲において制定したりすることができる。もしも自動車や樹木が、その活動を意識に対して提示できるとしたら、その活動は、目的指向的であって、可能態を現実化するものであると言うことができたかもしれない。これに対して、人間の意識の産物たる立法府は、その活動を、目的指向的として、すなわち、法律の制定という行為によってその可能態を現実化するものとして、表出することができる。（そして、立法行為への参加者と傍観者も、立法府の活動をそのようなものとして受け取ることが可能である。）このように目的こそが、意識の現在を意識の未来と結びつけるのであるが、それは、意志および行為を、意識の未来に包含されている可能態と結びつけることによってなされる。しかし、ここで目的という観念は、意志および行為がエネルギーの変容という形で発生する場であるところのシステム全体という観点から見た場合の意味しか持たないのである。

10・18　**力**という言葉を、ここでは、システムがそのシステム的効果を得るために用いるエネルギーを指すために用いることとする。人間の場合、力とは、ある目的のために用いられるエネルギーのことである。ある構造システムの内部において潜在的な力が現実の力となるのは、当該構造システムによって提供される可能態の範囲内で、また、当該構造システムによって課される制限の範囲内で、可能態から現実態を生み出すために、潜在的な力が用いられる場合である。いかなるシステムも、変容の効果をもつ過程を開始し、また変容の材料となる物質を準備するためには、力を利用することが必要である。例えば、自動車はエンジンの点火が必要であり、またガソリンと充電された電気が正しい形で正しい場所に備蓄されていて、正しい時に利用できるようになっていなければならない。樹木の種子は、太陽の活動と、他の必要な元素が存在して初めて発芽するのであり、その後も、樹木の成長に必要な構成物質が常に供給されなければならない。立法府の場合には、それを構成する建造物、施設などの物質的なシステムと、必要な人間が集合されていなければならず、また立法府の日々の活動のために必要な要素が常に供給されなければならない。

10・19　したがって、力は、ここでは**自然的力**と呼ばれる形態をとることができよう。この力は、事物が自然界に存在していることに由来する力と、（特定の社会の構成員であることとは無関係に存在する）純然たる個人の意識の内部にある力の双方である。（個人が）一つの社会に参加していることに由来する力は、他の社会のシステム的作用の観点から見るとき、後者の社会のシステム的作用にとって外部的であるという限りにおいて、（ここでは）自然的力である。これに対して、**社会的力**という用語は、一つの社会のシステム的活動から生じる力を指すために用いることとする。社会的力は、個人の力であったりあるいは社会の内部にある下位社会（例えば、基本構制上の機関、商工業企業）の力であったりする。社会的力は、目的を達成するために、可能態を現実態に変え、未来を過去に変える変容をなすことのできる、構造システムとしての社会の性質およびその作用から生じるものである。社会的力は、社会のシステム的な構造から生じる諸目的に合わせて変容されるエネルギーである。社会は、その目的を達成するために、自然的力を社会的力へと変容させ、かつ、社会的力を自然的力へと変容させる。これが、**社会的交換**である。

10・20　以上を要約すると、社会が可能態から自らを創造し、目的を達成すべく意志し行為することを通じて可能態を現実化させ、社会的交換を行うことができるように変容をなすために、社会的力が利用されることを可能にする社会の構造システムがすなわち、社会の基本構制である、と言うことができよう。

10・21　社会的交換の機能は、次頁の図7において示すことができる。

10・22　すなわち、自然エネルギーは、ある目的（例えば、個人の住宅の建築）に結びつけられることによって、自然的力へと変容される。自然的力は、ある社会的目的（例えば、公道を建設する決定）に結びつけられることによって、社会的力へと変容される。社会的目的は、理想的基本構制から生じており、後者は、それ自身が、社会の現実形成すべての産物であり、かつ、社会がなりえたかもしれないものについての社会の観念を含んでいる。社会的力の創出は、社会がその永続的ディレンマと格闘している状態における、その社会の〈社会過程の総体〉の産物である。

図７　社会的交換

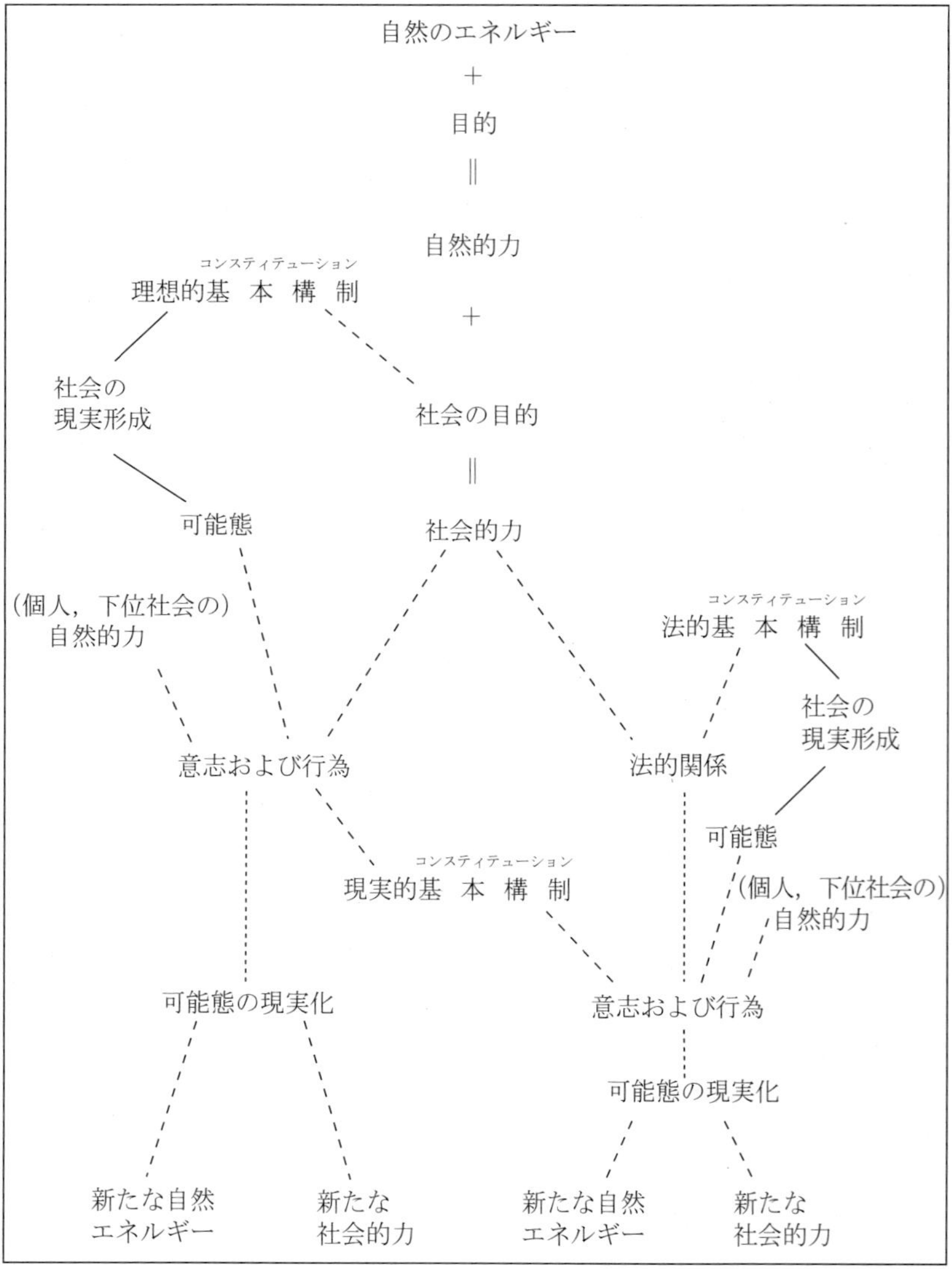
自然のエネルギー
＋
目的
‖
自然的力
理想的基本構制《コンスティテューション》
＋
社会の現実形成
社会の目的
‖
可能態
社会的力
（個人，下位社会の）自然的力
法的基本構制《コンスティテューション》
社会の現実形成
意志および行為
法的関係
可能態
現実的基本構制《コンスティテューション》
（個人，下位社会の）自然的力
可能態の現実化
意志および行為
可能態の現実化
新たな自然エネルギー
新たな社会的力
新たな自然エネルギー
新たな社会的力

10・23　社会的力が行使される場合、それは、〈社会〈自らにとっての現実〉の内部におけるすべての社会の自己認識という観点から認識される諸々の可能態の中から、意志的に選択された〉一つの時宜に適った可能性と、社会のある構成員（個人あるいは、商工業企業のような下位社会）のもつ自然的力とが結合した状況である。現実に存在する者がこの力の行使を決断することは、社会の〈今・ここ' としての現在〉において、社会的力を実際にどのように割り振るかを決めている現実的基本構制に関わる問題である。

10・24　ここで関連する社会的力が法的権能（例えば、公道建設の契約に基づく力）であるとすれば、その場合、その力は、力の保持者と、他の多くの法的関係者（例えば、契約当事者、他の公的機関、下請けの契約者など）を結びつけている法的関係の一部となる。法的権能は、法的関係が創設される仕方について定めている法的基本構制の下で創造されている。法的基本構制は、それ自体が、社会の過去においてなされた、社会のあらゆる現実形成の一つの産物である（ここで過去とは、法的権能が行使されようとする時点から見た過去のことである）。

10・25　法的権能が行使される場合、それは、法的関係と、〈社会〈自らにとっての現実〉の内部におけるすべての社会の自己認識という観点から認識される諸々の可能態の中から、意志的に選択された〉一つの時宜に適った可能態と、社会のある構成員の自然的力の三者が、結合した状況である。ここでもまた、現実的基本構制こそが、社会の〈今・ここ' としての現在〉において当該法的権能の保持者とそれ以外の法的関係者が実際に誰であるかを定めているのである。

10・26　ここで社会的力の行使（例えば、公道の建設）を構成する意志および行為は、自然のエネルギーの新しい可能態（例えば、一般人による道路の使用）や、社会的力の新しい可能態（例えば、道路の使用許可や使用方法について管理する法的権能）を生み出すことになる。

10・27 社会の構造システムについての、このような図式的でやや機械的な記述によって、以下に述べる同システムの四つの側面が曖昧にされてはならない。すなわち、（一）あらゆる社会的活動は、終りなき内部作用の循環の一部である。というのは、可能態の現実化や、その結果生じる自然的力／社会的力の行使は、次なる段階として、基本構制上のシステムの更なる活動や、社会的力の更なる行使をもたらし、またそれには基本構制自体の更なる発展も含まれるからである。あらゆる社会的活動は、社会というシステムの社会的活動であるだけでなく、社会というシステムの形成を目的とした社会的活動でもある。先に指摘したように、社会現象について研究し、それを合理的に説明することを非常に困難にしているのは、まさにこの社会の内部作用である。すなわち、社会が、自らの構造システムを用いるときに同時に、自らの構造システムを構築している、換言するならば、自らを用いることで同時に自らを作り出している、という意味における社会の内部作用である。

10・28 （二）あらゆる社会の活動が相互に作用し合うことで、あらゆる社会的活動が、社会間活動のネットワークの一部となる。それは一つには、個々の社会がそれぞれ多くの下位社会を含んでいるからであり、そしてまた、一つの社会は他の社会との関係においてその力を行使することができるからである。

10・29 （三）社会的交換の機能は、第一部で検討した〈社会過程の総体〉の場合と同様に複雑で動的である。換言するならば、同システムの機能には、言葉・観念・理論・価値を用いた社会の営為が含まれる。そのシステムの機能にはまた、社会の永続的ディレンマとの格闘すべてが含まれており、その中には社会の現実形成（宗教、神話、芸術、哲学、歴史、科学、経済、道徳、法）の構築およびその機能のすべてが含まれる。それら現実形成のそれぞれが多くの下位システムからなる複雑なシステムであり、それらすべてが社会自らの現実の形成に寄与しているのである。そして、この社会自らの現実の内部において、社会は、自己に関する自らの観念を一つのシステムとして構築し、また、それによって、社会によるあらゆる力の変容が行われるための諸々の目的をも構築するのである。

10・30　（四）それぞれの下位システム（宗教、法、経済、教育の諸制度）は、それ自体が下位システムからなる一つのシステムであり、それらの下位システムは、すべて、相互の間で、また、他の下位システムのそのまた下位システムとの間で、相互に影響を及ぼし合っている。

10・31　社会的交換を含む社会のシステム的活動は、法的基本構制によって可能とされるものであり、この法的基本構制は、社会に保持されている意志行為（すなわち法）を、社会の過去から、現在を経て未来へと伝え、また、法の実現という形での、現在における意志および行為を経て、社会の未来をその過去へと変容させる。社会の現在は、法の適用（現在の内部において、未来を創り出している過去）と法の形成（未来から見た過去を創り出している現在）を含む。そういう次第で、法的基本構制は、法の創造、法の適用、法の持続を可能にする。

10・32　社会が社会的交換を法として形体化することを可能にするために、法的基本構制によって用意されている仕組みが、**法的関係**である。法的関係——一般には粗雑にもいわゆる**権利**および**義務**から成るものとして理解されている——は、（下位社会を含む）社会の構成員の意志および行為を、社会の意志および行為に統合するための仕組みである。法的関係は、その基本的な形態としては、社会の構成員（個々の人間、およびすべての下位社会）の間の二者間関係を設定する。法的関係の働きは、これ以後本書では**法的関係者**と呼ばれる者――この者のなす意志は法的関係によって関係性を帯びる――の意志を修正することである。

10・33　法的関係の内容は、法的関係者に対して、その〈今・ここことしての現在〉という観点から見た一つの現実態として提示される。この法的関係者にとっての現実態は、彼らの未来に属する可能態を修正し、またそれによって、彼等の未来を、その現在を経由して過去へと変容する過程を修正するものである。法的関係は、法的関係者にとっては、外部にあるもの（外部性）として顕現する。法的関係は、法的関係者にとっての〈今・ここことしての現在〉との関連で言えば、そこである、という意味において外部にあるもの（外部性）である。すなわち、法的関係者が、今、ここで意志し行為することによって修正することができない、という意味において外部にあるもの（外部性）である。しかし、法的関係者がその意志と行為の過程において内部化するのは、この外部性である。すなわち、法的関係者は、彼らの未来に属する可能態、彼らの〈今・ここことしての現在〉の現実態との関連において、意志し行為するとき、この外部性を内部化するのである。法的関係とは、法的関係者にとっての〈今・ここことしての現在〉における、〈ここことしての現在〉の社会である。

10・34　こうして、法的関係は、その未来を過去に変えるようなシステム的構造の一部として、また同時に、他者の意志および行為の創設者でもありかつその所産でもある何かとして、法的関係者の前にその姿を現すのである。まさにこの意味において、法的関係は、その当事者間の意志を結びつける関係を確立し、また社会一般との関係を確立するのである。

10・35　私は、他者と法律上の契約を結ぶことができるのであるが、その場合に、その契約は、当事者たる我々が可能態（すなわち、我々の意志および行為）の中から選択をなす過程に含められて一つの現実態となることにより、我々の未来の意志および行為を修正するであろう。しかし、そこで、その契約が我々の意志および行為に対してどのような効果を及ぼすかは、契約を規律する法律を立法した者の意志および行為、およびかかる法律を適用し執行する者の意志および行為に依存することになる。契約を結ぶという行為、そして、契約それ自体、当事者による契約を遵守する（あるいは契約に違反する）行為、他者による、当該契約を承認し、それを適用し執行する行為――これらすべては、個人の意識、および社会の意識の内部における現実的および潜在的な存在である。こういったすべての関係を、意識の内部において、また場合によっては、自然界を含めて意識を超越した世界において（例えば、我々が家屋建築あるいは映画制作の契約を履行する場合のように）、我々の意志および行為のすべてを修正するような形式でシステム化することが、契約に関連する法的関係の果たす機能である。すなわち、ある契約に関連する法的関係は、当該契約を発効させるために意志の修正が不可欠となる関係者すべてにとって、その意志修正がその者の〈今・ここ())としての現在〉における（現実の）存在となるような形で、関係者の意志を修正するシステムを創造する。

10・36　法的関係はまた、特定の法的関係に参加していない社会の構成員にとっての〈そこにおける存在〉として自らを構築する。もし、ある公務員Pが、個人Xの財産を領有する権限を有しているが、個人Yの財産についてはそのような権限を有していない場合、PとXの間の法的関係は、同時にYにとっての現実態である。またYがPとXとの間の法的関係に参加していないという事実は、PとXにとっても現実態である。換言すれば、この場合の法的関係はP、XそしてYにとって（現実の）存在であり、それぞれの未来によって与えられる諸々の可能態の中からの選択に影響を与える現実態として、三者の意志および行為を修正することになる。

10・37　法的関係は、以下の二つのレベルでその効果を発揮する。第一に法的関係は、人と事物を抽象的な範疇に分類して、それをある抽象的な形式で**表現する**。（例えば、原告、被告、権利侵害者、契約の当事者、人を殺害した者、婚姻の当事者、領域、土地、契約、条約、損失または損害、正当防衛、公共の利益、公共の秩序、等々）。第二に、法的関係は、個別化された形式で現実に**適用**される。換言すれば、法的関係は、個々の人間あるいは事物が上述の抽象化された範疇に該当する限りにおいて、人間の意志および行為に対して効果を及ぼす。以上のことから次のことが導き出される。すなわち、法的関係は、一つの現実態つまり法的関係者の意識の内部における〈そこととしての存在〉であって、意志および行為による修正の可能性の域を越えるものであるが、その法的関係の個別化は、ある人間あるいは事物が法的関係の抽象化された内容に該当するということを、第一に当該法的関係の当事者が認め、第二に当該法的関係を適用・執行すべき立場にある者が認めるという形で人間の意志および行為に依存している。法的関係――それは、その法的関係によって影響を受ける人々の意志および行為の過程の内部では単なる可能態というよりむしろ現実態なのである――その機能は、もし、その個別化がそれ自体法の問題ではない、つまり、個別化それ自体が法的関係の内容ではないとしたならば、決して達成されなかったであろう。

10・38　換言すれば、法的関係は、それを法的関係として十分機能できるように確実かつ整然と個別化することが、法的関係によって影響を受ける人々にとって可能となるような形で構築されていなければならない。さらに、法的関係がそれ単独では十分に確実なものとなることができない限りにおいて、すなわち十分に自己遂行的なものとなることができない場合には、問題となる法的関係の個別化を確実に行うような法的関係を別途創設することが必要となるであろう（例えば、公務員や司法裁判所を含む第三者の力のような）。

10・39　（社会の）法的基本構制が、他の法的関係の解釈・適用・執行を支配する法的関係を含む、法的関係一般の成立過程について定めるのである。特定の人間の実際の意志および行為において法的関係が形成かつ遂行されるのは、（社会の）現実的基本構制の内部においてであり、すなわち、社会およびその構成員が、社会の法的基本構制および理想的基本構制の実現のために、実際に意志し行為することにおいてである。その時に、過去の現実態――つまり、法として保持されている意志行為――が〈今・こことしての現在〉において未来に属する可能態に働きかけるのであり、また、それにより、新しい過去を作り出し、ひいては新しい可能態より成る未来を創造するのである。よって社会は、法的関係の仕組みを通じて存続し、発展する。また社会は、その法のシステムを通じて、社会の生成を導くのである。

10・40　以上のことから、次のことが言える。すなわち、ある特定の法的関係を、二人の人の間の関係より成るものとして想定することは可能であるが、しかし、このような基本的な関係はすべて、法的基本構制の総体までをも包含する他の諸々の法的関係の一部を構成しているのであり、しかもこの法的基本構制そのものが、社会という構造システム全体に統合されているのである。以下に示すように二者間の関係が一つの単純な法的関係を構成することを確認し、そしてその法的関係に当事者の現実の意志および行為を基礎づけることは可能であろう――例えば、双務的契約あるいは二国間条約の二当事者、国民国家とその国民、原告と被告、警察官と逮捕された被疑者、検察当局と訴追された者、判決を下す裁判官と有罪宣告を受ける者、隣接する土地の二人の所有者、土地所有者とその土地への不法侵入者、親と子、妻と夫――。しかし、このような関係が、当該関係の各当事者と社会の他の無数の構成員との間の**必然的な関係**をも当然に含意していることは、明らかである。ある所与の社会においてすべての法的関係は法的に関連し合っている。法的関係は、それが、社会の法的基本構制であるところの法的関係のネットワーク全体までをも包含する一群の法的諸関係の継ぎ目のない織物の一部を形成しているがゆえに、法的関係たりうるのである。

10・41　法的関係が社会の目的に従って意志および行為を修正するように作られていることからして当然であるが、法的関係は、（本書第一部において、意志および行為の重要な構成要素として説明された）意識の諸側面に対して作用する。すなわち、それが**行為**を修正する限りにおいて、法的関係は、**生の衝動**（生物の動的な自己創造的力）と自然界の**必然性**（すなわち、意識において構造システムとして認識される自然界そのもの）を自らの中に取り入れる。また、それが**意志**を修正する限りにおいて、法的関係は、**欲望**（意識の自己創造的力の限界内で変容される生の衝動）と**義務**（意識という構造システムの限界内で変容される、自然界の必然性）の作用に干渉するのである。

10・42　「法的権利」と「法的義務」を、法的関係の二つの基本形式として丁重に概念化することが、法的関係と、欲望・義務それぞれの持つ強い根源的な力との間との結合によって、なされるに至った。

10・43　権利とは、権利保有者の欲求ひいてはその者の意志を確認する類の法的関係であると一般に認められている。義務とは、義務を負う者の意志を責務という形で拘束する類の法的関係であると一般に認められている。権利という形式の法的関係によって、社会は、権利保有者に対して、法に基づく利益、保護、保証、個人的資格を付与するものとみなされる。義務という形式の法的関係によって、社会は、義務を負う者に対して、法に基づく負担、命令、一般人としての責務を課すものとみなされる。権利は、一定種類の可能態を、法的関係の下での現実態に変えることによって、権利保有者の可能態を拡大するように思われる。一方、義務は、一定種類の可能態を、法的関係の下での現実態から排除することによって、義務を負う者の可能態を縮減するように思われる。

10・44　このような単純明快な概念化が今や、社会の言葉・観念・理論・価値の中に非常に深く根付いているため、それは、社会が自らを創造し社会化する格闘の過程において、進化論的な有用性を果たしてきたものと推定しなければならない。かかる概念化は、我々があらゆる種類の現実を構築する際に用いる、非常に多くの二元性に共通するものである――すなわち、例えば、男性と女性、物質と意識、陰と陽、陽電気と陰電気、磁気の陽極と陰極、左手と右手、鏡の内と外、時間の過去と未来――。意識は、その現実形成にあたって、そのように実り豊かな二元性を必要とするように思われる。しかし、権利・義務の二分法によって法的関係を安易に概念化することが法的関係の重要な側面を覆い隠してしまうことがあり、また、法と社会一般に関する理解、とりわけ国際社会とその法についての理解を大きく歪曲してしまうことに留意しなければならない。

10・45　ここでまず留意しておくべきことに、次の点がある。第一に、権利には多くの形式があり、義務にも多くの形式があるということである。第二に、権利は権能を付与するものであると同程度に拘束ともなり、同様に義務は、それが拘束となるのと同程度に権能を付与するものでもある。第三に、様々な形式の権利と義務は、相互依存的ではあるが、様々な立法上の目的に資するものである。第四に、法的権利と法的義務は、法の外で生じる意志の修正に密接に結び付いている。

10・46　ジェレミー・ベンサム（『道徳および立法の諸原理序説』（一七八九）――特に第十六章、第二五節の脚注）とウェスレイ・ホーフェルド（『基礎的法概念』（一九一九））にまで遡ることのできる一連の思想に従えば、少なくとも四種類の顕著に異なった形式の法的権利を弁別することができる。すなわち、**請求・権利**により、権利保有者は他者から特定の意志および行為を得るために、法を援用することができる。契約と条約は、（他の形式の権利と義務と共に）請求・権利を含む。**自由・権利**により、権利保有者は、その者の特定の意志および行為に対して他者が介入することを避けるために、法を援用することができる。言論の自由や公海における航行の自由は、（他の形式の権利と義務と共に）自由・権利を含む。

10・47　〈**権能の権利**〉により、権利保有者は、他者の法的権利に影響を与える自らの特定の意志および行為とを保護するため、法を援用することができる。立法する権能、遺言をなす権能、そして、人の財産を収用する（国家の）権能は、（多くの他の種類の権利および義務も含むが）〈権能の権利〉である。**免除・権利**によって、権利保有者は、他者の権利の適用から自らの特定の意志および行為を保護するために、法を援用することができる。国家免除、外交官の免除、および、法曹人に与えられる特権は、（他の多くの種類の権利および義務によっても支持されるが）免除・権利である。

10・48　同様に、少なくとも四種類の顕著に異なった形式の法的義務を弁別することができる。**法的要求の義務**とは、積極的な行為義務であり、一定の仕方で行為を行う義務である。この義務は、義務を負う者による意志および行為を（法の要求（リクワイアメント）に）一致させようとするものである。相当な注意をもって行為する義務（懈怠の禁止）、債務あるいは租税を支払う義務、公営住宅を提供する義務、収用した財産に対して補償を支払う義務は、法的要求の義務の例である。**強制された義務**は、消極的な義務であり、一定の仕方で行為しないよう要求する義務である。この義務は、そのような行為を避けるべく、義務を負う者の意志および行為を修正しようとするものである。他人の土地へ不法に侵入しない義務、他人の名誉を毀損しない義務、他国に対して武力を行使しない義務、拷問を行わない義務は、強制された義務の例である。

10・49　**責任の義務**は、〈権能の権利〉のコロラリー（必然の帰結）である。この義務は、義務を負う者の意志および行為を、権利保有者の権能の範囲内に制限するものである。かくして責任の義務は、対応する権能が義務を負う者との関連で行使されない限り、その者にとって潜在的な拘束に留まっている。この義務が義務を負う者に対する現実の拘束となるのは、対応する権能が行使された場合である。犯人を逮捕する警察官の責任、証人として喚問される責任、子どもの養育費を支払うべく命じられる責任、公権力による人の財産の強制買上げに応じる責任は、責任の義務の例である。**権利剥奪・義務**とは、ある特定の権利、特に権能の権利の行使を差し控えることを内容とする。その意味するところは、この義務を負う者は、特定の意志および行為を保護しあるいはそれを実行するために法を援用することができない、ということである。公職への就任および公的権利の行使に関する権利剥奪、年齢、性、国籍、宗教もしくは人種を理由とする権利剥奪、そして合意（例えば、第三者と同種の契約を結ばないという合意、この件に関して訴訟を提起しないという合意）によってある権利を放棄した結果生じた権利剥奪――これらすべてが、権利剥奪・義務の例である。

10・50　このように様々な種類の法的関係は、いかなる意味においても、それぞれが唯一無二であって、かつ、排他的な存在ではない。二つの法人格間の関係が、極めて多様な方法で可能であること、また、特定の一つの法的関係の観点からの分析が、必ずこの関係を支持する他の多くの法的関係の存在を含意するものであること、は明白である。特に、権利には必ず拘束が伴い、また義務には必ず権能付与が伴うことを理解することは重要である。権利はたしかに一定の範囲の意志および行為を保護することができるが、**ただその範囲**の意志および行為の保護にとどまるのである。権利にとっての限界がその内容と同じ程度に重要である。権利の限界は、そういった制限を超えてはならないという、権利の外縁を構成する義務（あるいは通常の場合は、あらゆる種類の義務が集まった義務の束である）に相当する。この制限を越えた場合、他の権利保有者の側にあらゆる種類の権利が生じることになるが、それは、新しい権利の発生であるか、あるいは既存の権利が現実に行使されるかのいずれかである。

10・51　反対に、義務は、そうでなければ義務を負う者によって選択されないような意志を要求することができる。しかし義務には限界がある。義務にとっての限界は、その内容と同じ程度に重要である。義務の限界は、その限界を越えることまで要求されることはないという、義務の外縁を構成する権利（あるいは通常の場合は、あらゆる形式の権利が集まった権利の束である）に相当する。義務の限界は、その限界を超えたところでの我々の自由を確認するものであるが、その自由は具体的には一または二以上の形式の権利として特定されて行使されうるものである。

10・52　権利が拘束となり、義務が権能を付与する、ということにはもう一つの意味がある。権利が、目的の実現を目指した力の社会的交換を通じて社会の目的に資するように、社会によって付与されるものであることから、権利保有者は、自らの権利を保持し行使することによって、社会に貢献している。権利保有者が、自らの利益のために意志し行為しているのであろうが、権利に依拠し、意志し行為している場合には、彼はまた、社会の利益のためにも意志し行為することになる。同様に義務は、目的の実現を目指した力の社会的交換を通じて社会の目的に資するように、社会によって課されるものであるから、社会は、法に基づく義務に服する者に対して、法の保護を与えているのである。換言するならば、社会は、義務を負う者に対しても、法の下で当該義務に関連する権利から生じる利益を与えているのである。この側面については、それの持つ深甚なる含意と共に、第十一章においてさらに詳しく検討することとしよう。

10・53　上述したことより、次のように立論することができよう。すなわち、第一に、ある所与の法的関係は、様々な権利義務の観点からの分析に基づいて、いかようにも提示されうるであろうということ、第二に、各々の法的関係は、それを支持する（明示的もしくは黙示的な）無数の法的関係（法的基本構制の構造システム全体にまで至る）に依存しているということ、そして第三に、権利および義務が相互に排他的な対極をなすものではない、ということである。ところで、そのような前提に立つとき、ここで、次のような疑問が生じてくる。すなわち、そもそも、法がかくかくしかじかの権利や義務を付与したり課したりすることによって、人の意志を修正する効果を達成しようとするのは、なぜなのか、そして、それはどのようにしてなされるのかという疑問である。この疑問は、実は単なる〈法なる現実〉がなぜ今ある姿をなしているのかと問うのに等しいのである。すなわち、法という現実は法的関係によって構成されているが、この法的関係は、意識が、自己自身との間の関係および自然界を含む〈意識を越えた世界〉との間の関係を打ち立てる際に、〈自らにとっての現実〉の時間的および空間的次元において認識するところの、大体において安定した構造とシステムに一致しているのであるが、それはなぜなのか、という疑問である。

10・54　〈法の意識〉が〈法現実（法なる現実）〉を作り出すに際して、〈法の意識〉に影響を与える四つの動機づけの要因がある。その第一が、**心理的あるいは言語表現的**な要因である。ある特定の法的関係や特定の種類の権利または義務を創設しようとするとき、あるいは、社会の構成員の意志および行為にある特定の影響を及ぼそうとするとき、社会は、立法者として、意識の一般的性質や、当該社会の〈自らにとっての現実〉の性質（それには、当該社会の言葉・観念・理論・価値すべてが含まれる）を考慮して、ある特定の法的関係または、ある特定の種類の権利もしくは義務が有効であろうと判断するのである。①個人の財産権に関して、あるいは、公益のために行動する国家の優越的権限に関して立法すること、②個人の権利あるいは国家権能に対する制限の観点から立法すること、③個人の自由または国家の責任を援用すること、これらはすべて、社会がその自己創造的な法を作り出すために意志し行為するにあたって、社会に対して開かれている無数の立法的選択に属する。かかる選択は、実践において実用主義的に、状況に応じてなされる。

10・55 法的関係についての立法的選択を動機づける第二の要因は、社会がそのような選択をなすにあたっては、次のことがよく分かっているという事実である。すなわち、一般的に言って、意志および行為の望ましい修正をもたらすためには、法的関係をどのような表現形式で定式化するかが、重要な**実践的含意**をもつことになるということである。この定式化の特定の形式が、法システムの範囲内で、その機能的な効果を発揮する。また、この特定の形式が、法的関係が主張されたり、適用されるときの形態を決める。例えば、Xに対して請求・権利を付与することは、XとY双方の意志および行為（の効果を相殺して得られる）正味の効果の観点からすれば、Yに対して〈権能の権利〉あるいは（それに基づく）義務を課すことと同じ正味の効果をもつことになろう。しかし、いくつか選択肢がある中でなされる一つの立法的選択は、選択された行動が実際にとられるときの態様に重大な影響を与えることになる。Xに対して請求・権利を付与することは（例えば、プライバシーに対する権利、住宅供給または最低賃金に関する権利）、Yに対して、Xのプライバシーに干渉したり、Xに住宅を供給しなかったり最低賃金を支払わない場合には、その法的根拠を提示する責任を課すことになる。他方、Yに対して、単にXのプライバシーに干渉しないという強制された義務を課すこと、または、単に住宅を供給するという〈権能の権利〉を付与すること――これは、適切な状況においてその権能を行使すべき義務をも含意している――、あるいは、単に最低賃金を支払うべき法的要求の義務を課すことは、Xに対して、Yの不作為を立証する責任を課すことになろう。このように、特定の法的関係は、法を一定の方角に向ける。換言すれば、個々の法的関係は、社会とその構成員の現実の意志および行為に直接に関わることによって、法のイメージを具体的明瞭なものとするのである。

10・56　個々の法的関係に関する立法的選択に影響を及ぼす第三の要因は、所与の社会における**システムとしての法**の全体的な効果、すなわち、法的関係に関する選択のシステム的あるいは配分的な効果全体、に関係している。全体としての法システムは、あらゆる種類の下位社会を含む社会の構成員の間での、社会における力の配分の中心部分である。社会的力が、社会とその構成員を生存させるだけではなく、その繁栄すなわち福利を確保するためにいかにして配分されるのか、については第三部において検討する必要があろう。この、社会における力の配分過程の中心部分をなすのが法の全体的な配分的効果である。そして、法の配分的効果全体の中核をなすのが、法による個々の法的関係の利用である。社会は、自らの姿が、法の中に反映されていると認識している。社会は、法の中に、自らの映像を見出す。また、（社会の）基本構制の三つの側面が相互に作用し合っていることから、社会は、自らを、〈今・ここ としての現在〉において、現実的基本構制として、すなわち、社会が今まで存在してきた姿（法的基本構制）と社会が将来なりうるかもしれない姿（理想的基本構制）との結果としての現実的基本構制として認識する。社会の基本構造は、以下のような要因によって決定されている。すなわち、個人の社会全体との関係におけるあらゆるものを相殺して得られる最終的な立場、公権力を構成する諸機関の、機関相互間および社会の構成員との関係における、あらゆるものを相殺して得られる最終的な場、そして、（他の諸団体と比べて）特に家族、宗教結社、労働組合の、あらゆるものを相殺して得られる最終的な地位、また、それらの団体の、とりわけ、あらゆる種類の財産の統制との関係における、あらゆるものを相殺して得られる最終的な立場、である。

10・57　かくして、立法的選択に影響を及ぼす第四の要因は、**教育的**なものであって、社会の〈自らにとっての現実〉

のなす意識的な自己創造である。社会は、その法システムの中に自らの映像を認識しているだけではない。社会は、自らの映像をその法システムの中に認識するとともに、同時に、自らの映像を形成している。法は社会の構成員の生活において極めて重要な役割を果たすことから、公教育を通じて、また、社会の作用への単なる参加を通じて社会の構成員を社会化することが、法を通じての教育となる。そういう次第で、社会は、法的関係の仕組みを通じて、法のもたらす利益と負担を配分することによって、単に、ある種の社会工学的なことのみを行っているわけではない。立法することは、教育することでもある。教育することは、立法することである。

10・58 社会が創造する法的関係――あらゆる形態の権利および義務――は、社会における他の現実形成システムから生じる権利および義務と、密接に関連している。こういった法以外の現実形成システムは、単に比喩的にではなく権利および義務として言及される、非法的関係を生じさせる（すなわち、宗教的義務、道徳的な権利および義務、儀礼および礼譲に関する慣習的な義務、家族の義務）。法的関係とその他の形式の社会的関係は互いに、支え合い補強し合っており、それぞれがあらゆる社会的力の間の内在的な相互依存関係、また、あらゆる社会的な意志および行為の間の相互関係を確認し教育し合っている。

10・59 社会は、社会的交換という手段により、社会の意志および行為を、社会の構成員の意志および行為の中に含めて一体化し、また、社会の構成員の意志および行為を、社会の意志および行為の中に含めて一体化する。これによって、個人の意志および行為は社会化され、社会の意志および行為は個別化される。このようなプロセスを通じて、社会は、拘束のシステムであるにもかかわらず、自由の領域ともなる。社会の個々の構成員は、無意識の自然界、社会的意識の動的な世界、（個人の）意識のエネルギーに満ちた世界によって生み出された諸々の可能態の中から自由に選択をなすことができる。また、社会の個々の構成員は、社会の構造システム体に参加することによって、可能態と拘束とを生み出すことに参加する。それにより、社会なる可能態のシステムは、義務の領域となる。社会の一員たることは、社会の自己構造化および自己社会化に参加することであり、すなわち、社会の目的の実現を目指し、あらゆる意志および行為の組織化に参加することである。社会の一員たることは、（個人の）意志および行為の唯一無二の源泉であって、かつ、社会の意志および行為の代理人であることの双方が要請される。

第十一章　基本構制《コンスティテューション》固有の一般原則

11・1　それぞれの社会にとってその基本構制は、唯一で独自のものである。しかし、あらゆる社会の基本構制は、そのシステムとしての作用原則を持つ点で共通である。

11・2　魚、鳥、樹木、原子、コンピューター、人間、社会――これらは、それぞれが特定の個物であるが、同時に、世界を変容させるための特定のシステムを共有していることを共通の特徴とする、個物の特定種属の一員である。このシステムは、個物が存在するためのシステムであり、すなわち、個物がその可能態を現実化するときに働く作用システムである。ある個物による特定の可能態の特定の現実化こそ、同個物の無二の独自性を生み出すのである。すなわち、個物が、それ自らの構造システムを、〈存在するものすべて〉の構造システムと相互に影響させて、自らを作り出すことによって、同個物の無二の独自性が生み出されるのである。しかし、個物のシステムの作用原則が、ある個物と、その個物と同一のシステムを共有する他の個物とを、一つの種属に結び付けるのである。あるシステムの作用原則は、当該システムを内に含んだ、すべての構造システムに共通してみられる、その種の構造システム固有の一般原則なのである。

11・3　社会の基本構制は、あらゆる社会に共通する（社会の）構造システムの謂である。ここで、それぞれの社会の基本構制が唯一無二なのは、それぞれの社会において、その基本構制が歴史的に発達を遂げた結果である。すなわち、構制された（すなわち、基本構制をもつに至った）社会が生み出す可能態の範囲内で、そして、〈存在するものすべて〉の構造システムの範囲内で、当該基本構制が、自らの可能態を自ら現実化してきたという来歴の所産なのである。しかし一方で、それぞれの社会の基本構制は、あらゆる社会が共有する一つのシステムが、あらゆる社会のあらゆる基本構制に共通に見られる包括的な原則に従って機能した結果でもある。

11・4　それゆえ、基本構制（コンスティテューション）固有の一般原則とは、以下に述べるような種類の社会の活動原則に他ならないのである。すなわち、〈今・こことしての現在〉において、社会が意志し行為することによって社会の未来をその過去へと変容させることを通じて、社会の社会過程すなわち社会の自己創造・その社会化・継続的な社会としての存続を可能とするように働く原則である。基本構制固有の一般原則は、ある社会の社会過程を、〈社会過程の総体〉の一部として、全体構造および全システムの一部として、つまり、全体の一部として統合する原則である。基本構制固有の一般原則は、生物や生物の各器官や物質システムや機械のそれぞれに働く作用原則のように、社会の基本構制たる構造の下位システム間の相互作用を一つのシステムとしてまとめている原則であり、すなわち下位システム相互間の機能的関係を組織化する原則である。つまり、基本構制固有の一般原則は、それなくしては、社会の構造システムがそもそも構造システムたりえない原則である。

11・5　社会の基本構制——小は家族で構成される社会から、大は全人類で構成される国際社会、すなわちすべての社会で構成される社会に至る、あらゆる社会のあらゆる基本構制——固有の一般原則の中身としては、仮定上以下のものが挙げられよう。すなわち、

一．**法は、〈社会過程の総体〉の一部分を構成する。**　統合の原則

二．**法は、動的なものである。**　変容の原則

三．**すべての法的権能は、社会から委託された力である。**　委託の原則
四．**すべての法的権能には限界がある。**　力の内在的限界の原則
五．**すべての社会的力は、法の下位にある。**　法の優位性の原則
六．**すべての法的権能は、社会的利益の増進を目指す力である。**　社会的利益の優位性の原則
七．**すべての社会的力は、有責的である。**　社会的責任の原則

11・6　右で提案した社会の基本構制固有の一般原則は、分析的かつ総合的な一般化の所産である。ここで**分析的**であるというのは、これらの原則が、社会のシステムを説明するためにそれまで用いられてきた他の諸観念と緊密に結合していることを言い表している一般的な観念である、という意味においてである。この一般的な観念が、もし存在しなかったとすれば、本研究において提案された社会の構造システムは、諸観念から構成される一貫した構造とはならなかったことであろう。換言すれば、右記の原則は、第二章において人間の理性の**現実の**座標軸と命名したものによって必要とされる観念である。

11・7　次に、右記の原則が**総合的**であるというのは、次の意味においてである。すなわち、これらの原則は、社会が人間の有する自然的力をシステム的に組織化することによって社会自らの生存と繁栄を追求するような、そして、個々の人間が社会の統合された構造システムに参加することによって生存と繁栄を追求するような、そういった人間の社会的経験の意味するところを理解することを目的としている、という意味においてである。疑いなく、これらの原則以外にも、人間の社会的経験を総合的に一般化したものは多く存在し得るであろう――それらは、社会的経験が何千年もの間そうであったのと同様に、複雑、多様、そして動的である。そういうことで、提案されているような特

定の仮定上の原則（パラグラフ11・5参照）についての判断は、とりわけ、第二章で考察した理性の**可能性**の座標軸においてなされなければならない。すなわち、右記のような観念は、社会およびその可能性についての他の観念と、つまり我々の社会的観念および社会的理想と、どのように関連しているのであろうか。また、以上のような観念は、個々の人間の存在およびその可能性についての他の観念と、つまり我々の個人的観念および個人的理想と、どのように関連しているのであろうか。

11・8　社会の基本構制固有の一般原則は、自然科学における仮説的な一般原則――ニュートン力学、熱力学、相対性理論、量子力学、そして遺伝学の原則――の果たす説明的機能と同様の役割を果たすことを意図している。すなわち、基本構制固有の一般原則は、社会における構制された力との関係において、（自然科学における、その仮説的な一般原則と）同一の究極的な地位にあるものとして、いわば諸々の基本構制にとっての基本構制として現れる。かつて科学の法則と呼ばれていたものは、以下の二点で、両義的な哲学上の地位を有する。すなわち、**起源の**座標軸の観点から見るとき、科学の法則は、総合によって明らかにされた規則性からの推論的帰結なのか、秩序のとり得る諸形態について想像力が直感的に認識したものなのかという両義性を有し、そして、**現実**の座標軸の観点（とりわけ、科学の法則と、その対象である現実についての他の諸観念との関係）から見るとき、科学の法則は、その現実のもつ本質的な特徴のモデルなのか、それとも、その現実と明らかに関係してはいるが、しかし、不明確な形で関係しているにすぎないものなのか、という両義性を有するのである。

11・9　第一部で、社会の自己創造および社会化について考察したところからすれば、かかる（自然）科学の原則については、以下の三点が明らかである。

（一）それら科学の原則が、自然界に関して我々が今日抱く他の観念と、非常に緊密に結合していることからして、我々は、いかなる任意の現実であっても、人間の意識の中にそういった科学の原則を発生させることができる、という特徴を少なくとも有する、と述べることができる。
（二）科学の原則の実体的内容は、当該原則によって、人間の意識が、自然界の行動に関する原則をあたかも理解しているかのように、自然界の中で意志し行為することを可能とするものである。ただし、それは、蓋然性の許容する一定の制限内においてであり、また、不確定性というある種の限界に最終的に服する。
（三）科学の原則は、たとえそれが、大体において、自然界全体のシステム全体としての説明には到達していないとしても、すなわち、当該原則自身について説明するために自らを超越することができないとしても、右記二つの意味（（一）、（二））ではなお有効であろう。

11・10　同様に、もし本章で提案されている社会の基本構制固有の一般原則が、諸々の基本構制にとっての基本構制として、すなわち、諸法の法として扱われるべきであるならば、基本構制固有の一般原則は、自然科学における一般原則がそうであるように、想像力と理性という理論形成的な力によって、以下のような仕方で、生み出されなければならない。すなわち、
（一）基本構制固有の一般原則が、社会における法についての我々の理解と何ら矛盾を来たしておらず、それゆえ、社会的現実は少なくとも、人間の意識の中にそのような一般原則を生み出すことができる類いのものである可能性があるということを認めていること。
（二）基本構制固有の一般原則によって、あたかも人間の意識が、法の本性および機能が社会の自己秩序化システムにあることを自ら了解しているかのように、換言するならば、あたかも人間の意識が、意識自らのために創り出し

た構造システムの主人でもあるかのように、社会において行動することができるようになること。

（三）基本構制固有の一般原則は、後続の仮定的な一般化によって絶えず乗り越えられるのであるが、一方、それらの原則は、人間の意識が意識の中において自分自身を超越することが究極的に不可能であることに由来する制限に常に服していなければならず、その結果、それらの原則は究極的には仮説的であってかつ不確定なものにとどまる。自然科学の諸原則と同様、基本構制固有の一般原則は、人に次のように感じさせるであろう。すなわち、それらの一般原則は、同じ一つの事について七通りの言い方をしているにすぎず、ある究極的に統一された一つの原則を七通りに表現したにすぎない、と。ここに言う、究極的に統一された一つの原則は、それが七種の形態に分かれたものと比べると、分析的に見ればより満足するものであるのは明らかであろうが、内容の点からすればより実りの少ないものであろう。

（一）統合の原則

11・11　法は、〈社会過程の総体〉の一部を構成する。法は、分析的観点からみても、また、実践的観点からみても、社会の一部分である。分析的な観点からみると、法の本性および機能は、社会の本性および機能についての一般的説明の文脈においてのみ、説明することができる。実践的な観点からみると、法が実質的にどのように発展を遂げるかは、〈社会過程の総体〉を通じてなされる一般的な社会的現実の発展の枠内で決まるのである。

11・12　この帰結として、法は、〈社会過程の総体〉を通じて、個人と社会の両方の意識の活動全体の不可分の一部である、ということになる。法は、社会における言葉や観念、理論、価値の創造者の一部分であると同時に、それらによって創造された物でもある。そしてこのとき、法は、欲望の形態をとった生の衝動に反応し、義務の形態をとった物理的宇宙の必然性に反応するのである。法は、社会がその目的を達成するため、すなわち社会として存続し繁栄するために、社会の永続的ディレンマと格闘する際の（これは（個人的）正義と社会的正義のディレンマとの格闘も含まれる）、社会過程の産物である。法は、社会における法以外のあらゆる現実形成過程（宗教、神話、芸術、哲学、歴史、科学、経済、および道徳）と結びついている。したがって、法は、社会〈自らにとっての現実〉の総体、すなわち、社会自身が意識そのものとの間で、および〈存在するものすべて〉について社会自身が抱く概念との間で築く自己形成的な関係と結びついているのである。

11・13　法は、あらゆる種類の社会において、その〈社会過程の総体〉によって不断に作り出されているのと同時に、不断にその過程を作り出しているのであって、つまりは、社会の社会過程の不可分の一部を構成する。ここで、あらゆる種類の社会は、特定の家族で構成される社会から全人類で構成される国際社会にまで至る社会（あらゆる中間的社会を含む）のである。

（二）　変容の原則

11・14　**法は、動的なものである。**社会は単に構造体であるだけではない。同時に、社会は、社会の継続する〈今・ここととしての現在〉において、未来を過去へと変容させ、過去を未来へと変容させるシステムでもある。このシステムは、社会の基本構制の中に組み入れられて機能しており、そして、そのシステムの中において現実の意志および行為がなされるのである。法的関係は、それ自体が〈社会過程の総体〉の中で生ずる変容の結果に他ならないが、システムとしての社会の機能の一部を形成する変容を生起させるのである。法的関係は、個々の人間とあらゆる種類の下位社会を含む、社会の構成員の意志および行為をシステムとして組織化する。

11・15　社会の構造システムがつまりは人間の意識の中に存在する構造システムであるとするならば、上述の変容は、一つの目的に向けてのエネルギーの適用である。かかる社会の目的は〈社会過程の総体〉によって形成される。この変容が発生するのは、社会の構成員の意志および行為を通じてである。そういうことで社会は、個々の人間の目的を社会化することによって、その社会自らを創造するのであり、その際に法的関係を、この社会化を組織するための手段として利用するのである。

11・16　法的関係は社会的変容の所産である。また、法的関係は社会的変容の原因である。社会は、絶え間ない生成であるが、それは、本来的に、自己秩序化的で自己指示的であり、かつ自己達成的な生成である。あらゆる形式の社会において、すなわち、特定の家族で構成される社会から全人類で構成される国際社会にまで至る社会（あらゆる中間的社会を含む）において、法は、このような生成がなされるにあたって生成の固有な部分を構成する。

(三)　委託の原則

11・17　**すべての法的権能は、社会から委託された力である。**社会のいかなる構成員であっても、社会から委託されることなく法的権能を享有すると主張することはできない。法的権能の享有を主張することは、かかる委託の事実を認めることである。社会の一員として行為することは、社会を認めることであり、社会の構造システムを認めることであり、法的基本構制を含む、社会の基本構制を認めることである。あらゆる法的権能は、社会的力の一形式であり、その意味するところは、法的権能が、その内容物として、社会の目的に適った力の交換を形体化していることである。自然的力が社会の目的に適合させられて法的権能に変容するときに、その法的権能には、そうした起源および源泉が刻印されているのである。

11・18　しかし、この委託の過程、すなわち、それによって法的関係が作り出されるところの、いわゆる立法の過程は、それ自体が、委託された法的権能を行使する社会の構成員が意志し行為する過程である。あらゆる立法は、同時に法の適用でもある。法的基本構制は、他のあらゆる法的関係のあるところに、新たな法的関係を創出することのできる〈権能の権利〉を、**社会の〈今・こととしての現在〉に対して、**導入する。〈社会過程の総体〉こそ、他のいかなる社会関係の場合と同様に、これらの法的関係を産出するとともに、また変更することもできるのである。

11・19　かかる委託における委託者たる社会は、現実的基本構制の下で、法的基本構制を適用しつつ、理想的基本構制に照らして、行為する社会である。あらゆる形式の社会において、すなわち、特定の家族で構成される社会から全人類で構成される国際社会にまで至る社会（あらゆる中間的社会を含む）において、この委託における委託者は、同時に、その受託者でもある。

（四）力の内在的限界の原則

11・20　**すべての法的権能には限界がある。**自然的力の法的権能への変容は、ある一定量の自然的力の変容であり、また、特定の目的を持った変容である。法的権能を主張することは、その限界を受容することでもある。法的関係は、社会の少なくとも二人の構成員の意志および行為を部分変更することを伴いがちであるという意味においてまさに、関係なのである。法的関係者の一方の当事者による力の増大は、他方当事者による、正確にそれに見合った力の減少を必ずしも意味するのではない。法がもたらす利益と負担は、複雑な一つの法的関係において、あるいは複数の法的関係の複合体において、当事者たちの間で割り振られるであろう。法的関係において生ずる負担は――例えば、もしここでの法的権能が天然資源を利用する力であれば――特定の他方当事者にそれを負わせることができないかもしれない。そのような場合、一方での法的権能の行使に見合って生ずる他方でのその減少は、社会において広く分担されることになろう。しかし、ここで確かなことは、あらゆる法的権能というものは、たとえなんらかの形での結果責任を負わせるということだけであるにしても、いずれにせよ、社会の他の構成員をなにがしか拘束するのを免れえない、ということである。かくして、法的権能の限界がどのようなものであるかは、本来的に、社会の他の構成員にとって利害問題なのである。

11・21　法的権能の限界を認め、社会の他の構成員がそのような限界に対してもつ自らの利害を認めることは、この、法的権能の限界が、それ単独では決定され得ない性質のものであることを容認することでもある。法は、社会の一構成員の意志および行為に関する限りでは現実性、つまり、法的基本構制における〈今としての現在〉であるが、現実的基本構制に関する限りでは〈そことしての現在〉であって、現実的基本構制による部分変更が可能なはずの意志および行為による変更の範囲を越えているのである。法的関係は、意志および行為の可能態に影響を与える現実態である。それゆえ、一般に立法と呼ばれている、法を創造する〈権能の権利〉でさえ、限界を有する法的権能なのである。この立法の限界は、システム的な限界でありかつ実質的な限界である。これらの限界が**システム的**であるのは、立法を行う〈権能の権利〉が、社会の自己創造の一部分として、すなわち、社会の社会化の一部分として、意志し行為する〈権能の権利〉であるという意味においてである。立法することは、社会によって委任された自律的な受託者として行為することである。これらの限界が**実質的**であるのは、立法が〈社会過程の総体〉の一部分をなしており、孤立した自己発生的下位システムではないという意味においてである。

11・22 自然的力は――人間の意識のエネルギーとして、自然界のエネルギーとして、また、社会の経済システムのエネルギーとしても――限界を有するのであるが、その限界を特定することも、数量化することもできないであろう。他方、あらゆる形式の社会において、すなわち、特定の家族で構成される社会から全人類で構成される国際社会にまで至る社会（あらゆる中間的社会を含む）において、社会的力、とりわけ法的権能は、まさに社会的力へと生成していく過程の中で、必然的に数量化された力となるのである。

（五）法の優位性の原則

11・23 **すべての社会的力は、法の下位にある。**自然的力が法的権能の形態をとった社会的力となる際、自然的力は、ある特定のもの、すなわち特殊具体的に法的なものへと変容される。法は、社会の構造システムの中でその役割を果たすため、特定された性質を有している。これは、例えば、生物の器官における血液、筋肉、またはセルロース（繊維素）のようにである。潜在的なエネルギーは、意志行為の形態で法の中に蓄積される。社会は、事象の発生に先んじて、法的関係の形態をとって意志する。かかる先んじての意志が、法の形態をとって保持されるのである。

11・24　自らを構造システムとして存続できるようにするために、社会は、自らの過去の観点から自らの未来を統制することができなければならず、またその未来にとっての過去において意志し行為することによって自らの未来を統制することができるものでなければならない。社会は、自らの未来が、社会の継続的な〈今・ここ としての現在〉の中に実現できなければならない。そして、このことは、社会の実質、すなわちその構造システムを未来に伝達することを目指して、過去からの意志行為をこの継続的な〈今・ここ としての現在〉の中に位置づけることによって実現されるのである。社会が人間の意識の中にあって、目的を達成するためにエネルギーを利用している構造システムであるとすれば、社会が法を用いることによって未来における自らの実質を形成することは、社会の諸目的の達成を絶え間なく追求することに他ならない。

11・25　したがって、法的権能と他の形態の社会的力との間で対立が生じた場合、原則として法的権能の方が優先されなければならない。さもなければ、社会は、社会自身を創造すると同時にそれを破壊するような行動をしていることになろう。明らかなことだが、そのような法の優位性の原則は、それ自身が自己破壊的あるいは濫用に陥らないためには、基本構制の他の六つの原則に依拠することが必要である。しかし、同様にこの六つの原則も、その効力を失わないようにするためには、法の優位性の原則に依拠することになる。

11・26　本源的な人間の権利、これは本源的な人間の必要でもあるのだが、これは、法の支配の下にある社会であれば当然に具有する構成要素である。このような道筋をたどることによってのみ、意識によって意志し行為する能力を賦与されている人間が、自らの目的に適うように自らを常に創造することが可能になるのである。このような権利、そしてこのような必要は、あらゆる形式の社会において、すなわち、特定の家族で構成される社会から全人類で構成される国際社会にまで至る社会（あらゆる中間的社会を含む）において、人間の権利であり人間の必要なのである。

（六）社会的利益の優位性の原則

11・27　**すべての法的権能は、社会的利益の増進を目指す力である。**自然的力が法的権能の形態をとった社会的力になるとき、個々の人間の意志および行為は、社会の意志および行為に組織的に統合される。〈今・こことしての現在〉において意志と行為がなされるとき、法は、個々の人間や諸々の下位社会の意志および行為を部分変更するのである。法の下で意志と行為がなされるその時点において、法自身がそれを認めている場合を除けば、私的利益を法に反する根拠として援用することはできない。

11・28　法はとりわけ、公的資格において行為する者、すなわち公的利益のために公に行為することをその任務とする者の意志および行為を部分変更する。そのような者、特に公務員が、〈今・こことしての現在〉において意志し行為するとき、法自身がそれを認めている場合を除けば、（国家的必要、国家理性といった）公的利益を法に反する根拠として援用することはできない。

11・29　このように意志と行為がなされるその時点において、私的利益または公的利益を、法に反する根拠として援用することができないとすれば、それは、法が必然的に社会的利益を目的とするものだからなのである。このことは、以下の事実からの当然の帰結である。すなわち、社会が自然的力を社会的力に変容させることに社会自身の諸目的を当てるに際しては、法が、社会のシステム的な自己秩序化のための手段として作用する、という事実である。また、法が本来、社会的利益を目的とするものであることは、次の事実、すなわち、法は〈社会過程の総体〉の一部分であり、それゆえ、私的利益と社会的利益との調和が、社会的現実全体（社会の言葉・観念・理論・価値を含む）の文脈においてもたらされる、という事実からの帰結でもある。最後になるが、以上に劣らず重要なことは、法が本来社会的利益を目的とするものであることが、次の事実、すなわち社会において、その構成員たる個人と社会が本質的に相対立する利害関係を有していないという事実、の帰結であることである。構成員たる個人と社会は、各々、一方が他方を形成し、そして他方によって自らも形成される関係にある。構成員たる個人と社会は、各々、一方が他方に価値を与え、そして他方から価値を受け取る関係にある。社会の構成員たる個人は個別化された社会であって、社会は社会化された個人であると言うことができる。そして、法は、この変容過程を形体化したものである。

11・30　かくして、法の役割が、本質的に相対立する利益を調整することにある、と言うことはできない。むしろ、法は、社会のすべての構成員の側が社会の存続と繁栄に対して持つ自己利益と、社会の側がそのすべての構成員の生存と繁栄に対して持つ自己利益とを表現したものである。あらゆる形式の社会において、すなわち、特定の家族で構成される社会から全人類で構成される国際社会にまで至る社会（あらゆる中間的社会を含む）において、法は、私的利益を普遍化したものであり、また、社会的利益を個別化したものである。

（七）社会的責任の原則

11・31　**全ての社会的力は、有責的である。**　法的権能は、意志および行為を部分変更する効果を示すとき、社会〈自らにとっての現実〉を変更しているのである。そのような変更は、意識の範囲に留まるような変更（新たな法的関係の創設、無体財産の移転、あらゆる種類の観念および感情の表出といった）から、物理的形態をとる変更（公開の会合の開催、有体財産の移転、有体財産の譲渡）まで、あらゆる種類の形態をとりうる。社会の基本構制が社会をその過去から未来へと伝えていくことによって、社会は永続的に自らを再生産する。

11・32　社会的であるものは、いかなるものであれ、その社会と矛盾するものではない。社会は、社会そのものの作用のいかなる点についても無関心ではありえない。社会は、無自覚のうちに、自らを創造することはできない。それゆえ、法的権能の保持者は、社会の利益に適うようにその力を行使することからの免除を主張しつつ、同時にその力の行使を主張することはできない、ということになる。その力が作用する活動の性質がどのようなものであろうとも——政治的な活動、経済的、宗教的、教育的、軍事的、司法的、行政的なものであろうと——力は、社会の基本構制固有の一般原則のすべてに服する。すなわち、力は、〈社会過程の総体〉の一部分であり、力が行使される場合であっても、それは〈社会過程の総体〉の範囲内に留まる。力は、動的である——それが行使されるときに、最も動的となる。それは、社会によって委託された力であるが、その委託は力が行使されたときの効果を考慮してなされる。力は限界のある力であり、それゆえそうした限界を尊重することは社会の利益となる。力は、法の下にある力なのであるが、法は単に抽象的な力を創造するのではない。法は、法に従って現実の意志および行為に部分変更を加えるような力を創造する。力が、社会的利益の発現であることから、力の保持者は、その行使が単に私的利益の問題であると主張することはできない。

11・33　社会的責任は、二つの方法において主張されうる——すなわち、法的有責性と社会的有責性である。法的有責性は、法的過程の範囲内で、法的権能の行使を含む法的関係の遂行に対して統制を及ぼすものである。社会的有責性は、このような統制の及ぶ範囲を、〈社会過程の総体〉のうち法過程を除く残りの部分にまで拡大するものであり、それには、社会の公領域における政治が含まれる（しかし、決してそれに限定されるわけではない）。

11・34 すべての法的権能は、社会において共有されている力である。すなわち、すべての法的権能――その行使とその行使に対する統制の双方を含む――を、力の保持者が、社会の他のすべての構成員および社会それ自体と共有している。ここで社会とは、特定の家族で構成される社会から全人類で構成される国際社会にまで及ぶ、あらゆる形式の社会を指す。

第十二章　近代国際社会の構制過程

12・1　社会の基本構制《コンスティテューション》は、社会が自らを社会化することを通じて自らを創造することを可能にする。すなわち、力を、法的権能を含む社会的力の形態に組織的に編制することを通じて、社会が存続しかつ繁栄することを可能にする。しかし、社会の基本構制は、あらゆる社会が、それ自身の最善の利益となるように、またその構成員の最善の利益となるように、常に意志し行為することを保証するものではない。

12・2　社会は構造システムであり、その構造およびシステムによって、社会は、社会として存続しかつ繁栄することができるようになる。しかし、すべての社会が社会として存続するわけではない。社会の中には幸福を促進せず、悲惨をもたらすものもある。社会は、社会自らの創造を可能とする構造システムである。しかし、社会の中には、自己破壊的なものもある。社会は、社会の構成員の意志および行為が、社会の意志および行為に統合されることを可能とするシステムである。しかし、社会の中には、その構成員を抑圧し、搾取するものもある。社会は、人間の意識がその自己超越的な可能態を現実化することを可能とするシステムである。しかし、社会の中には、その構成員の人間性を奪い、その品位を傷つけているものもある。社会は、社会自らが、その属している上位社会の構成員として、その上位社会の法に従って意志し行為することを可能とする構造システムであるが、この上位社会の法は、私的利益を普遍化するものであり、かつ、社会的利益を個別特殊化するものである。しかし、社会の中には、法の侵犯者として行動し、他者（他の社会を含む）を侵害し、破壊し、略奪するものもある。記録に残された人間の歴史の全体の歩みを見るとき、人類にはすばらしい創造的な能力があることを実証するような社会もあれば、人類には恥ずべきほどに破壊的な能力があることを実証するような社会もある。国際社会の歴史は、人類に信頼と誇りをもたらす多くのものを含んでいると同時に、人類に嫌悪や恥辱を感じさせる多くのものも含んでいる。

12・3　機械は壊れる。生物も、病み、衰え、そして死ぬものである。いかなる構造体であっても、やがて分解することになるであろう。いかなるシステムであっても、適切に機能しなくなるか、全く機能しなくなったりするであろう。社会の構造システムは、第一部および第二部の前章までで検討されたように、本質的に動的であるため、社会自らとその構成員の幸福の恒常的増進という課題に上手に適合することができる。しかし、社会の構造システムは、同時に、社会自らに対して、その構成員に対して、そして他の諸社会およびその構成員に対して、害悪を与えることも可能である。社会は、無制限の幸福という可能性を提供する。もしその可能性が、ある特定の社会において、ある特定の期間を通じて、実現されるとすれば、それは、その社会とその構成員の払う特定の努力によって実現されるものである。社会において社会を通じて善いことをなすことは、人間のもつ可能性の一つである。同様に、社会において社会を通じて悪いことをなすことは、まったくもってあまりにも人間的な可能性の一つなのである。

12・4　社会は、それ自らの意志および行為を、その社会の構成員の意志および行為と統合するものであるから、社会が達成したものは、かかる意志および行為の産物に他ならない。社会は、その**意志**を通じて、害悪をなすことが可能である。すなわち、社会は、まず、自らの可能態を認識することを通じて害悪をなすことができ、次に、社会自らのために作り出した現実を通じて害悪をなすことができ、そして、その社会の言葉と観念と理念と価値を通じて害悪をなすことができる。社会は、その未来を認識するのと同じように、〈今・ここととしての現在〉においてその意志を形成するのである。また、社会は、その未来を認識するのと同じように、その過去を形成するのである。こうして、社会は、自らの未来を意識の中で認識することで、その未来から、自己を創造するのである。また、社会は、その行為を通じても、害悪をなすことができる。すなわち、社会は、〈今・ここことしての現在〉において、自ら認識し自ら意志した可能態を現実化することによって害悪をなすことができ、それ自身の意識とその構成員の意識とを変更することによっても害悪をなすことができ、さらには、社会自らの意識を超越した世界、自然界、そして、他の諸社会やその構成員の意識を変更することによって害悪をなすことができる。社会は、未来を選択する手段の一つとして、その選択においてかつその選択を通じて害悪をなすことができる。

12・5 社会の構造システムによって、社会は、それ自身とその構成員の幸福の恒常的増進を促すことができるのだが、この構造システム自体は、それが、そのように用いられるであろうということを、あるいは、専らもしくは常にそのように用いられることをなんら保証するものではない。社会は、自らを自らから守るための安全装置をなんら備えていない。そして、全人類で構成される国際社会、すなわちすべての社会から構成される一つの社会にまで至る、あらゆる社会は、それぞれが他の社会の構成員であるため、社会を他の社会の有害な意志および行為から互いに守るために、他に優先して作動する社会的装置などは存在しない。ここでせいぜい言い得ることは、国際社会が、社会自らとその構成員の幸福の恒常的増進を促すことをすべての社会に対して可能にさせる究極的な能力を有しており、また、各社会が自らに対してまたは他の社会に対して危害を与えることのないように阻止する究極的な責任を負っている、ということである。国際社会においてこそ、自分自身を害することができるという人類のもつ（危険な）能力は、最高度に劇的な効果を発揮することになる。国際社会においてこそ、全人類の幸福の恒常的増大を促進させることができるし、できなければならず、そして、必ず促進されるであろう。

12・6　人間社会は、この害悪をなす能力を、個々の人間と共有している。害悪をなす能力は、人に善いことをする能力と同様に、日々、瞬間ごとになすことを選択する、人間の有する能力の帰結であり、それは同時に免れることのできない人間の責任でもある。人間は、こういった選択を行うためのシステムを具えている。人間の構造システムには、個人が他者に対して害悪を与える、そのような可能性を生じさせる四つの特徴がある。それらの特徴から、結果として、害悪をなすことを回避しようとする個人の恒常的な努力――道徳的努力――の必要性が生じる。社会は、個人の意志および行為を社会の意志および行為に統合したシステムなのであるから、害悪をなすという可能性を生じさせる、人間のシステムの有する特徴を社会も共有している。それらの特徴から、社会の場合であっても、個人の場合と同様に、害悪をなすことを回避しようとする恒常的な努力――社会的努力――の必要性が生じる。人の一生は、個人の場合も社会の場合も（つまり、その成立から消滅まで）、恒常的な格闘であるだけではない。それは、終りなき努力を必要とする格闘なのである。

12・7　（人間の構造システムに見られる前述の特徴は、次のようなものである。）（一）個人が、〈今・ここととしての現在〉において一つの未来を選択する場合、その選択は、過去との関係において、すなわち、現実性であるもの、つまり当該個人の過去との関係において、効果を生ずる。ここで当該個人の過去とは、以下のようにいくつかの意味での過去が一つに統合されたものである。すなわち、まず、物理的に過去から継承したもの（遺伝的に継承したものを含む）であり、次に、記憶の中に保持されているが、相当程度現在の意識上に表象できるような過去であり、第三に、当該個人の〈今・ここととしての現在〉のそれまでのすべての状態の結果として、個人の人格中に保持されているシステム化された過去である。それゆえ個人は、特定の可能性を現実化することによって、すなわち、一つの未来を選び出すことによって、意志および行為の〈今・ここととしての現在〉において、現実性としての過去と可能性としての未来とを統合しているのである。個人は、過去を選択することはできない。なぜならば、過去は当然に過ぎ去ったものであり、選択の余地はないからである。それゆえ、個人の選択は、その統制が及ばない諸力を含んだ力の作用する場において行われる選択なのである。

12・8 （二）個人の意識によってその意識を通じてなされる、認識と、意志および行為とは、すべて、それらのみで単独でなされるのではない。それらは、意識を超えた世界、すなわち、宇宙の、脳と肉体とそれ以外のすべてのもので構成される自然界の内部において行われる。また、それらは、自分以外の他の自己創造的人格、すなわち、他のすべての個人と社会とが含まれる世界において行われる（ここでいう社会には、全人類で構成される国際社会にまで至る、当該個人の所属するあらゆる社会が含まれる）。我々は単独でこの選択を行うのではない。我々の選択は他者の選択と相互に影響を及ぼし合っている。我々の選択の帰結つまり我々の行為は、種々の力が作用した結果であり、そしてそれらの力の中には我々の統制の範囲を超えているものもある。

12・9 （三）蓄積効果、すなわち、累積的因果関係の原理が存在する。この意味するところは、意志および行為の小さな事象が累積されていき、その結果、大規模な複合体となる、ということである。その大規模な複合体は個人の意志および行為がなかったならば存在しえなかったのであるが、しかし、当該個人はそうした大規模な複合体を発生させようと意志して特定の意志および行為を行ったわけではない。特に、個人の人格は、絶え間なくなされる個人の意志および行為の残存物が蓄積されたものを含んでいる。個人が〈今・こことしての現在〉において選択を行うにあたり、特定の選択が、長期にわたる過程である〈人格の蓄積〉に対してなんらかの影響を及ぼすことについて、個人は意識することができる。しかし、この人格なる構造システムは、それを一つの全体性として選択することが個々の特定の意志および行為の出来事においてなされる、そのようなものとしては、決して個人に対して、提示されることはないのである。つまり、個々の人間は自己創造的ではあるが、しかし、そこで創造される自己は、自らが選択した自己ではないのである。

12・10（四）個人は、意志し行為する時点において、自らが、様々な可能態の中から選択をなしていることを認識している。この認識そしてこれらの可能態は、意識の中で意識の働きによって単一の統合体を成している。この統合体は極めて複雑なものであって、認識したり意識に表出する個人の能力をはるかに凌駕する。実際、個人の意識は、このような統合体を全体的に認識したりその意識に表出したりすることが、原則としてできない。というのは、これをなすためには、意識が、自己を超越し、そして自己を単なる**他者**として認識することが必要となるからである。しかし、そうであるにもかかわらず、個人の意識は、選択の可能性を認識するにあたって、自ら認識した可能態の中から選択するという任務をすべて我が身に引き受けるのである。人間の意識は、自らが人間の意識であることを認識するにあたって、自らを〈選択を行う意識〉としても認識する。人間の意識は、自らを〈選択を行う意識〉と認識するにあたっては、以下のことが分かっていながら、あたかも意識が自らを超越することができるかのように振舞って選択をなさなければならないのである。すなわち、このとき、意識は、〈今・ここ〉において選択することによって、自らの過去そして自己自身を作り出すであろうが、その過去は意識がすべて選択したものではないし、あるいは意識が単独で選択したものではなく、また、自己自身もそこで特定的に選択された自己ではないであろうこと、しかし、そのようにして生まれる過去および自己自身は意識が自ら選択し意識が単独で責任を負うという意味で、唯一無二の選択を含むものであることが、意識には分かっているのである。一つの未来を選択することは、一つの過去を選択することである。一つの可能性を選択することは、一つの現実性を選択することである。しかし、それらは、我々がそのような選択をなし終えるまでは知ることのできない過去であり現実性なのである。

12・11　したがって、個人の意識の構造システムは、選択を行うことにより、害悪をなすことも可能である。個人の意識が、過去を選択しないことはありえず、また、他者の選択を統制することはできず、特定の選択が全体に及ぼす効果を統制することはできず、そして、選択をなすにあたってその条件すべてを知ることはできない。もし万一個人がこれらすべてのことができるとするならば、その人間はもはや人間ではなく、ある種の神的存在と化するであろう。人間であることは、選択することができるということである。選択することができるということは、悪を選択することができるということである。しかし同時に、選択することができるということは、努力することによって善を選択することができるということでもある。そして何よりも重要な点は、選択することができるということは、善なる選択と悪なる選択とが存在するのを知ることができる、ということである。さもなければ、人間の生き方が、それ自体、格闘という形で現れることはないであろうし、また、意識が行い、意識の中で行われ、そして意識を通じて行われる、恒常的な努力が要求されることもないであろう。

12・12　社会の構造システムは、それ自らの意志および行為を、その社会の構成員の意志および行為に統合していることから、個人の意識のもつ前述のような特徴を共有するのである。社会において、未来の可能態についての認識が共有され、〈今・ここ としての現在〉において選択する任務が分担され、過去に対する責任が共有されている。社会の意志および行為は、その基本構制、すなわち社会の人格の範囲内において行われる。この基本構制、すなわち社会の人格は、社会が作り出したものであり、それは、現実性として社会に現れるのだが、社会によって選択されるべきものとしてその全体像が社会に提示されることは決してないのである。社会の意志および行為がなされるのは、社会の枠を超越した世界においてであって、つまり、自然界や、他の社会およびその構成員から構成される世界のみならず、同時に、当該社会の構成員である個々人の意識をその内容とする世界においてでもある。社会における累積効果は、個人の場合と比較して、それによってもたらされる帰結の点で、はるかに劇的なものにならざるを得ない。というのは、社会が一体となって集団的に物事を成し遂げる能力は、いかなる個人の能力をもはるかに凌駕しているからである。そして社会は、個人の場合と同様に、選択をなす任務を与えられているのだが、それは、ただ生の衝動に対応するためだけにである。しかし、この生の衝動は、その自然発生性および不可避性にもかかわらず、自己創造のための絶え間ない努力が求められているものなのである。

12・13　したがって、社会の努力の多くは、個人の努力の多くと同様に、単に選択するためだけでなく、選択に向けて準備することにも、向けられている。社会によってなされる、社会の永続的なディレンマとの一大格闘は、未来の一つの可能性から一つの特定の過去をつくり出すために、〈今・ここととしての現在〉において意志し行為する格闘であるだけではない。それは、同時に、意志し行為する準備をするため最善の方法を見出すための格闘でもある。個人の道徳的努力の多くと同様に、社会による社会的努力の多くも、意志および行為の特定のシステムとなるような仕方で、意志し行為することに対して向けられている。

12・14　したがって、社会が自らの努力の多くを向けるべき対象は、自らの現実形成活動であり、自らの言葉・観念・理論・価値の形成であり、社会が善を選択をすることができ、同時に、悪を選択することを回避できる、そのような社会にならなければならないという意識を創り出すことなのである。

12・15 社会が世界を認識するのと同じように、社会は世界を選択するのである。社会は、意識を超越した世界、すなわち自然界において意志し行為しているため、社会は、その自然界を、すなわち〈存在するものすべて〉から意識の世界を除いた残余部分を、意識の内部における〈宇宙とそれ自体〉として、作り直さなければならない。社会は、現実性であるところの過去との関係において意志し行為するため、その過去を、意識の内部における〈過去それ自体〉として、作り直さなければならない。社会は、自らの意志および行為を構成員の意志および行為と統合するため、構成員の意識に関心を持たねばならず、その構成員の意識を〈社会との関係における意識〉として形成することになる。社会は、他の社会およびその構成員の意志および行為との関係において意志し行為しなければならないため、人間の意識一般、すなわち個人の意識と社会の意識の双方の性質に、社会は関心を持たなければならず、人間性を〈社会との関係における人間性〉として形成することになる。

12・16 社会〈自らにとっての現実〉は、社会の意志および行為を決定する。しかし、このことは、社会が、自らの現実的な意識の単なる最小公倍数に過ぎないものとなるように運命づけられていることを意味していない。反対に、社会は自らが認識した可能態を現実化するためのシステムであるので、このことが意味しているのは、社会が、自らが可能性と認識し得るすべてのものを選択しそれになることができるということである。社会は、自らの可能性としての自己を現実化することによって、現在の自己を超越することができる。

12・17 社会の永続的なディレンマと格闘するにあたり、社会は、社会〈自らにとっての現実〉を形成し、自己を超越するための手段を見出すのである。社会は、教育を手段として、その構成員に対して、自己超越的な可能態を見出させ、現実化させる――教育は、母親の膝の上で行われ、父親の傍らで行われ、年配者の輪の中で行われ、預言者や詩人、聖職者、教師の言葉を通じて行われる。社会での教育は、一定の年齢になることで達成される成熟に至るための単なる通路ではない。社会は、永続的な自己教育の場である。社会での教育は、単に、現実の場における教育、すなわち、既成の〈社会にとっての現実〉による教育であるだけではない。社会の教育は、同時に、未来による教育、すなわち、社会の可能態による教育でもある。社会の教育によって、社会の恒常的な自己超越が可能となる。社会は、意志の永遠の自己教育である。社会は、徳による永遠の自己教育である。

12・18　社会は、法と道徳を用いることで、社会の構造システムの中において、自己超越的な自己教育を具体化する。**道徳**は、**社会**の関心事である。なぜなら、社会の構成員の個々の人格の発展、すなわち、社会の構成員の意志の教育は、構成員の意志および行為が社会の意志および行為に統合される場である社会の生存と繁栄にとって、決定的な要因だからである。道徳は、個人に対して善を選択する傾向を与えることによって、個人が選択をなす、すなわち意志し行為する時点において働く個人の欲望に対して、変更を加えようとする。道徳は、社会の構成員の意識の中で行われている、社会の自己教育なのである。**法**は、**個人**の関心事である。なぜなら、社会の基本構制の発展、すなわち、社会の意志の教育は、社会に対して善を選択する傾向を与えることによって、社会の構成員である個人の生存と繁栄にとって決定的な要因として作用するからである。法は、個人の利益を普遍化し、かつ、社会の利益を個別化するものとして、社会が選択をなす、すなわち社会が意志し行為する時点で働き、社会自らの欲望に変更を加える。法は、社会の意識の中で行われている、社会の自己教育なのである。

12・19　（社会の）基本構制固有の一般原則によって、自己超越的な自己教育、すなわち法が可能となる。この一般原則によって、自己超越性が、法の構造システムの中に組み込まれ、それゆえ基本構制の中に組み込まれ、それゆえ社会の構造システムの中に組み込まれ、それゆえ社会とその構成員の意志および行為の中に組み込まれるのである。社会は、法を通じて、社会とその構成員の幸福の恒常的増大を促進するために常に意志し行為することが可能になるのである。基本構制固有の一般原則は、そのような可能性を、いかなる社会に対しても保証するものである。しかし、法の具体的内容すなわち現実の種々の法的関係は、決してあらかじめ固定されたプログラムであるわけではない。法は、種々の法的関係が成立することを可能にする。しかし、法自体は、いかなる特定の法的関係も具現しているものではない。

12・20 法の具体的内容は——宗教、神話、芸術、哲学、歴史、自然科学、経済、道徳といった、法以外の現実形成のためのシステムの具体的内容と同様に——、社会の営み全体を通じて、また、〈社会過程の総体〉を通じて決定され、そして、特に、社会による社会の永続的ディレンマとの格闘を通じて決定される。社会の現実形成のすべてのシステムを含む、〈社会過程の総体〉が、社会の現実性を決定するのであり、すなわち、社会自身とその構成員の存続および繁栄の確保に向けての、社会の現実的な達成物を決定するのである。それと同様に、悪の可能性が生ずる。すなわち、社会がそれ自らまたはその構成員に対して害悪をなす可能性が生じ、他の社会または他の社会の構成員に対して害悪をなす可能性も同じく生ずるのである。

12・21 また、社会によってなされる害悪は、法によってなされる害悪も含めて、〈社会過程の総体〉のあらゆるレベルのあらゆる段階における意志および行為によってもたらされる可能性があるということになろう。記録に残されたすべての歴史を通じて、人間の社会生活の経験が示していることは、このような社会的害悪が、小規模なものから最も大規模な世界史的規模のものに至るまで、どのような人間的営みからも生ずる可能性がある、ということである。

すなわち、神（または神々）の性質についてといった特定の理論から平凡な一官僚の心理状態（その個性とか思考様式といった）に至るまでのあらゆる人間的営み、そして、あらゆる種類の言葉と観念と理論と価値の効果として、このような社会的害悪が生じ得るのである。

12・22　国際社会が、その歴史の非常に多くの部分を通じて行ってきた、人間として恥ずべき失敗は、人類全体が加担してきた失敗である。しかし、それらの失敗は、人間の本性であると考えられるものに何か固有の弱点があることに起因した失敗なのではない。それらの失敗は、人間の意識の現実の活動における失敗であり、想像力および理性の面での失敗であり、意志および行為の失敗である。そのように失敗する必然性がこれまであったわけではない。また、そのように失敗する必然性が今もあるわけではない。もし国際社会が今の姿と違うものであったならば、人類の歴史も違ったものとなっていたであろう。もし人類の歴史が違った歩みであったならば、国際社会は違ったものとなっていたであろう。もし人類の歴史が違った歩みであったならば、人類は今の姿とは違ったものとなっていたであろう。国際社会は今とは違ったものになり得るのである。人類は今とは違ったものになり得るのである。

12・23　二十世紀を終えるにあたって、もし我々が国際社会のよりよい未来を選択するように、今や意志し行為すべきであるとするならば、次のことを検討することが当然必要となろう。すなわち、何世紀にもわたって継続してきた国際社会の〈今・ここととしての現在〉において、国際社会の構造システムが生み出してきた現実の意志および行為が、ある時には人間の幸福の偉大な進展へと導き、ある時には甚大かつ継続的な人類の困窮へと導き、また、ある時には人類の未来について絶望するに等しいような不確実性へと導いてきたが、それが、どのような具合になされ、また、なぜそのようなことが生じたのか、について検討することである。このようなやり方で、我々は、国際社会の現実の姿がいかなるものであるのか、国際社会が今後いかなるものになりうるのか、また、国際社会がいかなるものであるべきかについて、決定することができるのである。言い換えれば、こうすることによって、我々は、国際社会の基本構制を再認識することができ、それゆえ、人類の未来を再認識することができるであろう。

12・24 （この検討にあたっては、我々は、以下に掲げる三つのケースを検討の対象から除外することとする。すなわち、）第一に、カリスマ的人物——専制君主、預言者、独裁者、皇帝、将軍、政治家など——が人間社会の歴史において演じてきた役割は、ここでの検討からは除外することにする。彼らは、世界史の様々な時代の様々な場所において、自分自身の特異な人格に基づくドラマを社会全体のドラマへと塗り変えることをやってきた。彼らは、自分の個人的な意識の発展を、社会全体の社会的意識の発展に溶解させてきた。彼らの軍隊、大臣、高官や大使は、指導者の人格を鞄に詰めて携帯して世界を往き来し、時には、彼らは、当時知られていた範囲の人類の全体の意識を、彼らの指導者の個人的意識に包摂してしまうことにほとんど成功することさえ成し遂げた——しかも、その個人的意識たるや、異常であることが普通であり、しばしば有害ですらあり、自己破壊的かつ他者破壊的な狂気により悩まされてきた意識であった。そのような例外的な個人の意志および行為が社会大に拡張されることの長期的影響はしばしば大きい。そうした影響は死と破壊と退廃と腐敗と悲惨さを後世に残すだけでなく、新しい政治システム、新しい世界の展望、意志し行為することによって世界を変える人間の能力についての新しい展望をも後世に残すものであるかもしれない。何よりも、我々の当面の目的にとって最も関連あることとして、そうした影響は、建設的な例や非建設的な例を示すことで、新しい言葉や観念や理論や価値を生み出すかもしれないのである。そういうことで、ここでの目的からすれば、こういった指導者の問題は当面の関心からは外されるのであるが、彼らが人間社会の発展のドラマ全体に絶えず登場してくることは否めないのである。

12・25　第二に、人間の歴史を、一連の出来事、すなわち人間が意志し行為したことの連続として記述するやり方は、ここでは除外される。このような歴史は、社会発展を心理的、政治的、物理的現象の発展として扱うものである限り、それらの学問に固有の用語法を用いて、これらの現象の説明をしようとする。このような様式で歴史を書くこと、つまり、〈今・ここととしての現在〉において過去を作り上げることは、それ自体が人間の行動つまり意志し行為することの一形態であり、社会の〈今・ここととしての現在〉に他ならない、他の意志し行為することと何ら変わるところはない。大戦争、王家の結婚、内戦、暴君の暗殺、憲法や条約に仰々しく祀り上げられている陰謀や虚偽――これらは確かに、構造システムを変更する出来事であり、しばしば広範な影響を与える。しかし、我々のここでの見地からすれば、これらは現象ですらないのである。これらは精々言って副次的現象であり、諸現象の外観に過ぎない。過去についてのそのような記述を基礎に未来を決定することはできない。これらは、認識論的な自然科学の諸法則に従って理解することができる物理的世界の事象でもない。つまり、大戦争云々といった前記の出来事は、事象――それについての知識やそれからの一般化によって、我々が想像力と理性を働かせるならば、未来の人間世界（人間社会よりなる世界）において、あたかもその世界を熟知しているかのように、行為することが可能になる、そのような意味での事象――ではないのである。

12・26　第三に、我々は、社会的発展のもつ経済的側面、すなわち、社会の力の組織的適用を通じてなされる物理的世界の社会的変容の展開過程については、ほんのしばらくの間、考慮の対象から外すことにする。明らかに、そのような主題は、本書の目的と最も緊密に合致している。その理由は、社会の経済的側面が、個々人の行うカリスマ的行動や現実の諸社会が行う〈システム・構築的〉行動と比べると、惑星としての地球全体の物理的世界に対する、より直接的な意識の働きだからである。したがって、経済分野における諸社会の意志および行為を検討することにより、全人類で構成される国際社会に社会的意識が発展して行く過程に、最も肉薄して理解することができる、と考えられよう。しかし、このアプローチをとることの難点は、社会の意識の形成が（第一部およびこの第二部の前章までの各章において考察したように）、一種の合算的性質の活動として見なされてきていることにある。この種の活動が有する主たる特徴の一つ——そして最も厄介な特徴——は、本書において、社会の意識のもつ内部作用的性質、つまりその際限なき〈自己・反省的〉で、〈自己・相互作用的〉性質、と呼ばれるものである。

12・27　社会のもつ経済的側面が、社会の〈自己・組織化〉にとって、そしてそれゆえ、社会の〈自己・認識〉にとって、いかに根本的なものであろうとも、言葉・観念・理論・価値のレベルにおいては、社会は、もっとずっと一般的な意識の世界にその関心を没入するようになる。すなわち、社会が〈存在するものすべて〉との関連において自らの居場所を定めようとして格闘するにあたり、社会は、個々人の意識のうちの無意識に最も近い部分にあり、その人の内心に深く関わる事象を、社会の意識に属する最も普遍的な諸理論の枠内において統合するのである。例えば、一個人にとっての自分の母親との関係とか、宇宙の起源に関する社会に共通の観念とかが、特定の社会における経済的行動の発展を分析することによって説明可能になると述べることは、すなわち、想像力と理性のもつ一般化能力を、その過去の振舞によって正しさが立証されていないにもかかわらず、信頼することに他ならない。宇宙は一粒の砂の中に含まれているかもしれず、人間の生命は一滴の涙の中に含まれているかもしれず、また、ある社会全体が火打石の破片の中に含まれているのかもしれない。しかし、どうしてそのようなことになるのかを知るためには、我々自身が神となることが必要であろう。

12・28　したがって、我々の関心は、社会の意識の発展過程にある。社会の意識は、社会の意識が自らを認識することにより発展し、理論のレベルにおいて自らを考察することにより発展し、社会〈自らにとっての現実〉を形成することにより発展し、そして、社会の意識の意志および行為を形成することになる純粋理論および実践理論を構築することにより発展する。今日存在するそして今後なりうべき国際社会を理解するために、我々は、国際社会が、いかにして自らを現在のような構造システムとして認識するようになったのかについて、知る必要がある。人類とその未来について認識するためには、これまで人類自身が社会をどのようなものとして考えてきたか、そして、現在人類自身が社会をどのようなものとして考えているのか、を知る必要がある。

12・29　社会の〈自己・認識〉には、一定不変の趨勢、すなわち、諸社会の実践理論のもつ一定不変の趨勢が存在する。これを**社会的世界の超社会化に向かう一定不変の趨勢**と呼ぶことができよう。この一定不変の趨勢には、以下の二つの意味がある。すなわち、第一に、この一定不変の趨勢が、記録に残された人間の歴史を通じて我々が知っているすべての社会の理論化を通じて存在が認められる、という意味である。第二に、この一定不変の趨勢は、社会が自らを理論化しようとして格闘する際に参照される基準となる定点を提供している、という意味である。

12・30　社会は、社会の永続的ディレンマと格闘するにあたって、必然的に、自らを次の三つの視点から見る。すなわち、第一に、社会の構成員各々の生活を含む、社会の内部の生活に関する**内的視点**である。第二に、社会自らを一つの全体として、すなわち一つの首尾一貫した構造システムとして見る**統合的視点**である。そして、第三に、社会自らの外部にありかつそれを超越したものとの関連で自らを見る**外的視点**である。超社会化によって、社会は、これらの視点の各々から超越しかつこの三つの視点すべてを統合した、社会自らについての理論的見解をもつことが可能となる。**物理的世界の超自然化**と呼ぶことができる理論的戦略と同様に、超社会化は、説明されるべきことについての理論的説明を、その理論的説明には服さない何ものかに向けて投げ返すのである。ついでに、ここで、物理的世界の超自然化が、単に宗教、神話、そして芸術上の営みであるばかりではなく、自然科学の営みでもあることに留意しなければならない。自然科学は、自然の世界と意識の世界の双方と特定の関係をもつものであるが、しかし、その自然の世界と意識の世界のいずれとも異なる何ものかであるような世界を意識の内部に作り出すのである。

12・31　この数世紀にわたる国際社会の発展が抱える問題の根本的原因は、国際社会の超社会化の中に存在するある特殊な性質に求めることができる。全人類の幸福の恒常的増進を促進する手段として国際社会が革命的に再創造されるか否かは、超社会化に向かう一定不変の趨勢を国際社会に関する我々の理解の中に含めて再統合しようとする理論的レベルでの努力如何に、すなわち、国際社会を再構制しようとする理論的レベルでの努力如何によるのである。

12・32　超社会化に向かう一定不変の趨勢の要素として、図8を検討しよう。

これらは、人間の〈自己・了解〉の長い歴史において最も共通に見られる超社会化の諸要素である。それぞれに**自然** (nature) および**自然的** (natural) という言葉を用いた意図は、現実態を経由して可能態を理想態に関係づけることにある。換言すると、これら二つの言葉は、現実がいかにあるべきか（理想態）を見出すために、現実がいかなるものであるか（現実態）を前提に、現実がいかなるものとなり得るか（可能態）を説明しようと試みるものである。こう

図8　超社会化に向かう一定不変の趨勢

人間の自然——	自然的善，自然的悪
	自然的社交性，自然的利己性
	自然的共感，自然的攻撃性
社会の自然——	自然的自由，自然的法
	自然的平等，自然的序列
	自然的調和，自然的対立
自然界の自然—	自然的秩序，自然的混沌
	自然的発達，自然的衰微
	自然的統一性，自然的相対性

して、**自然的**という観念は、同時に二つの機能を果たすことが可能になる。すなわち、この観念は「(ものの)現在ある姿」を説明すると同時に、「(ものの)あるべき姿」を明らかにする。理想態の見地から可能態と現実態とを明確に表すことは、人間の意識が獲得した、あらゆる成果の中で最も偉大なものの一つである。なぜなら、これによって人間には、無限の〈自己・改善〉の可能性が与えられたからである。

12・33　社会の〈自己・了解〉の歴史は、つまりは、これらの観念の歴史であって、これらの観念が、歴史上の様々な社会の〈社会過程の総体〉に次々と参画してくる有様についての歴史であり、またとりわけ、これらの観念が、所与の社会の社会過程の日常的な機能に関する様々な実践理論を支持すべく、様々な純粋理論の中に次々と姿を現してくる有様についての歴史である。このような過程を踏むことによって、ある特定の社会についての説明が超社会化されるのであり、それによって、推論・演繹・含意そして個別化という作業を無限に行うことが可能となる。そして、こういった(論理的な)作業は、それ自身、同社会の実体的な意志および行為の一部を構成するのである。

12・34　超社会的理論の最も古くかつ最もありふれた形式は、**宗教**によるものである。部族、氏族、都市、民族、国家そして人類は、それぞれ、自らを一つの宗教の下に統合することで、超社会的な存在として認識されるのであるが、このとき、その宗教は、宇宙に存在するあらゆるものを、個々人の意志し行為する生活に結び付ける働きをしているのである。ところで、こうした人間社会に内在する三つの視点――すなわち、内的視点、統合的視点、そして外的視点――は、単一の構造システムの中において統合される。この単一の構造システムは、それらの視点すべてに超越しかつそれらの視点と向き合う関係にある。人間の自然、社会の自然、そして自然界の自然は、あらゆる自然に関する統一的な一つの見解に統合される。法的基本構制、現実的基本構制、そして理想的基本構制は、あらゆる時間とあらゆる空間を超越する〈今・こことしての現在〉において統合される。個人と社会の意識は、意識に属する一つの宗教理論の中に統合されるが、この理論は、社会の実践理論を下支えする純粋理論なのである。このように、社会が一つの宗教理論をもつことによって、超社会的なものが超自然的なものとなり、そして、この超自然的なものが社会的なものとなるのである。

12・35　神話による社会の説明は、宗教の理論と歴史の理論との間の中間的で不確定な地位を占めるのだが、次の意味で超社会的理論である。すなわち、これによると、ある所与の社会の起源や特性や文化が、同社会を超越する現実、すなわち、神々や半神半人や英雄や精霊や悪霊その他種々雑多な威力や勢力といった現実、つまり事物や人間の変容という現実と結び付けられて説明されるという意味において、それは超社会的理論なのである。本書の第一部で既に指摘したように、神話は、その表明が不明瞭であり、首尾一貫せず、融通無碍であることが、かえって、人間の意識における神話の作用の実効性を高めているように思われる。神話の内容のもつ想像力を喚起する能力と、神話の〈理性を超越した理性〉とが結合して、ある種の神秘的な力を形成し、それによって、神話に抵抗する知的力を意識から剥奪した状態にするのである。そして、神話のもつこのような神秘的な力は、当該社会の構成員から、社会の構造システムその他の諸システムとの関係で、政治的力を剥奪された状態にするのである。このように、社会が神話の理論をもつことによって、超社会的なものが超人間的となり、そして、この超人間的なものが社会的なものとなるのである。

12・36　歴史による社会の説明は、もしその説明が歴史主義的なものでもあるならば、超社会的説明である。換言すれば、もし歴史による社会の説明が、同時に歴史についての理論的説明をも含むものであるならば（つまり歴史主義）、その場合には、歴史を社会についての理論的説明として用いることができるということである。歴史による社会の説明がそのようなものであるならば、それは、哲学による社会の説明と呼ばれているものの一種にすぎないということになろう。そして、この歴史による理論的説明は、性質上、宗教的なものとも神話的なものともなりえよう。しかし、もしそのいずれでもないとすれば、その場合、歴史による社会の理論的説明が次のことを説明できるためには、最も一般的な種類の哲学に依拠することになろう。そのような哲学とは、すなわち、歴史的知識という特定の形式の知識が、どのようにして、社会の本性と発展（特にその知識を生み出した当の社会の本性と発展）を説明することができるのか、また、そればかりか、認識された現実を諸価値を通して意志および行為に結び付けるそのような歴史的知識が、実践理論の基礎たりうるのか、について説明することである。したがって、歴史による社会の説明が示そうとしていることは、ある所与の社会の歴史ばかりか、あらゆる歴史というものが、ある一つのシステム的な型（パターン）の展開としてか、または、進化を通じて出現するものとしてか、または、超越的な潜在性の現実化として理解し得るということなのである。それゆえ歴史は、それ自身〈今・こことしての現在〉であるところの過去そして未来についての物語である。このように社会が歴史の理論をもつことによって、超社会的なものが超時間的なものとなり、そして、この超時間的なものが社会的なものとなる。

12・37　社会の超社会的理論の中で、**哲学**による説明と呼ばれる種類のものがなお残っている。哲学が普遍的な学であることを目指す限りにおいて——すなわち、哲学が意識によって提起された、特定の社会に限られない問題に取り組もうとし、ある特定の社会のある特定の時代においてのみ妥当するような説明ではない理論的説明を提示しようとする限りにおいて——哲学による社会の説明は、後述するような普遍化可能な理論に依拠することにより、ある社会の起源や特性や精神を説明しようと試みる点で、超社会的である。哲学による社会の説明では、最も一般的な哲学の理論が用いられることになろう。この最も一般的な哲学の理論は、次のものを含む。すなわち、社会および社会を超越する世界についての知識の性質を説明するための認識論、社会的存在を含むあらゆる形式の存在の性質を説明するための形而上学、そして、社会的義務を含むあらゆる形式の義務の性質を説明するための倫理学である。この哲学による社会の説明では、次に、哲学の一理論が、ある過程をたどることによって――この哲学理論自体が、その過程を十分説明できるほどにまで自己超越することは決してできないのであるが、しかし、その過程は当該社会の〈社会過程の総体〉から派生したものである――当該社会において実践理論を発生させるものである。そして、この実践理論が、当該社会において、諸価値を通して哲学的に認識された現実を、意志および行為に結び付けるのである。このように、社会が哲学の理論をもつことによって、超社会的なものが自己超越的なものとなり、そして、この自己超越的なものが社会的なものとなるのである。

12・38　現実の歴史的経験に照らしてみると、社会の諸々の超社会的理論の顕著な特徴は、それら超社会的理論が人間の想像力と理性のうちの最も不明瞭で複雑である営みの中に属するにもかかわらず、それらの理論が、社会の内部において、日々の現実の世界で劇的な効果を発揮することである。超社会的なものは、同時に、きわめて社会的でもある。社会の超社会的理論から見れば、超社会的なものが社会的となり、社会的なものが超社会的となるのである。超社会的理論は、社会の外的視点を、社会の構造システムの総体という統合的視点の中で、内部化する。社会において生ずるものはすべて、社会を超越するものの像や陰影や証拠となる。社会において演じられるか目撃されるドラマは、目に見ることができない、より大きなドラマの幕間に上演される人形劇にすぎない。社会でのすべての出来事は、同時に、社会を超越する宇宙において生起する事象でもある。いかなる協和社会も、つまりは小宇宙にすぎない。以上の帰結として、社会の中で産み出されたすべての言葉・観念・理論・価値は、その社会を超越し、すべての社会をも超越する一つの意識——すなわち、あらゆる内在の中に組み込まれている超越——の中で、また、それにとって、二次的な重要性を有する、と言いうるのである。

12・39　ほんの一瞬の社会的出来事であってもかような永遠の重要性を有する、というこの意味が、人類の社会的格闘に、かくの如き凶暴な熾烈さを与えてきたのである。社会の永続的ディレンマとの格闘——すなわち、社会の社会化——は、各時代の指導者たちにとっては、以下の点で、究極的な格闘であるように思われる。すなわち、それは、彼らの存続と繁栄を賭けた格闘であるばかりか、当の人間としての真価そのものに関わる格闘でもあり、また自らが意識の中で認識することができる宇宙の意義をめぐっての格闘でもある。しかし、この宇宙の意義は人間の想像力と理性の能力を超えるように思われ、また、宇宙は、最終的には不可避的に人間を超越するのである。社会的理論の超社会化が記録に残された人類の歴史を通じてなされるという事実の意味することは、人類が、それ自らの意志および行為によって、過酷なまでに有限である人間の意志および行為の〈今・ここととしての現在〉の中に、無限性を導入することを選んできた、ということである。

12・40　超社会的理論は、最もダイナミックな社会的力に満ちており、社会秩序を強化したり、それについて判断し、それを覆す役割を果たすことができる。同一の理論が、これらすべての機能をまったく同時に果たすこともできる。超社会的理論は、純粋理論および実践理論から派生した相競合する観念がどれほどあろうとも、それらすべてを支持するため利用することができる。そうした相競合する観念とは、例えば、人民主権と君主主権、専制と民主制、無数の多様な種類の民主主義、神の意志・一般意志・被治者の同意、国家による規制と自由競争（レッセフェール）、私有財産の神聖性と財産の社会化、国教制度と宗教的寛容、奴隷制と奴隷解放、植民地主義と自決、政治的多元主義と政治的集権主義、学問や芸術の自由と検閲制度、自由貿易と保護貿易、ナショナリズムと国際主義である。

12・41　理論を生み出すことは、すなわち社会を作り出すことである。理論を支配することは、社会的力を支配することである。理論を打ち破ることは、力の構造を打ち破ることである。理論を変更することは、社会を変えることである。あらゆる社会的格闘は、理論をめぐる格闘でもある。個々の社会の〈社会過程の総体〉は、理論の領域における頂点を支配するための格闘を含んでいる。個々の社会の歴史は、同時にその社会の諸々の理論の歴史でもある。すべての社会から構成される社会である国際社会の歴史はまた、国際社会に含まれてきたすべての社会における諸々の理論の歴史でもある。

12・42　過去六千年以上の現実の社会の歴史が示す無限に多様な変化には、超社会化に向かう一定不変の趨勢の働きによって、共通の重要性が付与されている。異なる社会のそれぞれのソシオノミー、そして同じ社会ではあるが異なる時代のそれぞれのソシオノミー——ここで、ソシオノミーとは、社会とその構成員が意志し行為するときの意識において、義務として認識している社会の構造システムをいう——は、超社会化に向かう一定不変の趨勢の働きによって、同属としての類似性を共有している。我々は、前古代（およそ紀元前六世紀以前までの時代）の社会にも、我々と同じ社会的な人間の存在を認める。我々は、古代（紀元五世紀頃までの時代）の社会にも、我々と同じ社会的な人間の存在を認める。我々は、前近代（紀元十五世紀頃までの時代）の社会にも、我々と同じ社会的な人間の存在を認める。我々は、近代（最近の五世紀間）の社会にも、我々と同じ社会的な人間の存在を認める。我々は、現代世界の至る所の社会において、我々と同じ社会的な人間の存在を認める。我々には、機会さえ与えられれば、古代以前のエジプト人、古代以前のメソポタミア人、古代の中国人、古代のギリシャ人、前近代の修道士、封建領主、ルネサンス時代の王子、日本の将軍、モンゴル草原の遊牧民や辺鄙なジャングルの部族のメンバーらと、社会的理論についての有意義な議論ができたであろうことが分かっている。人間が社会組織を持つに至った最も初期にまで遡ることのできる――おそらくはそれ以前にまで遡ることができよう――社会意識に端を発し、以後、途切れることなく続いてきた系譜上に我々が存在していることが知られている。我々は我々自身の内に太古からの生理学的な遺伝形質だけでなく、社会的な遺伝形質をも持っているのである。

12・43　我々は、上述のすべての物語を、人類が自らを社会化しようとして行ってきた長期にわたる一つの格闘として考えることができる。すなわち、この格闘は、無数の悲劇や悲哀のエピソードに彩られ、無数の英雄崇拝や人間としての自己超越のエピソードで彩られ、無数の自己超越的な創造性と知性のエピソードに彩られた格闘である。これらの格闘は、人類が天与の資質である頭脳と心と手を自己創造のために用いることを通じて行われてきたのである。そして、我々はこの物語を、場面ごとにふさわしい感情、すなわち、哀れみから感嘆に至るまで、怒りから喜びに至るまで、そして知的好奇心から革命的な切迫感に至るまでの感情を伴いつつ、想起することができるのである。しかし我々は、単なる傍観者であるわけではない。人類が自らを社会化する物語は、我々自身の物語なのである。社会の歴史は、つまりは我々自身の社会生活の謂である。人類は、自らを知ることによって自らを形成するのである。

12・44　過去五世紀にわたる近代において、社会の超社会的理論化の営みにおける発展が、継続的かつ劇的に行われてきた。この発展は、世界中の種々の社会に対して決定的な影響を及ぼすに至っており、とりわけ国際社会の理論に対して決定的な影響を及ぼしてきている。かかる過程によって、人類は、もう一度単一の社会として自らを再構制しようとしているのであり、この過程が国際社会の現状を決定してきたのであり、また、この過程が、ここでもう一度国際社会を再認識し再構制することを、今や緊急に必要なものとし、かつ、ほぼ実現可能なものとしているのである。

12・45　近代初頭に、善かれ悪しかれ全世界の社会的発展にとって大きな役割を果たすこととなった諸民族の住む一地域（ヨーロッパ）において、前近代における支配的な超社会的理論であった宗教の理論から、哲学と歴史（それも哲学の視点から見られたもの）に基礎を置く有力な超社会的理論への交代があった。社会的理論を巡っての社会的格闘が、古代社会から引き継がれてきたかかる格闘の成果を利用しつつ、しかし今や前近代期における社会的経験の成果をも含める形で、大いなる熾烈さをもって再開されたのであった。理論のレベルと意志および行為のレベルの両面において、強度のエネルギーが社会的発展に注がれるようになった。理論の側面で言えば、この発展は、諸社会の政治的・社会的・経済的な構造システムにおいて進行中であったダイナミックな発展に付随したものであり、それを促すものであり、また、それに呼応するものであった。この恒常的に加速し続ける発展は、全世界に影響を与えるようになり、そして今なお国際社会の極めてダイナミックな〈今・ここととしての現在〉において進行中なのである。

12・46　前近代期の社会的理論は、決して一枚岩的な単一の構造のものではなかった。純粋理論に関しては、相拮抗する多数の定式化が精力的に主張され、かつ精力的に反駁されていた。その一方で、実践理論に関しては、その多様な形態が、地域でさまざまに異なる社会の構造システムで構成されるパッチワークを招来することとなった。また社会の内部および社会の相互間で、激甚な社会的格闘が数多く行われていた（ここで社会とは、ローマ・カトリック教会、神聖ローマ帝国、王国、共和国、地方の諸侯領、地方の教会、分派、都市、ギルド、自治団体などを指す）。これら各々の社会において、社会の純粋理論が、実践理論の形成のために主要な役割を果たしていた。そしてヨーロッパにおいては、ローマ帝国またはローマ・カトリック教会との接触によってほとんど影響を受けなかったその他の社会も存在していた。さらに、ヨーロッパ以外の他の地域には、古代からの超社会的理論を独自に保持する他の社会も存在していた。しかし、西ヨーロッパのほぼ全域において、理論的レベルで社会の諸問題を思考するほとんどの者の関心を集めていたのはローマ・カトリックのキリスト教であった。そして、このキリスト教思想こそが、人々に、いかに不確実なものであれ、思考の枠組みを提供し、また、いかに分かり難いものであれ、一個の世界観を提供し、さらに、いかに不安定なものであれ、参照されるべき基準を提供したのである。ローマ・カトリックのキリスト教は、いかなる社会に対しても、容易に利用できかつ実践上実効的なやり方で社会の内的視点、統合的視点および外的視点を調和させるための本質的な要素を提供したのである。

12・47　（人間の）意識がローマ・カトリック教会の強力な支配から解放されたことは、自由への解放であると同時に、古くからの危険な冒険の再開でもあった。不完全なものであったにせよ信頼できる〈自己・観念〉をもはや失っていたため、社会の意識は、それ自らを再認識するために特別な努力を払わなければならなかった。社会の意識は、自らの自己超越を理論のレベルにおいて再度見出すことが必要となった。すなわち、全人類から構成される国際社会にまで至る、すべての種類の社会において、その構造システムを動揺させる〈現実世界〉の社会的出来事が次々と生起する只中において、社会の意識は自らの言葉・観念・理論・価値を再構築しなければならなかった。

12・48　一つの特定の形態の社会組織が他のすべての形態の社会組織を支配するようになることを、前近代の末期において、誰も説得力ある確信をもって予測することはできなかったであろう。また、前近代期の西ヨーロッパの諸王国、すなわちローマ帝国の崩壊から生じたいわゆる蛮族の諸王国が、自らをネイションとして認識するようになり、やがて徐々に自らの構造システムを**ステイト**という概念によって再認識するようになろうとは、やはり当時誰も予測しえなかったであろう。さらに、ステイトという概念が、社会の組織化の中心点としてのみならず、個人的および社会的な自己同定の中心点としても、ネイションという概念それ自体に取って代わるようになろうとは、やはり誰も当時予測しえなかったであろう。ステイトという概念が、社会〈自らにとっての現実〉の内部において圧倒的な力を獲得して、他のすべての形態の下位社会を自らの下に服従させるようになることを、予測することは不可能であったであろう。また、良きにつけ悪しきにつけ、ステイトとして組織された社会の有する計り知れない潜在可能性を予測することは不可能であったであろう。

12・49 近代初頭において、理論を扱った当時の文献が、前古代の社会および古代社会からの〈遺産としての意識〉と前近代の社会で獲得された経験とを伝えていた。また、この種の文献は、前近代から存続してきた社会の概念化された基本構制（そのいくつかは古代に起源を持つものであった）を伝えていた。帝国や教会から職人ギルドや大学まで、あらゆる種類の社会が、それぞれの基本構制の内部に、何世代・何世紀にもわたる社会的格闘の成果物をまだ保持していた。そして王国の中には、前近代期に形成されたその王国の基本構制がローマ帝国やローマ・カトリック教会の理論・構造体・システムに十分匹敵しており、また、各社会に固有の特性を失うことなく、帝国や教会の観念を同化しているものがいくつか存在した。

12・50 古代以前の世界の社会にまで遡る夥しい数の社会において展開された激甚な社会的格闘にもかかわらず、社会の意識が見失うことのなかった理論的要素の中で、最も重要なのは次のものである。すなわち、社会それ自体という観念、つまり、社会が具体的に実体、構造、システムのいずれかの特定の形態をとるにしても、社会としての同一性に変わりはないという観念であった。この意味での社会の問題は、当時、ある特定の社会について問題として取り上げられてきていた。つまり、ある特定の社会の存在を、理論上社会の分類に属するタイプの実体として説明する問題として取り上げられてきたのであった。本書において、「社会の永続的ディレンマ」と呼ばれているのは、ある社会がどのような形式で以下に述べるような基本的問題を系統立って探求するのか、というディレンマのことである。すなわち、社会としての存在の問題、つまり、いかなる社会であれ、どのような方法で自らを社会として認識し、どのような方法で自らを社会として創造していくのか、という問題である。詳しく述べれば、次のような問題である。すなわち、社会は、どのような方法で他の社会との関係において、そして、その社会の構成員との関係において、自らのアイデンティティを保持することができるのか（アイデンティティのディレンマ――自己と他者）。社会は、どのような方法で、一つの統一体として、つまり、そのすべての下位システムを包含した単一のシステムとして、機能することができるのか（力のディレンマ――一者と多数者）。社会は、どのような方法で、自らに対して、自らの選択、自らの意志および行為のための根拠を提供することによって、社会としての選択をなすことができるのか（意志のディレンマ――自然の単一性と価値の複数性）。社会は、どのような方法で、自らの存在のシステムと〈存在するものすべて〉のシステムとを統合することができるのか（秩序のディレンマ――正義と社会的正義）。社会は、どのような方法で、その不断のあらゆる自己創造と自己超越を通じて、構造として存続することができるのか（生成のディレンマ――新しい市民と古い法）。人間の意志および行為を統合するシステムとして内的に組織化する自我、自ら意志し行為できるように自らを形成する自我、自らを〈自己を越える世界〉についての自らの理解に統合させる自我、自らの未来を自らの過去へと変化させ、自らの過去を自らの未来に伝達することができるように自らを形成する自我――これらすべてを統合した自我、それがすなわち、自らを構造システムとして、すなわち、ある種の実体として創造する社会に他ならない。

12・51　近代の始まりとともに、社会の超社会化理論のそれまでの長い経験もこれまで以上に意識されることとなった。このように言うのは、古代社会さらには古代以前の社会からの〈意識の中の残滓〉に対する新たな有用性が見出され、新たに注目されるようになったためであった。ここで再び、超社会化に向かう一定不変の趨勢が、自己創造を行う社会意識の作用の中に姿を現すことになった。ここで再び、社会の内的視点、統合的視点、外的視点を調和させるために、図８（前述パラグラフ12・32）に列挙された諸要素のいずれかの組み合わせに、ふたたび依拠しなければならなくなった。

12・52　古代のギリシャ・中国・ローマのいくつかの指導的な諸理論を含む、古代の重要な超社会化理論と比較するとき、近代における哲学的形式の超社会化は、その端緒から、独自の神話的色彩を帯びていた。支配的なローマ・カトリック教の神学の影響が残っていたため、社会の超社会化の問題は、社会の成立の問題の観点から、それゆえ社会における権威的意志の起源の問題の観点から、取り上げられる傾向があった。言い換えれば、社会における法の起源の問題の観点から、それゆえ法の権威の問題の観点から、取り上げられる傾向があった。社会の成立について理解することの問題が、あたかも、社会の存在がどのようにして社会の生成を決定づけるのか、の問題であるかの如く提示されることとなった。つまり、社会の存在の有り様について理解することは、同問題が、あたかも、社会がどのようにして存在するに至ったのかという問題であるかの如く提示されたのであった。その結果、社会の存在は、社会の生成との関係で、超社会的なものであると見なされるようになった。社会の法の中で表明されている社会の意志を説明するためには、その意志をどのように意志するのかについて説明することだけが必要であるとされた。

12・53　この点を本書で使われている用語法で表現すると、こうである。近代が始まった時点で採用されたこのアプローチの本質は、現実的基本構制の下で法が（何かを）意志することが、法的基本構制と理想的基本構制の下で既にそれ自身意志によって成立していた意志が、（何かを）意志するということであった。ここで残された問題は、社会の意志それ自体が、どのように意志されるのかという問題であった。社会の意志自体を意志するときに用いられる意志は、**主権**として知られるようになった。主権は、意志によらない意志である。主権は、古代のギリシャやローマの超社会的理論においても、また、ある時期のローマ・カトリック教会の一部の超社会的理論においてもよく知られていた言葉であった。主権は、もしその概念なかりせば終局のない、扱いにくい連続体となっていたはずのものに終了期限を付するものであった。主権概念は、〈権威を基礎とする〉社会についての見方の中で用いられ、権威の中の権威であるところの究極的な権威――神、君主、法、人民――を推定するものであった。主権は、社会の内的視点の一つの様相である。主権は、社会の意志システムである階層的連続体の終点を示す文言であった。しかし主権自体の理論的基礎は、超社会的なものと見なされた。近代の初期にあっては、主権は、社会の成立の説明を提供するのに〈少しばかり神話を伴った理論〉に依存せざるをえなかった。主権的権威を生じさせる社会の創始を仮定することで、社会の中のすべての権威は主権という源泉から導かれるものと考えることができる。

12・54　社会の概念化に向けての、この〈権威を基礎とする〉アプローチは二つの帰結をもたらしたが、その一つ目は、このアプローチが、すべての社会を、本質的に権威のシステムであるかの如くに感じさせる傾向を有したことであり、二つ目は、権威のシステムを組み入れている社会を、最も重要な社会の形式であるかの如く感じさせる傾向を有したことであった。後者の点は、家父長制ではない家族を一方の極とし、国際社会を他方の極とする、権威的ではない、その他のもろもろの社会形式を無視したものであった。

12・55 そして、特に、このアプローチは、ある形態の社会――ネイション――の重要性に真っ向から対立したのであった。このネイションという社会形態は、当時そうであり、また今日に至るまでそうであるように、〈ステイトとしての社会〉の有するシステム的性質と調和させるのが困難であった。

12・56 人間は、自らが属するすべての社会の中でも、自らがそこで生まれた社会を、ただ出生の事実だけで自らがその社会の構成員となる社会として見なすのである――一人の人間の自己が複数の自然的な自己として現れる――。出生を基準として決定されるこういった主観的社会を、本書では**ネイション**と呼ぶことにしよう。ネイションの基礎となるものは、いかなる形式の人間的特徴であってもよい――例えば、出生の地、言語、宗教、芸術と文学、歴史、あらゆる種類の慣習（食物、衣装、成人年齢、婚姻）――。特定のネイションの構成員であることは、他の諸社会の構成員であることを排除するものではない。すなわち、特定のネイションの構成員であることは、他のネイションの構成員と一緒になって（新たな社会の）共通の構成員たる地位を取得することを排除するものではない。さらに、特定のネイションの構成員であることは、同時に、すべての社会から構成される社会であり、全人類から構成される国際社会の共通の構成員であることまでをも含めて、二つまたはそれ以上のネイションが協力し合う第三の社会において、それらのネイションの共通の構成員であることを排除するものではない。あるネイションの構成員であることは、特に、他のネイションの構成員であることと両立し得る。例えば、第一のネイションは出生地を基準に同定され、第二のネイションは宗教を基準に同定され、第三のネイションはより具体的な慣習に基づいて同定されるとして、ひとりの人がそのいずれにも属しうる、といった具合に――。家族は、それ自体、ネイションの一形態であり、婚姻により他の諸家族と共通の構成員として結び付けられるのであり、こうして、他の諸ネイションを含めて、他の多くの社会に参加しているのである。

12・57　人間は、自らのネイションの基底的な特徴が変更されることにとりわけ抵抗する。人間は、自ら認めるネイションの自ら認める構成員たる地位を守るためには、あらゆる種類の実力を利用するという極端な考え方に対しても寛容である。国民と称される特定のネイションの構成員たる地位には、我々の経験する最も強い感情が付着しており、それが、自由、独立、自決といった、強力な〈価値・概念〉ともなっている〈理論・言葉〉の中に概念化している。

12・58　近代の初頭には、人間は、自らが無数に存在するネイションの構成員であることに気付くに至った。それらのネイションは、複雑さと洗練さの程度が多様に異なる、無数の形態の社会的組織を通じて、組織化され、つながり、協力し合っている。これには大規模なネイション（イギリス人、フランス人、中国人、日本人、トルコ人、ペルシャ人など）も含まれていたが、その種のネイションの基盤は領域・政治・言語・文化・宗教・経済の点において曖昧なものであった。

12・59　ネイションは、以下の点において、領域的に曖昧であった。すなわち、前近代の時期においてそれらの領域は常時変動していたのであり、いかなる時でも明確な境界線が引かれたことはなく、常に近隣のネイションからの脅威にさらされていた。ネイションは、また、次の点で、政治的に曖昧であった。すなわち、ネイション相互間には、微妙で、互いに競い合い、誤解し合っているようなシステム的結び付き（覇権、宗主権、領主権、保護関係、同君連合といった形での）が存在した。ネイションは、また、次の点で、言語的に曖昧であった。すなわち、一つのネイションの中で二以上の言語が用いられていたり、支配的な言語は常に発展途上にあり、文法の構造や語彙の点で安定していなかった。ネイションは、また、次の点で、文化的に曖昧であった。すなわち、ネイションは、自らの歴史について、しばしば多かれ少なかれ伝説の形態にとどまる、まだ初歩的な見方をしていたのであるが、それは、前近代期の高度な文化（大学、神学、哲学、文学、美術、建築）が著しくネイション間的なものであったためである。ネイションは、また、宗教の点でも曖昧であった。それは、ネイションを超越するような宗教がある一方で、ネイション内に宗派を分立させたりして、宗教がネイションを統一したり、ネイションを分裂させたりしたからである。ネイションは、また、次の点で、経済的に曖昧であった。すなわち、農産物と手工業的製品双方の、自給生産を超える程度の生産が、地域的にも小地域的にも行われていたが、それと同時に、ネイション間の貿易が、ネイションを越える規模で開催される定期市で、また、長距離の貿易ルートに沿って、極めて大量に行われていた。

12・60　多くのネイション間権力闘争が、少なくとも君主およびその領地のレベルにおいて、彼らの威信、権力誇示、財産をめぐって、さらには、領域的または法的な支配権をめぐって行われていた。社会の意識が、教育、宗教、法その他の現実形成過程において、君主とその属臣たちによって次第に独占されていったことは、そのようなネイションにおける君主の役割の増大をもたらした。これは、君主の属臣たちの利己的な幻想の実現にますます近づくような社会に向けての、ネイションの自己創造であった。前近代期の終りの数世紀にわたる、このように規模の大きなネイションの自己認識は、何某という名前の君主が統治する社会における、その社会の構成員の側の、そのような社会の一員としての自己認識へと、ますます変化していったのである。ここで述べておくべきことは、同様の過程が、非君主政的な統治システムにおいても、特に都市や小共和国において発生していた、ということである。こういった都市と共和国においては、時に発生する個人の独裁者や集団による暴政も含めて、社会の意識に対して多くの統制を及ぼす統治者が存在する場合、彼ら統治者は、権力闘争によって、社会の自己創造に多大な影響力を行使する点で、特に、権力闘争を通じて、**他者**（すなわち、他のネイション社会）との関係において、社会の自己創造に多大な影響力を行使する点で、君主ときわめて似通った役割を演じた。

12・61　主権の概念は、この、大規模なネイションの自己創造の一助になった。この様子は、ネイションという卑賤な母親から、ステイトという偉才が生まれた、と表現できよう。ステイトは、特定の形態の社会的組織化である。ステイトが社会の一組織であるのは次の点からである。すなわち（一）社会それ自体の意志および行為の客観的な表現とみなされる下部システムを通じて、社会の意志および行為がなされていること。かかる下部システムは、社会の構成員の意志および行為の単なる集積ではない。（二）これらの下部システムが、社会の基本構制の下で、社会全体の権威によって、意志し行為すること。（三）これらの下部システムの意志および行為は、社会の意志および行為のなされる**公領域**における社会による**統治**として一般に認められていること――すなわち、**国家（コモンウェルス）**もしくは**公法的問題**または**公の事柄**として――。したがって、ステイトとして組織されたネイションは、そこにおいて、政府が、社会全体の権威によって、社会の社会的意志および行為をなすネイションなのである。ネイションにおいて、社会の構成員は、**市民**という二番目の生き方を引き受ける。

12・62　主権の概念は、このステイトという形態での社会の発展に対して、それに適した次の三つのやり方で、支援することになった。すなわち、（一）社会の構成員が、自らの社会を、単一のシステム的統一体として認識できるようにすることによって。（二）社会の構成員が、自らの社会には社会的権威の究極の源泉かつ所在地が存在する、と認識できるようにすることによって。（三）社会の構成員が、その個人的生活に関する意志および行為と、社会全体に関する意志および行為（彼らが**公的**資格で参加する意志および行為を含む）とが分離していると認識できるようにすることによって、である。特に、君主制の主権理論は、君主を、社会の統一性の形体化として、究極的な権威の貯蔵庫として、そして、社会が意志し行為するための手段として、社会に対して提供することにより、後の発展のための基礎を用意した。しかし、共和国や都市国家もまた、特に、社会の意志および行為の制度化という伝統を樹立することによって、そのような基礎を用意したのであった。すなわち、社会の個々の構成員で組織される制度であるが、社会の権威の保持者としての役割、そして、社会が意志し行為するときの手段としての役割に由来する独立性と権威をもった制度を樹立することによってである。

12・63 いかなる形態の社会であっても、ステイトの形式に組織することができる。家族は、通常は、このようなステイト社会ではないが、厳格な階層性（家長制、母権制、年長者支配）の基本構制の下で家族が組織されている社会においては、家族は国家社会の一形態になっている。そして、そのような家族には、家族の継続的な〈自らにとっての現実〉に由来する権威の下で、家族なるコモンウェルス（一種の国家）のために意志し行為する、特別な責任を負う、一人または複数の家族構成員が存在する。工業を営む会社または商業を営む会社も、通常の場合、ステイト社会であり、そこには、会社全体を代表する権威を付与された制度が存在する。この権威には、会社とその構成員のために法的関係を設定する権威と、社会のために、および、コモンウェルス（一種の国家）との関係において、その他一切の意志および行為をなす権威とが含まれる。

12・64 やがて間もなく、国家社会の政府が、社会とその構成員の間の中間的または仲介的地位を占めるようになった。政府は、その意志および行為によって、必要であれば、社会的力を付与することのできる法的関係を構築することで、市民の意志および行為の相互作用をシステム的に組織することが可能である――これは、言い換えれば、立法権を行使することである。政府は、法的基本構制に由来する既存の社会的力を利用して、市民の意志および行為ならびに他のすべての下位社会の意志および行為を変更することができる――これは、言い換えれば、行政権を行使することである。政府は、その意志および行為によって、既存の法的関係が他者に与えている社会的力の地位を（正式に）決定することができる――これは、言い換えれば、司法権を行使することである。社会の基本構制固有の一般原則を仮定するとき（これについては第十一章で考察した）、社会を代表して政府が行う、そのような意志および行為は、その社会による永続的ディレンマとの格闘において、すなわち、社会の自己創造において、支配的役割を果たし得る。ステイトとして組織された社会の政府は、同政府が利用可能なすべての形態の社会的力を通じて、社会の〈現実形成〉過程――特に法と教育であるが、道徳、歴史、美術（大衆娯楽も含む）についても――を支配し得る。こうして、ステイトとして組織された社会の政府は、〈社会過程の総体〉を決定する地位を占め、それゆえ社会の生成を決定する地位を占めることができるのである。

12・65　社会（例えばネイション）は、意志する権威の究極的な源泉をもち、また、社会を代表して権威を行使する政府をもつ、国家社会となることによって、システム的に非常に実効的となることができた。その結果、〈社会過程の総体〉、あるいは、永続的ディレンマとの社会の格闘が組織化されて、少数の社会構成員の意志および行為によって、全員の意志および行為を変更することができるようになった。特に、そのような社会は、基本構制の枠組みを具体的かつ明確に創設することが可能になり、その枠組み内では経済的な意味で非常に効率的に農業、工業、商業が繁栄できるようになった。社会目的のための自然の力の社会的交換は、それに適したシステムの組織化と社会的統制とを通して、巨大なエネルギーを内蔵しかつ生産する交換に発展することができた。社会構成員たちによる経済的努力の集約――徴税という形態による象徴的な集約も含む――は、それを社会の組織的な秩序化へと転換することができたし、両者は互いに支え合っていた。

12・66　近代初期に、若干の規模の大きなネイションの内部にステイトが発展したことは、その発展に随伴して生じた次の三つの顕著なかつ明らかに有害な事情に対して、自己認識的な社会意識の注意を向けさせることとなった。これは、古代ギリシャ・ローマ社会の、社会の超社会化に関する理論家たちには全くよく知られていた危険であった。すなわち、疎外、腐敗、専制という危険であった。

12・67　社会の個々の構成員は、これまでのネイションの一員たる地位からステイトの市民たる地位へと代わったことによって、個々の人間としてのアイデンティティの点で脅威にさらされていると容易に感ずることができた。すなわち、これまでの、主観的に決定されていた多数のネイションに帰属しているという地位から、ステイトとして組織されつつある新たなネイションの一員としての地位に代わることについて、不安を感じていた。これまでの、ネイションの一員としての地位のもつ主観性、すなわち、（出生の事実に依拠する）自然な帰属感だけでは、新たな形態の社会にとっては十分ではなかった。したがって、新たな形態の社会における、市民としての地位は、法や他のあらゆる〈現実形成〉システムから生ずる、無数の形態の服従によって実現されることを要した。また、これまで見られた複数のネイションへの帰属は、特定の〈ステイト・ネイション〉の市民としての地位とは両立しないものとして扱われるようになり、迫害やさらにひどい仕打ちを招くようになったのである。

12・68　第二に、この疎外の他にも、それまでの過去のすべての歴史が教訓として伝えてきた次のような危険があった。すなわち、公権力を行使する者は社会の目的と自らの個人的な目的とを同一視しかねない、ということであり、そして、自らが利用しうる公権力を濫用しかねないことである。腐敗は、さらなる腐敗を生む。腐敗した官僚は腐敗した裁判官に依存しており、腐敗した政治家は腐敗した実業家に依存している。腐敗は、伝染病のように、社会の公領域を汚染するのである。ひとたび腐敗が社会に蔓延するようになると、その根絶は極めて困難である。腐敗を除去しようという願望をもつ社会構成員は、腐敗した公権力の行使により自らの生命と利益が害を受けた者のみであり、つまりは一般大衆のみである。歴史が示しているように、公権の濫用は極めて効果的になされ得るため、人々——巨大な潜在的エネルギーを有している点では外見的には極めて強力であるように見えても——は、精神的にも物理的にも、無力な存在とされてしまっているのである。

12・69　第三に、次のような危険が古くから存在していた。すなわち、公権力の保持者は、公権力を、（富の一形態であるかのように蓄えることのできる）自らの個人的所有物として見なしてしまう危険である。また、コモンウェルスを自らの富と見なしてしまう危険であり、自らの意識だけで〈社会過程の総体〉にとって十分な舞台となっているものと思い込んでしまう危険であり、そして、自らの個人的意志が社会の意志を体現していると思い込んでしまう危険、である。政府は、こういった者たちによる公権力の掌握が、それ自身で主要な社会目的と見なすようになるかもしれない。結局のところ、社会は、このようにして集中された公権力を除いた残りの部分に過ぎない、と思われるようになるかもしれない。公権力はさらに公権力を肥大化させ、その結果、専制となるのである。

12・70　人類世界は自らを、ステイトよりなる世界として構制し続けてきた。しかし、近代の初頭以来、超社会化的な社会理論は、疎外、腐敗そして専制という危険を想起し、またそれの存在を認識してきた。同理論は、国家社会を、簒奪者たるステイトから救出する作業にとりかかっており、ステイトという組織のもつ利点を確保しかつ高めつつ、ステイト組織のもつ危険から防御するための防壁を築こうと試み始めている。この社会を取り戻す過程は、長く苦難に満ちたものであった。この過程についての理解を始めることが、すなわち、国際社会の未来に対する支配力の掌握への第一歩となるのである。

第十三章　現代国際社会の社会化

13・1　過去五世紀にわたってなされてきた、社会を社会化しようとする格闘は、次の三つの観点から考察することができる。すなわち、

（一）社会的意識は、ステイトとして自己組織化する社会のために、純粋理論を自らの内部に生み出した。この純粋理論は、〈言葉・観念・価値〉の中に含まれている理論であり、それが**民主主義**の観念と理想となった。

（二）社会的意識は、国家社会においても、また、国際社会においても、以下のようにして、力の独占に抵抗した。すなわち、家族で構成される社会から世界大の帝国に至るまで多岐に渡る実に数多くの下位社会が存在していること、そして、それらが、劇的に効力を高めつつある社会的エネルギー（とりわけ経済的力のもつエネルギー）を、ますます多様化している社会の構造システムの構成部分として組み入れていること、に思い至り、繰り返しそれを再認識することによってである。

（三）社会的意識は、国際社会の存在に思い至り、かつ、それを構制する作業に取りかかった。

（一）民主主義の観念と理想

13・2　民主主義の観念は、主権の観念を超越するものである。すなわち民主主義は、主権を弁証法的に継承した観念である。主権は、それまで社会的力について次のような理論的説明を提供していた。すなわち、すべての社会的力の源泉は、それ自身は他の社会的力を起源としない一つの社会的力であり、それが主権である、という説明がなされ

たのである。こうして、主権は、他者の意志に基づかない主権者の意志に対して、すべての社会的力の創造とその行使についての権威を付与したのである。主権の下で社会的交換の条件が定まったのであるが、それは、国家社会の政府に有利となるように定められたのである。

13・3　民主主義の観念は、最終的には、以下のようにして、主権の観念に優越するようになった。すなわち、すべての社会的力の基礎が、単に権威という観念とその事実とにあるのではなく、**社会の基本構制（コンスティテューション）**、換言すれば、社会それ自身の構造システムそのものにあることを見出すことによってである。

13・4　社会的意識の内部における、主権の観念に優越しようとする格闘は、基本構制主義（コンスティテューショナリズム）によってなされた長い格闘であった。それは、社会を、現実の力の構造（現実的基本構制）としてのみならず、現在あるものについての現実形成的な意識（法的基本構制）として、そして、将来ありうべきものについての現実形成的な意識（理想的基本構制）としても認識しようとする格闘であった。

13・5　社会的意識が、自らの内部に、民主主義の観念を形成してきた過程を、以下、再構成してみよう。

13・6　対内的権威の源泉としての主権（社会についての内的視点）と、社会全体のレベルにおける権威の統合としての主権（社会についての統合的視点）とが、超社会化を通じて、社会についての外的視点、すなわち、社会の、社会を超えたところにある〈存在するものすべて〉との関係という視点と結び付けられた。ステイトとして組織化する社会という存在は、本質的に権威的な存在であるとみなされていたのであり、それゆえ、社会の生成は、〈権威によるところの生成〉であった。しかし、統合的視点から見た権威の超社会化は、必然的に、内的視点から見た権威〈過程としての権威〉の超社会化の問題、すなわち、権威が、どのようにして意志および行為を通じて適用されるのか、という問題を発生させた。すなわち、仮に主権者の役割を超自然的なものとして（特に、法的基本構制の、それゆえ、すべての法的関係の、非意志的な権威の源泉として）、見なすべきであるとしても、なおそこには、**かかる権威に基づく法形成**の理論的根拠という問題、すなわち、**かかる権威に基づく法形成**の超社会化の可能性の問題、が残されたのである。

13・7　歴史的な経験の問題として見れば、近代の、ステイトとして組織されつつあった社会における民主化に向けての第一歩は、以下のように行われた。前近代期のネイションの法的基本構制および現実的基本構制からの系譜を受け継いで、社会的意識は、次のことを想起したのであった。すなわち、君主でさえも、社会の神聖な基本構制の伝統に従って、法を立法したり適用したりするにあたっては、言い換えると、新たな法的関係を創設したり、課税する〈権能の権利〉と兵役を要求する〈権能の権利〉の双方を含めて〈権能の権利〉を行使したりするために法的基本構制を適用するにあたっては、事前に若干の臣下たちと協議することが求められた、ということである。また、権利保持者間の紛争を仲裁するときには、定められた手続に従って司法的な〈権能の権利〉を行使することが求められていた、ということである。歴史と英雄伝説が伝える事実によると、君主の正式な即位――これは、選挙による推戴、宗教的な儀式、宣誓を伴った戴冠式といったなんらかの儀式を伴うものであるが――は、典型的には、いかに形式化しているにせよ、（社会の）基本構制に対する服従を伴うものであった。こうして、歴史にその基礎を置く法的基本構制を援用することによって、社会的意識は、現実的基本構制の下で行使される主権者の力が、その当の主権が一つのシステムとして統合されている社会の、ある側面に従属しているとみなし得るための根拠に、思い至ることができたのである。

13・8 **（社会の）基本構制に由来する（コンスティテューショナルな）主権**による超社会化は、理論化を行う社会的意識が、**主権**の〈哲学を通じての超社会化〉に応答し、また、それを和らげるために、最初にとった手段であった。ここで、社会的交換が、理論のレベルにおいて、生じたのである。つまり、**権威**の観念として公に認められている独立自足の社会的な力が、**コンスティテューショナルな主権**の観念に含まれる社会目的と交代したのである。

13・9 しかし、超社会化された主権は、社会的意識から、もう一つ別の形態の応答、実は、もっと広範な影響をもたらすことになった反応を引き起こした。すなわち、主権は、ステイトとして組織化を遂げた社会が、自らを首尾一貫した構造システムとして認識することを可能とした。主権は、現実的基本構制、すなわち主権者の意志と行動が、どのようにして、法的基本構制と、またそれゆえに、社会の存在そのものと、構造的に関係しているのかについて、そのような社会が認識することを可能とした。しかし、〈構造的統合としての主権〉および〈究極の権威としての主権〉は、〈システムとしての主権〉、すなわち、ステイトとして組織化しつつある社会の内的視点の、システムとしての側面について説明をなさないままであった。

13・10 この点を、本研究の観点から説明すると次のようになる。当時、社会的意識が自ら理解できるようにしなければならなかったことは、いかにして主権が基本構制に服するのか、ということばかりではなく、いかにして、基本構制固有の一般原則、すなわち、あらゆる社会の基本構制に共通するシステム上の原則と、ステイトとして組織化しつつあった社会の主権とを両立させることができるのか、ということであった。この問題への取組みが急務とされたのは、主権者の力が強大な社会的力を生み出すことが明らかとなったからである。この社会的力には、社会の〈現実形成〉に対する統制を通じて意識そのものに対して発揮される力が含まれるし、また、社会の〈現実形成〉から抽き出された諸価値を法的関係の中に具現化する力、そして、そうした法的関係を権威的に解釈し適用する力が含まれる。

13・11　そういうことで、社会的意識は、**制限主権**という前途に見込みがないパラドックス（逆説）に取り組むこととなった。**制限主権**の理論は、その理論的探求を、**自然的な法的関係**なるものが存在するであろうという観念を追求することから開始した。すなわち、社会の現実のさまざまな法的規制から超社会化しており、また、主権者またはその臣下もしくは代理人の現実の〈権能の権利〉からも超社会化している、**自然的な法的関係**が存在するという観念である。それを本書の用語法に当てはめれば、つまり、社会が構造であると同時にシステムであることを、そして、システムが、その機能に関する諸原則、すなわち、当該システムの基本構制に関する基本構制、諸法を統べる法を内に含むことを、社会的意識が理解するようになったということである。

13・12　この制限主権の理論にとっても、以下の点で、歴史は再び都合のよい基礎となった。すなわち、制限主権に関連して問題となったネイションの場合には、（非常にあいまいであって半分以上伝説にすぎないとしても）途切れることのない歴史的連続性が存在するように思われたという点においてである。そして、そのような過去の中で、社会の〈今・ここ])としての現在〉は明らかに、その延長上にある一つの到達点にすぎなかった。現実的基本構制の下にあるその時の君主――すなわち、臣下や代理人を従えた、特定の個人――が、明らかにただ過去の〈社会過程の総体〉の帰結としてのみ、権威を保持していた。それゆえ主権者が有していた権威には限界が存在していたのであり、その限界は、蓄積された社会的意識の中に保持されているのであり、それをはっきりと述べることができたし、もし必要ならば、大憲章や他の憲法的文書の中に書き記すことさえできたのである。

13・13　蓄積された社会的意識は、長期にわたる社会的発展の過程から獲得されたものであるが、これも理論的レベルにおいて、制限主権の理論に対して支持を与えた。**自然法**の観念は、所与の社会の法に対して超社会的であり、すなわち〈法の上位にある法〉であるが、明らかに、古代から存在した観念であった。すなわち、同観念は、古代社会（ヨーロッパの範囲をはるかに越えた諸社会を含む）と前近代期のローマ教会に属する社会双方の社会的理論化の、共通の財産であったという、類いまれな名声を得ていた。〈法の上位にある法〉は、近代初頭において、進化のすぐれた推進力である観念であったように思われる。それは、この〈法の上位にある法〉なる観念が、多くの様々な時代における多くの多様な社会において、その社会過程が〈自己・認識〉のための言葉・観念・理論を生み出すにあたって、社会の社会的意識の中において認識されていた観念であることが、当時明瞭に知られていたからである。

13・14　自然法の観念は、同観念に付随する自然的な法的関係の観念（自然的平等、自然的自由、そして自然権）とともに、理論のレベルにおいて、別の種類の社会的交換を具現化した。**権威**という観念によって（公に）認められた社会的力は、立憲主義的主権の概念によって（一部）修正された上、**制限主権**の観念の中に含まれる社会目的に交代した。そして、この観念は、単に理論上の観念にとどまらなかった。同観念は、同時に、価値としても認識され、それはあらゆる種類の権力――立法権・行政権・司法権を含む――を行使する権力者が意志し行為するときの根拠になり得るものであった。このようにして、制約を強いる基本構制は、様々な基本構制にとっての基本構制であり、諸法を統べる法を含むのであるが、社会的意識によって理想的基本構制の中に位置づけられ、ステイトとして組織化しつつある社会の、自己認識された可能態を（現実態として）決定する役割を担った。

13・15 〈権威を基礎とする〉社会という観念の中に、第三番目の自己補正的な潜在力が存在し、その潜在力によって、その後数世紀にわたって、ある社会の次はまた別の社会といったように次々と社会を変容させていったのである。たしかに、社会は、社会の中に〈あらゆる権威の源泉である一つの権威〉を内包することで、社会のシステム上の構造を閉じた系とするかもしれず、そして、法的基本構制が、現実の主権の基本構制上の基礎を具現化しているかもしれず、そして、理想的基本構制が、あらゆる権威に対してシステム上の制約を課しているかもしれず、そして、かくかくしかじかの人間が、現実的基本構制の下で、基本構制上の権利（特に〈権能の権利〉）を行使することがあるかもしれない。それにもかかわらず、基本構制の三つの側面すべてについて、基本構制に基づく権威の源泉を成すもののアイデンティティという問題、すなわち、**主権者のアイデンティティ**という問題が、いつも未解決のままであった。たしかに、主権という観念は、主権者を含意しているように思われた。しかし、誰が主権者であるべきなのか。

13・16 ここでもまた、歴史的経験が示すところであるが、主権者としてのアイデンティティを供給するものとして求められたのは、〈社会過程の総体〉の格闘から超越した存在としてみなすことができる、つまり、社会の主権を超社会的に形体化した存在と見なし得る、特定の物ないしは人間であった。君主、神、法、人民——これらは、数多くの社会において、典型的に権威に基づかない権威であった。**君主**としてのアイデンティティは、まさしくそれが唯一無二の存在であることに基づくアイデンティティなのであって、君主が、その社会において唯一無二の存在であるだけではなく、ある特別な超自然的秩序に連なる一員であるとみなすことができたためであった。**神**の場合には、その意志があらゆるものを包含しており、つまり、社会自体の意志、そして主権者の意志と主権者が意志したところのすべてのものの意志を包含するのであって、それによって基本構制が、宇宙の必然的秩序の威信に与ることが可能である、とされた。**法**は、社会の過去が今まさに生きている現実になったのであり、その社会自体の起源や先祖たちの意志から受け継いだ、社会の超自然的な継承物である、とされた。**人民**については、その声は神の声の如きものであり、究極的には革命の力によって、主権者およびそれよりも下位の者のあらゆる権威のみならず、社会の基本構制上の構造全体までも、創造したり破壊したりすることができる者としての権威を有する、とされた。

13・17　近代に入ってからの過去五世紀を越える期間において、人々の有する自然的力の増大は、社会の有する社会的力の増大をもたらした。また、社会の有する社会的力の増大は、人々の有する自然的力の増大の可能性を広げた。そして、かかる社会における相互作用のもたらした〈社会過程の総体〉の力強い発展は、一方で、ステイトとして組織化しつつある社会の内部における**政府**の社会的力の大いなる増大をもたらし、他方で、それなしでは社会的力もありえなかった自然的力の源泉である、**人民**の力の大いなる増大をもたらした。

13・18　農民層（地主と小作の双方を含めて）は、自足のために必要な量以上の多くの農作物をますます作るようになった。商人は、お金のもつ増殖力、すなわち、適切な社会構造の中であれば富がさらに富を生み出す驚くべき力を有していることを見出していた。あらゆる種類の芸術家および知識人は、人間の想像力と理性の有する自然的力が無限のものであることを発見していた。自然科学者は、人間の想像力と理性が、自然界を変容させる力（すなわち、自然界を意識のいくつかのカテゴリーに変容させる力、そして、そのいくつかのカテゴリーの意識を、自然界に手を入れることで部分的に変更するために用いる力）を獲得することのできる明らかに無限の能力を有することを見出していた。一方、各個人は、自らのもつ個性、すなわち、個人の自我の制作者として、かつ、社会の自我（この社会には家族も含まれる）の制作者としての個人がもつ生来の創造的能力、に気が付き出した。そして、この能力は、また、〈存在するものすべて〉で構成される宇宙にまで及ぶ、社会の外の宇宙に対して、宗教的に、あるいはいずれかの他の仕方で、応答する力が含まれるし、また、子どもたちを教育し、社会における一人の個人として潜在能力を持つように育成する力も含まれる。この時期に人々が見出したこれらすべてのことは、決して、それまでの多くの時代の多くの社会の歴史において、社会の意識にとって未知の事柄ではなかった。ただ、近代初期になると、これらのことについての再発見が、新しい社会現象のもつ特別なエネルギーを生み出したのであった。

13・19　（社会の）人々と社会との間でなされた交換は、非常にダイナミックなものであった。（社会の）人々は、社会目的に供するために、社会に対して、自らの自然的力（とりわけ経済的力）を提供することができたのである。他方で、社会からは、人々は、財産関係の安定性、契約の有効性、金融および市場の信頼性、そして身体の安全（とりわけ旅行中、図書館、学校、教会における安全性）を必要とした。そして社会の人々は、社会的取決めをなすことにより社会の負担が公平に配分されるようになる、という信頼をもまた必要としていた。

13・20　このような過程を通じて、また、際限のない紛争と後退も稀ではなく、幾種もの流血の事態および苦難も稀ではなかったが、社会の人々は、国家社会――ステイトとして内部的に組織化されている社会――に対して、自らの社会的存在を徐々に再主張するようになった。人々は、市民として、自らを社会に一体化した。社会は、市民たちの構造システムになろうとしていた。そして、政府は、基本構制に基づき社会の公領域が意志し行為することにつき特別の責任を有する、社会の特定の下部システムとして登場してきた。公領域に対して権威を有する政府は、ステイトという形態をとるようになっていた。

13・21　相互的になす〈自己・創造〉という決定的な行為によって、社会の人々（人民）と政府は相互に、前者は社会の形体となり、後者はステイトの形体となった。市民は政府に服属し、同時に、政府は市民に服属した。これにより、両者は互いに他方に対して権能を付与したのである。かくして、ステイト社会が、国家社会として自分自身に優越することになったのである。

13・22　そういうことで、古くからの民主主義の〈言葉・観念・理論・価値〉が、近代の、ステイトとして組織化しつつある社会の社会的意識を次から次へと支配するようになった。そして、それは、理論のレベルにおいてのみならず、基本構制それ自身――法的基本構制の諸システムを含み、またとりわけ、理想的基本構制の中で形成された諸々の社会目的を含む――の内部においても行われた。民主主義の観念が既に考え出されていたため、それ以後、それを考えずにいることはできなかった。社会的意識は、民主主義の観念を忘れるように導かれることはなかった。社会は、既に民主主義の観念を一つの可能性として認識しており、かつその観念を一つの理想としているのであるから、社会は民主主義の理想を、全ての国家社会の潜在可能性に変える立場にあったのである。

13・23　民主主義の観念が、社会的意識の内部で、言葉・観念・理論・さらには価値の問題として認識されるようになったわけであるが、それでも、社会が善をなし悪を避けるように意志し行動するであろうということを、民主主義は何ら保証するのではない。民主主義の理論が、社会〈自らにとっての現実〉の一部として組み込まれることもありうるであろう。しかし、社会の現実の在り方を決定するのは社会の〈社会過程の総体〉なのである。理論、法、および社会システムの役割は、社会〈自らにとっての現実〉を（部分的に）修正し、また、それによって、社会が認識しうる可能態の範囲を修正することによって、社会とその構成員の意志および行為を修正することである。しかし、社会とその構成員が、瞬間ごとに、日々また年ごとに、つまりあらゆる時点において、社会の可能態について認識し、それらの可能態の中から選択をなすことは、まさに社会とその構成員に任されているのである。

13・24　とりわけ、歴史的な経験が我々に示していることは、民主主義の観念が、あるいずれかの社会の理想的基本構制に含まれているとしても、実際には、その観念は、その社会の現実的基本構制の作用を通じて、すなわち、現実の公権力保持者の現実の意志および行為を通じて、腐敗や専制の働きが促進されることもある、ということである。

13・25　民主主義の観念は、ステイトとして組織された社会に対し、次のような形で、理論上の正当性を付与する。すなわち、効能というエネルギーに対して価値というエネルギーを付加することによって、つまり、現実の権力機構に対して社会の理想的目的を現実化するものとしての様相を与えることによって、である。これによって、所与の社会の政府の利用に供される社会的力が強化されて、当該社会の構成員の自然的および社会的力を凌駕するものとなる。ある国家社会において、権力保持者たる個人および公領域において行動する下位社会は、その社会としては異例のエネルギーと異例の潜在力を、自分自身のために異例の善をなし、他者に対しては異例の害悪を加えるために、用いることができるであろう。そのような立場にある個人や下位社会は――（社会の）意志形成を行うための下部システムと経済的下部システムは言うまでもなく、教育から法に至るまで――社会の現実形成システムを支配することができよう。

13・26　民主主義の観念は、人民の有する無限の自然的力を放出することができる。国家社会の構造システムは、人民のこの自然的力を社会的力として利用する。民主主義の観念は、ステイト権力の簒奪、人民の名においてなされるかかる簒奪、を妨げるものではない。それによって、人民（にとって）の政府は、人民に属する政府となる。

13・27　民主主義の観念は、既に主権の観念に優越するものとなっていたが、次に、民主主義の観念に優越するものが必要となった。社会的意識は、民主主義の名における社会の救済という、第四のかつ最終の段階へと進んだ。ここでもまた、多大な努力と多大な犠牲を払って、そして苛酷な革命の力によって、社会的意識は、ステイトとして組織しつつあった社会の現実の歴史的経験に応答して、民主主義が腐敗と専制の結果を正当化できる潜在能力を有することを、認めたのであった。ここで〈自己・了解的〉な社会的意識が行った応答が、民主主義それ自体の超社会化であった。民主主義は、社会的正義の名において超社会化されたのであった。

13・28　ステイトとして組織化しつつあった民主政体は、自らを、社会的な構造システムとして認識するようになった。すなわち、そこにおいては、公領域は政府の権威に服するが、政府の意志および行為は基本構制の下で行われ、その権威は人民の主権に由来するのである。しかしそれにとどまらず、民主主義は、自らを、何よりもまず、社会として、すなわち、〈社会過程の総体〉を通じて自己創造する、つまり、社会化する存在として認識した。

13・29　民主主義の純粋理論は、必然的に、それ自体が、多くの社会の長年にわたる〈社会過程の総体〉の産物であった。民主主義の観念は、多くの社会が、社会の永続的ディレンマと格闘するところから生じた。民主主義の観念は、諸社会によるその**アイデンティティ**の確立と緊密に関係していた。すなわち、民主主義以前の社会と対比される新たなアイデンティティであり、他の諸社会との関係における当該社会の別個のアイデンティティであり、他の諸社会との関係における当該社会の独自のアイデンティティであり、当該社会の、その構成員との関係における、アイデンティティであり、他の諸社会との関係における当該社会の構成員のアイデンティティである。民主主義の観念は、必然的に、それらの社会における**力**の組織化の一部を成していた。なぜなら、社会は、一つの社会と、それを構成する多数の人民および下位社会との関係を組織化し、また、一個の社会構成員と、その社会に属する多数者との関係を組織化するものであったからである。民主主義の観念は、それらの社会の、**意志**の組織化と深く関わりのあるものであった。なぜなら、それらの社会が、個人の意志を全員の意志に変え、かつ、全員の意志を個々人の意志に変えるための方法を見出そうとして格闘し、また、公領域による統治を人民による自己統治に変えようとして格闘し、また、諸価値を社会において普遍化する手段と、個々の社会構成員の生活において社会の諸価値を個別化する手段とを、社会過程から作り出そうとして格闘していたからであった。民主主義の観念は、必然的に、〈変化の中の安定〉を目指す格闘、すなわち**生成**のための格闘、の一部を成していた。なぜなら、それらの社会が、基本構制（特に法的基本構制）を用いて、終りのないダイナミックな社会過程を、社会構造の維持に、調和させようとして努力していたからであるが、これは、社会の意志を、社会の過去から未来へと、また、その未来から過去へと、伝達するためであった。

13・30　歴史的経験に照らせば、そのような社会が、**秩序**の永続的ディレンマ（正義と社会的正義）との格闘の中で、民主主義の観念を統合するためには、時間を、今から思えば驚くほど長い時間を、必要とした。民主主義的なステイトとして組織化しつつあった社会は、明らかに、基本構制によって制限された人民主権という形式をとることによって、専制と無政府状態との間で巧妙に調和を図ることができた。そのような社会は、社会のエネルギー水準を高め、社会構成員の常時増え続ける自然的力および社会的力（特に経済的力）を社会的に組織化することで、社会全体に莫大な剰余的エネルギーを生み出す点で、非常に効率的であったことは明らかであった。そして、そのような社会は、社会の現実形成の中で、その構成員の欲望を組織化し、それによって、社会の目的に役立つことで極立って効果的であることが可能であった。しかし、そのような社会が、その構成員の幸福を、第一義的な社会目的とするようになるには、なお時間を要したのであった。

13・31　結局のところ、民主主義の純粋理論から導かれる社会システムが単に正義の追求にうまく適合しているだけではないことを社会的意識が理解したのは、漸く十九世紀になってからのことであった。そのような社会システムは、正義の追求に完全に適していた。正義の追求は、民主主義の理論に内在する固有のものである。民主主義は、特定の意志を、社会の意志の中に普遍化しようとするものであるから、当然に社会の中のあらゆる意志の普遍的な目的を追求し、また当然にあらゆる特定の欲求を普遍化しようとする。民主主義は、社会の意志を、社会の個々の構成員の意志の中に個別化しようとするものであるから、当然に社会の目的を、その構成員それぞれの目的にすることを追求し、当然に普遍化された欲求を個別化しようとする。民主主義は、個々の社会の構成員に対して、社会の幸福を追求することによって、自らの幸福を追求するように仕向ける。民主主義は、社会に対して、社会の個々の構成員の幸福を追求することによって、社会の幸福を追求するように仕向ける。

13・32　ここで、幸福とは、以下のような、秩序を基調とする関係を含んだものである。すなわち、①全体に対する、個の正しい関係、②社会の個々の構成員の意識の中での正しい関係、③〈自己創造的な〉自我の、それ自身との正しい関係、④個人の、同じ社会に属する他のすべての者との間の正しい関係、⑤社会の個々の構成員と社会との間の正しい関係、⑥個々の社会構成員と、人類全体から構成される国際社会までをも含む、他の社会の構成員との間の正しい関係、⑦個々の社会の、他のすべての社会との間の正しい関係、⑧個々の社会の、無意識の世界、自然界、〈存在するものすべて〉である宇宙との間の正しい関係である。長い時間を要した最後に至って遂に、社会的意識は、民主主義の理想が、秩序を希求する正義に他ならないことを認識したのであった。

13・33　民主主義を正義のための道具として理解し直すことは、民主主義の理論に対して二つの根本的効果を及ぼした。第一に、そのような民主主義の理解は、社会の公領域と私的領域とを統合し、普遍的価値を持つ単一の領域とすることを可能とした。〈ステイトとしての社会〉（社会の公務員も含む）にとっても、および、人間としてまた市民としての個々の人間にとっても、単一かつ同一の正義が存在することとなろう。法および道徳（ならびに、社会の〈現実・形成〉を行うそれ以外のもの）は、単一の秩序に統一されることができよう。その単一の秩序は、社会の究極的な構造システムの内部における、そして、それゆえ、物理的宇宙の秩序の中での生の衝動の秩序化および必要性の秩序化の範囲内における、欲望と義務との単一の秩序化から導かれるものであった。したがって、民主主義の超社会化は、（宗教、神話、自然科学の、超自然化とは異なり）哲学が利用しうる、超自然化の最も完全な形式から得たのであった。これによって、社会は、民主主義的なステイトとして組織化を遂げている社会の〈社会過程の総体〉を、人間個人の**自然**、社会の**自然**、そして〈存在するものすべて〉の**自然**に適合していく過程として、認識することが可能になった。

13・34 第二に、〈自己・統治〉としての民主主義の観念は、今日、〈自己・創造〉としての民主主義の観念となることができるようになった。公領域の統治は、もはや、本質的に権威の行使として理解される必要はない。権威は、単に〈社会過程の総体〉の持つ秩序付与的側面として、理解され得るようになった。政府は、社会の全構成員およびそのあらゆる下位社会が、社会の〈現実形成〉と社会の〈意志形成〉とに参加するのを組織化するための、単なる一つの方法として、理解され得るようになった。**権威としての主権が、自らの意志に基づく秩序としての主権へと、進化していった。**

13・35 近代における社会的意識の自己形成は以上のようなものであった。社会は遂に、自らを社会として考えるようになった。図9を見よ。

13・36　進化した民主主義の理想は以上のようなものとなった。つまり、理想的な民主主義社会とは、正義の名の下に、かつ、社会およびその構成員すべての幸福を目的として、社会構成員の自己意志を通じて社会自らを創造する、そのような社会のことである。

図9　民主主義観念の理論的進化

ネイション
↓
主権
（（他者の）意志によらない意志としての社会の意志）
↓
権威
（主権的力の一機能としての意志）
↓
ステイト・ネイション
（政府の権威の下にある公領域）
↓
コンスティテューショナルな主権
（主権に対する機能的制限）
↓
制限主権
（基本構制主義（コンスティテューショナリズム）――基本構制固有の一般原則）
↓
人民主権
（自治）
↓
自らが意志した秩序
（正義による幸福）

（二）国際社会における下位諸社会の形成

13・37　近代の歴史に関して、ある見解は次のように推定している。すなわち、一五〇〇年頃から、**ステイト**または**国民国家**として知られる形態の社会が、あたかも自然で不可避な過程であるかのように、国際社会の〈社会過程の総体〉から単純に発生したのであり、そして、世界中の人々は、あたかも自然で不可避な過程であるかのように、**ステイト**の中に徐々にまとめられていった、と見るのである。

13・38　しかし、実はそれとは反対に、社会的組織化の諸形態の発展は、激しい格闘を伴うものであって、世界のどの人たちも、またどの地域も、果てしなく続く変化の荒波を避けることはできなかった。いかなる時代であっても、またいかなる場所においても、ある特定の人民がある特定の国家社会（すなわち、ステイトとして組織された社会）の中に、自然で安定した均衡を見出すことはなかった。あらゆる社会は、過程であって、一定の状態ではないため、また、一つの社会の構成員が必ず他の社会の構成員でもあることから、この五世紀間にわたる歴史的経験は、決して凪ぐことのない海原だったのであり、絶えず揺れ動く自己秩序化のエネルギーが蠢く情景であった。社会の諸形態、人の社会への参加の諸形態、そして社会間の社会的相互作用の諸形態は、以下のものを通じて形成されては、作り直されてきた。すなわち、戦争、征服、併合、割譲、（自発的または強制的な）条約、内戦、革命、暴動、体制転覆、干渉、統一、連邦結成、国家解体、分離、植民地化、非植民地化、集団移住、人民の強制的移動、ジェノサイド、大虐殺、組織的虐殺、そして迫害、である。

13・39　下は家族にまで及ぶあらゆる下位社会の運命は、その社会がたまたま属していた規模のより大きな社会のとる気まぐれな行動によって左右されたり、また、いずれかの時点において、そしていずれかの理由により、その社会の運命に影響を及ぼす立場にあった別の社会のとる気まぐれな行動によって左右されたりした。**ネイション**（すなわち、出生の事実によって我々がその構成員となっている、主観的に決定される社会）の運命は、最も波瀾に満ちたものであった。自己同定しようとし自己保存しようとする、ネイションの強大なエネルギーは、繰り返し、国家社会の強大な組織化のエネルギーとぶつかった。この形態を異にする二種類のエネルギーは、繰り返し遭遇することにより、圧倒的な力を有する社会的実体を構成してきた。この形態を異にする二種類のエネルギーは衝突を繰り返し、劇的であって、しばしば破壊的でさえある効果をもたらしてきた。

13・40　過去五世紀にわたって人類が学んだ社会的経験の中には、国家社会の発展が含まれるが、そこにおいては公領域は政府の権威の下に置かれているのである。しかし、人類の遂げた発展は、これにとどまるわけでは決してない。とりわけ、ネイション（その構成員が、出生の事実によって自らがその構成員になっているとみなしている社会）が、社会的組織化の顕著で強力な形態としてそのまま存続してきた。また、経済の劇的な発展が、多くの様々な種類の下位社会を生み出してきている。近代における社会的経験のもつ、一見したところこれ以上縮減できないように思われる複雑性を正当に評価していないという危険を敢えて冒すならば、社会的発展には次のような十種類の形態が存在すると言うことができよう。次頁の図10を見よ。

図１０　近・現代国際社会における社会的発展の形態

1 **ネイションではないステイト的社会**（他の社会の内部にあって，ステイトとして自らを構築している社会）

2 **ネイションではない非ステイト的社会**（ステイトとして自らを構築していない社会）

3 **非ステイト的ネイション**（内部的にステイトとして自らを構築していないネイション）

4 **ステイト的ネイション**（内部的にステイトとして自らを構築しているネイション）

5 **単一ネイション化しつつあるステイト**（内部的にステイトとして自らを構築している社会であって，その目的が単一のネイションとなることである社会）

6 **〈単一ネイション化しつつある多ネイション的ステイト〉**（内部的にステイトとして自らを構築している社会であって，その目的が，若干のネイションを包含する単一のネイションとなることである社会）

7 **〈多ネイション的な，ステイト的社会〉**（内部的にステイトとして自らを構築している社会であって，若干のネイションによる単一のステイト・システムの構成を目的とする社会）

8 **多地域的なステイト的社会**（内部的にステイトとして自らを構築している社会であって，二つ以上の他の社会の基本構制の枠組みの中で行為する社会）

9 **多地域的または国際的な非ステイト的社会**（内部的にステイトとして自らを構築していない社会であって，二つ以上の他の社会の基本構制の枠組みの中で行為するか，または，国際社会の基本構制の枠組みの中でのみ行為する社会）

10 **国際的なステイト的社会**（内部的にステイトとして自らを構築している社会であって，国際社会の基本構制の枠組みの中でのみ行為する社会）

13・41　ある特定の社会が前述したいずれかの仕方で発展しているのか否かということは、その社会にとっては、〈自己認識〉の問題である。社会の理想的基本構制は、その社会が認識する通り、社会が生成して行く方向についての観念を抱く。社会は、また、法的および現実的基本構制を通じて、自らの可能性についての自らの観念に合致するように構造およびシステムを創造し、それに応じて社会的力を配分する。ある社会の発展は、他の社会からすれば、その社会の社会〈自らにとっての現実〉の問題（その社会の言葉・観念・理論・価値を含めて）の問題である。複数の社会が、それぞれの社会的発展について相互に認め合うことは、とりわけ社会がアイデンティティのディレンマ（自己と他者のディレンマ）と格闘するにあたって、それぞれの社会の〈社会過程の総体〉の一部となる。同様に、ある特定の社会の社会的発展について認識をもつことは、国際社会の〈社会過程の総体〉（国際法も含む）についての問題でもある。というのは、国際社会が、社会〈自らにとっての現実〉を形成することは、社会的発展一般の理論形成（本書で提示されている仮説のような）を含めて、国際社会の〈社会過程の総体〉の一部をなすからである。

一　ネイションではないステイト的社会

13・42　小は家族で構成される社会から、大は全人類で構成される国際社会に至る、あらゆる社会は、次のようにしてステイトとして内部的に自らを構築することができる。すなわち、社会全体の権威に基づき、また、社会全体を代表して意志し行為する政府の責任の下にある公領域を考え出すことによってである。かかる社会の政府は、（その社会の）基本構制の下で**公的**な社会的力——特定の法的関係の中に包含されている力も含めて——を行使する、一または複数の人と下位社会とから構成される。

13・43　したがって、ステイトとして組織化する社会の政府は、その社会の構造システムの中で特定の地位を占める、社会の基本構制上の機関である。同時に、そのような基本構制上の特定機関の地位と社会的力がいかなるものであれ、その地位は、その社会の他の構成員すべての地位と同じく、第十一章で考察した基本構制固有の一般原則によって必然的に決定されている。しかし、この点は、そのような基本構制上の機関の場合には、とりわけ重要な意味をもつ。というのは、そのような機関に属する個人は、二重の生活、すなわち公的生活と私的生活を送ることになるからである。権力濫用の誘惑（腐敗と専制）が、この形式的な公私の分離によって助長されるのであり、その結果、公私で異なる現実（相異なる観念と価値を伴う）によって、公的な意志・行為と私的な意志・行為の双方が左右されてしまう危険性が生じる。社会〈自らにとっての現実〉の誠実性を強く主張し、そのことによって、とりわけ、社会の様々な理論と価値が、社会の全ての構成員に対して等しく実効的に適用されるように努めることが、社会的および法的責任（の理論）の果たすべき役割である。

13・44　現代社会においては、上位社会だけではなく、下位社会にも、ステイトとして組織化しているものが無数にある。すなわち、学校、教会、大学、職能集団、労働組合、政党等である。しかし、最も重要となったのは、産業・商業・金融業務に携わる企業である。とりわけ、いわゆる資本主義の発展を通じて（これについては、第十七章および第十八章においてより詳細な検討を行う）、これらの企業は、非常に強大な社会的力を行使するようになったのであり、中でも、最も巨大な企業は、多くの国家社会の政府が有する社会的力を凌駕するまでになった。これら企業の統治は、役員および意思決定をなす下部システムと下部社会によって行われるが、この結果、これに関係する人間は、政府の公務員の立場ときわめて類似した、二重の存在という様相を引き受けるに至っている。そのような企業の負う法的責任やとりわけ社会的責任の地位は相対的に見て未発達である。企業の負う責任の理論は、政府機関のそれと同様に、上位国家社会の〈社会過程の総体〉を通じて、また、国際社会の〈社会過程の総体〉を通じて、発展するであろう。

13・45　国際社会およびその社会の法についての理論が、ステイトとして組織化するあらゆる種類の社会を考慮に入れないのであれば、それが将来の国際社会の理論としての価値を有しないことは明白である。

二　ネイションではない非ステイト的社会

13・46　社会のうち、自らをステイトとして組織化しておらず、かつ、ネイションを構成しないものは、その数においてもその多様性の観点からも、無数に存在する。それらの社会は、人が、政治・宗教・スポーツ・芸術・娯楽・あらゆる種類の余暇の追求の分野で、特定の目的のために集う、すべての社会と団体とクラブを含む。こういった社会には、緩やかに組織された仕事や職業を通じての協力関係も含まれる。また、こういった社会には、その活動が本質的に文化的な性質のものであり、自治を行うための構造をもたない種族集団が含まれる。

13・47　ネイションではない非ステイト的社会は、非公式性を特徴とし、また、しばしば一時的な存在であることを特徴とする。しかし、ここで指摘されるべきことは、そのような社会でさえ、いかに単純な形式であるとしても、本書で検討している仮説の意味における社会なのである。すなわち、それらの社会は、その社会的な意志および行為を組織するための基本構制を有する。また、それらの社会は、同社会の意志および行為と、その構成員が構成員としての資格で行う意志および行為とを修正することができるように、(他のものもそうであるが、なかんずく) 社会の観念と価値を作り出す、(現実形成) 過程を有するのである。

13・48 そのような、ネイションではない非ステイト的社会は、社会化された自然な民主政体である。現代ではあらゆる種類の社会が高いエネルギー水準を有しているため、ますます多くの社会が、基本構制上の特別な機関によって社会を代表して意志および行為が行われることを含めて、ステイトとしての構造の諸側面を取り入れざるを得ない傾向にある。しかし、ここ（本項）で検討中の非公式な社会の場合、同社会のあらゆる意志および行為に、その構成員は当然に参加するのであり、それゆえ、社会の一般的利益と同社会の構成員の個々の利益とが、同社会の目的の範囲内で、（他の形式の社会の場合と同様に）社会のあらゆる永続的ディレンマとの格闘を含む〈社会過程の総体〉を通じて、自然に調和されるのである。

13・49 そのような自然な社会は、全ての社会のうちの限定的な一つの事例であると考えることができるが、それでも、我々に対して、次のことを想起させてくれる。すなわち、社会というものは、抑圧のシステムであることが自然なのではなく、本来、社会の自己認識された目的の範囲内で、社会と、その構成員たる資格で行動する構成員たちとの存続および繁栄の促進を目的とした、協同的な営為のシステムである、ということである。

三　非ステイト的ネイション

13・50 ネイションは、ある特定の根拠または二つ以上の特定の根拠（種族、地域、宗教、言語、文化）から自らを社会として認識する社会であり、かつ、その構成員が自らを出生の事実によって同社会の構成員であると見なす社会である。非ステイト的ネイションは、ステイトの特徴であるところの構造システム――すなわち、社会全体を代表して行為する政府が責任を負う公領域――を有するように組織されていないネイションである。

13・51　そのような非ステイト的ネイションは、(ここでの問題に関連している) ある時点において他のいずれの社会のステイト組織にも含まれない、世界の辺境に住む人々であるかもしれない。また、このようなネイションは、ある特定の地域に住む先住民のように、別のある社会 (上位社会) の内部にあって下位社会を形成しており、その上位社会の構造システムと基本構制の中に統合されてはいるが、それにもかかわらず、そのネイションとしての独自の特徴が上位社会の中において共存し続けるものとみなし、そして、少なくともネイション自体の自己認識としては、上位社会に対して優越し続けているものとみなす人民であるかもしれない。また、かかるネイションは、(例えば、宗教に基づくネイションや種族に基づくネイションのように) それとは別の二つ以上の社会の領域を越えて拡がっており、二つ以上の上位社会の中において下位社会を形成しているが、それにもかかわらず、その主体としての独自性を同様に保持しているネイションであるかもしれない。

13・52　非ステイト的ネイションは、最近の五世紀において、非常に深刻ないくつかの社会問題を発生させてきた (そして今日でもそれが続いている)。つまり、そのようなネイションが上位社会に参加していることで不可避的に生ずる問題であって、上位社会が、社会の永続的ディレンマとの格闘を通じて、自らを創造しようとして格闘するときに生ずる問題である。これら個々のディレンマは、かかる下位ネイション社会に対して決定的な影響を与えがちであり、特に、その中でもアイデンティティのディレンマ (このようなネイションと上位社会とが、それぞれのアイデンティティを維持しようとして行う格闘において) や、意志のディレンマ (このようなネイションと上位社会とが、それぞれ自らの価値を維持しようとして行う格闘において) がそうである。

13・53　前述したように、社会全体 (つまり、下位ネイションを含む) およびそのすべての構成員の幸福を恒常的に増進するような仕方で（その上位）社会が機能することを妨げるようなものは、社会の構造システムには本来、存在しない。しかし、これも同じく前述したところであるが、この幸福の増進は、人間の社会的意識がもつ驚くべき自己創造能力が自動的かつ機械的に機能した結果では決してない。過去五世紀以上の歴史的経験――そしてもちろん、記録のある歴史のごく初期の頃から我々の知るところであった、社会的組織化の経験――は、次の〈あまりにも人間的な〉危険の存在を立証している。すなわち、このような（つまり、ステイトの形態をとらない）ネイションにとっては、その上位社会の社会システムが、便益をもたらすと同時に、多大な害悪をもたらしかねない、という危険である。非ステイト的ネイションは、人間社会が人間に対して課することのできる苦難の中でも最悪のものを経験してきたのである。

13・54　非ステイト的ネイションが害悪を蒙るこの危険性は、かかるネイションが、ステイトとして組織化された他の社会の中に存在する場合に、より一層大きなものとなる。ステイトとしての組織化は、市民生活のますます拡大している分野において市民の意志および行為を変更することによって、より一層複雑な法的関係を生じさせることになるが、その傾向は、社会の複雑さと剰余的社会エネルギーの程度とが増大するにつれて、より一層激しさの度合を増すのである。最も近代化の進んだ国家社会は、広範囲かつ徹底した立法および行政（公的な〈権能の権利〉の行使）を必要とし、そして、非常に活発な社会的意志および行為により奨励かつ強制される高度の社会的適応を必要とする。このような状況の下では、非ステイト的ネイションは、独自の実体として存続するのが困難であることを意識する立場に置かれるのみならず、上位社会の行う異例の社会的活動――すなわち、非ステイト的ネイションに対して非常に害悪をもたらすことになりがちな活動――の対象となる可能性がある。いずれにせよ、非ステイト的ネイションの、所与の上位社会における地位が決定されるのは、その上位社会の〈社会過程の総体〉の内部においてなのである。

13・55　この、非ステイト的ネイションが複数の上位社会の内部に同時に存在している場合——特にそれらの社会が互いに隣接し合っている場合——には、とりわけ重大な問題が発生する。すなわち、経験の示すところによれば、そのような状況においては、非ステイト的ネイションによる、その存続を賭けた、アイデンティティ・自治・文化的価値・社会的正義のための格闘は、上位社会の政府からは、その社会の社会的秩序に対する脅威として、つまり、内部での体制転覆の脅威さらには社会の存続に対する外部からの脅威にも認識され得るような脅威として見なされかねないのである。

13・56　国際社会およびその社会の法についての理論は、非ステイト的ネイション（すなわち、最も古くから存在し、人々の愛着がある社会）の置かれている状況を考慮に入れていないのであれば、将来の国際社会についての理論としての価値をもたないのである。

四　ステイト的ネイション

13・57　種族的、地域的、宗教的、言語的、そして文化的基礎に基づいてアイデンティティを形成してきたネイションのうち、若干のものは、前述したようなステイトとしての社会一般の発展過程を通じて、国家社会としての特徴をますます発展させてきた。君主の意志の形成は、徐々に、主要な臣下さらには社会内部のより広範な階級出身の者が参加して行われるようになった。君主による意志の表明は、より不変の、そしてより客観的な形態で——すなわち、立法の形式で——なされるようになった。法の客観化、そして職業裁判官の任命が行われることにより、司法行政はますます君主の意志から切り離されるようになった。公的財産（土地および税収入を含む）の管理は、徐々に、君主の私的財産の管理から切り離されて、**公共の富**の管理の性格を帯びるに至った。公職への任命は、ますます、君主の家政への任命ではなくなり、社会の公僕の任命となっていった。つまり、君主が政府となったのである。

13・58　かくしてステイト的ネイションは、システム的変容を経たネイションなのである。その多くのものが、ネイションとしては、前近代から存在していた。とりわけアフリカ、アジア、そしてアメリカにおいては、古代から、さらには古代以前の時代からも存在していたものがあった。また、特にアジアおよび地中海沿岸のヨーロッパの若干のネイションには、長期にわたってステイトとしての形態を保持する傾向が見られた。さらに、近代に入ると、互いに負けじと張り合うことによって、そして特に植民地獲得競争を通じて、一層多くのネイションが、ますます速度を上げて、ステイトとして再構築されるようになった。

13・59　ネイションが、一般に植民地帝国と見なされている上位社会の一部を構成するようになった場合——この点の詳細については後述七を見よ——そのネイションの組織化は通常、上位社会（帝国）の社会的発展過程と下位社会（ネイション）の伝統的な社会的発展の諸側面とを結合するような形でなされたのであった。次いで、それぞれの帝国型社会において、その社会独自の特定の発展過程が始まったのであるが、それは一般に、下位社会のステイト化の進展を伴い、その発展の結果として、その下位社会が独立し、自らの生得の権利として、ステイト的ネイションとなった。

13・60　ステイト的ネイションの、他のステイト的社会とは対照的な特徴は、自らの古いアイデンティティを自らの新しい地位に持ち込んだ、ということである。つまり、ネイションが、しばしば何世紀にもわたる、その〈社会過程の総体〉を通して構築していたアイデンティティが、新たなステイトとしての組織化に接合されたのであった。ネイション社会の社会〈自らにとっての現実〉は、自らの言葉・観念・理論・価値で、また、自らの宗教・神話・歴史・芸術という現実で、また、自らの法・道徳・教育で、そして、自らの法的・現実的・理想的基本構制で満ち溢れている。さらに、このようなアイデンティティのもつ激しいエネルギーが、ステイトとしての組織化の過程で生まれるエネルギーと結合するのである。十五世紀後半に始まる近代における、ヨーロッパの若干のステイト的ネイションという特殊なケースにおいて、社会的エネルギーのこのような増大が、帝国主義という社会的な拡張を導くこととなった。古代以前の時代にまで遡ることのできる、より早い時代に存在した他の諸社会も、それらが高度に社会的組織化を遂げた時期には、同様の拡張主義的エネルギーを示していた。

13・61　ここでもまた、国際社会およびその法についての理論が、極めて高いレベルの自己同定と自己防衛のエネルギーを伴う、ステイトとして組織化するネイションなる現象を無視するのであれば、それは将来の国際社会についての理論としての価値をもたないのである。

五　単一ネイション化しつつあるステイト

13・62　国際社会の歴史の気まぐれが生んだ産物として、(最初から) ステイトとして組織された社会となることを目指して作られた社会を誕生させた。概して、そのような社会は、他の社会、特にステイト的ネイションからの分離の産物である。このような分離主義的な新しい社会の潮流が生じたのは、近代の十八世紀後半のことであった。これは、現代においても続いている。このような社会は、独立の達成を目指していると言われる。独立は、このような社会の当初の社会目的なのである。このような社会は、自決を追求していると言われる。つまり、社会としてのアイデンティティを構築しようとするのであり、最初は、自らが分離した以前の社会との関係において、そして次にそれだけでなく、他のすべての社会との関係においても、自らのアイデンティティを構築しようとする。

13・63　このような、ステイトとして組織化しようとする社会は、いわゆる**憲法**を採択することによって自らを誕生させるのである。この憲法は文書化されており、その社会の当初の理想的および法的基本構制を具現化することを意図して作られたものである。憲法の採択は、この新しい社会に生命を与える行為である。この成文の憲法は、ただちに、新しい社会の〈社会過程の総体〉に取り込まれて、とりわけ、社会の永続的ディレンマとのその社会の格闘によって影響を受けるようになる。この格闘には、（社会が自分自身を鋳造するときの）アイデンティティのディレンマと（社会が、社会的な意志と力を組織化するときの）力のディレンマとが特に含まれる。このように、成文の憲法は、ただちに、社会の基本構制の単なる一部分となる――すなわち、法的・現実的・理想的基本構制の一部分である。社会は、自らが社会となってからは、これらの基本構制を〈社会過程の総体〉の中で形成することをやめることは決してないからである。

13・64　歴史的経験が示していることは、このような新しい、非ネイション社会がアイデンティティを構築しようとするとき、それは必ずその最初の段階から、自らをネイション化する形態をとる、ということである。つまり、この新しい社会は、一つのネイションになろうとする。新しい社会は、自らのために自らが存在しているという単なる事実以外の存在理由を創造しようと努める。この新しい社会は、その社会における出生の事実を第一の根拠として、その社会の構成員たる地位を定める。この新しい社会は、その社会で出生していない人々が構成員となることも認めるが、しかし、それは、いわゆる帰化という方式によって、すなわち、かかる者をその社会の生来的な構成員に同化することによって、なされる。

13・65　この新しい社会は、強力な社会〈自らにとっての現実〉の創出に着手する。それは、この社会の新たな構成員が以前に属していた、複数の社会（特に、ネイション社会）のそれぞれの社会〈自らにとっての現実〉を凌駕するに足るほど強力であり、かつ、外部の社会とその構成員に対して、この新しい社会の自我を認めさせ、尊重させるに足るほど強力なものとなるであろう。通常は、この新しい社会の領域に居住している先住民は、自らの歴史を有するであろう。もしもそのような先住民にとって、植民地化（他の社会の構造システムへの参加）の期間がある程度の長さで続いているのであれば、彼らの歴史は、植民地時代の歴史を含むものとなるであろうが、しかし当然、植民地となる以前の歴史も含まれるのであって、しかも、それのほうが長く、複雑で、文化的に豊かなものであろう。もしもこの新しい社会が、まだ自分の歴史を有していない場合には、その社会は、社会の〈今・ここととしての現在〉において社会の未来からその過去を作り出すことによって、歴史を形成する、という任務に着手しなければならない。言語・宗教・神話・芸術・法・道徳・教育・自然科学といった他の現実形成システムも、新しい社会に特有の社会〈自らにとっての現実〉を形成するのに貢献するのであり、そして、この現実が、新しい社会自身の言葉・観念・理論・価値として具体化されるようになる。旗、歌、シンボル、慣礼、典礼、儀式といった、ネイションの象徴は、当該ネイション社会とその構成員にとって、また、この新しい社会に含まれる他の社会とその構成員にとっても、彼ら（社会とその構成員）が新しい社会に帰属しているという感じを持つようになるにつれて、新しいアイデンティティを育てるのに役立つであろう。そして遂に、この新しい社会は、社会的組織化という単なる事実ではない、自らの存在の基盤をもった、新しいネイションとして自らを認め、また外部からもそのように見られるであろう。

13・66　このような新しい社会がステイトとして組織化することが、ネイションの創造には必要である。すなわち、社会全体のために行動することができるステイト・システムのもつ能力によって、新しい社会は、その社会の〈社会過程の総体〉が作用するすべての場面において、ネイションとしての自らの生成を効果的に支配することができる。その社会の成文の憲法は、社会全体のために意志し行動する者たちにとって、この新しい社会の社会的発展のために必要とされるものを〈社会過程の総体〉が生み出すように、彼等が意志し行動するときの、プログラムとして利用可能である。〈社会過程の総体〉は、このとき、異例の社会的エネルギーを必要とするのであるが、そのエネルギーは、そのようにプログラムされたステイト・システムが生み出すことができる。また、ステイト・システムは、その相対的な客観性と非人格性のために、新しい社会の異例の多様性を超越することができるのであり、その結果、統一を強制し、社会のすべての永続的ディレンマとの格闘において優位に立つことができる。ステイト・システムは、単一のネイションになるという意志を生じさせ、かつ持続させる。

13・67　国際社会とその法についての理論が、諸人民の、国家社会として組織化されることへの願望のみならず、ネイションの構成員としての社会的アイデンティティも獲得したいという願望を無視するのであれば、それは将来の国際社会についての理論としての価値をもたないものである。

六　〈単一ネイション化しつつある多ネイション的ステイト〉

13・68　いくつかの社会は、三つの構造的な目標を同時に達成しようとしてきた。それらの社会は、多くのネイションを、それらのネイションがネイションであり続けながらも、単一のネイションへと統合させるために、ステイト・システムを利用しようとしてきた。換言すれば、個々のネイションは、上位社会において、その基本構制において認められた一定の地位を有している。それらネイションの、相互の関係、その構成員との関係、そして、社会全体との関係は、その社会の〈社会過程の総体〉（同社会のあらゆる現実形成を含む）のあらゆる側面でこういった諸関係が作用した結果であるが、それに加えて、基本構制上の関係として規律される。こういった場合に包含されている諸ネイションは、個別のネイションとしての社会的意志を形成するために下位のステイト・システムをその内部に持つが、同時にまた、社会全体の意志を形成するための（上位の）ステイト・システムにも参加している。そのような状況は、典型的には、連邦制のステイト・システムに見られるが、下位ステイトがネイションであるところに特に顕著な特徴がある。

13・69　そのようなシステムが持つ顕著な特徴は、同システムが、全ての下位ネイションから構成される単一のネイションを確立しようとしていることである。すなわち、それらのシステムは、先に検討した単一ネイション化しつつあるステイトと同じやり方で、単一のネイションになろうとしている。上位社会は、その基本構制によって、他のいずれの社会とも同様のやり方で、自らを創造することが、すなわち、〈今・ここととしての現在〉においてその未来から過去を作ることが可能となる。上位社会は、そのステイト・システムによって、ネイションを創造するのに必要なやり方で、社会の現実形成を支配することが可能となる。社会のエネルギー水準が、下位ネイションの方に蓄えられやすいという点を考えれば、上位社会のステイト・システムの任務が、単一ネイション化しつつあるステイトの場合よりも、より困難なものとなりやすいことは明らかである。下位社会は、単にそれらがネイションであるという理由だけでも、エネルギーを得やすい立場にある。しかしまた、それらの下位社会は、他の下位ネイションとの関係においては、また、支配的な地位にある社会全体、すなわち姿を現しつつある上位ネイションとの関係においては、自らのアイデンティティを創造し、提示し、自衛するにあたって、特に高いエネルギーを得やすいのである。

13・70　それゆえ、複数のネイションから構成されており、単一ネイション化しつつあるステイトの形成は、社会の発展における、本質的に統一化の現象である。十九世紀と二十世紀には、そのような統一化の注目すべき事例が存在する。歴史的経験が示すことは、一方では、新たに統一を遂げたネイションのレベルでは、顕著な量の剰余的社会エネルギーを蓄えることができるが、他方、そのような社会では、複雑な均衡を維持することが非常に困難である、ということである。

13・71　経験が同じく示すところによれば、非常に不安定で、異常に高い程度の、社会のエネルギーは、社会の外部に向けて発散されるかもしれないのである。それは、おそらく、内部のエネルギー水準を低めるための手段としてとられるかもしれないし、また、外部からの挑戦に対して社会を統合する手段ということでなされるかもしれない。そのような対外的行動は、経済的性質の行動か、または、侵略といった軍事的な自己主張、またはその両方という、異例な社会的活動の形式をとることになろう。

七　〈多ネイション的な、ステイト的社会〉

13・72　いわゆる帝国主義は、他の諸社会（非ステイト的ネイションとステイト的ネイションを含む）を包含しようとする、一つの社会のステイト・システムによる、漸進的な拡張であった。帝国主義が採用するシステムは、社会により異なり、時代により異なる。帝国としての組織化の、明瞭で固定した型が存在したことは、これまでなかった。そのような不規則な過程をなんらかの型に当てはめてみるのは後知恵にすぎない。しかし、国際社会には、前古代、古代、そして前近代の時代に、多くのいわゆる帝国が存在した。そして、近代の帝国も、帝国の特色であるいくつかの特徴を有していた。

13・73　帝国としての特徴のうち最も重要なものは、いくつかの下位社会の公的な意志および行為の中の特定部分――しばしば主要部分である――が、帝国たる社会の公的な意志および行為のための部分となったことである。下位諸社会の公領域が、上位社会の公領域に、多かれ少なかれ、統合させられた。このことは、三つの根本的な帰結をもたらした。第一に、下位ネイションの集合エネルギーを含む、上位社会のステイト・システムのエネルギーは、非常に厖大なものとなり得たため、もしそのようなことがなかったならば可能とはならなかったはずの効果を達成し得たのであった。特に、経済を通じて、剰余的社会エネルギーの産出が非常に高められた（この点は後の第十七章で検討される）。

13・74　第二に、帝国を構成する下位ネイションは、程度は様々に異なるものの、それによって、権能を剥奪されており、それゆえ、それらのネイションの意志および行為は、もはや自らの〈社会過程の総体〉によって統制されてはいなかった。しかし第三に、ステイトとしての組織化が下位社会に導入されることになり、その結果、当該下位社会の公領域が発展を遂げ、その社会の剰余的エネルギー（とりわけ経済的エネルギー）の増大を一つの力に統合する潜在能力を創出したのである。この潜在能力は、その下位社会が帝国のシステム構成部分であることをやめたときにのみ、完全に現実化され得るものであった。かくして下位社会は、帝国に参加することにより何かを得ると同時に何かを失ったと言いうるのである。

13・75　このような帝国たる社会は、必ずしも自らがネイションとなることをその目的とするものではなかった。すなわち、帝国たる社会は、①社会の構成員が出生の事実によってのみ、その社会の構成員としての自らのアイデンティティを認識すること、そして、②社会の構成員にとって、同社会の構成員たることが自己のアイデンティティ認識の主要部分となっていること、これら二つの意味で統合された社会を、追求するものではなかった。ありていに言って、帝国化しつつある社会は、社会としての自我、すなわち自らのネイションとしてのアイデンティティが希薄化することを、受け入れられないこととして恐れていたのかもしれない。しかし帝国は、**付随して生ずるネイション化現象**と呼ぶことができるものの多くを伴っていた——すなわち、帝国的な法システム・言語・教育制度・経済制度・軍隊を、下位社会の内部にただ存在させることによって、また、帝国の権力を示す荘厳な象徴物によって、である。また通常、帝国は、その市民たる地位の範囲を下位諸社会の構成員にまで拡大するか、または、帝国市民という特別の地位を新たに創出するか、のいずれかを行った。そして、戦時においては、下位社会の人民は、帝国たる社会全体の自己防衛に馳せ参じることが期待されていたのである。

13・76　かくして、帝国たる社会は、多かれ少なかれ意識的に、ネイションの持つエネルギーの若干をその帝国としてのシステムの存続および繁栄を促進するために用いたのであるが、そのとき、単一の統一されたネイションを創出しようとして、そのステイト・システムを用いることはなかった。この帝国主義（ステイト・システムをとる帝国の形態）は、ついに二十世紀にその終焉を迎えるに至った。その下位社会が、ネイションとしての独自の自我を主張し出すか、または再主張するようになったためである。

13・77　社会的理論でよく説かれる社会的事象の奇妙な連結のようなものを通じて、西ヨーロッパにおいては、このステイト・システム型の帝国主義の終焉と時を同じくして、学問的に見て帝国主義と同一の性質をもつ社会的発展として見なされるべきものが始まった。欧州共同体（ＥＣ）も、複数のネイションから構成され、ステイト的社会――いわば、帝国主義の複製ともいうべき社会――である。欧州共同体は、三つの共同体（欧州経済共同体、欧州石炭鉄鋼共同体、そして欧州原子力共同体）からなり、一つの基本構制を有する単一の社会的構造システムを構成するステイト・システムである。欧州共同体のステイト・システムの下では、その構成員たる国家社会の公領域における意志および行為は、共同体のステイト・システムの公的な意志および行為へと、ある程度まで統合されている。共同体の公領域は、その程度は定まったものではなくかつ恒常的に変化するものではあるが、構成員たる国家社会の公領域に取って代わっている。このような変容が最低限どの程度までなされるべきかは、共同体の理想的および法的基本構制を反映している憲法的諸文書によって定められている。このような変容が現実にどの程度まで行われるかは、日々、共同体の〈社会過程の総体〉を通じて、その現実的基本構制の中で決定される。

13・78　欧州共同体は、ステイトの行動を通じてなされる社会化の一例である。同共同体は既に国家社会（ステイト社会）となっている。共同体は現在のところ、自らをネイションとして自己創造することをその目的としてはいない。共同体は、下位のネイションをステイトとして組織化したものであるのみならず、より広範な、現存するヨーロッパなるネイションの一部分を組織化したものでもある、と言うことができよう。かつての諸帝国と同様に、欧州共同体は、ネイションが、自らのアイデンティティを創造・維持・発展・保護するために持ち合わせている付随物のうち若干を、意図的にかつ随時利用する。共同体のステイト・システムの中には、単一ネイション化しつつあるステイトであること、または、ステイト的ネイションとなること、を妨げるものは何ら存在しない。このような社会的発展は、欧州共同体が、将来の自らの可能態を認識し、そして、〈今・ここととしての現在〉において、共同体の意志および行為の様々な可能態の中から選択することを通して、共同体の〈社会過程の総体〉によって成し遂げられるものである。欧州共同体は、自らがなろうと選択するものになるであろう。

13・79　帝国の形態でなされる社会的発展が予見可能な未来において繰り返される可能性はないが、欧州共同体型の社会的発展のモデルが国際社会の他の地域においても追随されることは十分にあり得よう。人間による幸福の追求は（本書第三部で検討されるが）、すでに二十世紀晩期には、やがて国際的な公領域として認識されることになるであろうものの萌芽をもたらしている。このような国際的な公領域は、ステイトとして組織されるあらゆる下位諸社会の公領域を統合するものであり、かつ、（ますますその程度を高めてきているが、）それに取って代わろうとしている。（欧州共同体の基本構制のような）公領域の国際的確立が、将来における国際社会の一般的な社会的発展の一部となってはならない、という理由は何ら存在しない。

八　多地域的なステイト的社会

13・80　人間の活動の多くは、本来トランスナショナルな（複数のネイションにまたがる）ものであって、本来特定の社会に限定されるものではない。人間の活動が、ステイト・システムである一つの社会を通じて組織化されているが、その行動はいくつかの社会においてなされる（つまり、その社会の意志および行為のなされる**場所**が、いくつかの社会の中に分かれて存在する）場合、その社会は、多地域的なステイト的社会である。このような社会の最近の数世紀における三つの主要なものは、次の通りである。すなわち、①宗教団体、②専門家集団・同業者組合・スポーツ団体、③産業・商業・金融業務に携わる企業（これは時として、**多国籍企業**と言われることがある）である。

13・81　国際社会の現在の、そして来たるべき発展において、多地域的なステイト的社会のうち、経済的性格のものが、主導的な役割を果たしている。ある社会の経済は、社会的力に関する諸システムを統べるシステムであり、法的関係に依存し、それゆえ社会の基本構制に依存し、また、〈社会過程の総体〉（社会の性質および目的に関する当該社会の純粋理論と実践理論とを含む）の不可欠の一部を構成する。国際社会の経済である世界経済についても、それらの点においては、原則として、全く変わらない。これは、第十七章においてさらに検討される。国際経済の下位システムは、本章で検討されているあらゆる種類の社会を含んでいる。そして、それらの下位システムは、とりわけ、多地域的なステイト的社会であって、経済的特徴を有するものを含んでおり、その社会は社会的力（若干の、または多くの社会の基本構制の下で生ずる、法的権能を含む）を行使する。それらの社会の活動は、若干の、または多くの社会の〈社会過程の総体〉の一部を構成する。さらにそれらの社会の活動は、多くの社会の純粋理論および実践理論に服しており、それらの理論には、良い生活一般の性質に関する理論、社会における財産の役割に関する理論、社会的力の保持者たる個人（たち）の社会的・法的有責性に関する理論も含まれている。

13・82　このように、経済的性格の多地域的なステイト的社会は、それらの社会の間での調整という重要な問題を生じさせている。この問題を、自らの基本構制の下で、自らの理論に鑑みて、自らの〈社会過程の総体〉の中で扱うことが、国際社会のシステムの機能なのである。多地域にまたがる産業・商業・金融業務に携わる企業は、社会的調整の問題を最も明確に生じさせるが、他方で、その他の種類の、多地域的なステイト的社会も、類似の問題を生じさせる。若干の、または多くのネイション社会における経済的事業者の活動を調整している国際的な同業者組合、各国の労働組合の活動を調整する国際的な労働組合の連合体、若干の、または多くのネイション社会における国内団体および個人会員を有する宗教団体、若干の、または多くのネイション社会において行われているスポーツを統制するスポーツ団体、これらはすべて、下位の国家社会の〈社会過程の総体〉の中において、意志し行為しており、そのような下位社会の基本構制の下で生じる社会的力（法的関係を含む）を利用している。

13・83　多地域的なステイト的社会は、国際社会の〈社会過程の総体〉においても同じく意志および行為をなしている。国際社会とは、あらゆる社会から構成される社会であり、人類全体の存続および繁栄に対して、しばしば直接的かつ強力に、影響を及ぼしている。多地域的なステイト的社会（経済的な性格のかかる社会を含む）の力は、他のあらゆる社会の力と同様に、委託された力である。すなわち、この力は、国際社会によって委託されており、また、上位社会（その内部で当該社会は意志し行為する）によっても委託されている。多地域的なステイト的社会は、ステイトとして組織されている社会である――すなわち当該社会は、その意志および行為が、社会全体のために行動する社会の公務員に割り当てられているシステムである。この多地域的なステイト的社会の行動に関して社会的利益を主張し、（第十一章ですでに検討した）基本構制固有の一般原則に従って、社会的および法的有責性を確保することは、かかる社会の上位社会たる国際社会とネイション社会双方の任務なのである。

13・84　したがって、国際社会とその社会の法に関する理論が、多地域的なステイト的社会、とりわけ経済的性格のこのような社会の意志および行為を無視するのであれば、それは、将来の国際社会についての理論たりうる価値をもたないのである。

九　多地域的または国際的な非ステイト的社会

13・85　社会に組織されている私人としての市民と、ステイトの形態をとらない下位諸社会とが、国際的に相互作用する領域は、前述の二または三で検討された諸社会の領域がそうであるように、無限の多様性と豊かさをもって、個々の人間が、その家族の中で、または、個々の人間の欲望や自然のエネルギーが生み出す家族以外の形式の社会の中で、私的生活を追い求める領域である。そのような諸社会は、社会の構成員の意志および行為を調整し、社会の構成員のエネルギーを集約し、社会が産出した余剰社会エネルギーを共同で利用しようと努める。それゆえ、そのような諸社会のシステムは、社会的意志および行為のための公領域という言葉で概念化されるものではなく、もしそうだとしても、きわめて限定された仕方でそのように概念化されるにすぎない。もしそれらの社会が、いわゆる意思決定のための下位システムを有するのであれば、その場合、それらの下位システムは、直接代表性として、すなわち、その構成員の多数者が意思決定機関という一者の中に象徴的に存在するものとして、認識されているのである。そのように限定された機関の任務は、社会の継続性と効率性と代表性とを対外的に確保するという、基本的に実践的な任務として認識されている。かかる機関の任務は、統治のそれとしては認識されていないのである。

13・86　このような非ステイト的社会が国際的に活動する場合には、その社会は、以下のいずれかの仕方でそうすることになろう。すなわち、①自ら（非ステイト的社会）を、二つ以上の国家社会のそれぞれの内部に設立するという方法によってか（例えば、同じような主義主張をもつ政党の国際団体、国際環境ロビー、国際人権ロビー、統制的ではない国際的な専門家集団といった）、または、②自らを、その組織の点で本質的に国際的な性格の社会として設立し、国際的平面で活動するが、同時に、ネイション社会の内部において支部や会合を通じて活動するという方法によってか（例えば、人道的援助や軍縮や教育の分野での非政府組織、または、特定の分野で活動している人々の団体といった）、のいずれかである。

13・87　そのような非ステイト的社会は、二十世紀においては、①国際社会内部のエネルギー量が顕著に増加するにつれて、そして、②ステイトとして組織化された社会の、内部および外部における活動量が、非常に増加するにつれて、そして、③市民の民主的熱望、すなわち、市民生活を決定する意志および行為に参加したいという欲望が増加するにつれて、特に重要性を獲得してきている。

13・88　そのような非ステイト的社会の活動は、単に、国家社会の政府の活動と並行して行われるか、またはそれに代替するものだけではない。それらの社会は、政府の活動に影響を与えることを、まさにその任務とすることもできる。それらの非ステイト的社会は、自らの目的が、以下の任務を含むものと認識することができよう。すなわち、①政府に対する抵抗勢力として振舞うこと、②国家社会の〈社会過程の総体〉の内部において、非ステイト的社会が果たしている機能にまさに類似する仕方で、国際的に活動すること、③現実形成、言葉・観念・理論・価値の形成、社会的・法的有責性の追求、これらのことに参加すること、である。

13・89　それゆえ、国際社会の〈社会過程の総体〉は、国家社会とその政府の活動を含むだけではない。同過程は、国際社会の生成に参加し、国際基本構制に基づき国際的な社会的力――法的関係を含む――を有する、他のあらゆる種類の国家社会および非ステイト的社会の活動をも同じく含むのである。

13・90　したがって、国際社会およびその社会の法に関する理論が、国際社会の〈社会過程の総体〉において私人としての市民が果たす役割、および彼らで構成される、国際的な非ステイト的社会が果たす役割を無視するものであれば、それは将来の国際社会の理論たりえる価値をもたない。

一〇　国際的なステイト的社会

13・91　ここで検討されているあらゆる種類の下位社会が、複雑さを増し、それゆえ、エネルギーを増すにつれて、すべての社会から構成される社会である国際社会の社会エネルギーを、それ以上の割合で増大させることになった。国際社会の〈社会過程の総体〉の内部におけるそのような余剰エネルギーは、次に、国際社会の構造システムの抜本的な発展をもたらした。特に、国際社会に新しい下位社会、すなわち、国際社会の意志および行為を組織化することを目的として専門化した構造システム、の形成をもたらすことになった。それは、これらの下位社会のエネルギーが相互作用するためこういった組織化が必要とされる分野においてなされたのであった。

13・92　この、必要に迫られて国際社会内部において行われる〈システム構築〉は、これまでに、そのような新しい、ステイト的社会を数多く生み出してきている。この新種の社会は、あらゆる分野の社会間的活動の必要に応じるものであり（通商規制や市場管理といった最も一般的な経済分野から、最も技術的な分野にまで至る）、また、あらゆる種類の専門的活動（気象学から度量衡まで、航空輸送から漁業資源の保全まで、そして、公衆衛生から法規および法執行の調和にまで至る）より構成される。このような社会は、（分析的な観点からすれば、不幸なことであるが）国際機構、または、より理解し易くは、政府間機構と呼ばれるようになっている。

13・93　国際的なステイト的社会を、**多地域的なステイト的社会**の類型と区別する第一の特徴は、前者の社会は脱地域化していること、つまり、そのような社会は、第一義的にかつ本質的に、国際社会の下位社会に由来する社会的力および法的関係を用いるのではなくて、むしろ、国際社会そのものに由来する社会的力および法的関係を用いている。まさにこの理由により、これらの社会は**国際的**と呼ばれる。もっとも、当然ながら、このような社会が、国際的に行動しているまたは国際的社会過程に参加している唯一の社会形態であるわけではない。

13・94 国際的なステイト的社会を、多地域的なステイト的社会と区別する第二の特徴は、次の事実に基づく。すなわち、今日構制されているところでは、前者の社会を構成している社会が、典型的に、狭義の意味での国家社会であること、つまり前述の四、五、六、および七の類型に属する社会である、という事実である。このことから言えることは、ここで考察している種類の、国際的なステイト的社会は、本質的に、**公領域**であるところの社会である、ということである。つまり、こういった社会は、諸国家社会の公領域の機能が、それらの社会の政府間での相互作用を通じて、調整されるところとして、認識されている（本書では、**国家社会**という用語は、文脈がそれと反対の意味を明示していない限り、前述の四、五、六、および七の類型に属する社会を指すものとして用いる）。

13・95 しかし、第三の特徴としては、国際的なステイト的社会は、同社会を構成している諸国家社会の〈社会過程の総体〉の外部において意志し行為しているにもかかわらず、これら国家社会の社会過程の発展に対して実質的な影響を及ぼしていることである。その結果、国家社会内部の公領域の活動のうち相当なかつ日々増大している部分が、とりわけ経済分野においては、部分的に、その社会の内部の社会過程から分離されて、外部において行為する諸政府によって行われることになるのである。そのため、社会的および法的有責性に関する深刻な問題が生じ、そして、一般的には、基本構制固有の一般原則（第十一章で考察した）の働きに困難が生じることとなった。こういった問題は、次節および第十五章および第十六章においてさらに詳しく検討する。

（三）現代国際社会の自己認識

13・96　以上で考察した、現代国際社会における十種類の形態の社会発展はいずれも、それが、他のいずれの社会とも同様に、自己創造的な社会（国際社会）の活動である、という特徴を共有している。自己創造的な国際社会は、他のいずれの社会とも同様に、その言葉・観念・理論・価値の中に、また、自らが行う社会の永続的ディレンマとの格闘において、また、自らの基本構制を構制する過程において、また、自らの〈社会過程の総体〉において、自らの可能態を認識する。国際社会は、他の社会のいずれとも同様に、一つの過程であり、格闘の過程であり、生成であり、社会自身を自らの構造システムの作用を通じて構築する一つの構造システムである。

13・97　他の社会にとっての未来と同様に、国際社会の未来は、同社会の現在を経由して未来へと移送される同社会の過去とは全く異なるものである。他の社会にとっての未来と同様に、国際社会の未来とは、同社会が、自らの未来について認識するに際して認識する可能態のことである。そして、国際社会は、その〈今・こととしての現在〉において自ら意志し行為することを通じて、この可能態を自らの過去へと変容するのである。それゆえ国際社会の未来は、自らが自己認識した可能態の中に、そして自らが現実化しようとして選択する可能態の中に、含まれているのである。国際社会の〈社会過程の総体〉における格闘の中でなされる、この選択は、同社会の今ある状況によって決定されているのみならず、今後どのようなものになっているかについて自ら認識するところによっても決定される。すなわち、本書での用語法を使えば、国際社会の未来は、同社会の法的基本構制から生じる法的関係を含む社会的力を用いつつ、現実的基本構制の下でなされる意志および行為の作用の結果であるばかりではない。国際社会の未来は同時に、同社会の理想的基本構制の下での自己認識——すなわち、同社会がもつ自己自身についての観念——が、機能した結果でもある。国際社会は、自らがどのようなものになるのか自ら考え出すものになることを選択できる。それゆえ、国際社会の未来を知るためには、同社会が、〈今・こことしての現在〉において自らをどのように考えているか、を知ることが必要となる。

13・98　（一五〇〇年くらいから始まる我々の時代である）近代における国際社会の自己認識は、悲劇的とまでは言わないにしても、奇妙な物語である。それは、ただの一文だけで語ることができる物語である。国際社会は、ほんの暫くの間だけ、自らを社会として考えたいという気持になったのであるが、結局そうすることなく、自らを、外面化された、非民主的で、非社会的なステイトとして見なすことを選んだのである。

13・99　近代の初期に、三方向からの圧力によって、社会的意識は、国際社会の下位社会相互間のシステム的関係という理論上の問題を考察するように導かれた。その第一の圧力は、ステイト的社会の発展に伴うエネルギー水準の急速な増大から生じたものであり、このエネルギーは、経済的競争および頻発する凶暴な軍事的衝突を含む、あらゆる種類の力をめぐる競争として顕在したのであった。かかる不安定状態は、新しいステイト的社会相互間の関係の性質について、何らかの理解を要請することになったのである。第二の圧力は、当時、新世界と見なされた地域に対して意識が及んだことから生じたものである。ヨーロッパは、この新世界を通じて、自らが、広大でかつ複雑な、しかし、新たな多くの不可能に満ち溢れている世界のほんの一部にすぎないことを再認識したのであった。第三の圧力は、社会的意識それ自身の内部における発展から生じたものである。すなわち、拡張しつつある意識が、個々の社会を再び超社会化するという任務だけでなく、新たな自然の哲学（自然科学）によって自然界を再び超自然化するという任務をも引き受けるようになったのである。人間存在のための条件が、国際社会存立のための条件を含む形で、再認識されることになった。

13・100　当時、社会的意識は、以下のような極めて具体的な理論上の諸問題に直面しなければならなかった。すなわち、急激に発展を遂げている新旧の諸社会間の力をめぐる競争を組織化できる何らかの社会的システムを見出しうるであろうか――それとも、諸社会は、力によってのみ支配される自然な無秩序状態にあるものと見なされなければならないのか。また、新たに発見されたかまたは再発見された土地の先住民は、どのように扱われるべきなのか――下位社会的もしくは前社会的もしくは非社会的な、法の保護の外に在る者として扱われるべきなのか、それとも、全人類の社会といった、ある推定上の社会の仲間たる構成員として扱われるべきなのか。また、単一の宗教に基づく統一がもはや現実的な可能性を持たず、また、世界の様子が知られてくるにつれて、ますます、世界が文化的に多様なことが明らかになってきたことを考慮するならば、人間の社会的意識の統一が今後果たしてありうるのであろうか、などである。

13・101　この理論上の、国際社会の超社会化が、国際社会の〈社会過程の総体〉の一部となったのであり、いずれの社会にとっても永続的ディレンマであるもの、との間で繰り広げられる国際社会の格闘の一部となったのである。この理論面での格闘には多くの様々な国々からの寄与があり、それは相互に作用し合った。この経緯は今日でも我々を深く魅了するものであるが、それは単に知的な魅了にとどまらず、ドラマの筋書きを良く知っている観客の皮肉な魅了でもあるのである。すなわち、この一見したところ抽象的な性質のように思われる論争の展開から、その先にどのような特別な出来事が待ち受けているのか予知しているからである。

13・102 本研究の用語を使うならば、国際社会は、純粋理論を用いて自らを再社会化していた。それは、当時の新世界であった**他者**に対して**自己**の再構築であったのであり、その世界は、地理・文化・社会・経済・哲学といったきわめて多様な点において新しい世界であった。国際社会は、世界という**多数者**に対して、自らを、**一者**、すなわち、社会的力の総体的なシステムとして再構築しようとした。当時、世界は、以前に知られていたものよりもずっと複雑で多様であり、かつ分裂していることが明らかになりつつあったのであり、そこでは、古くから存在していたネイションでさえも、新たに認識されるようになった社会的構造の中にとり込まれて、ネイション自身とその市民たちを国際社会から疎外させたのである。国際社会は、一見したところ統制不可能に思われる**価値の複数性**に直面して、自らの**自然の単一性**を再構築しようとしていた。この価値の複数性は、前近代の世界観の解体に伴って現れ、新たに知られるようになった世界全般にわたって存在する、異なった価値の世界の発見および再発見を通じて現れた。国際社会は、一方では、**正義**の観念――すなわち、自らの秩序と〈存在するものすべて〉の秩序との間の関係――を、科学が、なかなか身につかないやり方で、再び超自然化しようとしていた物理的宇宙の中で、再構築していた。国際社会は、他方で、既存の法的関係および既存の観念が生み出す可能態を圧倒的に凌駕するレベルの社会的エネルギーおよび社会的力の諸形態を今や内に含んでいる社会的世界において、**社会的正義**の観念を、再構築していた。国際社会は、その無数の**新しい市民**にとっては**古い法**にすぎなかった法を用いることで、圧倒的なまでの変化の奔流を支配し、終ることなき**生成**に統制を及ぼし、継続的な構造システムとして自らを再構築しようと努めていた。

13・103 全人類から構成される社会は、すべての社会にとって解決不能なディレンマと格闘するのが常であったが、また時には、尋常ではない緊急で錯綜した危険な状況においてこういったディレンマと直面することになった。我々が、過去五世紀以上に及ぶこの格闘の結果がどのようなものか知っているため、また、我々が、国際社会の〈今・こことしての現在〉において、そのような結果がもたらした世界に生活しているため我々は、実際に存在しているものと同様に、存在し得たかもしれなかったものについても理解することができる。そして、我々は、(現在の事実とは異なる) 存在することができたものばかりか、もしかしたら存在したかもしれないものについても理解することができる。

13・104　(一) 一つの自然な人類社会。(二) 国際的な自然状態。(三) 自然法の下にある、複数のステイト的ネイション。(四) 慣習法の下にある、複数のステイト的ネイション。以上が、近代初期から、国際的な社会的意識に現れた理論上の選択肢である。第一番目の選択肢は、国際社会についての多分、最も有力な純粋理論として、十八世紀半ばまで存続した。同選択肢は、スペインの学者たちに限定されるものでは決してなかったが、かいつまんで言えば、スペイン的伝統に属するものと呼んでよいであろう(その非常に有名な代表者は、フランシスコ・デ・ビトリア［一四九二〜一五四六］とフランシスコ・スアレス［一五四八〜一六一七］であった)。(二) の、おそらく第二番目の地位を占める理論は、十六世紀および十七世紀に隆盛を迎えたが、今日でも、国際法の理論家よりも特に国際関係の理論家の間で、存続していることを認めなければならない。この理論は、トマス・ホッブスなる名前と結び付けられるもの以外にも、多くの種類の学説として現れたが、総称して、ホッブス的伝統と呼んでよいであろう(ホッブスの最も良く知られている著作は『レヴァイアサン』［一六五一］である)。第三番目の選択肢は、前近代の社会、特に古代社会の理論以来の伝統の再現であった。十八世紀のある時期になると、この学派は、支配的な理論となる可能性を失った。フーゴー・グロティウスの著作は、多様性という特異性をもつ自然法の伝統の中で、単に一つの学説を代表する著作にすぎないのであるが、この学派は、総称して、グロティウス的伝統に属すると呼んでよいだろう(グロティウスの最も影響力のある著作は、『戦争と平和の法』［一六二五］であった)。第四番目の選択肢は、グロティウスの思想から派生したものであるが、特にエメリッヒ・ドゥ・ヴァッテルの著作とともに、十八世紀に支配的な理論として確立した。この理論は、総称して、ヴァッテル的伝統に属するものと呼んでよいであろう（ヴァッテルの主著は、『諸国の法、または、国家と主権者の行為および問題に適用される自然法の諸原則』［一七五八］である）。

13・105 最終的に最も有力となったヴァッテル的伝統は、単に国際法の伝統にとどまらなかった。ヴァッテル的伝統が必然的に含むものは、国際社会の性質全体、したがって、人類の社会的存在状況の性質全体、に関する純粋理論である。そして、ヴァッテル的伝統は、あらゆる社会の生活、すなわち、人類全体の生活、を規律する実践理論を生み出している。同伝統は、単なる言葉、単なる観念、単なる理論、単なる価値にすぎない――それにもかかわらず、戦争と平和、人類の幸福と不幸、人類の富と貧困、人間の生活と人間の生命は、二世紀またはそれ以上にわたって、この理論に左右されてきたのである。ヴァッテル的伝統を構成する本質的な要素は、以下の通りである。

（一）**裏返しになったステイト**　ステイト（単一の政府の権威の下にある公領域）は、ある種の社会を、内部的に組織化するための手段として発展してきたのであるが、このようなステイト・システムは、やがて、当該社会の外部的な表示としても、認識されるようになった。つまり、ステイトが、あたかも手袋のように、表裏ひっくり返しになったのである。ステイトとして組織化しつつある社会の政府は、**社会**であるものではなくて、**ステイト**であるものを相互に承認したのである。強力な言葉である**ステイト**は、十八世紀のある時期には、内部的な公領域であるところの政府システムを意味するばかりか、国際的な場面において、**社会全体**を指示するものとして用いられるようにもなった。これは、不吉な代喩（一部で全体を表わす表現法）であり、破滅的な両義性であった。

（二）**外部化された主権**　ステイトとして自己組織しつつある社会の自己認識が、主権という観念に概念化された権威を基礎として形成されつつあった。そのため、同じ主権なる概念化が、他の諸社会の外部化されたステイト・システムとの関係であるところの、（国際的な）外部化されたステイト・システムに対しても適用されることが可能になった。新しい国家社会の諸政府は、相互に相手の存在を意識し、そして、各自の内的秩序の自己認識から生まれた主権観念を承認した。主権は、内部の視点から見た社会構造を、概念的に統合するためにそれまで用いられてきたため、外部の視点から見た社会の構造をも、概念的に統合することができたのであった。

（三）**複数の公領域が相互作用する場としてのステイト間社会**　ステイトとして組織化する諸社会は、社会全体を代表してその政府のなす意志および行為が作用する公領域を社会自身の内部に創り出しているために、そのような諸社会が対外的に交渉し合う空間は、国際社会としては認識されず、むしろ単に、これらの公的諸領域間が相互作用するための場として認識されたのであり、今もまたそうなのである。かくして、それは、ステイト間・非社会なのである。

（四）**〈社会過程の総体〉としての外交および戦争**　ステイトとして組織化する諸社会がそのような公領域が相互作用する場においてなす意志および行為は、各社会の内部システム全体を代表して行為する、公的な〈権能の権利〉の保持者たちによる相互作用として認識されている。国際的非社会過程の本質は、①政府間相互の関係において、諸政府のなす相互作用的な意志および行為（いわゆる外交）として認識されており、そして、②ステイト・システム相互の間で行われるか、または、ステイト・システムの支援を受けて行われる、様々な程度の暴力行為より成る物理的紛争（いわゆる戦争または武力紛争）として認識されている。

（五）ステイト内部の公領域の中にある対外的な公的場　社会を対外的に代表すること（つまり、政府が他の政府との関係で対外的に意志し行為すること）は、社会の内部においては、内部的な公領域に本来備わる、特定の政府的機能として認識されている。つまり、対外的に意志し行為する政府は、ただ、内部的な公領域におけるその活動を対外的に遂行しているに過ぎないのである。このような政府は、単にその社会を対外的にその社会を代表するのみならず、同時に、対外的な意志および行為に参加することを目的として、内部的な意志および行為を組織するのである。

（六）それぞれ別個の世界を構成する、ステイト内部の社会と、ステイト間・非社会　前記（一）から（五）より必然的に導かれる結果であるが、社会の内部的世界と、ステイト間関係よりなる国際的世界は、本質的にそして根本的に別個の世界として認識されるようになった。各ステイト・システムは、他のステイト・システムとの関係において、閉鎖的なシステムと見なされている。市民は、自分たちの社会の政府による仲介を通じてしか、ステイト間・非社会に参加することができない。ステイト間関係は、概念上の無人地帯、すなわち、国家社会相互の間に横たわる無人の空間において行われるのである。

（七）国際的社会過程の構成部分になっていない、ステイト内部の社会過程　前記（六）から必然的に導かれる結果であるが、各国家社会の内部の社会過程は、諸政府の外的な相互作用が生み出す、わずかに痕跡をとどめる社会過程とはまったく無関係なものとして認識されるようになった。したがって、社会における人間のあらゆる社会化、すなわち、社会のあらゆる現実形成は、各々の国家社会に特有の問題と認識されている。その結果、ある社会の内部の社会過程と他の社会内部の社会過程とが織りなす相互関係は、でたらめで、無秩序で、当てにならず、そして瑣末なものになった。

（八）**非社会的なものとしての国際的な私的領域**　国家社会およびその政府以外の、人々の間のまたは諸社会の間のすべての相互作用は、ステイト間・非社会の、この痕跡をとどめるにすぎない社会過程の外部において行われるものとして認識されている。とりわけ、すべての経済的な相互作用（政府による国際的な経済的な相互作用への参加および介入を除き）は、かかるステイト間社会過程の外部においてなされるものとして認識されている。つまり、ステイト以外の主体によるダイナミックな相互作用はすべて、単に非社会的なものとして認識されるのである。

（九）**ステイト間社会過程の別個の発展**　したがって、この痕跡的なステイト間社会過程は、各ネイションの社会過程とはまったく別個に発展するものとして認識されている。このステイト間社会過程は、各ネイションの社会過程の発展とはまったく異なる種類の発展を遂げるものとして認識されている。なぜなら、ステイト間の交渉が行われる場は社会としては認識されていないからである。ステイト間社会過程の社会的発展は、外交や戦争といった国際的諸関係の社会的発展である。なぜなら、その内部をなす（国家社会の）公領域はそれぞれ独自の世界を形成しており、時に相互作用するにしても、それは断続的にしか、また多かれ少なかれ偶発的にしかなされないからである。これまでの国際的な社会発展は単に、このような行き当たりばったりの相互関係の集積であるか結果であったに過ぎない。

（一〇）**ステイト内部の社会発展の多様性**　このようにして、国家社会の内部の社会発展はそれぞれ異なった方向をたどることになったのであるが、その際、各国家社会は、様々な方法でまた様々な程度にステイトとして自らを組織し、また、（もしあるとすれば）様々な方法でまた様々な程度に民主主義の観念と理想を創り出し、さらに、（もしあるとすれば）様々な方法でまた様々な程度にその社会の内部的な主権を（正義と社会的正義を実現するために）社会化してきた。かくして、ステイト間・非社会は、社会発展（とりわけ経済発展）が極度に異なった段階にある、様々な国家社会を包含するようになった。しかし、ステイト間・非社会において、これら国家社会が、いつまでも社会発展の多様な（しかもその多様性が徐々に増大する）段階にあり続けなければならないのか、その理論的理由はこれまでもなかったし、また今後もないのである。

（一一）**ステイト間主権の未発達な状態**　主権の概念はステイト内部の世界からステイト間の世界へと移送されることになったが、そこでは、ステイト内部の世界においてその概念がたどったような、先に考察した劇的な発展の過程に、同概念が与ることはなかった。ステイト間の世界における主権は単に、土地の所有に起源をもつ権威として認識されることとなったにすぎず、同概念は前近代の社会のいわゆる封建制度を想起させる概念であった。ステイト内の社会システムにおける土地所有が内外を逆転されて、いわゆる領域主権となった。しかし、いわゆる領域主権は、財産の一種であるとしても、ステイト内部の世界において財産が経験した顕著な概念的発達を後追いすることはなかった。ステイト間世界における領域主権は、それに対応するステイト内部の概念と比べると、前近代的な本質的に封建的な概念にとどまっていたし、現在もそうである。

（一二）**民主化されていない主権**　ステイト内部の社会が劇的に発展した結果、遂に民主主義の観念と理想という頂点に達したにもかかわらず、それが、主権のステイト間における形態に対して影響を与えることはなかった。ステイト間・非社会は、人間個人と非ステイト的下位社会を包含した〈社会過程の総体〉を有していなかったため、民主化の圧力も、またその必要もなかったのであり、民主主義の観念と理想は生み出されえなかった。自らを社会と認識していないような社会においては、社会の革命は起こりえないのである。

（一三）**社会化されていない主権**　〈社会過程の総体〉が欠如しているため、ステイト間・非社会は、正義の名において社会化されることができなかった。国家社会によって対外的に用いられる力は、社会的力としては認識されていない。なぜなら、そのような力を社会的力として委託するという一般的な思考がその社会には存在していないからである。国家社会により対外的に用いられる力は、自然で、社会化されていない力、すなわち、ある目的に向けて適用されるエネルギーとして認識されている。その目的は、国際的な現実形成の内部において形成される目的として認識されておらず、また、秩序のディレンマ（正義と社会的正義）を含む、社会の永続的ディレンマとの格闘の中で形成される目的としても認識されていない。ステイト間・非社会の目的とは、それぞれの国家社会において、政府の統制する公領域の内部で認識されている諸目的を寄せ集めたものにすぎない。したがって、それは、それぞれの国家社会の存続および繁栄に関係した目的であって、全人類から構成される国際社会の存続および繁栄に関係した目的ではない。

（一四）**自由の領域としての、ステイト間・非社会**　ステイト間・非社会は、主権の概念を外部化することにより形成されたシステムとして認識されたにもかかわらず、それ自体は、主権によって統合されたシステムとはならなかった。上位社会たる国際社会のために意志し行為する、国際的な公領域に対して権威を行使する国際政府なるものは、存在するに至らなかった。代わりに、複数の主権の集合体しか存在しなかった。各ステイト・システムは、その内部的なシステムから対外的な権威を導出した。したがって、ステイト・システムの外部的な関係は、自然な主権、自然な自由および自然な平等であるところの関係として、超社会化されたのである（ここで**自然**とは、上位社会から社会的に導出されていないという意味である）。しかし、ステイト間のかかる自然的な法的関係は、自然法による超社会化から引き出されたのではなく、単に、ステイト間・非社会において権威が明らかに欠如していることの論理的帰結としてのものでしかなかった。各国家社会が自由であることから、国家社会の間の国際的な相互作用は、いかなる基本構制や基本構制固有の一般原則にも服さない、自由なものとして認識されている。

（一五）諸ステイトの意志としての、ステイト間の法　以上のようなステイト間・非社会の概念上の構造によって、国家社会の意志および行為から形成される法としての、いわゆる国際法の概念化が導かれた。それは次の二つの方法のいずれかにより表明される。すなわち、条約の形態をとる即時の意志行為、または、慣習国際法の形態をとる持続的な意志行為のいずれかである。両者とも、諸国家社会によって唯一認められている社会過程を通じて発生するものとして、すなわち、いわゆる国際関係の副産物として、認識されている。慣習国際法の場合、この社会過程は、具体的には**国家実行**として概念化されている。すなわち、諸国家社会の行為が、法的関係を発生させるという一つの意志の表明（いわゆる**法的信念**）と見なされうる場合には、国家実行は、持続的な意志行為を生起させる、とされるのである。このように、国家実行は、意志された法的関係を構成する行為と、当該行為が法的関係になるべきであるという意志の双方を生み出すものとして、認識されている。

（一六）ステイト間・非社会における道徳不在の状況　ステイト間・非社会は、各国家社会の内部の世界とは別個の世界であり、そして、その社会過程は各国家社会の社会過程とは別個の社会過程を構成しているため、下位社会でなされた現実形成が、ステイト間・非社会へと、常時組織的に流入するとは考えられていない。多種多様な現実形成（宗教・神話・芸術・哲学・歴史・科学・道徳・経済・法など）がステイト間・非社会にまでなんとか達するのは偶然にすぎず、国家社会から、いわゆる国際関係というすき間に漏出または滲出するものである。そのような現実形成が（例えば、宗教・芸術・哲学・科学・経済の分野で）国際的に行われるとしても、それは、特定の国際的社会過程の一部として行われるのではなく、単に、国際社会の下位社会をなす諸社会の、公領域ではない部分の場当たり的な相互作用として行われるにすぎない。

このことの直接的帰結は、国内法が、本質的に、国際法から分離されることである。しかし、その最も重要な実践的帰結は、ステイト間・非社会とその下位社会との間で、道徳が断絶されていることである。その結果、それぞれの政府とそれを構成する人々は、国内であれば意志し行為することが当然道徳的にはばかられるような場合であっても、国際的には意志し行為することが可能となるのである。すなわち、戦争で人間を百万人単位で殺害したり、自分の所属するネイション社会では到底認めることができないような種類そして規模の圧制・飢餓・疾病・貧困、人間としての残酷さと苦痛、人間にとっての悲惨さと尊厳を踏みにじる行為を容易に見過ごすのである。このように、ステイト間・非社会は、道徳不在の領域である。

13・106　以上が、これまでのヴァッテル的伝統であり、そしてそれから導かれるヴァッテル的現実なのであったが、これらは現在も変わることはない。このヴァッテル的現実こそ、西欧の支配階級に歓迎されたものであり、彼らは、いまだに、社会の現実形成（これには、理論上の社会の自己認識についての理論と、領域的に西欧の境界をはるかに越える現実形成とが含まれる）に対して強い影響力を保ち続けている。かかる現実は、こういった支配階級の中でも、特に政治的・行政的部門に属していた者によって非常に歓迎されたのであった。彼らは、自己完結的な、対内的・対外的の両面にわたるステイト・システムという砦の中で守られながら、お互いにその境界を越えて交流したり、競い合い、時には争い合ったのである。

13・107　もし国際社会が、十八世紀に、ヴァッテル的伝統を選択せずに、その代わりに、ルソー・カント的伝統に突き進んでいたとしたならば、また、もし十九世紀と二十世紀に、ネイション社会において進展した革命的発展に国際社会も加わっていたならば（つまり、もし国際社会が、自らにとっての一七八九年や一九一七年を有したならば）、果たして人類の世界がどうなっていたかを考えてみることは、人間に深甚な興味を喚起させる思索であるといえよう。この思索は、単に、知的で、歴史的な関心を満足させるだけではない。それは、現実的であり急を要する思索である。

13・108　国際社会を、閉鎖的な主権者たちによって構成されるシステム、すなわち、非民主的で非社会的な、外部化された（複数の）ステイト・システムからなる一つのシステムであるとする、誤った認識が世界に広まった。それぞれのネイションと人民が、それ自身の生得の権利を持つ、社会的存在として自らを確立しようとし、また、自分にとってはまったく無縁なステイト・システムと見なしているものから自らを解放しようとし、また、**他者による決定**に代えて**自己決定（すなわち自決）**を実現しようと努めたとき、彼らの自由と独立を求める熱望と、新たな社会秩序を創設する必要性とが、相互作用を起こすことになった。すなわち、国家社会についての、次に述べるような理論が、独立という理想を実現し、ステイト内部の新しい秩序の必要性にも応える素晴らしい方法であるように思われたのであった。それは、国家社会は、生来自由であり、平等であり、主権的な社会であって、その外部的な存在は、他の（複数の）国家社会によって構成される世界においてきっちりと統制されることができる、という理論である。そして、いわゆる**新独立国**の指導層は、かつてまったく同じ道をたどった（西欧の）支配階級と同様に、自らが保持する個人的権力について、説得力をもって超社会的な説明を行い得るこの理論を歓迎したのであった。

13・109　誤って認識された国際社会は、ネイション社会がその発展のある段階でそうであったように、世界大の〈主権的なステイトによって構成されるシステム〉、すなわち、政府にとって好都合な世界となった。それは、主権者として自ら任ずる主権者たちで構成される集団によって支配される非社会であり、彼らの権威は、国際社会という全体にもまた人民にも由来するのではなく、中間的なステイト・システムから導出されるものである。国際社会は、そのような状況の下で沈滞するか、または、ネイション社会がかつて経験したことを追体験するか、いずれかをとるように余儀なくされている。このかつての経験においては、ステイトとして組織化する社会へと進化を遂げている社会は、苦しんだ末に、発展しつつある主権システムのもつ危険性に気付き、また、苦しんだ末に、民主主義と正義の名において社会自らを救出する手立てを発見したのであった。

13・110　世界の人民は、国際的革命を起こしうる立場にはない。彼らは、政府そしてその多数の官僚層の持つ権力に圧倒されているため、多くの場合において、民主主義と正義の名の下に自分自身の国家社会を取り戻すという点で希望をほとんど持ちえないでいる。世界の人民は、自分自身の国家社会の有しうる基本構制、制度、その可能性について十分な知識をほとんど有していない。また、彼らは、〈社会過程の総体〉という次元で展開される社会的格闘についてあまりにも知らないのに対して、その一方で、自分たちの日常生活で繰り広げられる格闘については十分すぎるほどの知識を有している。誤って認識されている国際社会の観念は、彼らが今所属する国家社会の支配階級にとっての現実の中で形成され、またそれに役立つように形成された観念である。

13・111　しかし、仮に世界の人民が自らの苦悩と熱望を自由に表明することができたとして、そのときにそれら人民が人類世界をどのように認識するであろうか、と考えてみることは、単なる興味深い〈思考の実験〉以上のものである。我々は仮説上、自らのために語ることのできない世界の人民に代わって語ることができる。以下で述べるのが、そのような思索である。この思索とは、世界の人民が、いかに注意深く、またいかにためらいがちにせよ、国家社会の中で、自分たちが気づき、また何世紀にもわたって過去の人たちが気づいてきた諸々の危険を、国際社会の中にも見出している、ということである。それは、具体的に言うと、次のものである。すなわち、（一）疎外——人類が自分自身から疎外されていること、（二）腐敗——とくに、社会化されていない国際経済の腐敗、そして、（三）専制——身体の安全が保障されないような専制、である。

（一）疎外

(a) 世界の人民は、社会的組織化の必要性を理解しており、また国家社会のもつ顕著なエネルギー創出およびその組織化の能力に対する必要性についてさえ理解している。しかし、世界の人民は、自分が生まれた自然な社会と自分たちで創り出した社会もよく知っており、尊重し、そしてそれに愛着を感じている。そして、こういった社会の境界は、国家社会のそれとはしばしば一致していないのである。

(b) 世界の人民がまだよく理解していないのは次の点である。すなわち、彼らが互いに疎外を強制されていること、自然な愛情と自然な忠誠心を自ら放棄していること、そして、自分たちがステイト・システムに服従していること、である。このシステムは、ある人が単に他のステイト・システムに属しているという理由から、**他者（外国人）**として扱うことを要求する。世界の人民は、世界中で展開される無数の人間としての活動を通じて、朋友として出合うのだが、今日認識されている国際社会においては単に、友好的な外国人として扱われるだけなのである。

(c) 世界の人民は、朋友たる人間に対して、その個性、その家庭生活、そしてその個人的な生活におけるあらゆる努力の点で、愛情の伴った共感を覚える。また彼らは、朋友となる人間に対して、あらゆる困難、すなわち、社会的力そして自然的力から生じる困難に直面するときに、愛情の伴った共感を覚える。さらに彼らは、自分たちの愛情が、歪曲された観念、価値、そして異なった形態の忠誠心を要求する国際システムによって、歪められていると感じている。

(d)　世界の人民は、対外的には、自らの所属するステイト・システムによって、また、彼らに代わって意見を表明することのできる政府によって、代表されている。しかし、民主主義の観念および理念は進化を遂げており、それに伴って人民も成長している。彼らは、今や、単に政府によって代表されるだけではなく、自らの生活、自らの存続および繁栄、そして自らの幸福を自分で意志し行為することができるように、(対外的な)意志および行為に参加することをも、要求している。

(二)　腐敗

(a)　ステイトとして組織されたネイション社会が登場した初期の頃と同じく、今日でも、人間の行う最も基本的な社会的活動は、今日認識されている国際社会のシステムとは、大きく乖離している。世界は、驚嘆すべきエネルギーを伴った経済活動の場であり、そこでは、地球の外観を、そして世界の全ての人々の生活を変容させるほどのダイナミックな力で満ちあふれている。それにもかかわらず、国際システムに統合されているのは、国際経済を規制する立場の側のみである。農業・製造業・貿易などに従事する者の行うあらゆる生産活動、すなわち農業・製造業・通商業は、すべて周辺において、すなわち、国際システムの小さな隙間において行われており、国際システムの本務は相も変わらず外交と戦争であると認識されている。

(b) 国際経済の生産的側面は、国際社会なるステイト・システムの中に統合されていないため、一種の自然な世界として、つまり、社会化されていない諸力が様々な自然的効果を発生させる(経済にとっての)環境として、一般に受け取られている。つまり、国際経済の超社会化が、超自然化として理解されているのである。その結果、世界の人民は、発展が不平等である自然のシステムの中に閉じこめられてしまったように感じている。これは社会化されていないシステムであり、そこでは、自然のエネルギーは自然な状態のまま保たれていて、社会的機能を果たす社会的力へと変容されていないように見える。したがって、このようなシステムにおいては、社会的正義は、仮にそれが達成されたとしても、良い選択によって達成されたのではなくて、良い運に恵まれて達成されたに過ぎない。

(c) 国際経済の前途については、その限界を知ることはできない――結果として、良くも悪しくもなりうるのである。世界の人民は次のように感じている。すなわち、国際経済のシステムは、たしかにその成果は注目すべきものであるが、その潜在力を人類の幸福をもたらすために十分に活用してはおらず、むしろ相当な量の負担と犠牲とを、地球の自然界そして人類の精神的世界に対して、課している。しかも、この負担と犠牲は、急速にその量を増してきているが、今後生まれてくる世代の利益を含めて全人類の利益となるように国際社会が系統立って意志し行為することを行っていないため、計測も制御もできない状態にある。

(三) 専制

(a) これまでの国際社会における道徳の不在が意味するのは、いわゆる国家利益の追求によって、いつの日か、人類そのものの破滅そのものがもたらされるであろう、ということである。換言すれば、国際社会の自己認識からは、次の可能性が残されている、いやむしろ、それを必然なものにさえしている、ということである。すなわち、一つの国家社会または複数の国家社会の集団が、自らの社会の男女や子どもを何百万人と殺傷するだけでなく、世界のより一層広範な地域の男女や子どもを殺傷し、さらには、世界のあらゆる場所の男女や子どもの生命を脅かすことさえありうる、という可能性である。すなわち、自らの存続が、自己破壊の脅威に依存していると認識する社会は、自らの、社会としての性質を誤って認識している社会である。社会の自己破壊を、自らが選択しうる可能態の中に含まれるものとして認識している社会は、社会としての自らの潜在能力について誤って認識している社会と言わざるを得ない。

13・112　世界の人民は、人類の将来、その可能態について、上記のような、自ら課した精神異常の観点から視るように余儀なくされた〈今・ここととしての現在〉において生きている。もし自己認識を誤っている国際社会の社会〈自らにとっての現実〉となっている言葉・観念・理論・価値を変更すべきであるならば、人類に今求められているのは、自己超越の尋常でない努力であろう。

第十四章　人類と法

14・1　人類の果たすべき夢はいまや、国際社会という不毛の荒れ地を、人民の名において、また、正義の名において、手に入れることであり、そして、すべての人間の意志および行為を組織化するためのシステムとして国家社会を取り戻すことである。国際社会は、自らを社会として再認識することによって、ステイト・システムを人間的なものとすることができよう。国際社会は、国際法を再認識することによって、自らを社会として再認識する過程を始めることができよう。人類は、国際法の人間的な発展可能性を通じて、国際社会の人間的な発展可能性を見出すことによって、社会および法の人間的な発展可能性を発見することができよう。人類は、あらゆる社会のあらゆる法の発展可能性としての、真に人間的な法を発見することができよう。

14・2　人間という動物は、チンパンジーやシロアリと同様に、社会的な動物である。社会的な動物であるということは、法を守る存在であるということである。人間は、意識を与えられているので、自らの社会化を、法として、自分自身に提示することができる。世界の人民による自己回復という任務は、国際社会の法を、国家社会を含むあらゆる下位社会の法と再統合することなのである。それは、国際社会の法を、すべての社会の法および人類全体の法として、人民自らに対して再提示することによってなされる。

14・3　法とは、社会の〈社会過程の総体〉の法なのであるが、また、その所産でもある。〈社会過程の総体〉は、社会の、立法能力だけでなく他のあらゆる形態の現実形成を含んでおり、それゆえ社会〈自らにとっての現実〉

の形成をも含んでいる。法は、〈社会過程の総体〉の、数ある源泉の中の一つで、それも重要なものであるが、また、法自身が〈社会過程の総体〉の所産である。法を通じて、社会は、自らの言葉・観念・理論・価値という現実を組織化することができ、あらゆる社会の永続的ディレンマとの格闘を組織化することができる。国際社会の〈社会過程の総体〉が、国際社会の法、すなわち、あらゆる社会からなる社会の法であり、全人類からなる社会の法である法を創造する。国際社会の法は、こうして、創造者であり同時に被創造物として、国際社会の社会的格闘に、国際社会の〈社会過程の総体〉の現実形成に、そして、全人類の現実形成に参加している。

14・4　社会は、基本構制（コンスティテューション）の中に、一つの構造として自らを確立しかつ一つのシステムとして自らを組織化するための手段を見出す。法的基本構制によって、社会は、自らその生成を導くために、社会的力を利用することができる。理想的基本構制によって、社会は、自らその自己創造を選択するために、社会の可能態を利用することができる。現実的基本構制によって、社会は、自らの〈今・ここととしての現在〉において自らの未来を選択するために、社会的力を用いる。法的基本構制の中に含まれており、かつ、法的基本構制に基づいて創造される諸々の法的関係は、社会が、常に存在し続けるその過去から、その未来について不断に意志することとである。国際的基本構制に基づいて国際法を立法することによって、国際社会は、諸々の法的関係を創造するのであるが、そういった法的関係によって、国際社会は、常に存在し続けるその過去から、人類の未来について不断に意志することができるのである。

14・5　社会は、自らが存続しかつ繁栄するための手段を、法の中に見出す。法によって、自然的エネルギーは、社会的力へと変容される。法によって、社会目的が自然的力の行使の条件とされることで、自然的力は社会的力へと交換される。法は、個別の欲望の社会化であり、かつ、社会的欲望の個別化である。法は、個別の義務の社会化であり、かつ、社会的義務の個別化である。法は、個人の意志および行為の中に現れる社会の意志および行為である。法は、社会の意志および行為の中に現れる個人の意志および行為である。国際法を用いて、全人類からなる社会は、人類全体の存続のためばかりでなく、その繁栄のために意志し行為することができるのであり、その際にはすべての個別の人間の意志が普遍化され、かつ、普遍的な人間の意志が個別化される。

14・6　社会は、自らをステイトとして組織すると決めることによって、特に、存続および繁栄のための格闘の経済的側面において、高度な水準での剰余的社会エネルギーを産出するための手段を見出している。社会は、社会全体に代わって社会的力が行使される公領域を創設することによって、これらの力の行使を、法的基本構制に基づいて任命された特定の人々や下位社会に委託することを選択する。あらゆる公的力は、基本構制固有の一般原則に服するが、その一般原則には委託の原則および社会的利益の優位性の原則が含まれる。国際社会の下位社会としての諸国家社会は、国際社会の受託者である。それらの国家社会は、その社会に固有の法的権能、つまり、法に上位するまたは法の外に在る法的権能、さらに換言すると、社会目的という条件を伴わずに委託された法的権能など有していない。法的権能を主張することは、私たち市民にとってと同様にステイトにとっても、社会目的を承認することなのである。

14・7　社会は、民主主義の観念および理想を含む純粋理論を創出することで、人民、すなわち社会の構成員が、法を、自らのものとして受け入れることが可能となる手段を得ようと努める。法を自らのものとして受け入れるというのは、つまりは、彼ら人民が、自らを、法に権威を付与する源泉として理解することができるばかりか、彼らが、法を形成する〈社会過程の総体〉に参加することによって、法を意志し行為することができる、ということである。人民は、自らの社会を民主主義的な社会として認識することを選び取ることで、自分自身の未来の在り方を意志することによって自分自身の過去の在り方を意志しようとするのである。国際社会は、自らを民主主義的な社会なるものと認識することによって、自らが、世界の人民の、彼ら自らの意志を通じての自己創造たらんと努めるのである。

14・8　民主主義の社会化の観念を含む純粋理論を創出することで、社会は、正義の理想を社会の生成の中に統合する手段を得ようと努める。社会化された民主主義を通じて、人民は、彼らの未来の在り方を意志しようと欲するばかりか、彼らの未来における幸福をも意志しようとする。民主化されかつ社会化された国家社会において、人民は、ステイト・システムを、彼ら自身と社会との間の仲介手段として、すなわち、正義の実現へ向けて彼らのエネルギーを集合するための用具として、利用することになる。国際社会は、それ自らを民主主義的かつ社会的な存在として認識することによって、各個人と人類全体との間の仲介者となること、また正義の実現を目的としてあらゆる人間のエネルギーを集合するために、あらゆる人間の用具となることを目指すのである。

14・9　人類は、複数の社会から構成される構造システムなるものを着想することによって、想像力および理性の働きを通じて、自らの生成に対して支配力を振うことになり、それによって、社会とその構成員の未来の幸福を選び取る手段を見出してきている。同じように、人類は、国際社会（すなわち、すべての社会からなる社会）という構造システムを着想することによって、人類自身の未来の幸福を選び取るための手段を見出すことができよう。そのためには、何にもまして、人間の意識における、自らが意志した変化が必要とされる。つまり、街頭で行われる革命ではなく、心の中で行われる革命である。

第三部　幸福

統治とは、人間の必要に応ずべく人間の智恵が考え出したものである。（注4）

エドマンド・バーク『フランス革命の省察』

（12th edn., London [1793], 88）

心が執着するところ。内なる自我は行為を通じてそこにたどり着く

――行為はただ内なる自我にのみ付き従うものである。

プリハド・アラヤーカ

IV. 4. 6. (in. R. E. Hume, *The Thirteen Principal Upanishads*, Bombay [1954], 141.)

（注4）日本語訳は、エドマンド・バーク（半澤孝麿訳）『フランス革命の省察』（新装版）（みすず書房、一九九七年）七七頁により、一部文体をあらためた。

第十五章　国際秩序Ⅰ　社会的秩序

15・1　社会は、社会の幸福を追求するにあたって、その前提条件でありその所産であるところの、つまり、同社会の存続および繁栄の前提条件でありかつその所産であるところの秩序を追求する。**秩序**について語ることとは、すなわち、純粋理論もしくは実践理論または両方の理論の観点からそれについて語ることである。これを言い換えると、**秩序**という用語は、社会の本性に関する超社会化理論を伝達するときに用いられる、ということである。例えば、「**社会は、本来、秩序指向的である。**」のように用いる。また別の用法では、この秩序という用語は、ある特定の社会の内部でなされる意志および行為を変更することを目指して、諸々の価値観念に根拠を与えるときに用いられる。例えば、「**この社会では、我々は社会目的の一つとして、秩序を選択する（または善き秩序、平和、善き統治、もしくは法および秩序を選択する）**」のように用いる。また別の用法では、この用語は、意志および行為を変更するための根拠として、社会の本性を援用するときに用いられる。例えば、「**この社会では、我々は社会目的の一つとして、自己秩序化的社会のもつ秩序を選択する**」のように用いられる。

15・2　第一部および第二部で述べた仮説に基づけば、社会は、以下の意味において、その本性上自己秩序化的である。すなわち、（一）社会は、構造とシステムの双方として（常時）自らを創造しているのであり、そして、この構造でありかつシステムであることが、秩序化なのである。両者は継続的になされる秩序化の過程である。また、社会は、以下の意味において、その本性上自己秩序化的である。すなわち、（二）社会が社会の様々な永続的ディレンマを解決しようとたえず努めるときに、〈社会過程の総体〉の格闘を通じて行われる社会の社会化が、秩序化である。この格闘の過程は、各ディレンマとの格闘における、また、それらすべての格闘の、不断に変化する総体の両面における秩序の探求としてみなすことができる。

15・3　前述の仮説からは、また次のことも言える。すなわち、(三) 社会は、自らの基本構制を形成するのであり、とりわけ、法的関係という形態で社会的力を創造するのであって、その本性上自己秩序化的である。社会は、この基本構制によって、〈今・ここととしての現在〉において意志し行為することで自らの未来を過去へと変化させることが可能となるのであるが、これによって、基本構制は、その社会独自の生成を統制するための手段を社会に提供する。社会の生成、すなわち、社会のもつ内面性と外面性とが相互作用した結果の不断の表出は、基本構制により秩序化される。そして、それによって、社会の可能態は、社会の意識によって認識され、そして、次いで社会の意志により選択され、社会の行為により現実化されるのである。法的関係を通じて、社会の構成員たる個人の意志および行為は、他の構成員や社会全体の意志および行為と統合されるのであるが、それは、基本構制（総称としての基本構制と、具体的な特定社会の基本構制の双方を含めて）に包含されるシステム的過程の枠組内でなされるのである。

15・4　前述の仮説からは、次のことも言える。すなわち、(四) 社会の意識はそれ自身が、その本性上社会の自己秩序化である。なぜならば、社会は、それ自身の意識の世界（宗教、神話、哲学、歴史、芸術、自然科学、経済、そして道徳などの偉大な観念構造体を含む）を創造するために、言葉・観念・理論・価値を用いて、〈存在するものすべて〉からなる現実を社会〈自らにとっての現実〉に変容するからである。意識の世界は、想像力により創造され、理性により秩序化されるのであるが、そこにおいて人間の意志および行為が展開される世界である。意識により作られた世界は、我々が生きている世界である。意識の範囲を超える自然界が不断に流動的であり、また個人および社会の意志および行為も不断に流動するものであるのに対して、意識により作られた世界は、秩序化しつつある世界であり、また相対的に秩序ある世界をなしている。

15・5　最後に、前述の仮説からは、また次のことも言える。すなわち、(五) 社会が自らを秩序化するのは、社会の存続のみならずその繁栄をも追求することによってであり、換言すれば、単に存在することを追求することだけではなく、善く在ること（つまり幸福）をも追求することによってである。社会は、その社会〈自らにとっての現実〉を形成することを通して、自らの未来に属する可能態を着想する。社会は、自らの幸福を追求することを通して、それらの可能態の中から選択を行い、社会の目的を形成する。そして、社会が〈今・ここととしての現在〉において意志し行為することを通して、社会の目的は社会をその未来へと導くのである。かくして、社会がその未来を現実化するにあたってどのような具体的な選択を行うにせよ、社会のシステムは、社会自らが自己認識した可能態の方向に向けて社会の生成がなされるように秩序づけている。未来を選択するということは、その選択した未来の観点から現在および過去を秩序づけることである。

15・6　このように社会は、自らを社会として認識するに際して、自らを自己秩序化的な社会として認識する。しかし、個別の社会の観点から見るとき、かかる社会はそれにとどまらず、さらに、自己秩序化を、価値として、選択を行う際の根拠として、つまりは、その意志および行為のすべてを修正する社会目的として、選択するのである。社会がこのことをなしうるのは、社会が、仮説上の観念としての秩序の観念を、規範的な観念としての秩序の観念に移し替えることによってであり、つまり、秩序の観念が（社会の本性に関する）純粋理論から、（当該社会の目的に関する）実践理論へと移行するのを認めることによってである。社会は、秩序を、社会の本性の一側面として承認することによって、自己秩序化を、社会の一側面として選択することができる。

15・7　本書で近代と呼んできた過去五世紀にわたる国際社会の自己秩序化は、国際社会による自己認識の一つの機能であった。換言するならば、それは、国際社会による誤った自己認識の一つの機能でもあった。国際社会は、自らの本性を、ステイトとして組織化する社会同士の間に存在する自然の無秩序を低減するための、そして、外部化された公領域同士の相互作用を自己抑制するための、非社会的システムであると認識してきた。国際社会は、自らを社会として認識したことはほとんどないか、あるいは皆無であったので、まして自らを自己秩序化的な社会として認識することはほとんどないか、あるいは皆無であった。国際社会は、自らが自己秩序化的な社会であるとは知らなかったので、秩序を社会目的として選択することもできなかったのである。

15・8　しかし、二十世紀の最後という見通しのよい地点に立って俯瞰するとき、過去五世紀間における国際社会の活動とりわけ二十世紀における国際社会の活動を、自分自身の意識の世界として誕生しようとしているがまだ誕生前であった社会の秩序化として、つまり、自らが社会であることをまだ知らなかった社会による無自覚的な自己社会化として、理解することが可能である。これは後知恵であるが、また仮説の助けを借りるならば、国際社会は、自らは非社会的であったにもかかわらず、期せずして、自らの秩序化を行ってきた、と言うことができる。国際社会は、自らを誤って非社会として認識していたにもかかわらず、同時に、本能的にまたは自然発生的に社会たらんと模索する、前社会的な存在であった。国際社会は、自らの変態に向けて、すなわち、自分自身についての無知からの脱皮に向けて、自ら準備していた。もしそうであるとすれば、国際社会は、自らを社会として認識するようになるのに伴い、遂には自らが秩序を社会目的として選択することができることに気付くに至るものと、仮定することも可能である。

15・9　潜在的な（現在のところ可能性として存在する）国際社会によって前触れ的に行われる自己秩序化については、次の側面から考察することができよう。

（一）戦争と平和
（二）外交
（三）ステイトの主権

国際社会となる以前の社会状態による法的な自己秩序化については、後の第十六章において特記して考察する。

（一）戦争と平和

15・10　正気な人間が、戦争を、秩序を実現するための手段とみなすことができるとは考えがたい。しかし、現実には、戦争を、社会が随時選択することのできる社会目的として考え、戦争を、社会が自ら意志し行為するときに利用しうる別種の手段として考え、戦争を、社会による自己秩序化の別種の形態として考える人々が今日に至るまで存在する。人類の経験は、戦争についてこれとは異なる認識もあることを示している。戦争がもたらす秩序は、死と破壊の秩序である。したがって、戦争を選択することは、死と破壊を選択することである。戦争を選択することは、我々の手に負えない、計り知れないほどの苦悩を選択することである。思慮深い人間が、戦争を、自然なものとみなすとは考えがたい。自然災害は、意識の世界における選択から生じたものではなく、自然界の必然性に起源をもつものとして思われているため、自然なものとして認識されている。戦争は、人間の意志および行為を通じて、意識の世界において作られるものに他ならない。戦争は選択されるものである。戦争は、意識を持つ人間が、自然界のエネルギーを用いて、同じく意識を持つ他の人間を殺傷したり、死別させ寡婦や孤児とするために、選択されるものであると言える。死ぬことは、すべての生物の本性に基づくものである。これに対して、公の利益のために同じく人間を殺すことは、人間だけが行うことである。

15・11　戦争することを自然なこととみなしうるのは、人間の想像力および理性の能力に対して制限を課すような人間性に関する純粋理論に依拠する場合のみであろう。そして、人間の想像力および理性に対して自然の制限を課するこのような純粋理論は、次に、人間の想像力および理性がいかにして自らに対する制限を認識しうるのかについて示した超越理論に依拠しなければならないであろう。そして、もし仮にこのような純粋理論があったとしても、また、もし仮にこのような超越理論がそもそもありえたとしても、そうした理論は、他の多くの理論と同様に、それとは正面から対立する別の理論の挑戦を受けることになろう。それが、つまりは、本書でその概要を示しているような理論であり、以下のことを示唆するものである。すなわち、人間が人間の意識を作っているのであるが、それを通して、人間の意識が再生産して（自分自身を作って）いること。人間が人間社会を作っているのであるが、それを通して、人間社会が再生産して（自分自身を作って）いること。我々が我々の意志および行為の創作者であること。我々は、自分たちの存続および繁栄のために、いかなる時にも、いかなる場所においても、意志し行為することができること。我々は自分たちの幸福の創出者となることができること。我々が、人間として、人類の存続および繁栄につき責任を有すること、以上である。

15・12　戦争がこれまで常に存在してきたことを理由として、ないしは、個々の人間が相互の間で頻繁に暴力を振ってきていることを理由として、戦争を自然なものとみなすのは、人類がこれまでの状況から外れることができないように運命づけられていると主張する純粋理論に依拠してのことであろう。そして、かかる純粋理論は、ここでもまた、次のような超越理論に依存せざるをえないであろう。すなわち、人類がこれまで現実に存在してきたもの以外の存在にはなりえないことを、人類はいかにして知りうるのかについて説明したような超越理論である。一体いかなる形式の実験または推論または定理であれば、そのような理論を証明することができるのであろうか。かかる理論は、人間科学を、自然科学に優越する科学に化してしまう理論であろう。なぜならば、自然科学に関する超越理論ですら、自然界の将来が必然的にどのようなものとなるのか、科学が知っているとは主張していないからである。

15・13　それゆえ、戦争を自然なものと見なすことは、要するに、人間の意識のもつ、これまでの自分がたどってきた状況とは異なる未来を作り出すことができるという、素晴らしい能力をまさに無視することに他ならず、つまり、想像力が着想することができかつ理性が命ずることのできるあらゆる可能態の中から、自らにとっての未来を選びとることができるという、人間の意識のもつ素晴らしい能力を無視することに他ならないのである。我々は、病気によって死ぬように運命づけられていないのと同様に、戦争で死ぬように運命づけられてもいないのである。戦争は、それが自然なものでないのと同様に、必然的なものではない。

15・14　戦争は、人間の失敗である――すなわち、想像力の失敗であり、理性の失敗であり、学問の失敗であり、理論の失敗であり、意志の失敗であり、行為の失敗である。国際社会の前社会的な自己認識においては、戦争は秩序の追求であると認識されてきているが、それは、想像力および理性が選択によって秩序をもたらすことができないことが分かっていた状況において、無秩序による秩序の追求が行われたというだけの意味にすぎない。戦争は、自己創造を装った自殺に他ならず、最も原始的な形式の動物や植物の生態の中にも見出されることのない秩序化の形式である。

15・15　戦争は、犯罪の教育に等しい。つまり、国際社会によって示される手本は、無法についての手本であり、それは、市民の精神を堕落させ、さらに悪いことには、国家社会の公務員たちの精神をも堕落させる。戦争なる犯罪行為が国際社会において自然で不可避的な出来事として扱われているのを公務員たちが知るならば、彼らが国家社会の内部において暴力的な犯罪を自然で不可避的な出来事として理解するとしても、さして驚くことではない。もしも、ネイション社会における最も特権的な階級層が、その極めて洗練された打算の結果として、相互間の（つまり国際的な）大量殺害が社会的利益の観点から自然であるばかりか有用かつ必要であると信ずるに至るのであれば、その同じ人々が、各ネイション社会の支配階層として、犯罪、とくに彼らの社会的力の不正な濫用を、自分たちの個人的利益の観点から、有用かつ必要であると打算的に考えるようになったとしてもさして驚くには値しない。ましてや、これらの社会の、最も下位の階層に属する人たちが、同様の打算的な考え方をするようになったとしてもなんら驚くべきことではない。道徳が不在である国際社会が、世界中のいたる所で道徳の不在をもたらしている。各ネイション社会から暴力の常習を一掃することは、国際社会の戦争中毒が完全に治癒されるまで、可能とはならないであろう。

15・16　戦争という概念が、意識によって自己秩序化を行う社会の言葉・観念・理論・価値の中に存在する余地はない。**戦争**という言葉（そして、それの偽善的で、婉曲な言い方である**武力紛争**）は、国際社会の語彙の中からやがて消え去るであろう。戦争という概念区分（カテゴリー）はやがて国際法から消え去るであろう。戦争は、奴隷、望まれずして生まれてきた子どもの間引き、故郷からの追放、敵討ち、血讐、神判、火刑、拷問、人を不具にする刑罰、法外者の扱い、私刑などと同じく廃止の道をたどることになろう。戦争の観念は、記録に残された人類の歴史と同じくらい古くからあるものだが、新しい国際社会では徐々に消滅するであろうし、その観念が、社会の未来、その存続および繁栄を自ら制御できる社会にはなじむことができないであろう。戦争の消滅が、我々の自己認識の一部となるにつれて、それは、社会の目的となるであろう。自己創造は、自己破壊という選択肢を排除するものである。かつて**戦争**が占めていた位置に、戦争なる犯罪類型が代わって存在することになろう。かつて戦争が占めていた位置を、法が代わって占めるようになるであろう。

15・17　**平和**という言葉は、不用なものとしてやがて国際社会の語彙から消え去るであろう。平和という概念区分（カテゴリー）は、国際法からやがて消え去るであろう。戦争の観念が徐々に消滅するとともに、戦争のない状態としての平和の観念は徐々に消滅するであろう。世界の人民は平和を待望する、という言い方がよくなされる。もしこういった表現の真意が、戦争と戦争の間の間隔がこれまでよりも長くなることを世界の人民が望んでいる、ということであるならば、それは、真実を偽善的に曲解したものに他ならない。世界の人民が待望するものは、戦争のない世界である。世界の人民が待望することは、自ら招いた戦争による、自分たちの生命や財産の喪失という究極の不安をなくすことである。世界中の母親たちが待望することは、周期的に発生する、自分の息子たちの大量殺害をなくすことである。世界が待望するものは、新しい種類の平和である。平和についての年来の妄想が雲散霧消し、新しい言葉・観念・価値としての**平和**が人間の意識に現われるであろう――すなわち、社会の自己創造としての平和、法秩序の枠組みの中で正義を探求するための格闘としての平和、全人類の存続および繁栄を目的とする人間の欲望の秩序化としての平和、あらゆる人間の幸福の恒常的な増大としての平和、である。かつての**平和**が存在していた所に、この新しい平和が代わって存在するようになるであろう。かつて休戦としての平和が存在していた所に、成長としての平和が代わって存在するようになるであろう。

15・18　**武力行使**という言葉は、やがて国際社会の語彙から消え去るであろう。物理的な実力の行使を社会的力の一般的な形態として正当化することは、社会のもつ社会的性質を否定することである。社会において、物理的な実力を含む自然的力は、〈社会過程の総体〉の行う活動（経済システムおよび法を含む）を通じて、社会的力へと変容する。法は、法的関係を利用することによって、自然的力を社会的力に変化させる。法的関係は、ある社会目的のために自然的力が、いつ、そして、どのようにして用いられるのかを決定し、また、誰によって、そして、誰との関連で用いられるのかを決定する。しかし、物理的な実力は、そのような種類の（社会の中に）残存している自然的力ではない。つまり、社会の構成員の誰もが利用可能であり、社会化されてはいないが、社会的に容認されており、たとえ最終手段としてであっても自分の意志で自由に利用することができるような種類の自然的力ではないのである。

15・19　社会における最終手段は法であり、法的権能である。物理的な実力の行使を、一般理論上、社会的力および法的権能の範疇のいずれかの力に属するものとみなすことによって、それを神聖視することは、反社会的行動を神聖視することに帰着する。社会的力について物理的実力の行使の観点から言説することは、暴力行為が自然なこととして認識されているような社会的現実を構成することである。最も社会化している社会の構成員たちが、世界的規模においては反社会的行動という観点から社会の可能態や目的について構想したり、社会的発展の計画を立てるなどしながら、一方では、最も社会化していない構成員たちが小規模な反社会的行動を起こさないように教育することはできない。組織的な集団暴力に熱中する特権的な上層階級を国際社会から排除しない限り、犯罪行為にふける社会化されていない下層階級をネイション社会から排除することなどできないであろう。かつて**武力行使**が存在していたところに、法に基づく社会的力の行使が代わって存在するようにならなければならないであろう。

15・20　**自衛**という言葉は、やがて国際社会の語彙から消え去るであろう。法は、法の主体に対して、法により定められた状況下において、自己の存在を保全するために物理的な実力を行使することを許可することができる。多かれ少なかれ主観的に決定される極限状況において、法の範疇を越えて行為するために用いられる、(社会の中に）残存している自然的力として、自衛を正当化することは、社会の社会的性質を否定することである。自己のアイデンティティを創造したいという自然な衝動は、個人のそれであると社会のそれであるとを問わず、極めて強いものであって、**他者**を犠牲にしても**自己**のアイデンティティを創造し保護したいという自然な衝動は極めて強いものであるため、社会の最も基本的な機能の一つは、まさに、自己創造と自衛との間の相互作用という形での格闘を社会化することに他ならない。自衛は、自らを社会と認識する社会においては、自然なものでもなく、残存的なものでもなく、また周縁的なものでもない。自衛は、社会の自己創造および社会の自己社会化の不可分の一部である。自衛は、すべての法的関係の根幹に位置する。なぜなら、法的関係は、社会の社会における意志を個別化し、同時にその構成員の意志を普遍化するものだからである。自衛は、また、他のいかなる社会においてと同じく国際社会においても、あらゆる社会的力の行使に共通して認められる一側面をなしている。なぜなら、いかなる社会も、その自己創造を、その構成員の自己創造と統合するものだからである。かつて**自衛**が存在していたところには、法に基づいた社会的力の行使が代わって存在するようになるであろう。

15・21　そして、変化は既に始まっている。二十世紀の総力戦（公益のためとしてなされた世界的規模での大量殺戮）という人類の恥ずべき経験は、ネイション諸社会における自らを民主化し社会化しようとする人間的な経験と結びつくことになった。どちらの形態の経験も、他方の経験を活発にさせ、その結果、「戦争、社会化されていない仕方での武力の行使、社会化されていない仕方での自衛の行使は、いずれも非社会的なものである。」という観念を人間の意識の中に育てることになった。国連憲章による武力行使の社会化が、ネイション社会内部において基本構制固有の一般原則（あらゆる社会的力に対する法の優位性の原則を含む）の承認が増えてきていることと結びついて、その結果、「国際社会（まだ自らが社会であるとは認識していないのであるが）においてでさえ、国際的な幸福という社会目的と、個別的な自助という実践理論とは相容れない」という観念を人間の意識の中に育ててきている。

15・22　しかし、仮にこれらの観念が、国際的平面における法的基本構制および理想的基本構制への道を歩み始めようとしているとしても、それらの観念が国際的平面における現実的基本構制の中で現実化されているとは到底言えない。なぜなら、社会化されていない実力を行使するという威嚇と、社会化されていない実力の（現実の）行使、これらを各国政府は、依然として、日々、年々、日常的に選択しているからである。かくして、法および国連システムを含む社会過程は、第三国の政府による外交的働きかけを含む社会過程は言うまでもないが、これまでのところできることと言えば、せいぜい、現実の紛争の当事者である政府の意志および行為のほんの周縁部分を断続的に修正することぐらいである。しかし、それでもそれらの観念は、議論の形式を変えたり、文章表現の仕方を変えたり、一部の公務員や一部の支配階層に属する賢明な人たちの心の中に、ある種の小さな禁制を育てたりしている。このようにして新たな現実が形成され始めている。

15・23　自然的力の行使を社会化する過程――すなわち、力を目的に変える社会的交換――が、既に国際社会で始まっている。ここで言う力は、全人類の力が集積されたものを指す。また、ここで言う目的とは、すべての社会からなる社会であり、かつ全人類からなる社会であるところの国際社会の幸福を指す。真の社会における真の平和という機運が、荒廃した世界の墓場と灰塵の中から生じつつある。

（二）外交

15・24 外交は、ステイトとして組織化しつつあった複数のネイション同士の間で（すなわち、支配階級対支配階級、政府対政府、公領域対公領域の間で）意思を伝達し合う必要が増大してきたことを認識するのに伴い、発達したものである。外交は、正気を失った社会の行う対話であり、人間の荒廃に威厳を添える行為である。外交は、惨めな茶番であり、それに伴うものは、（儀式用の）正装と外交儀礼、儀式と形式主義、条約と（外交上の）声明書と一片の**紙切れ**、悪事を隠し合う政治家たちのビデオ録画と写真撮影、外交場裏における熱しやすく冷めやすいと言われる感情、いさかいと和解、敵と味方が入り交じる稚拙な世界である。優雅な外交と諜報活動とその闇の世界の低脳な相棒たちとが繰り広げる、見た目は大人たちのゲームは、囁きから始まり苦悩のうちに終わるか、もしくは、騙し合いから始まり戦争で終わるのである。

15・25 世界の人民は、外交というこの馬鹿げた舞台を、多年にわたって不信に悩みつつも、傍観することを余儀なくされている。往々にして、このドラマは、外見だけは立派な国際会議や電子的に伝達される無駄話の域を越えるのであって、世界の人民は、君主や大統領、大臣や大使や次官クラスが人類の将来を選びとろうとして企てた、新たな集団的幻想の如きものか、または自然の摂理に反する新たな大災害などに巻き込まれることになるのである。世界の人民は、政治家や官僚たちを信頼せざるをえない立場に置かれているので、彼らによって、自分たちが理解できないような手段によって、また、自分たちには分からない根拠に基づいて、自分たちの生活が左右されるのを、あたかも子どものようにただ待っていなければならないのである。このように、外交とは、その本性が非社会的である社会過程なのである。

15・26 外交は、**国際関係**として知られる虚構の社会過程を生じさせている。国際関係とは、ステイトとして組織化する社会の公領域同士の間で行われている、社会化されていない相互作用の謂である。そのような社会はそれぞれ、**外交政策**および**防衛政策**と呼ばれるものを有する。**外交政策**および**防衛政策**は、各社会の〈社会過程の総体〉の内部において、基本構制によって創設されたシステムの中で、法的基本構制の下で確立される法的関係を用いることによって、創り出される。これらの政策は次に、それぞれの社会によって対外的に打ち出され、そして、他の諸社会によって同じように創り出され同じように対外的に打ち出された外交政策および防衛政策と相互作用し合うのである。これらの政策は、関係する諸社会を、個別的、共同的、または集団的に意志し行為するように導く傾向がある。そして、このような社会の意志および行為は、当該社会の構成員の幸福ひいては彼らの生存に対して影響を及ぼす傾向があり、おそらくは人類すべての幸福および存続に対してさえ影響を及ぼすのである。

15・27 いわゆる国際関係なるものは、以下のような前提に立って概念化されている。すなわち、第一に、それぞれの社会は他の社会から見たとき一つの単位を成しており、一つの閉じたシステムであるということ、第二に、それぞれの社会は、自らの幸福と自らの構成員の幸福に対して、徹頭徹尾責任を負っているということ、である。それぞれの社会は、**力**と呼ばれるものの属する一つの単位である。しかしそれは、(ある目的に向けて供されるエネルギーという意味において)社会化されていない力である。この力は、社会目的に変換されるものでも、国際社会の基本構制に基づいて社会的力に変化させられるものでもない。力の各単位は、自らのいわゆる**利益**を選好し追求する自然の性向を有するものと見なされている。つまり、国際関係は、国家社会を、あたかもそれを社会化されていない人間であるかのごとくに扱うのである。かくして、(この見方によれば、)種々の国家社会によって構成されていると見なされている、この虚構の社会(つまり、国際社会)は、それら国家社会の独立した意志および行為の相互作用の寄せ集めに過ぎないのである。

15・28　国際社会についてのこのような見解に基づくと、力および利益の**計算**こそが、明らかに、それぞれの社会にとって決定的に重要となる。なぜなら、力および利益は、ある社会が他の社会に対して及ぼしうる効果が表明されたものとして見なされるからである。政府の対外的側面は、いわゆる力および利益なるものを計算する目的のために設けられたメカニズムである。政府は、いわゆる政策を選択する目的で社会の諸々の可能性について着想するにあたって、①自らの力(すなわち、意志し行為する権能)の作用として、また、同政府に影響を及ぼす立場にある他の諸社会の力の作用として、ならびに、②自らの利益(すなわち、意志し行為するときの目的)の作用として、また同政府に影響を及ぼす立場にある他の諸社会の利益の作用として、同政府の諸々の可能性について計算するのである。したがって、政策決定は、**有利性追求**と**均衡性追求**という二つの様式で作動するシステムであるということになる。すなわち、外交政策および防衛政策は、①一方の社会による幸福の獲得が、他方の社会が幸福を犠牲にすることによってなされるという(外部的な)状況についての計算か、あるいは、②知覚される双方の力を相拮抗させることによって、一方の社会が他方の社会に対して及ぼし得る効果を回避したり中和したりするのに要する(当事者の)意志および行為についての計算か、そのいずれかに帰着する。そして国際関係は、このような一方的な計算の偶発的な集合ということになる。その結果、当事者の意志に基づかない戦争が発生することもあろう。また、戦争のすべての当事者が、自衛のための戦争として認識することも起こりえよう。そういうことで、国際社会は、国際社会自身の存続および幸福を促進する道を選び取ることができないでいる。

15・29 外交は、人を欺くことについての教育である。外交が人々に対して提示するものは、実践的な道徳不在の見本であり、すなわち、いかなる実践的手段を用いてでも、利益となる目標を追求することである。外交について世界の人々が抱くイメージは、スパイ活動の世界――すなわち、公的利益を名目として、嘘をつくこと、騙し取ること、盗むこと――に囚われている。しかし、外交上のすべての言葉とすべての行為は、客観的に見れば、詐欺である。なぜならば、政府は、他国政府との関係で、特定の効果を生みだすことを目的として発言し行為するのであって、善行をなすことを目的としてなされるのではないからである。その効果は、一方または双方の政府の構成員たちが認める道徳によって、正当化されることもあろうし、正当化されないこともあろう。そのような正当化、または、正当化されないことが、そのいずれかの政府による次なる行動の形式、すなわち、批判または擁護という第二の戦いの場における修辞上の武器として、用いられることさえあるであろう。そして、（外交の）いわゆる道徳的側面なるものが、社会を構成する市民たちとの関係における政府の行為を正当化するため、すなわち、市民たちが社会的利益のためにその財産や生命をも捧げるように促すのに、用いられるであろう。しかし、人々の意識は、公務員の意識も含めて、彼らに宛てて話された言葉だけで形成されるわけではない。人々の意識は、〈社会過程の総体〉の現実性、すなわち、種々の国家社会の、その相互の関係における、意志および行為の歴史によってもまた形成される。国際関係のいわゆる道徳的側面について話されるのを彼ら市民が一言聞くごとに、彼らは既に十の欺瞞的な言葉を聞いているのであり、十の非道徳的行為を見ているのである。国際関係は、社会的責任に関する、国内の無数の学校で行われている教育の成果を無としてしまうような、不道徳を教える世界的規模の上級の学校なのである。

15・30 国際社会における意志および行為の諸様式はそれぞれ、不道徳的で利己的であり、有利性追求的であって均衡性追求的であるため、それとは別個の様式の意志および行為――すなわち、世界的な幸福の改善を目的とした社会的格闘——が同社会で行われる余地を、ほとんど残していない。このような様式の意志および行為が発生するのは、ほとんど偶然に副次的な結果としてであり、とくに二つ以上の社会が自らの利益について**長期的視野**に立っていると言われる場合のみである。このような場合には、社会が、その社会の存続および繁栄が、長期的には、二つ以上の他の社会の存続および繁栄に依存しており、おそらく、他の社会一般の存続および繁栄に依存している、そういう見方をしていると言われるようになるのである。このような場合の帰結は、個別目的の普遍化であり、社会化されていない社会的行為であり、逆説的な社会化であろう。

15・31　二十世紀の最後という見通しのよい地点に立って、それも、後知恵と仮説の助けを借りて俯瞰するとき、外交と国際関係が、ある種の本能的な自己秩序化に相当し、自らが社会であることを既に知っている社会の初期段階の自己秩序化に相当し、社会的意識の教育における最初の段階にあたり、幼児の自己探求と他者探究にあたるものと見なすことが可能である。このことが仮説として妥当する可能性は、以下のような二十世紀の国際関係の強烈な経験の中で、より明白になってきている。例えば、ステイト間の相互交流がその量と複雑さを顕著に増したため、自己利益の計算という複雑な縺れを解くことはもはや困難となっていることや、または、経済的な相互交流が、その量の点でも、さらには重要性の観点からさえも、諸政府の外交および防衛の政策の間の相互作用を圧倒するに至っていることである。諸政府は、奔流の如き自らの活動によって、自己社会化へと、押し流されている。諸政府は、その外交および国際関係を通じて、ゆっくりと、苦労しながら、そして、いささか皮肉にではあるが以下のことを学びつつある、と述べてよいであろう。すなわち、第一に、利益というものが互酬的たりうることであり、そして第二に、個別の利益に超越する普遍的利益が存在しうることであり、そして第三に、普遍的利益によって恩恵を受ける個別の利益が存在しうることである——これらは、要するに、自らを社会化している社会が学ぶ教訓なのである。

15・32　**勢力均衡**の概念は、外交上の常套手段である由緒正しい装置であり、均衡性追求の戦略を伝統的な外交政策に適合するものとして定式化したものである。しかし、この概念でさえ、教育的効果を有していたと考えることができよう。力の均衡を図り、相対立する利益を計算することは、その社会目的がいかに未熟なものであろうとも、力および利益の同定を少なくとも含むからである。そのような同定は、社会的力の互酬性という観念の種子をまくこととなる。社会的力の互酬性を認めることは、社会の社会的現実の総体を認めることへ向けた第一歩である。そして、二十世紀に、多数国間外交および議会型外交（これは、数多くの政府間機構と政府間会議という形で行われる）が発達するにつれ、力および利益の計算は益々洗練されたものになってきており、その結果、あらゆる国際的な意志および行為が徹底的でもはや縮減しえない相互性を有することは、国際社会の明白な現実となってきている。

15・33　かくして、国際社会の発展の歴史の中で外交の果たす社会的役割は、今や、単に有利性追求と均衡性追求の機能であるばかりでなく、公務員に対する社会教育の機能を果たしていることが看取できる。外交は今やある種の教育の場となっており、そこでは、ステイトとして組織化する社会の公務員たちが次の二つの教訓を学んでいる。すなわち、①自分たちの社会と同様に、社会としての自己創造の格闘に日々従事している、別人格をもつ他の社会が存在すること、そして、②いずれの社会が行う自己創造の格闘も、他のあらゆる社会の自己創造と無関係に行われるものではないこと、である。これら二つの教訓は、社会としての国際社会を再認識するための基礎的な教訓である。二十世紀末の今日では、これらの教訓は世界中の公務員が多かれ少なかれ真剣に学んでいる教訓であると言うことができる。つまり、外交は、社会になろうとして学習している社会にとって、初年度の教育の場となりつつあるのである。

(三) ステイトの主権

15・34　この五世紀の間、世界中であらゆる種類の社会の形成およびその再形成が熱狂的に行われてきたが、このことが、最も有力な形態の社会的組織化としての、ステイトとして組織化する社会の出現をもたらしたのであり、とりわけ、ネイションとしての国家社会および単一ネイション化しつつある国家社会の出現をもたらした。こういった過程は、革命的側面を有していたのであるが、それは、既存の社会の意志形成システムを再構築するために主権の観念が繰り返し用いられたためばかりか、複数の社会が単一の社会を形成したり、一つの社会が他の社会システムから独立を確立したりするためにも、主権の観念が何度となく用いられてきたためだからである。これによって格段に増大した社会的力を個々の社会は、いわゆる戦争遂行と平和創造を通じて、対外的なステイトとしての自己創造のために、また他方で、社会の経済システムにおける人間エネルギーの社会的組織化を通じて、内部的な自己創造のためにも、用いることが可能になった。

15・35　疎外・腐敗・専制という三つの危険は、ステイトとして組織化する社会がその集積された力の矛先を自らの市民に対して向けるようになるにつれ、何度となく現実のものとなった。世界の人民は、あたかも牛馬のごとく、ステイトの中に囲い込まれた。世界の人民は、剣・銃・鞭・棍棒・足締め具（刑具の一種）・鉄拳制裁などによって、人民を支配する力を持つ者による支配を選択するか、それとも死を選択するか、どちらかの選択を強制されてきた。そして世界の人民は、〈ここ〉（ステイトの内部）という柵の中に閉じこめられた上に、さらに、〈あちら〉（ステイトの外部）からやってきた他の牧夫たちが、自分たちの家を壊し家族を引き裂き、自分たちの言語を禁止し、自分たちの宗教を弾圧したりして、自分たちのアイデンティティを踏みにじるのを目撃してきた。世界の人民は、自らの属する社会が、ステイトの創建者が自らのために作ったステイト・システムの下に統合されて、爾来その社会（つまりステイト・システムの社会）であることを甘受してきている。世界の人民は、自らが属する社会の方が、それらを簒奪しているいかなるステイトよりも長続きすることを確信しているがゆえに、今を堪え忍んでその日を待っているのである。世界の人民は、自分たちが社会からは苦難の延長以外の何ものをも受け取ることができないことを知りつつも、当面の間は、その子どもたち、さらにはその子どもたちの幸福のために、自分たちは不満を感じつつも生きていかなければならないと心に決めて、涙とともにその日を待つのである。世界の人民は、このように、自らが属する（ステイト・システムの）社会の市民であると同時にその犠牲者なのである。

15・36　国際社会の自己認識は、世界の人民に対して何の慰めも与えることができなかった。それどころか、この自己認識は、〈国家社会の市民でありかつその犠牲者である者たち〉の周囲に無関心という堅固な壁を構築するのに非常に適した一連の概念――すなわち、主権平等、領土保全、政治的独立、国内管轄権といった――のすべてを提供したのであった。各ステイト・システムは、概念上は、他のすべてのステイト・システムと平等であり、またその領土の内において支配者であった。この自然的自由の範域においては、ステイト・システムは、内部的には自らのシステムについて自由に意志し、対外的には自らの幸福を求めて行為する自然的権利を有していた。ステイト・システムは、全体として、各ステイト・システムの内部的な力の行使を統制するような制限や目的を設定することのできる、（自分たちのシステムよりも）広い範囲の社会過程などまったく認めなかった。ステイト・システムは、全体として、個々のステイト・システムの幸福追求がすべてのステイト・システムの幸福追求と調和し得るような、（自分たちのシステムよりも）広い範囲の社会過程などを全く認めなかった。また、ステイト・システムは、全体として、（それらステイト・システムのすべてを包含する）単一の〈総体的な社会過程〉など決して認めなかった。すなわち、それらステイト・システムが、自らの社会的意志および行為を形成するための〈現実形成的な〉構造およびシステムを十分に備えた、一つの社会〈自らにとっての現実〉を形成することのできる場であるような単一の社会過程を認めなかったのである。これまで存在した社会過程は、いわば公認されたギャング間の武力抗争ともいうべき社会過程のみであったのであり、権力および利益をめぐって不断に続くステイト・システム間の闘争を通じてなされる武力行使の正当化と戦争による最終決着がその特徴であった。かかる社会過程においては戦争が常態だったのであり、ただ戦争と戦争の間の期間には、あまり事情に通じていないタイプの政治家向けの、大した迫力もない雑嚢の如き擬似法的な観念が存在するだけであった。それは、慣習国際法と称されている観念であり、同観念は、別の文脈であれば「盗賊たちの間の仁義」とも呼んでもよいような種類の偽善的な神聖さによって維持される、雑多な条約義務によって補充されるものであった。

15・37　このようなシステムは、（各社会においてこのシステムによって特権を与えられている人々が得る個人的な快楽や利益は別にしても）たしかに、理解しやすさと行政上の便宜性という利点を有していた。もし財産や奴隷所有という観念を理解できるのであれば、主権という観念も、たやすく理解できるであろう。主権と同じように、財産および奴隷所有はいずれも、排他性という観念と、権威という観念とを包含している。すなわち、財産は、その所有者によって権限を付与されていない者による、所有者の所有する財産の享有が排除されることを含むものであり、奴隷所有は、奴隷所有者が、奴隷に対する意志決定をなす権威を有することを含むものである。そして、主権という観念は、社会全体の意志なるものを単一の理解しやすい構造システムの中に収めて編制する点で、たしかに便利であった。このような便宜性はまた、ますます複雑化する経済システムを組織化するという任務が社会的任務となるとき、相対的な効率性へと容易に転化したのである。

15・38 また、ステイトとして組織化する社会は、第十三章において考察された過程を通じて、民主主義の観念および理想の名の下に自らを社会として再認識することによって、たとえ相当な犠牲を伴ったとしても、自らを社会化することができた。このような手段によって、ステイトとして組織化する社会は、自らの本性を超越することができたように思われるし、財産と奴隷（の身分）は、基本構制上の力（すなわち財産権）と自律的な市民（たる身分）へと変容することができたように思われる。

15・39 あらゆる統治は、陰謀である。民主的な統治というのは、人民が共謀者となっている陰謀である。十九世紀および二十世紀を通じて、社会化されていない国際社会における、自らの内部において民主化を遂げつつある、複数のステイトとして組織化する社会の存在という観念が、世界中に広まったため、虚構の国際秩序らしきものが、ある明確な社会秩序としての実体を獲得したかのように見えたのであった。世界中の優雅な支配階級にとって、いわゆる国際関係について研究する専門家にとって、さらには若干の社会哲学者たちにとって、そしてわずかな情報しか与えられていない無数の市民にとって、この（人類の）自己欺瞞という驚くべき出来事がその極みに達したのである。不自然なことが、自然なこととされたばかりでなく、理性的なこととさえされたのである。（つまり、）人類は、単一の社会ではなく複数の社会なのであり、他の社会よりも良い社会もあれば、他の社会よりも悪い社会もあるのであり、豊かな人もいれば、貧しい人もいる。これが人類の歴史なのであって、これ以上の何が、合理的に期待されたであろうか。それは、紛れもなく、ただ自然なことなのであって、したがって、それは理性的なことではないだろうか。

15・40　極地から砂漠に至るまでの地球上のいかなる場所も、また、概念作用から脳死に至るまでのいかなる人間の活動も、ステイトとして組織化する社会の意志および行為から免れることはない。そして、公領域は、法と道徳だけでなく宗教と哲学さらには芸術をも含む現実形成のあらゆる側面を、自らの中に取り込むようになっている。意識は〈社会的意識のみならず個々人の意識さえも〉、ステイトの意志および行為の対象となってきており、市民の心を、公共の利益のための公的な情報と公的な幻想とで満たしている。ステイトとして組織化されている社会〈自らにとっての現実〉が、その社会の〈ステイトにとっての現実〉となっている。そして、善が〈ステイトにとっての善〉であるだけでなく、真実も〈ステイトにとっての真実〉となっているのである。善と真実は、政府の道具となってきた。外交と同じように、政治も、欺瞞について学ぶ学校となっている。政府によって発せられる言葉はすべて、客観的に見て、嘘なのである。政府がなす行為はすべて、客観的に見て、不道徳的である。その理由は、政府とその公務員が真実を語るためにまたは正しきことをなすために、語ったり行動していないからである。彼らの言動はすべて一定の効果を生み出すことを目指したものである。その効果は、必然的に、社会の社会化の一部なのであり、社会の自己創造の一部なのである。その効果は、法的基本構制に基づく関連する法的関係と一致している場合には、合法なものであろう。しかしそれは、当該社会の道徳という観点から見て、必ずしも良い効果ではない――まして、別の社会の道徳や国際社会の道徳の観点からは、なおのことそうである。世界の人民は、善をなすことではなく、いかに上手に振舞うかを、自分たちの政府から学んでいる。

15・41　そういう次第で、国際社会――それは、ただステイトとして組織化する社会同士の間の社会化されていない相互作用としてのみ認識されている――は、ダイナミックで、効率的なものとなりえたが、しかし、二つの大きな障害によって、真の社会となることを妨げられている。ここで二つの障害とは、ステイトとして組織化されている社会における道徳の不在化という傾向と、国際社会の次元における、道徳形成を含む現実形成の欠如である。このような非社会的な国際社会は、すべての損益を計算した上で、純粋に結果だけを見れば、人類の存続および繁栄を促進することができよう。しかし、この社会はそれを、目的としているのではなく、単に偶発的な効果として行っているに過ぎないのである。さらにまた、こうした損益計算における利益や好ましい純効果でさえも、社会の次善の所産にすぎないのである。こうした利益や効果は本来、常により良いものとなりえたはずであった。そして、こうした利益や効果は必然的に、多くの不利益や好ましくない効果をも含んでいる。しかし、ことが人間社会に関している限りにおいて、こうした次善のもの、不利益、好ましくない効果は、**現実の**人間の、**現実の**苦難として、経験されている。

15・42 それゆえ、社会化されていない国際社会は、人間の苦難を制度化している国家社会を制度化することによって不幸を制度化するのである。政府による抑圧と社会的進歩の欠如は、自らを自然で合理的で必然なものとみなす、社会でない国際システムの当然の結果である。つまり、そのような国際非社会の一員である各国家社会は、それ自らの市民の不幸を減じ、その幸福を増進させることを目的として、自らの〈社会過程の総体〉を組織化することができるが、しかし、各国家社会は、歪んだ形式の社会的交換によってそのように行うのである。すなわち、それら国家社会は、国際社会の他の下位社会（これには、上位社会である国家社会の中に包含されるネイションを含む）の市民の生活を改善する力を放棄するのと引き換えに、自らの市民の生活について排他的に決定する力を獲得するのである。

15・43 国際社会の他の下位社会の市民の生活を改善する力は、すべての社会が、全ての社会から構成される社会としての国際社会〈自らにとっての現実〉の形成に、参加することから生ずることになろう。この国際社会〈自らにとっての現実〉においては、その言葉・観念・理論・価値は、人間の苦難が、（たとえこの地上のどこで起ころうとも、その被害者がいずれの国家社会の市民であろうとも、）社会で受け入れられている目的の自然な帰結であるとは決して認めないであろう。また、この国際社会〈それ自身にとっての〉現実は、単一の社会の同胞たる構成員であるところの全人類を包含したものであろう。そこにおいては、すべての構成員は、等しく、同胞の構成員によって愛される価値があり、また、等しく、正義の名にかけて社会的正義に与る資格を有するのである。

15・44 そして、ここでもまた、二十世紀の最後という見通しのよい地点に立って、それも後知恵と仮説の助けを借りて俯瞰するとき、国際社会の〈社会過程の総体〉は、自らがまったく認識していない仕方で、国際社会を社会化し始めている、と言ってよいであろう。国際社会、すなわちステイト間・非社会は、自らが社会であることにまだ気付いていない社会であるが、既に社会として振舞い始めている。国際社会を知らず知らずのうちに社会化に導いているのは、実はこの国際社会の非社会化なのであり、やがて、それが、国際社会を自らについて知ることに導くであろう。国際社会の無数の下位社会（これには、主権的で平等な種々の国家社会も含まれる）の自己秩序化を通じてなされてきた、これまでの国際社会の自己秩序化は、今や、新しい形式の自己秩序化によって超越されつつある。この、自然発生的で試験的な自己秩序化は、現代国際社会における、以下の三つの発展の中に姿を現わしている。

（一）国際的な公領域
（二）人権
（三）国際的な現実形成

（一）国際的な公領域

15・45　国際的な非社会の国際的な公領域は、これまでのところ、種々の国家社会の公領域同士の対外的な相互作用であった。二十世紀になると、それまで見られなかった注目すべきことが国際的な公領域に生じてきている。すなわち、一層多くの国家社会内部の公領域が、国際的な公領域に向けて外部化されてきている。また、国際的な公領域の一層多くの部分が、種々の国家社会の公領域において内部化されてきている。こうして、国際社会の公領域は、自己形成を行っているのである。

15・46　国際関係は、今世紀に至るまで終始、いわゆる外交的事件、同盟の結成、戦争の遂行、そして講和の締結といったものでほとんど完全に構成されていた。これらすべては、いわゆる紛議、紛争、武力紛争などを容易に生じさせることになった。それらは、いわゆる外交交渉によって解決されたりされなかったりしたし、物理的力の行使に至ったりもしたし、さらにはいわゆる戦争に転化することもしないこともあった。ある社会の歴史は、とくにネイション社会であるか単一ネイション化しつつあるステイトとして組織された社会の場合には、長期的な視点に立つ場合にのみ同一方向に進んでいるものとみなされる、異なる二つの進路をたどっているように見えたのであった。すなわち、短期的には、一つの社会の内部の歴史と外部の外交的歴史は、別個のゲームとして行われ、相互に作用し合っているが、しかし、異なったルールに従って演じられたのであった。

15・47　ある社会の〈社会過程の総体〉が、その社会の内部的な発展と対外的な発展双方の源であった。しかし、対外的な社会発展は他の諸社会の〈社会過程の総体〉との相互作用を伴っていたため、諸政府は以下のことを主張し、通常その人民はこれを認めたのであった。すなわち、対外的な社会的行動（とりわけ、いわゆる外交政策および防衛政策を含む）は特別な事例であり、その社会の基本構制の中でも特別な地位が認められ、そして、その特別な責任を担う者のための特別な法的権能を必要とする、ということである。この特別の責任は、とりわけ重大な責任と見なされていた。なぜなら、社会の対外的行動は、その社会の他ならぬアイデンティティと存続の根幹に関わるものであると思われていたからである。社会の外部には、社会のアイデンティティを毀損し、その独立を奪い、そして存在そのものを脅かす惧れのある他の諸社会が存在していた。社会それ自身をこういった他の社会から防衛するためには、特別の技量のみならず、特別の力もまた必要だったのは明らかであった。そして他の諸社会——敵同士でないときにはライバル同士であった——は、いずれにせよ、我々の社会の現実形成の範囲外にあり、我々の宗教、道徳そして法から受ける恩恵の範囲外にあるとされたのである。

15・48　まさにこのようにして、民主化を遂げつつある社会の対外的な諸関係は、民主主義の観念および理想の発展からさえ取り残されることになった。我々の境界線を越えて外部に突出したのは、我々の公領域（これは、本来、政府による力の行使に関わる事項であった）であった。我々の境界線を越えて外部に突出したのは、我々の社会とその市民との関係について扱うことのない、外交政策および防衛政策であった。そして我々の境界線を越えて外部に突出したのは、他の諸社会との関係において国家社会として存続し繁栄するための我々の格闘であったのであり、我々が人間相互の関係において人間として行う格闘ではなかった。

15・49　時として我々人民は、我々の社会において活動する外国の企業に出資したり、外国の敵と戦うために武器をとるといった事態に巻き込まれることもあろう。時として我々人民は、外国社会のある活動（例えば、奴隷制、ジェノサイド、またはその国に居る我々の同胞たる自国民の虐待など）について不道徳と判断してそれを非難するといった、なんらかの対外的な問題に関する社会の意識の向上に向けて、具体的に我々の意識を注ぐように求められることもあろう。時として我々人民は、対外的活動に関して政府を激励したり、あるいは外国の政府の行動に対して警告するに際して、強い愛国心を誇示するように求められることもあろう。しかしこういった場合を除けば、我々人民は常に、国際的場景の単なる傍観者に過ぎなかったのである。

15・50 ある社会内部の運命がその内部で営まれる生活と同程度に外部の状況によって決定される、ということを最初に学習したのは、資本主義であり資本主義的帝国主義であった。資本主義そして資本主義的帝国主義がこの教訓を学んだのは、哲学的観照によってではなく、実践的経験を通じてであった。十九世紀、諸社会の内部的発展は、国際社会の発展を必要とした。また国際社会の発展は、諸社会の内部的発展を必要とした。世界の一方の端にある社会の内部的発展が、世界の他方の端にある別の社会の内部的発展に直接に依存している、ということがありえたのである。製造業は、天然資源を必要とした。増加する人口を養うため食料が必要とされた。ある国家の場合には、工業製品を買うための、市場が必要であった。産業や貿易から得られた利潤を生かすために投資も必要であった。世界は経済的エネルギーの循環へと突入したが、その循環の各部分が他のすべての部分にとって不可欠なものであった。また、仮にその循環が、経済的エネルギーの循環の恒常的な拡大――すなわち、常に以前よりも多く生産し消費すること――であったとすれば、それに必要な形態の社会発展が世界中の至る所で行われることを必要としたであろうし、そして、その社会発展は、あらゆる社会の内部における社会発展を意味したであろう。換言すれば、発展途上にある世界経済は、国際関係の発展や、相互に作用し合う諸々の公領域の発展を必要としたのみならず、国際社会の発展が機能することによって、諸社会の内部の領域全体が発展することをも必要としたのである。

15・51 その結果として、十九世紀には、世界の至る所において、各社会の公領域は、その社会の存続および繁栄、とりわけ経済的存続および繁栄のため、〈社会過程の総体〉の中の一層多くのものを支配できるように、拡大していかねばならなかった。民主主義の観念および理想の発展が公領域の発展を可能にし、また逆に、公領域の発展が民主主義の観念・理想の発展を促すことになった。諸社会が、自らが社会であることに気付くにつれて（それは、社会の構成員全ての間の相互交流を伴う。すなわち、一人が全員の運命に関与し、全員が一人の運命に関与することを伴う）、そして、それらの社会において次々と、民主主義が社会の理想的基本構制の中に定着するにつれて、法的基本構制の中に、統治のための法的権能を創設することが可能となったのであり、それは、人類史上知られている最も専制的な統治者たちによって主張された権能をも凌駕するような力であった。こういった社会は、社会全体の幸福を促進するために全人民の全エネルギーを最も効率的に利用できることが明らかになった、史上最も成功した社会であると言うことができるであろう。

15・52　社会の内部における公領域の役割の非常な増大が、内部的な社会発展のあらゆる側面において顕著となった。新しい種類の社会を可能とするために、社会的生活のあらゆる側面が再形成され、かつ、組織化されることになった。すなわち、学校、大学、裁判制度、法曹、職業的な官僚制度、警察、刑務所、公衆衛生の制度などである。それに対応して、家族法・財産法・会社法・刑法・工場法・雇用法の分野において、新しい法的関係の広大なネットワークが創り出された。あらゆる形態の産業・商業・その他の職業活動が立法による規制の対象となった。また、経済のための法的基盤を創造することだけでは十分ではないことが認識された。社会全体において安定した構造を創造することが必要とされた。つまり、社会全体が成功した経済となるように組織されなければならなかった。また、公法の発展――すなわち、公領域における社会的力（これには、公権力の行使により影響を受ける個々の市民の社会的力も含まれる）を法という社会的力に服させることを意図した、つまり、社会において一つの力を他の力の支配に服させることを意図した、法的基本構制の根本的な発展――が成し遂げられなければならなかった。

15・53　そして、社会の成功は今や、他の社会との関係における、国際的な成功をとくに含むものと見なされるようになった。結果として、国際社会の社会過程は、我々が今では**過渡的な**特徴であったと認めることのできる、いくつかの奇妙な特徴を有したのである。すなわち、第一に、伝統的な意味の国際関係が存在したのであり、それは外交を通じてなされる、外交政策および防衛政策の危険なゲームであった。第二に、国際的な経済活動があり、これは、非政府的な営利団体（とくに、ステイト的に組織された非政府的社会（会社））により行われ、さらに後になると、会社に類似した活動を行う政府機関や準政府機関（国営企業）によっても行われた。そして第三に、ステイトとして組織化する複数の社会の公領域によってなされる活動の間の相互作用がある。

15・54　この（第三の意味で）相互作用し合う公領域は、当初は伝統的な観点から認識された。すなわち、相互作用する公領域は、伝統的な外交政策および防衛政策に類似した有利性追求と均衡性追求に基づいた国際的な経済政策を実行するものと認識された。つまり、公領域はここでも、他の社会に脅威を与え、他の社会からの脅威に対抗し、あたかも攻撃・防御・報復するための物理的力の形態であるかのように経済的現象を用いていると、認識されたのであった。外交上の事件・紛争・武力紛争といった、伝統的な国際関係が持っていた自己同定と自己防衛の獰猛な力を引き出す伝統的な原因に加えて、今や、国際的な経済的対立関係という新しい次元が追加されることになった。

15・55　一方、社会の経済活動の本性および作用に関して様々な経済学の純粋理論が形成された。次いで、経済活動に関して様々な実践理論が各社会の〈社会過程の総体〉の格闘の中で形成され、それに伴い、とくに財産、経済的過程の統制、富の配分といった法的関係に関する、社会によって異なる基本構制のあれこれの発展がもたらされた。また、革命と反革命とが、このような実践理論の発展および実行の過程において発生した。純粋理論は、国際経済までをも扱うようになり、その本性と作用について説明するようになった。そして実践理論もまた、国際的な次元にまで拡張された。さらに、国際関係の分野においても、経済の実践理論の対外的な宣伝と、それがもたらす、必要ならば実力の行使や戦争をも伴う、意志および行為という、外交政策や防衛政策の新しい要素が生まれたのであった。

15・56　二十世紀の最後というこの見晴らしのきく地点に立って俯瞰するとき、ここで生じたことは、国際社会が必然的に国際的な公領域なるものを生み出したということである。この新たな国際的な公領域は、互いに相互作用し合う、世界中のあらゆる社会の国内的な公領域から構成されている。そして、この新たな国際的な公領域は、国際関係の単なる一場景ではない。また、この新たな国際的な公領域は、社会内部の公領域同士の単なる相互作用の場なのではない。この新たな国際的な公領域は、国際社会それ自身に属する領域であり、専ら国際社会それ自身のために用いられることを目的とする領域である。

15・57　国内的な公領域の驚くべき成長と、存続および繁栄を目的とした社会的格闘の国際化によって、国内社会がこれまで経験してきた発展にまさに相当する国際社会の発展が、必要となっている。国内社会の公領域が集団的に行為することにより、国際生活を組織化することがますます必要になった。このようにして、国内的な公領域が、ますます、国際的な公領域の中に包含されるようになった。次に、主権的で独立の、ステイトとして組織化する社会の集合である社会という、国際社会の自己認識も、同様に、国際社会の現実と単純に合致しなくなったのである。世界は変化しているのであるが、ほとんどそれに気づいていないのである。

15・58　人間の社会活動の分野の中で、国際的側面を有しない分野は、今日では、まず存在しない。そして、この国際的側面は、国際的な政府的活動による公的な社会的力の行使を含むのである。既に第十三章において、いわゆる政府間国際機構が**国際的なステイト的社会**となることが明らかにされたが、その理由は、政府間機構が、国際社会の内部において行われる、一つの外部化されたステイトとして組織化する社会の活動でもあるからである。ステイト間・非社会は、近代において（一五〇〇年頃から後）、主権の内側を外側に引っくり返すことによって、自己を作り出したのである。これに対して、二十世紀の後半に生じていることは、ステイト内部の公領域が、その内部を外側に反転させるようになったことであり、これによって、政府の活動は今や単一の連続体として内部的にかつ対外的に営まれており、これが真の国際的な公領域の端緒となっている。原子のようにバラバラの存在であった主権国家は、浸透性を持った膜によって包まれた細胞とも言うべき社会へと生成している。そして、この社会の生命は、その細胞内に組み込まれたシステムによって組織されているが、同時に、その細胞がより上位のシステムに編入されており、その上位システムのもたらす効果が細胞内を自由に出入りすることにも依存している。

15・59　特に国際経済においては（これについては、第十七章でさらに検討する）、機能面での種々の国家社会の統合が行われているが、それは、現実の経済活動の統合を含むのみならず、経済のあらゆる現実形成の統合をも含むものである。その統合は、経済を、現実としてまたシステムとして機能することを可能にし、またそれを支援していくために、必要とされる公的な意志および行為の作用を伴ったものである。国内的な公領域は、今や、国際的な公領域によって扱われない残余部分を扱うだけになりつつある。それにもかかわらず、国際的な公領域は、未だに、自らを社会であると認知していない社会であって、それゆえ、自らを現実としてまたはシステムとして支援することがほとんどできないような社会の、公領域なのである。その結果、人類は、おそらく過渡期と目される時代に今あるのだが、そこでは、国際的な公領域は、そのようなものとして自己形成を行っているにもかかわらず、国家社会の構造システムとして見ても、または、人類全体の存続および繁栄に貢献する実体的な国際社会の構造システムとして見ても、当該公領域は、定着しておらず、異質なものであり、孤立しており、不自然であり、統合されないままなのである。

(二) 人権

15・60 民主主義の観念および理想が発達する過程において、社会の超社会化のための純粋理論は次の観念を生み出した。すなわち、個々の人間は、自然的な法的関係の受益者であるという観念であり、この自然的な法的関係は、ある所与の社会の法によって創設される法的関係に、(歴史的にではないとしても)理論的に先行して存在するものとされた。かかる理論の目的は、社会の立法権能に対して制限を課すことにあり、そして、この理論が存在しなければ、最高であり完全であると考えられた権威を有する主権者の立法に対してさえも制限を課すことにあった。ここでもまた、社会的意識は、①個々の人間の自主的な意志および行為(**多数者**)が完全に否定されるという負担を伴うことなしに、統一された社会システム(**一者**)がもたらすエネルギー付与能力という利益を、社会のために獲得しようとしたのであり、さらに、②個々の人間(**一者**)の力の有する大変貴重な価値ばかりか、社会の構成員が共同で行動することで(**多数者**)産み出される驚くべき力をも、社会のために獲得しようとしたのである。人権の観念は、非常に困難な理論的作業の成果である。すなわち、人権は、個々の市民を社会全体に結びつけるような形態で、個人の社会的力を確立する(社会の立法権能を制限する)のである。また、人権は、社会全体を個人に結び付けるような形態で、集団的な社会的力を確立する(あらゆる個人の意志および行為を保護する)のである。

15・61 このような**自然的権利**は（**一者**たる個人の自然権と**多数者**たる個々の人たちの自然権であるとを問わず）、かつて未発達の社会の古いレジームに挑むという革命的目的のために機能し、また革命後の社会の新しい秩序の基礎として機能した。しかし、その概念は、二十世紀になると、第二の役割を果たすことになった。すなわち、ステイトとして組織化する社会における新しい公領域の極めて力強い発展は、疎外・腐敗・専制が、前例のないほどの規模で起こる可能性を新たに創出したのである。その結果、多数者は（オーウェル流の）「新しい社会」の中に管理され、彼らにとっての新たな炭坑・工場・職場・軍隊へと駆り出され、さらに、必要によっては、その行き先は強制収容所・強制労働収容所・戦争犠牲者の共同墓地になったのである。二十世紀において、人類は、国家社会の公領域の強力な発展が生み出した、想像を絶するほどの恐怖を経験したのである。

15・62 そのことによる直接の結果として、自然的権利または人権という純粋理論上の概念が復活したのであり、そして、その概念が今度の場合は、国内社会の基本構制の中だけにとどまらず、国際社会そのものの基本構制の中にも席を占めるようになったのである。「人権の観念がまず存在しなければならない。」ということが同観念の本質的な意義であったことはむしろ幸運なことである。それらの権利の正確な内容やその実施の形態といったことは、二次的な問題である。本書の用語で言えば、人権の観念は実践理論上の問題というよりはむしろ純粋理論上の問題である。それゆえその観念は、権利の具体的内容が各国内社会で異なるということを超越するのに十分に適していたのである。

15・63 国際社会において、人権の観念は、力のディレンマ――すなわち、一者と多数者のディレンマ――との（社会のなす）格闘に加わることになった。しかし人権の観念は同時に、意志のディレンマ――すなわち、自然の単一性と価値の複数性――に対して国際社会が行っている格闘にも加わっているのである。人権の観念は、人間の諸価値の複数性を超越しなくとも、もともと人間の本性は単一のものであると説くものであるから、すべての人間社会の意志と、すべての人間の意志とを調和させることができるのである。人権の観念がある特定社会の基本構制（成文化された基本構制を含む）の中に編入されることによって、同観念は当該社会の実践理論の中に組み入れられることになり、当該基本構制の下でなされるすべての意志および行為に影響を及ぼし易くなる。しかし同観念は、その超社会的起源をなお引きずっているのであり、基本構制に由来するあらゆる形態の社会的力を超越することができるのが自らの機能であると常に公言しているのである。人権は、ある特定社会の諸価値を超越するような（諸）価値が存在するという可能性について常に証言している証人なのである。

15・64　しかし国際社会の〈社会過程の総体〉の中で人権の観念が果たす役割は、力のディレンマと意志のディレンマの格闘に参加することのみに限定されるものではない。人権の観念は、秩序のディレンマという格闘――すなわち、正義と社会的正義の格闘――の中で、ある種の形成的役割を果たすのである。社会の純粋理論の中に顕現する人権の観念は、あらゆる立法の原型・模範・定式を提供する。人権は、社会を超越する善という枠組みの中で、社会の各構成員にとっての善と社会にとっての善とを調和させる原型・模範・定式を提供する。人権は、一者と多数者とを、または単一の価値と複数存在する価値とを、単に機械的に調和させただけのものではない。人権は、いかなる社会にとっても単一の善、単一の社会目的として認識されるべきものとして存在している。すなわち、いかなる社会であれ、社会が自らの可能態を選択するに際して、社会が自らを社会化することによって自らを創造するに際して、そして社会がその未来からその過去を作り出すに際して、人権は当該社会の意志および行為を変容するのである。人権は、その純粋理論が認識しているところによれば、各々の社会における社会的正義の実現を通じて、正義を実現していくための原型・手本・定式なのである。

15・65　要するに、人権とは、人類が自らの社会的経験を通じて得た次のような発見を表現したものである。すなわち、様々な可能態の中から人類が選びうることは、ただ、社会とは、単に、力の単一性か力の複数性かというものではないし、価値の単一性か価値の複数性かというものではないし、正義の実現かその社会だけに適用される社会的正義の単なる実現かというものでもない、ということを前提として、社会において生きることである、という発見である。二十世紀の後半になると、人類の自己発見のうちの小さな断片にすぎないこの発見は、国際社会の自己発見へと拡張されたのである。

15・66　しかし、人類の社会的経験の中ではしばしば認められることであるが、一九四五年以降の、人権を国際的基本構制の中に位置付けしようとする試みは、矛盾を含んだものであった。人権の観念は、国際社会の誤った自己認識により、即座に歪曲されたものになってしまった。人権は、即座に諸国政府の専有するところとなり、条約の中に取り込まれ、原始的な国際諸関係の一要素とされ、そして国際的官僚層の胃袋に収められてしまったのである。人権観念の実体は質を低下させられてしまった。人権は、公権力を簒奪して保持する者にとっての究極的な悩みの種から、官僚的な手直しの対象へと変わった。社会のあらゆる自己創造にとって無限の力の供給源であるはずの人権は、諸国政府と法律家の遊び道具になってしまった。人権なるゲームが、政府間国際機構において、外交官と官僚やその被任命者によって、伝統的な国際関係という舞台装置とエトス（道徳性）の下で行われてきている。

15・67　以上の結果として、人権の観念のもつ潜在的なエネルギーが徒に浪費されている。疎外・腐敗・専制・抑圧が、世界中の多くの社会において大規模に継続して行われている。そして、あらゆる社会において政府は、次のような観念によって、自らの傲慢ぶりに安んじてそれを改めようとしないでいる。すなわち、政府が具体的に定められた人権規定の内容に違反していることが実際に証明されない限りは、また、その規定に付されている条件や例外を法律家的に巧みに利用して、人権条項の文言の範囲内に、政府が自らの意志および行為をうまく収めているのであれば、政府としてはそれで万事十分である、という観念である。人権という観念は、政府を威嚇するものでなければならない――さもなくば、何の価値もないのである。もしも人権の観念が政府に安んじて仕事をさせるものであるならば、それは無価値というよりも有害なのである。

15・68　しかし、ここでもまた、次の二つの理由から、楽観主義をとる余地がある。（一）人権という観念は今までずっと考えられてきたものであるから、今さら考えられなくなってしまうということはありえない。人権の観念は、それを抑制しかつそれに優越する何らかの概念によって取って代わられるまでは、存続するであろう。（二）人権という観念のために闘う、不屈の人たちや非ステイト的社会が存在しており、その活動は、国際関係の一部ではなくて、国際的現実形成の新しい過程の一部を成している。

（三）国際的な現実形成

15・69　社会は、自らをステイトとして組織化するにあたり、社会の新しい形態としての**自己**を構築し、かつ、当該社会の境界よりも外部を**他者**として構築することに、あらゆる利用可能な手段を用いたのであった。近代における最初のステイトとして組織化するネイションから、最も近年に設立または再設立された国家社会に至るまで、社会は、新しい社会としてのアイデンティティに実質を与えることになる現実を形成するという任務にとりかかることが必要であった。あらゆる種類の現実形成は、この目的のために用いられている。自己のアイデンティティについての主張はすべて、とりもなおさず他者の存在についての主張であり、すなわち外部の者、見知らぬ者、あるいは、対抗者、敵対者が存在することの主張なのである。他者の存在についての主張はすべて、とりもなおさず自己についての主張であり、すなわち身内の者、あるいは、真実の友、忠実なる者についての主張なのである。

15・70　新たに（社会として）自己認識するに至った社会はそれぞれ、自然に存在している社会（そしてより望ましくは、本来的に（社会に）優越する、社会以前の存在）からの自然な発達の結果として、自らを認識するために、歴史観、さらには神話観を持たなければならない。始原的な、歴史以前の時代に属する、あるいは仮説的な社会の有していた内在力が徐々に現実化したものとして、ないしは、特定の人民のもつ独自の能力が現実化したものとして、歴史は見なされなければならなかった。大変しばしば、新しい国家社会の中のある有力なネイションの歴史が、その新しい社会の歴史として用いられたのであるが、その際往々にして、その社会に属するが、それほど有力ではない他のネイションの歴史は無視されたのである。

15・71　新しい社会は、一つのまたは複数の言語をその社会における支配的な言語とすることによって、社会の内部で生ずる複数の言語間の対立を解決しなければならなかった。というのは、社会的現実の多くが言語を通じて表現されるからであり、また、言語が、その新しい社会の境界の内外において他者を識別するための有力な手段であったからである。一つのまたは複数の支配的な言語を定めること、それ以外の異質な言語の使用を排除すること、また言語上の正統性を樹立すること、これらは、法的基本構制の下で規律され、教育およびあらゆる形態の文化活動（とりわけ文学）を通じて実施されるべき事柄である。あらゆる種類の美術・工芸には、民族衣装や民謡、住居建築の様式、家具や調度品の様式といったものまで含まれるが、これらはすべて、新しい国家社会のエトス（道徳性）を形成するのに動員されるのである。そして、その社会の人民の意識の中に多大な社会的力が蓄積されるように導き、この新しい社会の現実を、単一のネイション化を指向する情熱的なエネルギーでもって満たすことになるのである。

15・72　新しい社会は、いかなる宗教上の不確実性をも解決しなければならないが、それは次の二つの理由による。第一に、宗教は道徳を生み出しやすいので、個人および社会の意志および行為のあらゆる側面に影響を及ぼすからであり、第二に、宗教は、それがあらゆる内面の確信と外部に対するその表明を伴うゆえに、これまた、自己の同定と他者の排除という機能を顕著に果たしているからである。とりわけ近代初期において、新しい社会の発展の不可分の一部をなしていたのが、まさに、宗教の国教化、外国による宗教支配を排除すること、法的基本構制の中において宗教の組織についてだけでなく宗教的正統性の決定をも行うこと、法的関係を用いて市民にとっての最も基本的な言葉・観念・価値を直接的に規律するという試み、などであった。

15・73　新しい社会は、初等・中等・高等教育を統制しなければならない。なぜならば、意志および行為の社会的形成にあたり、教育という方法を用いる方が、伝統や習慣や民間の伝承を単に後世に伝えていくことよりも（これらは、古くからあるインフォーマルな社会化の手段であるが）、より実効的に達成されるからである。新しい社会の市民を作り出すためには、それら市民が、社会の価値および理論を、習慣の問題として受け入れて、表面的に同意することだけでは十分でなく、彼らの意識の奥底からそれらの理論および価値に満たされることが必要である。それら市民が、新しい社会のため、その生命を犠牲にしなければならない時が来ることもあろう。また、やがて、市民が、その個人的なエネルギーのうち、これまでよりも多くの部分を、直接にまたは課税を通じて、自分自身の利益のためだけではなく、新しい社会のために、献げることが求められるかもしれないのである。

15・74 それゆえ、新しい社会は、この新しい社会の存続および繁栄を目的として、市民のあらゆる精神的および物理的活動を組織化するために、社会の経済を統制しなければならないであろう。このために必要なことは、自己献身、自制、自分自身による動機付けといった必要とされる諸価値を、市民の中に十分に生み出すことができるほど、新しい社会の諸理論が、純粋理論と実践理論の両方において、首尾一貫しておりかつ影響力を有することである。歴史を繙けば、個人が、奴隷や農奴として**集団で共同に**社会のために働くよう強制される例がある。しかし、社会の経済の成熟度が増すにつれて、個人の意志および行為を生じさせるため、力にだけ頼ることはますますしにくくなる。社会は、個々の市民が社会のために働きたいと**欲する**ように仕向けなければならず、市民が社会のために働くことを自由に意志するように準備しなければならなかった。民主主義の観念および理想の発展こそ、個々の市民に対して、かかる自らの意志に基づく社会的行動の十分な基礎を提供しえたのである。今や、市民は、社会のために働くことを通して、自分自身のために働いていると信ずることができたのである。その結果、かような近（現）代社会は、すべて共同の努力と比較的少ない人的犠牲によって、天にまで達するかの如きピラミッドや寺院を建築できたのであり、ジャングルを切り拓き山を移し河川の流れを変えることができたのであり、夜を昼に変えることができたのである——これらはすべて、ステイトとして組織化する諸社会による、ある程度成功した現実形成の所産である。

15・75 法によって、新しい社会の自己創造が可能になってきている。複雑で自己完結的な現代国家社会の構造システムは、強固な基本構制上の構造を必要とする。立憲主義の台頭は、十八世紀後半から行われるようになった成文憲法の制定に象徴されるのであるが、新しい社会の自己創造に必然的に付随したものであった。基本構制は、個々の市民の意識の奥底に存在せねばならぬものであるだけではない。基本構制は、可視的であり、強い印象を与えるものでなければならない。基本構制は、強靭で永続的なものと見なされるのでなければならない。成文の基本構制は、社会の、外側からも見える、ほとんど物体化した表現物、すなわち、社会の構造システムの外骨格とも言うべきものになってきている。成文の基本構制は、社会の〈今・ここととしての現在〉における、社会の過去および未来の、ほとんど物体化した表現物である。そして、成文の基本構制は、〈社会の現在〉が、社会の過去の可能態の現実化であって、同時に、当該社会の未来の可能態を現実化しようとしているものに他ならないことを、すべての市民に対して、可能な限り説得力をもって示そうとしているのである。新しい社会を作るためには、その社会の過去および未来に関する観念、すなわち、社会がこれまで生成してきたものに関する観念と社会が今後なりうるであろうものに関する観念を、市民が、共有することが必要である。主権の観念を用いることによって、基本構制は、市民の意識の中に、この必要とされる一貫性と完全性とを獲得することができたのであった。それゆえ、基本構制の日々の形成は、所与の社会の現実形成の総体と、全面的に関係しているのである。

15・76　新しくステイトとして組織化する諸社会の支配階級の観点からすれば不幸なことなのであるが、人間の意識の中で行われる現実形成は、修正することはできるが、全面的にこれを決定することはできない。不同意・異端・不信仰・不忠義・破壊活動などは、結局のところ、抑圧することができず、いわんや、利己主義や個人主義は抑制することはできない。さらに、彼ら支配階級にとって一層都合の悪いことは、今日の社会では、〈現実の境界〉が浸透性を有している点である。人間の意識が見わたすことができる〈現実の地平〉がますます拡がりを見せてきており、それは、今や〈存在するものすべてにとっての現実〉をも含むまでに達しており、人類全体からなる社会である国際社会の現実をも含むのである。

15・77　その結果、それぞれの新しい社会にとって、現実形成は困難な課題となった。それらの社会が、自らの現実の形成に成功すればするほど、かえってその現実を危険にさらすことになるからである。つまり、新しい社会の〈社会過程の総体〉、そして、その社会の〈自己・確認〉を通じてなされる自己創造は、内部の**他者**と外部の**他者**を危険な程度にまで含むことになるのである。ここで内部の他者とは、新しい現実を形成するために変更や抑圧を受けなければならなかったものすべてであり、とくに、抑圧されたナショナリズム・宗教・言語・その他内部にあるあらゆる種類の異質なものである。外部の他者とは、新しい社会の人民が他の諸社会の人民と共有はしているが、その新しい社会の現実に排他的に編入されていないものすべてであり、つまり、（その部分を除いた）、人類全体の状態の残りのすべてであり、人間の意識（個人の意識および社会の意識）の残りすべてである。

15・78　二十世紀、とくにその後半になると、国家社会の排他的な現実形成はもはやそれほど長く維持されえないような様相を呈するようになってきた。**諸政府は市民の心に対する統制を失いつつある。**抑圧されたナショナリズム（熱狂的な地域主義も含む）があらゆるところで台頭しつつある。抑圧された諸宗教が再び自らを主張しつつある。国民経済の構造が変化するにつれて、とりわけ、世界の至る所で都市化が進み、そしてプロレタリアート階級が崩壊するにつれて、〈階級構造〉が変容しつつある。その結果、〈階級構造〉が、一層分化するか、また幾つかの社会の場合には、一種の大規模な階級の平準化または階級の再区分を受けて、その数と規模を減じるようになっている。社会の内部においては、マス・メディアが一般大衆の現実形成における主導的役割を、公教育から引き継いできている。政府が法的権能を用いてマス・メディアを統制することを行わない社会では、現実形成は、かくして、〈社会過程の総体〉が生み出すはるかに複雑な産物ということになり、政府権力の保持者や、その他の点では有力な支配階級による統制が多かれ少なかれ及ばなくなっている。そのような場合、マス・メディアがある種の〈非教育〉または〈反教育〉となり、公教育が提唱するのとは反する仕方で個人および社会の意志および行為を変えていくのを妨げるものは何もないのである。

15・79　しかし、現実形成に対する統制の喪失がもたらす対外的効果は、ステイトとして組織化する諸社会の政府にとって、より一層大きな困難を作り出した。国際経済を通じて、コミュニケーションの手段としてのマス・メディアを通じて、そして人の移動を通じて、社会的現実は今や、地球大気圏の気象系と同様に、世界の意識の中において氾濫するようになった。世界の社会的現実は、世界の気候と同じであり、究極的には諸政府の統制の及ばないものである。言葉・観念・理論・価値は世界中を移動し、何千もの非公式チャンネルを通じて人間の意識の中へと流入している。一層多くの世界の人民が同じ歌を歌うようになりつつある。またその歌は、世界の人民が母親の膝の上でも、また学校の教室でも学んだことのないものである。想像力および理性は、全人類の共有遺産であるが、これらは全人類の共通の経験、すなわち、国際意識なるものを生み出しつつある。

15・80　この国際意識は、今まさに明確な特徴を獲得しつつある。この意識は、世界を、統一された環境として、全人類の意志および行為が展開される共有の場として、そして、他のすべての生物との共有の場として知覚する。意識は、それが認識し理解することのできる他の人間たちの経験に対して、自然に生まれる人間的感情でもって感応することによって、地球上のあらゆる場所にいる人間で構成される「人類」について知覚することができる。意識は、また、あらゆる場所のあらゆる人間が等しく有する欠乏と必要――物理的・心理的・精神的な――を認識する。ここで意識が認識を持ち始めているところの様々な標準・目的・理想は、もちろん特定社会の諸観念を超越するものであるが、しかし、日常のありふれた諸価値の基礎となっている諸観念を敷衍し完成させたものでもある。

15・81　人間の意識の国際化が国際社会の秩序化に対してもたらす結果について、相当な確信をもって予言するのには時期尚早である。しかし、少なくとも、ステイトとして組織化する社会の他の（つまり、政府以外の）諸形態（とりわけ工業・商業・金融分野の企業）との関連においては、政府システムの力が相対的に減退してきていることは、既に看取することができる段階にある。さらに、この数世紀間我々にとって見慣れてきた**政治**の形態――すなわち、社会過程の総体の中でも、社会の現実的基本構制の下での一定の法的権能の支配をめぐって、支配階級の間で展開された競争に専ら委ねられてきた特殊な部分、としての政治――が、相対的にその力を減退させつつある、と言うこともできる。政治が、マス・コミュニケーションの他の諸形態の中に吸収されようとしているのは明らかである。すなわち、一般大衆は、権力者になろうとする候補たちとその政治綱領を承認したり否認したりする政治的意志を形成しつつあるが、それはあたかも、彼らが行う他のあらゆる形態の選択（とくに経済に関連する意志および行為、すなわち、物質的な必要を確認して、それを充足する行為）の過程と極めて類似している。

15・82　このような変化によって、すべての国家社会の自己認識に急激な変化がもたらされ、結果として、国際社会の自己認識にも急激な変化がもたらされることになろう。権威が実践上その現実性を失うとともに、理論的要素としても**権威**は消滅するであろう。権威が社会から消え去るとともに、主権も遂に超社会化理論における主要な要素としての役割を終えるであろう。そのときには、**自由**は、強制の欠如として、つまり社会による全体化の力に対する自己防衛として認識されなくなるであろう。自由は、そうではなくて、社会の秩序および〈存在するものすべて〉の秩序の範囲内で人間の意識が生得的であることを単に表現したものと見なされることになろう。すなわち、**欲望**と**責務**とが交差する地点において行う選択としての自由ということになろう。

15・83　さらに、社会における**権力**は、一個人または一社会が他者に対して及ぼす影響力として認識された能力を数量化して表明したものとは見なされなくなるであろう。また、社会間の関係は、利益の獲得または均衡の維持を目的としてなされる権力関係の計算として見なされなくなるであろう。そうではなくて、権力は、**社会的力**として認識されるようになろう。すなわち、社会目的のために特定の形態の人間および自然のエネルギーを提供することの引き換えとして、社会の可能態が付与されること、として認識されるようになるであろう。そして最終的には、社会それ自身が、法的関係の形式で社会的力を構制することを通じて、人間の存続および繁栄を目的として人間の意志および行為を組織化するための構造でありシステムであると、自らを認識するようになるであろう。

15・84　このように自由気ままな思索をすることは、たしかに、国際的な現実形成という新しい現象についての許容される推量の範囲を越えるものであろう。しかし、国際社会の発展の現状に照らして見るとき、国際社会の構造システムが、近代とりわけ十八世紀以降の期間に存在するようになった形態のままで、今後も長く存続することはないと十分に予測できるであろう。戦争、武力行使および自己中心的な自衛が国際社会の現実的基本構制から消えてゆき、外交と国際関係が終焉を迎え、国際的な公領域が個別の国内的な公領域に取って代わり、国際的な現実形成が各国家社会の現実形成からその力を簒奪するとき、国際社会は、(国際社会の自己認識についての新しい理論を選択することによって、新しさを選択したか否かに関わりなく) 新しいものとなるであろう。そのとき、国際社会は、他の社会と同様に、自ら認識する未来の中に自ら見出してきた種々の可能態の中から、自らの〈今・ここととしての現在〉において、自らを新たなものとして創造しているであろう。

第十六章　国際秩序Ⅱ　法的秩序

16・1　諸政府の耳に心地良い言葉を語りかけるものとして今日残っているのは、唯一国際法だけである。国際法は、国家社会の政府に対して、何事も今まで通りであるとか、この唯一可能な世界において何事もやがて良くなるとか言って安心させる。国際法は、封建的な領土所有を行う国家社会間の外部化された法として認識されるか、または、相互作用する公領域間の公法として認識されており、旧時代の体制や古い基本構制や古い秩序に忠実な、古いレジームの法として存続している。国際法の興味と魅力は、それが伝承してきた貴重な遺風や儀式や慣例にあるのであり、それらは我々に穏やかに作用し、我々を脅かさないものであるがゆえに、稀に見る生存能力を発揮してきたのである。

16・2　グロティウス的伝統およびそれに続くヴァッテル的伝統として先に述べた意味での国際法は、諸国家社会の公領域間の相互作用を和げるものとして認識されていた。国際法は、それら諸国家社会の公領域が、いわゆる**領土**を支配するいわゆる**主権者**として、意志し行為するのを調節するものとして認識されていた。したがって、国際法における法的関係は、昔も今も、本質的に、諸国家社会の諸政府の相互作用する意志および行為が、領土に対する政府の主権に影響を及ぼすのを調節するために必要な法的関係である。諸政府は、その相互の間で特に合意された態様で、または以前の意志および行為によって決められていた態様で、意志し行為するように、法的関係によって、権能を付与されまた義務を負わされていた。

16・3　自己について誤って認識している国際社会において、これまた誤って認識されている国際法の役割は、これまで、周縁的であり、残り物のようであり、断続的なものであった。国際法は、諸国家社会がいわゆる**力**と**利益**について熱心に計算を行うにあたって、また、次から次へと有利性や均衡性を追求するにあたって、その意志および行為の際に考慮される要素の一つにすぎなかった。これまで、国際法は、政治家や外交官にとって、大して脅威となるものではなかったし、またとくに役に立つものでもなかった。国際法は、せいぜい言って、中立的な外交、不安定なまま固定された国際関係、国際的な激しい荒波の中で多少なりとも安全な避難場所、政治的な測定を行うための相対的に固定された一連の観測地点、有効な弁論を開始するための共通の出発点、非理性がはびこるただ中で発せられる常識の控え目な声といったところであったように思われる。国際法が果たしてきた役割は、旧家の家族に仕える年輩の召使いの役割であり、または、大地主たち（その秘蔵する土地のほとんどは、今や、栄光と恥とで充たされた、華やかな過去の遺物となってしまった）を顧客とする高齢の法律顧問といった役割なのである。国際法は、時代に取り残された家族の誠実な友人である。

16・4　以上述べてきたすべてのことから導かれるのは、社会における**法**の位置が、決して周縁的でも残り物のようでもなく、断続的なものでもない、ということである。社会の法的基本構制は、社会の構造を、その過去から未来へと伝達する。法は、社会の自己指示的な生成、すなわち、社会の自己秩序化のもたらす秩序である。自然のエネルギー（すなわち、人間のエネルギーと自然界のエネルギー）を、社会の諸目的のために利用できるようにするため、法的関係は、社会の構成員間における社会的力の諸関係を内に含めている。法的関係は、個人の意志および行為を、社会の意志および行為の中に含めてそれと統合することを可能にし、また、社会の意志および行為を、個人の意志および行為の中に含めてそれと統合することを可能とする。社会が自らの言葉・観念・理論・価値の中に自らを創造するべく格闘するに際して、そして〈社会過程の総体〉における格闘を通じて社会が自らの現実を形成するに際して、法は、普遍物を個別化し、個別物を普遍化している。法は、〈社会過程の総体〉の中での創造者でありかつ被創造物であり、〈社会過程の総体〉の過去から形成され、そして、〈社会過程の総体〉の未来を形成し、理想的基本構制および法的基本構制が社会の〈今・ここととしての現在〉における意志および行為を形成するにあたって、その両方の基本構制が交差するところである。

16・5　以上述べてきたことから同じく導かれることは、社会が意識の内部（すなわち個人と社会の意識の内部）において自己創造を行うため、社会の自らについての諸観念は、社会自身の一部を成しており、また、社会による諸観念の形成は、社会による自己形成の一部を成している、ということである。社会は、社会の自らについての観念以上のものとはなりえない。したがって、法は、社会の自らについての観念以上のものとはなり得ない。社会の自己秩序化において法が中心的役割を果たすことを考慮に入れるならば、社会は、法に関する自らの観念以上のものとはなりえない。国際社会のもつ、自らとその法に関する既存の観念は、〈家族・世界〉に関する幼児の見方と同様に、不安定な幻想なのであり、経験に基づく現実がやがてそれを打ち壊すことになろう。

16・6　これまでのあまり複雑ではない社会の状況にとってさえ不十分であった法に対する理解は、それよりもはるかに複雑な社会の状況にとっては、一層不十分なものとなろう。国際社会の〈社会過程の総体〉が、ますます加速化する社会的変化の洪水のただ中で、人類全体を未来へと運ぶのに伴い、そして国際社会の新しい自己秩序化がついに国際社会による自己再認識となるのに伴い、国際法に対する理解は、（これまでも常に不十分だったのであるが）不十分以下であることがついに判明したのである。それは、国際社会が自らの可能態を認識するのを妨げ、自らの可能態を現実化するのを妨げているような理解なのである。国際法は、自らが社会であることを知ることを学びつつある国際社会の法システムとしてこれまでも機能していなかったのであるが、今も機能することができていない。国際社会が、自らを社会としてついに認識するとき、国際社会は自らのために適切な法システムを作り出すことになろう。そのとき、国際社会と国際法は、それぞれ一方が他方を創造するか、さもなくば、それぞれ一方が他方を破壊する関係になるであろう。

16・7　国際法のシステム上の弱点をまざまざと示しているのは、現代国際社会の法の、個々の作用面における基本的な下位システムが、いずれも不確実な上、一貫しておらず、時代錯誤的である、という事実である。そのような作用面における下位システムは、第十一章で検討した基本構制固有の一般原則が国際法システムに反映されたものである。そういった作用上の下位システムとは、つまりは、国際社会が自らを知らないという、いわば歪曲したレンズを通じて見られたところの基本構制の一般原則なのである。しかし、この、システムとしての国際法に見られる機能上の弱点のあらゆる側面にも、国際社会の自己再認識と、したがって自己再創造の可能性とが、いろいろと認められるのである。

16・8　**法は〈社会過程の総体〉の一部を構成する。すなわち、統合の原則**　国際社会にとって、国際法は一つのミステリーである。世界の人民は、自らが国際法の法定立への参加者であることを知らず、ただその効果が及ぶだけの関係者であると考えているのである。国際法は、彼らにとっては、無関係な領域の問題、別世界の問題なのであって、そこでは、彼らはなんら個人的な役割を果たしておらず、彼らがたまたまその市民であるに過ぎないあれこれの国家社会の名の下にあらゆることがなされている、と考えられている。国際社会の〈社会過程の総体〉は法の一形態を生み出したのであるが、それは、世界の人民が部分的な社会過程にすぎないものに黙従することに依存している。ここでいう部分的な社会過程とは、国家社会の政府であるところの公領域間の相互作用の場を指すのであり、この（国家社会の政府である）公領域は国際社会における意志および行為の構成単位として認識されているが、それはいわば、一定の位置を示すが広がりを持たない数学上の点のようなものである。そのような虚構に過ぎない〈社会過程の総体〉が、次に、虚構の国際社会、すなわち諸国家社会から構成されるステイト間・非社会を生み出している。そして、国際法は、少なくとも諸国家社会の支配階級に属する人たちの意識の中では、法、つまり、虚構の社会の虚構の社会過程の中で形成される法、となっている。そのような国際法が、社会の中で法としての役割を十分果たしていないとしてもなんら驚くにはあたらない。

16・9　国際法が、全人類より成る社会ではない社会の法であると認識されているにもかかわらず、同時に、全人類の存続および繁栄に影響を及ぼす法として認識されていることは、国際法の本性と機能について説明する上で、いくつかの克服しがたい理論的な問題を引き起こしてきた。国際法が、自らに関する満足できる純粋理論を樹立できなかったという事実が意味することは、国際法がなんらかの満足できる実践理論の中に自らの根を下ろすことができなかったということであり、それは、諸国家社会で構成される虚構の国際社会についてでさえそうなのであったのであり、ましてや全人類で構成される国際社会についてであれば言うまでもないことであった。ある社会システムは、その社会のそれ自身に関する理論の枠組みの中で説明可能なものでない限り、社会システムとして機能することはまずありえないし、ましてや、社会の自己創造的な構造システムの先導的なシステムとして機能するはずもないのである。

16・10　虚構の国際社会における虚構の国際法は、自らのための理論的な基礎を何ら確立できていない。いわゆる国際法の規則なるものが、慣習としての権威を有しているから、もしくは、約束としての権威を有しているから、あるいは、その両方の権威を有しているから遵守されるべきものなのか、それとも、そのいずれの権威をも有していないから遵守されるべきでないのか、虚構の国際法はその答えを知らないのである。前述したように、もし法が法的関係の集団であって、規則の集団ではないとすれば、法が自らについてこのような問いを立てることは、いずれにせよ、誤解である。しかし、法のこの自問は、実はもっと意味深長な誤解に基づいているのである。もしある国家社会の内部の法が主権者の意志として認識されるのであれば、主権者に従属していないタイプの社会の内部の法は、なんらかの別の仕方で認識されなければならないように思われる。もし国際社会が、本書で近代と呼ばれてきた時期において、諸国家社会の集合体であり、そこでは、個々の国家社会は、すべて主権的で、平等であり、独立であり、いかなる主権者にも服していないものとして認識されてきたのであるならば、そのときには、国家間の法（つまり、国際法）を、それら諸国家社会の（共同の）意志の産物として認識する以外の選択肢はほとんど残されていないのである。

16・11　自らの意志および行為が国際法の影響を受けている者が多かれ少なかれ表明してきた仮定は次のようなものであった。すなわち、慣習国際法は、諸国家社会の普遍化する意志の産物として、または諸国家社会による明示的もしくは黙示的な約束として、またはその両方として、認識されなければならないというものである。ここで**普遍化する意志**とは、慣習法システムに特有の概念であって、社会の一構成員が、意志し行為するに際して、その行動をなすことを意志するのみならず、その行動の原理が社会全体にとっての法となるべきであるとも意志する、という概念である。かかる普遍化する意志は、国際法の自己認識においては**法的信念**と呼ばれてきた。ここにおいては、特定の行動を意志することは、法適用と法定立とを同時に一つの行為で行うことである。つまり、特定の行動を意志するということは、その行動をなす法的権能の行使であると同時に、新たな法的関係を法的に設定する法的権能の行使でもある。このような行動をなしうる力を生じさせる法的関係は、それ自身が、新しい法的関係の法的な設定に参加する力を生じさせる（別の）法的関係の一部となっている。慣習国際法をこのように理解する限りにおいて、いわゆる**国家実行**は、法適用が法定立となり法定立が法適用となる場なのである。換言すれば、国家実行は、虚構の国際社会の虚構の立法過程なのである。このような理解に立つとき、法の主体（すなわち法的関係の当事者）は法の定立者でもある。あるいは、別の言い方をすれば、諸々の国家社会は、各々の虚構の社会過程に参加することによって、独力で立法を行っているのである。

16・12　明示または黙示の約束は、他の形態の社会的現実形成から引き継がれた概念であり、新しい法的関係の設定における中心的な概念となったものである。**明示**の約束のとる特徴的な形態としては、引受、合意、黙認または和解（以上は、法の外の現実である）、宣言、契約、条約、譲渡証書、譲渡または禁反言（以上は、法の現実である）がある。**黙示**の約束は、相互間の期待を創出する一連の行為から生じるものである。相互関係と互恵性、すなわち相互的な信頼と相互的な利益および負担は、特定の社会の基本構制の内部において、黙示的な法的関係を創出することができる。関係が法的関係として確立するのは、特定の取引に係わっている複数の法主体の意志および行為の共同作業を通じてである。ここでもまた、法の主体（法的関係の当事者）は、同時に立法者としても認識される。それゆえ、国際法は**任意法**とみなされている。そして、国際法の分野では、この用語は、大胆な逆説的な表現とは受け取られておらず、国際法の生成過程に関する簡潔な言明と考えられている。すなわち、法の定立は単純に、法主体間の一連の意志行為であり、法は特定の意志行為の間のある種の一致により形成される、と見なされている。

16・13　慣習としての法形成と約束による法形成という、理論上の二つの選択肢は、一般に認められた国際法の分類の中に反映されている。すなわち、慣習国際法および条約法として知られている二種類である。これら二つの形式の法について、その権威の基礎は、互いに本質的に異なるものとして認識されるか、または、単一の法源の二つの側面として認識されるかの、いずれかである――そして、後者の場合、その単一の法源が慣習的な性質のものであるか、それとも合意的な性質のものであるか、ここでも認識が分かれている。そして、時には次のような仮定がなされている。すなわち、この慣習的法源と合意的法源が、それ自身次に、単一の源泉から派生するものでなければならず、そして、その単一の源泉は、主権国家の集団的・共同的な意志すなわちその主権を行使するに際して行われる意志にある、というものである。このような理論上の諸問題は手つかずのままにされているが、その理由は、主権という観念が、説明を与えるための究極の源を提供しており、あらゆる問題を解決するように思われているからである。この究極の源なるものは、国際法システムの外部で、それを超越した所に在るように思われており、諸国家社会より成るシステムの基本構制の中に、そして、国際社会の説明困難な事実（すなわち、想定された現実）の中に所在しているように思われている。この諸国家間の（共同的な）主権が国際社会の現実の一部分であることが信じられるならば、理論的な諸問題は明らかに無用なものとなる。

16・14　主権の観点から認識されていない社会、つまり、法的な立法の権能の究極的な根拠が、立法者の（自ら意志したのではない）意志に在るのではない社会においては、その法的システムの自己理解にとって、慣習および約束について理論的な理解をもつことは決して場違いなことではない。立法が本質的に主権者によるものではなく、その性質上、慣習または意思によるような社会はこれまで世界中に無数に存在したし、今も存在する。慣習および約束の概念が国際社会において巻き起こしてきた困難はまさに、これらの概念が**主権**の概念の付属物であるかのように扱われてきたところにあり、そして、慣習および約束が、これまた**主権者**として認識されている法人による立法として、認識されてきたところにある。この結果もたらされた概念は、（これが、国際法の純粋理論の基礎――実は、とても基礎とはなっていないのであるが——とされている）自己制限的である（複数の）主権の集合体、というものである。ここにこそまさに、国際法の理論上の一貫性のなさと実践上の無能力さが存在する。

16・15　主権は、自然界の現象ではない。主権は、また、意識の中にある、ある種の必要不可欠で無くすことのできない観念ですらもない。主権は、他の言葉・観念と同様に、人間の意識の中から生じ、人間の意識の中に存在する言葉・観念の一つである。主権は、事実ではなく、理論である。主権は、社会が、その〈社会過程の総体〉の現実形成における具体的な歴史的発展の過程において、創造することができる理論の一つなのである。主権を形成し、かつ用いている、社会的現実の総体の中でのみ、主権は意味を持っている。諸国家社会の（共同の）主権は、諸国家社会が国際法を立法するときに用いるものと仮定されており、また、諸国家社会は、国際法を立法することによってこの主権を制限するものと仮定されている。この諸国家社会の（共同の）主権は、第十三章においてすでに考察した社会発展の帰結なのであるが、歴史上の特定の時代において、特定の社会状況下で発展した、特定の社会理論の外部化にすぎない。ステイトとして組織化する諸社会のうち若干のものが、自らが国際社会の下位社会であることを認識することによって、主権が、自らが国際社会の内部に存在することに気付いたとき、主権は、国際社会の社会的現実の総体と接触するようになった。主権は、諸国家社会の〈社会過程の総体〉の中でまず形成されたのであり、次いで、国際社会の〈社会過程の総体〉の一部となった。この国際社会の社会過程は、実は、主権という観念が登場する何千年も前から存在していたのであるが、この主権の観念の導入によってその性質は重大に変更されてしまったのである。

16・16　もし外部化された主権が、国際社会の社会的現実に一旦導入されたのであれば、第十三章ですでに論じた仕方で、諸国家社会の民主化および社会化と並行して、自らを民主化し社会化することも可能であったはずである。もしそうであったなら、国際社会は、**代表**の理論を発展させることが可能となり、国家社会がその市民の代表として国際的に意志し行為するために市民の意志を集約する仕方について表明することが可能となったことであろう。しかし実際には、政府とその支持者たちによる意識統制的活動が確保したものは、主権が外部化されることにより参加する社会が、主権者たちだけを含む社会として認識されることであった。その社会は、代表の理論を何ら含むものではなく、世界の人民が国家社会に参加していることで実質的には国際社会に存在しているということを、曖昧で説明しないままにするものであった。その結果は、発育不全の原始的な国際社会という現実であり、そこでは、諸政府の声のみが聞こえ、それも、国家社会の非常に豊かな内部の社会過程の、自己創造的な意志および行為を、遠く隔てたまま弱々しく反響させたものに過ぎないのである。

16・17　それゆえ、国際社会が自らを秩序化するにあたっては、国際社会の〈社会過程の総体〉を通じて行われる立法という形式の自己創造によって、つまり、人類全体や世界の諸人民が互いに作用し合うことによって、これを行ったのではなく、諸政府の自己制限によって、つまり、その個々の公領域が互いに干渉し抵触し合うことによって、自己秩序化を行わねばならなかったのである。国際法は、あらゆる現実が形成される〈社会過程の総体〉という現実を認めていない国際社会の現実形成である。国際法は、国家社会の各政府による相互作用なる社会過程のみを唯一認めることにしており、それはあたかも、それら政府が、独立自足で自己発生的な社会過程を構成しているかのようにであり、そしてあたかも、それら政府が、国際社会の〈社会過程の総体〉の全体を構成しているかのようにである。国際法は、この国際的社会過程の非常に限定された部分の産物として認識されているので、国際的な現実形成の指導的な関与者となることはできない。こうして、国際法は、これまでのままであるように――つまり、周縁的で残り物のようであり断続的な存在であるように――運命づけられているのである。

16・18　法は動的である。すなわち、変容の原則　国際法の自己否定、すなわち、国際法を、外部化された公領域における、平等な主権者たちの自己制限、として認識することが意味することは、国際社会が、法を自らの自己創造のための主要な道具として利用する能力、すなわち、国際社会の存続のためばかりかその繁栄のための手段として法を利用する能力を、自ら否定することであった。すなわち、国際社会は法的関係の有する驚くべき力を自ら否定したのであった。法的関係は、自然界の力学に適合して、自然界の力学と人間意識の世界の力学とを融合させて、自然と人間を含む現実のすべてが存続および繁栄を目指して変容することを可能にする、非常に動的なシステムを作り出すことによって、人間の世界なる現実を創造するものである。もし法システムが、単に隣接する大土地保有者たちの間の関係を調節するにすぎないものとして認識されるのであれば、その場合、かかる法システムが、それら大土地保有者たちを導いて、彼らの可能態を統合して社会の自己創造そして幸福の恒常的な増大のための、単一の共有されたシステムに集約する見込みはまずないであろうし、ましてや、その土地で生まれそこで生活している人々をそのように導くことはないであろう。

16・19　さらにもっと悪いことに、法の目的がもともと少数の者（つまり大土地所有者たち）の利益に奉仕することにあると認識されている法システムから導き出される自己制限が、恒常的に増大する一般的な幸福を社会が創出するにあたって必要とされる自己制限ではないことである。隣接する大土地保有者たちでさえ、自分たちの土地の価値を破壊するような行為を控える必要は認めるであろう。そのような抑制は、私益から、または、私益が平行的に共有されることからも生み出されうる。しかし、このような一方的なまたは平行的に共有された私益は、法による社会的な権能付与の端緒にすぎない。法が、個別目的の多数者間での共有化にとどまらず、社会目的の普遍化となる場合、法は私益を超越して、社会の自己創造となる。このとき、法は、社会による、自己創造的な社会の永続的ディレンマとの究極的な格闘において、あらゆる種類の利益の間の調和となる（すなわち、経済 対 環境、少数者による富の創出 対 多数者による富の創出、実用 対 美意識、物質 対 精神といった）。そして、法は、過去と未来の調和となる（すなわち、天然資源の枯渇率の進行具合、長期に及ぶ危険の創出、貯蓄 対 消費、教育 対 主義主張を吹き込むことといった）。〈社会過程の総体〉から生まれる法的関係を確立させることを通して、このような調和が、社会の最も動的な自己創造の中味となることができる。国際法は、大土地保有者たちの、または、相互に作用し合う公領域の間での、自己制限として認識されてきたため、国際社会から、法を通じた自己創造の可能性を奪い続けているのである。

16・20　国際社会の自己否定がもたらすもう一つの帰結は、二十世紀後半の国際社会において、世界の端々にまで至る社会的力の組織化が、以下のような社会的力を集合してはいるが、「諸システムを統べる一つのシステム」としては統合していないことである。すなわち、①国際経済の活動（とくにステイトとして組織された企業（いわゆる多国籍企業）および非ステイト的な社会と個人の活動を含む）、②国際経済の国内的側面を統制する、政府の活動（例えば、国内法による、環境の保護や消費者の保護）、③条約や政府間機構の政策決定を通じて通常行われる、単に多数国間とみなされている、多辺的な（当事者が多数の）政府間活動、④ロビー団体や圧力団体による非政府的活動などである。

16・21　必要が、その必要自体を充足するためのこれらの雑多な手段を創り出したのである。それらの手段は、必要から生じたものであって目的に沿って生み出されたものではない。国際社会には、諸国家社会の公領域間でなされる相互作用以外のいかなる一般的社会過程も存在しないため、個別の国家社会の目的を超越するような、国際社会の目的を創り出す手段は存在しない。したがって、あらゆる社会的力の根底にある社会的交換は歪曲され、またその遂行を妨げられている。すなわち、社会目的を受容することによる自然的力の変容が、国家社会によって構成されている虚構の国際社会においては、**非社会的な**目的のためになされる、**不自然な**力（すなわち、いわゆる**主権**を核に組織された社会の有する、いわゆる**権力**）の交換となっているのであり、その交換は、いわゆる**国際関係**なる幻想に過ぎない過程で行われる相互作用から形成されるのである。

16・22　このように歪曲したシステムの中で、国際法は何ら指導的な役割を果たしていない。かかる国際社会で行われる様々な処置は、不確実で不安定な法的関係の形をとって現れるであろう。しかし、そのような法的関係は、国際社会の理想的基本構制の掲げる諸目的を実現するために法的基本構制の立法権能を用いてなされる、現実的基本構制の営為には、とても該当しないように思われる。また、このような法的関係は、社会が、自らの構造システムを作り、自らの過去から自らの未来を作り、逆に未来から過去を作り出す自己創造の過程において、指導的役割を果たしているようには思われない。国際社会が自らの**アイデンティティ**を創出し、自らの**力**の構造を編制し、自らの**意志**の基礎を構築し、自らの**正義の秩序**を確立し、そして、自らの**生成**を制御するのにあたって、この法的関係は、国際社会の行う、社会の抱える永続的ディレンマとの格闘において何ら重要な役割を果たしていない。実は、このような法的関係は、社会の〈待機中の・構造システム〉の**事実上の**下位システムが作り出した所産なのである。この〈待機中の・構造システム〉は、人々に十分意識されるようになるのを待って待機中なのであり、〈現実・形成〉を行いうる（将来の）国際社会――それは、国際法が、動的な現実変容の作用を行いうる法としての役割をついに果たすことになるような社会である――の〈社会過程の総体〉の一部となるべく待機中なのである。

16・23　**あらゆる法的権能は、社会から委託された力である。すなわち、委託の原則**　国際法が国家社会に対してこれまで語ってきたことは、それら社会の力が委託されたものではなく、始原的であり、自然なものであり、そして固有のものである、ということであった。国際法が伝えてきたことは、国家社会の対内的権威を下支えしてきた純粋理論が、国際法システムにおける立法者や法主体としての国家社会の対外的権威をも十分に支持している、というものであった。また、さらに、諸国家と、諸国家が創り出した国際的なステイト的社会（いわゆる政府間国際機構）こそが、国際的な法的関係の唯一の関係者であり、それゆえ言うまでもなく、国際立法の唯一の関係者である、というものであった。さらに、国際法が伝えてきたことは、国際社会が、五〇億人の人類と無数の下位社会から構成される社会などではなく、約一七〇ほどの国家社会と、その数は定かではないが少数の国際機構とによって構成される社会である、ということであった。

16・24　これまでの国際法が維持してきたこれらの見解によって、本書で、国際社会の新たに育ちつつある社会過程として考察されてきたものの大半は、あたかも日食の半影部のように不分明な状態のまま放置されてきている。また、そのような見解が維持されてきたため、国家社会の各政府は、国際法の立法に際してそれぞれの社会の全市民を代表する唯一の代理人という尋常ではない立場に置かれてきた。もちろん諸政府は、国際社会の現実形成のうち、国際法定立を除く残りの部分においては、その全市民の唯一の代表者ではない。諸政府は、その国内社会の現実形成においてさえ、その支配力をますます失いつつある。その結果、国際法は、いわゆる**承認**といわゆる**自決**との間に修復不可能な緊張関係を自ら作り出している。換言すれば、国際法は次の点について決定することができないでいる。すなわち、ある特定の国家社会とその政府が、国家間の国際社会における虚構の社会過程への関係者として行為する権利を認められるのはなぜか（国家・政府承認の問題）、またその問いを受けて、次に、ある国家社会とその政府が、当該国家社会の市民（いわゆる国民）の特定の集団の生存および繁栄について決定する権利を有することの根拠は何か（自決の問題）、という点である。

16・25 **承認**の概念によって、諸国家社会は、ある特定の時点における国際社会の現実の関係者を決定するように国際社会の現実的基本構制の下で行為する、国際社会の法的基本構制に基づく力を獲得した。ステイトとして組織化する社会（いわゆる**国家**（**ステイト**））は、他の社会が発展の特定段階に達したことを**承認する**ことができると言われている。この発展の特定段階とは、当該（後者の）社会が、その社会的発展の過程の中で今や**国家**としての性質を帯びるようになり、そしてそのため国際的な法的関係の主体となった段階をいう。しかし、ここでいう承認の力でさえ、国際社会と国際法についての誤解に直接の起源を持つ、一連の未解決の、しかし、根元的な不確かさの影響を免れることはできない。

16・26 国際法は、現在の形態では、以下の諸点に関して、なにひとつ明確に規定していない。すなわち、（a）ある社会はどの段階で、**国家**（**ステイト**）として法的に必要とされる特徴を獲得するとみなされるべきか、（b）他の**諸国家**による**承認**が、国家としての特徴の獲得のための前提であるのか、またはその要件の一つでさえあるのか、（c）既存の**諸国家**は、承認の問題について判断する自由な権能を有するのか、または、それら既存の国家は承認に関して判断を下す際に、（不承認（及び、それに付随する）義務を含めて）何らかの拘束的な責任に服するのか、（d）**国際機構**として知られている社会が国際法上の主体たる地位を獲得する際にも、（国家の場合と）同一の、または類似の、あるいは他のいずれかの法的関係が適用されるのか、（e）国際社会において、**国家**の意志し行為する機関として行動する**政府**の権能に対しても、（国家の場合と）同一の、または類似の、あるいは他のいずれかの法的関係が適用されるのか、（f）上記の**承認**は、以下に挙げるように、国際社会における法的に重要な事例においてなされる承認という、より広範な概念の一事例であるにすぎず、したがって体系的にその広い概念に結びつけられるのか（例えば、領土の得喪、住民の国籍の得喪、いわゆる**戦争**や**中立**のように国家のアイデンティティに関わるような状況の存在）、（g）ある国家社会からの分離により新しい国家社会が形成される場合、前者の国家社会は、後者の新たな国家社会の**承認**に関して特別な力および義務を有するのか、（h）国家社会は、例えば、何らかの特殊な内部的事情の展開ゆえに、国家社会としてのその地位を喪失することになるのか、そして、（i）とりわけ、承認されている社会かまたは承認されていない社会の構成員の意志、すなわちその社会としての身分に関して下す彼らの決定は、当該社会がいわゆる**国家**としての特権的な地位を獲得するのか否かの判断基準として法的に重要な要素であるのか、である。

16・27　国際社会は、その社会の構成員がいわゆる**国家**（およびそれら国家が設立する、ステイト的社会）のみに限定されるものと認識しており、また、このような**国家**のみを法的関係への排他的な関係者として認識しているため、上記の諸問題は、国際社会にとっては根本的に重要であろう。しかし、国際社会は、すでに四世紀以上の時を費やしていながら、自らのシステム上の構造に関するかように根本的な問題を未だに解決していないし、その解決手段を見出してもいないのである。

16・28　国際社会は、自己の普遍的性質を自ら承認するまでは、次の三つの根本的な構造的問題を解決することはないであろう（すなわち、第一に、国際社会における国際法システムの本性に関する問題であり、第二に、国際的な法的関係が形成される過程に関する問題であり、第三に、現実的基本構制の下で法的関係への現実の関係者を決定する問題である）。

（一）あらゆる立法権限の源泉であるところの、国際社会（すなわち、すべての社会から構成される社会）の国際

法を通じて、世界の中に存するあらゆる社会のあらゆる法的権能は、世界の中に存する当該社会以外のあらゆる社会のあらゆる法的権能と結びついている。

16・29　国際法が最終的に、ステイトとして組織化する諸社会の各政府に対して、いわゆる国家（ステイト）の特別な性質について説明できるようになるまでは、国際社会がその自己創造を完全に掌握することはないであろう。

(二) 国家社会とは、すなわちある特定の形態の国際社会の下位社会であって、それ以上でもそれ以下でもない。国家社会であることは、その公領域の内部的な自己組織化の形態によって（国家社会として）確認される。

(三) 国家社会、および、それによって設立されるステイト社会（いわゆる国際機構）は、国際社会の法的基本構制の内部における、国際社会の基本構制上の機関である。つまり、この両者のステイト社会は、国際的基本構制に基づく特定の力を保持しており、国際社会の〈社会過程の総体〉の中で、国際社会の公領域を組織化する目的で、個々具体的な法的関係に参加するのである。

16・30　国際社会が、国家社会の形成を、いかなる種類の社会の形成とも同じく、その一つの事例として認識するようになるまでは、国際社会は、自らの法（つまり国際法）を、国際社会の〈社会過程の総体〉の中に統合することはできないであろう。

(四) 国家社会は、国際社会の〈社会過程の総体〉を通じて形成されるのであるが、その形成は、その社会に属し

ている個人の社会における自己確認の一部として、また、自らの構成員との関係における、また、他の諸社会との関係における、社会の自己確認の一部として、なされるのである。

（五）世界の市民が、自らが市民として属している国家社会の成立に参加していることは、彼らが、国家社会以外のあらゆる社会（人々が、自らの出生の事実により構成員となったと考える、ネイション社会を含めて）の成立に参加していることとまったく同じである。世界の人民は、自分たちが国家社会によって形成されているのと同時に、自分たちが、国家社会を形成しているのである。

16・31　それゆえ、国家社会を含めて、国際社会の無数の下位社会は、いずれも、始原的で、自然で、固有な法的権能などもたない、ということになる。始原的で自然で固有な法的権能について語ることは、すなわち名辞矛盾を犯すことである。法的権能は社会の法的基本構制から生じるが、この法的基本構制はその社会の基本構制の一部分であり、社会の基本構制として社会の〈社会過程の総体〉から形成され、継時的に活動しており、専らその社会のために特有な仕方で活動している。したがって、法的権能は、決して始原的でも、自然でも、固有でもなく、それは、社会に由来し、社会によって形成され、社会によって委託されたものである。この観点からすれば、自らをステイトとして組織する社会――それは、単一の政府の権威の下にある公領域を有するのだが――は、その他の形態の社会と何ら異なるものではない。この社会が、それ自身の社会的発展を通じて、超社会的社会という何か別の階層に変質することなどないのは、当然である。

16・32　このような国家社会は、**対外的**地位を有する。すなわち、国家社会相互間でまたは国際社会のそれ以外のあらゆる下位社会との間で、基本構制上の関係を有する。それゆえ、国家社会は、国際社会の基本構制から導き出され、したがって国際社会の〈社会過程の総体〉から導き出される法的関係を有する。そして、このような国家社会は、**対内的**地位を有する。すなわち、同社会の構成員（市民および下位諸社会）との間で基本構制上の関係を有する。またそれゆえ、国家社会は内部的な法的関係を有する。すなわち、その国家社会の内部的な社会過程の中で形成される基本構制から導き出されるところの（その意味で）内部的な法的関係なのであるが、ここで、この基本構制自体が、国際社会の〈社会過程の総体〉の中で形成される国際的基本構制の不可分の一部となっているのである。

16・33　国際社会が国家社会に対して指定してきた役割は、国際社会の公領域のシステムに参加するという、基本構制上の機関としての役割であり、その役割は、国家社会内部の基本構制上の諸機関——例えば、国家元首・政府・立法府・裁判所・政党・国の宗教的組織——に割り当てられた役割に類似したものである。すなわち、そのような機関とその構成員とが関係する法的関係は、公領域との関係におけるそうした機関の役割に適合するようにとくに企図されている。しかし、国家社会を含むあらゆる種類の社会そしてあらゆる個人が関係する、個々の法的関係はいずれも、国際社会からの委託によって創設された関係である。これは、全世界のために法を定立する〈権能の権利〉から、特定の道路の交差点に特定の信号機を設置するといった〈権能の権利〉に至るまでの、あらゆる法的関係について妥当する。

16・34　自己認識の変化から、語彙の変化が生ずるのである。また逆に語彙の変化から、自己認識に変化が生ずることもある。国家は主権者ではない。国家は主権を有しない。したがって、**主権者**と**主権**という言葉は、国際社会と国際法の語彙の中から消え去ることになろう。それに伴って、**戦争**と**平和**と**武力行使**と**自衛**と**国際関係**と**外交**の言葉もの中ではもはや必要とされなくなるであろう。

一緒に消え去るであろう。これらの語彙は不要となったアナクロニズムとして、国際社会と国際法の自己認識の理論

16・35　すべての法的権能には限界がある。すなわち、力の内在的限界の原則　国際法がこれまで国家社会に対して語ってきたことは、国家社会の力が始原的で自然で固有である、ということだけではない。国家社会の力は原則として無制限である、とも語られてきた。すなわち、国際社会と国際法についての誤った認識の下で、これまた誤って認識された純粋理論が示唆することは、いわゆる国家と呼ばれるものが、本来完全な行動の自由（いわゆる主権）を有しているのであるが、それを、自らの意志および行為によって、制限している、というものである。民主主義の観念および理想が国内社会に定着していたため、**自由**という言葉は、ここでもまた、人間の意識に対して大きな力を発揮する言葉となり、抑圧のバリケードから逃れようとする反動に対して、侮蔑的に浴びせかけられる言葉になった。しかし、この言葉は、人間の意識の中で――とくに個人の意識の純粋理論の中で――これとは別の役割を、昔も今も果たしている。その別の役割とは、いわゆる**意志の自由**である。意志の自由は、多くの世紀にわたる無数の社会的格闘に動員されてきたあらゆる言葉の中でも、豊かな発展という観点からとくに重要であると考えられてきた。

16・36　この自由という言葉は、国際社会の社会的意識の中に徐々に浸透した。ステイトとして組織化する社会の内部での社会的発展が、内と外を裏返しにされて、相互作用し合う公的諸領域から構成される国際社会となるにあたって、民主的自由の観念も内から外へ送り出されることになった。いわゆる**国家**の政府の代表たちが、国際社会の荘厳な会議場に集まって会議を開くときに（幸運なことに人民はそこから排除されていた）、自由の芳香が彼らの嗅覚を満たしたのであった。いわゆる**国家**は、自分たちが自由であると自認した。諸国家は、その相互関係において自由で

あり、いかなる国家も他の国家に対して権威を有するものではなかった。そして、より一層魅力的なことに、諸国家は、自らの人民との関係において自由であった。主権平等、政治的独立、領土保全、国内管轄権など。これらは、スローガンであり、いわゆる国家が有するものと想定された、自然的な自由の法的保障であった。

16・37 そういうことで、政府が支配している国家社会が法的権能を有しており、その力は、国家のもつ十分な自由が自発的に放棄されない限り制限されることはないということを、国際法は諸政府に確信させるに至った。そして、国際法は、〈自由の放棄によって生じた義務〉として認識されるようになった。さらに、国家社会の基本構制が、このような認識を神聖なものとした。それは、国家社会が、国際社会という特殊な世界――虚構の社会――においてその政府が行う意志および行為によって自ら制約を受けることを認めない限り、国際社会に対してとくに何も責任を負っておらず、それゆえ当然に何ら義務を負っていないのであって、国内法システムは理論上自律的なものであると、国家社会自らが考えたからである。

16・38 法的関係を〈自発的放棄によって制限を受けた自由〉と理解する観念がいかに不条理なものであるかは、二十世紀に入ると、極めて露骨な仕方で表面化してきた。二十世紀は、各国内社会および国際社会のエネルギー水準そして新しい形態の社会的相互作用が、個人と社会が生来有する自然的力の運用能力を著しく高めることになり、その結果、他の人々や社会の生活形態ならびにその存在にすら影響を及ぼすようになった世紀である。とくに、自然宇宙に対して及ぼす人的力と社会的力が、科学を技術に応用することを通じて、すべての人間やさらには全ての社会に対して広大な可能性を提供してきており、その影響は、個々の人間の生活を左右し、そしてさらに全人類の生活を左右し、遂には、地球上のすべての生物に対して作用するほどになっている。そして、この、世界中の人間の生活形態が受ける影響は今や、世界中の人間の意識（すなわち、意志過程そのもの、また、諸々の可能態について認識し、その中から選択をなす過程）が受ける影響までも含むに至っている。このことは、マス・コミュニケーションの媒体を通じて、また、社会に関する純粋・実践理論の普及を通じて、そして、統合された国際経済における人間の欲望の開発を通じて、なされている。したがって、今日行われている人間の意志および行為の影響は、今日に限定されず将来の長期に亘って感じられる可能性がある。

16・39　いかなる社会であれ、（そして今日では極めて明らかなことであるが）国際社会も含めて、相互作用し合う諸影響が結びついて解きほぐし難いネットワークを形成している――これは、統合された、究極的には不可分となる構造システムである。社会の構造システムの役割とはまさに、相互作用し合う社会過程を組織化することに他ならない。そして、法的関係の役割とは、法的〈権能の権利〉を含めて、そのような相互作用を意志および行為の次元で組織化することなのであり、すなわち、意志および行為の生み出す諸影響を社会の諸目的に役立つように組織化する意図で、社会内部においてなされるすべての意志および行為に対し影響を及ぼすことなのである。法的関係は、その関係の二またはそれ以上の当事者がなす意志および行為を結びつける絆を創設するのであるが、それによって、それら関係者の意志および行為は、法的関係の中に反映されている社会目的に沿って修正されることになろう。

16・40　したがって、国際法に基づくあらゆる法的権能（これは、国家社会内で内部的に立法する力と、他の国家社会に対して影響を及ぼす力を含む）は、次の意味において、共有された力である。すなわち、それは、法的関係の他の関係者（つまり、その法的関係の内容によって自らの権利および責任が決定される、という意味での関係者）と共有され、かつ、当該法的関係の創設をもたらした国際社会の他の構成員との間で共有される法的権能なのである。

そのため、国際法の下で法的権能を持つことは、必然的に、次の意味で限定された力を持つことである。すなわち、その力は、それ自らの内容により制限され、他のすべての法的権能との相互関係により制限され、他のすべての法的関係の内容との相互関係によって制限されている力である。もし人が、法的権能を有していると主張するのであれば、つまり、法的権能に基づいて行動しようとするのであれば、その人は、その法的権能を創り出した、そして自らに対してその力を付与している法システムの存在を認めなければならず、法的権能が原則として制限を受けていること、そして、当該法的権能に特定の制限が課されていること、を認めなければならない。

16・41　まさに国際社会こそが、法的関係という形態で社会的力を創設することを通じて、以下の諸点について決定するのである。すなわち、①国家社会が、自然的力（当該社会の構成員およびその下位社会のもつ、精神的エネルギーまたは物理的エネルギー、自然宇宙のもつエネルギー）を法的権能として行使できる範囲、②国家社会がその力を行使できるような環境および状況、③その力の行使により影響を被る可能性がある個人もしくは社会、④その力の行使が、特定の個人、すべての人間、国際社会自身、そして国際社会のすべての下位社会に対して及ぼす影響、⑤この力の行使を、他の個人および他の社会による力の行使と調和させる方法、⑥この力の内容およびそれに対する制限について決定する方法、⑦この力の濫用がもたらす結果、である。

16・42　国家が有するものと想定される**自然的な自由**についての検討は、これぐらいにとどめておこう。国家は、国際法に従う限りにおいてのみ、自然的な自由を有している。

16・43　あらゆる社会的力は、法の下位にある。すなわち、法の優位性の原則　現在認識されているところの国際社会は、ソシオノミーなき社会である。つまり、現在の国際社会は、その社会の当事者である人々に対して、欲望を変更すべき義務の構造およびシステムとしてその姿を現すことなく、基本構制の枠組みの中でまたそれを通じて、自らを秩序づける構造およびシステムとしてその姿を現すことはない。

16・44　国家社会は、自らの社会としての存在が、国際社会からではなく、国内の社会的構造システムから、すなわち各国家社会自らの基本構制から導き出されていると認識しているため、国家社会は、自らの社会としての存在が、国際社会の基本構制によって形成されたものとしては認識していない。国家社会は、国際社会における自らの社会としての存在を、国内での自らの社会としての存在に対して、二次的で派生的なものと認識している。国家社会は、国際社会の構造およびシステムを、自らの意志および行為の副次的作用――それの集合であるか、それからの分泌物であるか、それの残余物であるか――に他ならないと認識している。国際法は、その基本的な構造についての以下のいずれかの前提によって、国家社会の持つこのような非社会的な世界観を黙認し、かつ、それを支えている。すなわち、①国家社会自身が、国家社会の法の定立者であると確定すること、②国際法に基づく法的関係を、国家社会といわゆる国際機構とが関係する法的関係のみに限定すること、③国家社会の公領域同士の間でなされる相互作用を、国際法の源泉となる唯一の国際的な社会過程の場として扱うこと、④国家社会を、自然的な自由と固有の力とを有するものとみなすこと、⑤国際法自身を、国家社会がこうした自由と力を自発的に制限したことの産物として扱うこと、⑥国家のもつ主権を、本質的に、地球上の特定地域に対する主権（領域主権）と認識すること、⑦国際法上の責任を、一国家社会が他の国家社会に対してなした違法行為の結果に他ならないものと見なすこと、である。

16・45　時折、諸政府は、特定の分野（政治、経済、社会、軍事）における社会目的のために、自分たちの意志および行為を調整することを目指して一ヶ所に集まる。また、種々の国家社会の行政部門は、自らの行政活動の特定部分を、一定期間そして一定程度で、公共化することがある。このような公共化は、世界の人民が原則的には歓迎するであろう諸目標の実現を時々には促進することになろう——すなわち、経済計画および経済発展、危機管理および紛争解決、軍備制限または軍縮、環境保護、疫病の予防、教育開発、飢餓または貧困からの救済、などである。ときに、このような公共化は、いわゆる国際機構の中において、虚構の基本構制上のシステムの形態をとることがある。すなわち、虚構の行政部門（例えば、**理事会**または**国際委員会**または**事務局**）、虚構の立法機関（恐らく**総会**、**一般会議**といったもの。しかしこれらは、政治家・外交官・公務員から構成されており、選挙された人民の代表によって構成されているのではない）、または、虚構の司法部門（**司法裁判所**または**仲裁裁判所**、または**紛争解決**のための他の何らかの下位システム）である。

16・46　以上のような擬似的な国際的基本構制上のシステムは、立憲主義の幻想を生み出す。それに参加する種々の国家社会はさまざまなグループを形成する（例えば、グループ77、発展途上国、先進工業国、地理的グループ、非同盟諸国といった）。こういったグループは政党がもつ属性のいくつかを有しており、経済的・思想的・宗教的・地域的な利害関係のすべてまたはそのいくつかを組み合わせて、同化しうる範囲内で、集まったものである。種々の国家社会は、こういった場において、討議し、条約文について交渉し、妥協や譲歩をしたり、投票し、投票理由の説明を行うのであるが、その際には、種々の国家社会は自らが、あたかも世界の諸人民によって選挙で選ばれた代表であるかのごとく振舞うのである。種々の国家社会間の討議を通じて、法的関係、すなわち、新たな権利および責任、の創造がもたらされるであろう。かかる法的関係は、種々の国家社会に対して付与されかつ受諾されるのであるが、それは、その政府の代表の意志および行為という形で結合された諸政府の意志および行為を通じてなされるのである。

16・47　極めて痛切な皮肉で満ちている発展を通じて、諸々の国家社会の政府は、二十世紀になると、自らを、最も率直な意味において法の制定者であるとして認識し始めていた。政府代表は、特別な国際会議において、また、国際機構の枠組みの中において、自らが、あたかも国際社会の議会の議員であるかのごとく会合している。そこでは、各政府代表は、条約として採択されることを目指して条約草案を審議するが、それは、国内法の、議会制定の法律のように、抽象的形態の法的関係を創設することを目的としている。また、諸政府は、**国際法の法典化および漸進的発達**と呼ばれる事業を行わせるために、国際連合の構造の中に国際法委員会という組織を設立したが、それはあたかも、十分に秩序化された社会は、**立法あるいは法制定**の過程とは区別される、法改正の過程を有すべきである、という考えに基づいているかのように設立されたのである。国際法の専門家は、しばしば見られるように、国際関係および外交の分野で長年に亘る実務経験を有しているため、国家社会の政府が認識しているところに沿って、諸国家社会の共通利益を、諸国家社会の自ら選択し自ら制限する法の形式の中にまとめようとして努力するのである。国際法の専門家は、条約草案という幻影を提供し、それは、立法を模倣した過程を通じて、法の幻影に仕立てられるのである。

16・48　そして、世界の諸人民にとって、彼らの政府・公務員・代表の職務が、たとえ自分たちとは無縁のものであり理解できないように思われるとしても、人民は、その献身的な職務に対しておそらく多少は感謝しているであろう。世界の諸人民は、世界の諸政府・公務員・代表が、それより望ましくない多くのことにその時間と才能とを費やすことができることを、十分によく知っている。たとえみせかけの立法でも、戦争をするという現実よりはましである。しかしながら、同時に、世界の諸人民は、こういった現状に関しては、以下の二つの側面によって困惑させられている。第一に、そのような国際立法は、未だに、諸国政府によって、それぞれの人民に対して、それがあたかも別の手段による国益の追求にすぎないかのように、提示されている。第二に、世界の人民は、そのような国際立法に直接的に参加してはおらず、たとえ関与することがあるとしても、それぞれの国家社会の外交・防衛・国際経済に関する政策の形成に関与させられるという限度において、間接的に、参加するにすぎない。

16・49　諸国政府にとって危険であることは、立憲主義の如き外観を持つ自らの活動と、立法行動の如き外観をもつ自らの行動が、(人民の側に) 法への期待を高めるという結果をもたらしかねないことである。そして、二十世紀の終わりの時点では、そのような、国際社会における法への期待の高まりは、諸国政府が、外交の舞台でのまやかしと幻想をもってしても、もはや長期にわたっては無視することができない現実となっている、と述べることができよう。諸国政府は、自らの知らないうちに、単一のソシオノミーを創出している。諸国政府は、一方では自らを「力による支配」の主人であるといまだ認識しつつも、他方では国際的な「法の支配」を創出してもいるのである。虚構の国際的立憲主義と虚構の国際立法の中にも、真に社会であるところの国際社会の法としての国際法の萌芽は存在する。

16・50　国際社会が非法的な (法ではない) 現実であるということを自ら十分に理解するまでは、国際社会における「法の支配」は確立されないであろう。法は、社会の〈社会過程の総体〉の一部として、同過程の中で無意味な部分なのではない。法は、社会の構造上、基本的なものであり、ダイナミックな (力溢れる) 決定要因である。しかし、法がなんらかの意味や効果を有するのは、法が、法を超越し、そして、あらゆる現実形成を組織化している構造システムの中に、その一部として存在しているからである。(この構造システムは、したがって、当然に、他の種類の現実とともに、法という現実を形成する。) つまり、法とそれ以外の社会過程は、互いに独立しているのではなく、また、互いに同時進行するものでもなく、また、単に相互作用するだけでもない。「統合の原則」として先に検討したものによれば、法とそれ以外の社会過程とは、互いに不可分の関係にある。法・宗教・神話・歴史・道徳・美術・自然科学は、すべて、互いに不可分である。法と、社会のあらゆる下位社会および他の構成員の意志および行為とは、ある所与の社会において、互いに不可分の関係にある。法の優位性という地位――すなわち、社会的な力の配分について究極的に決定する者としての法の役割――は、法が、理論上、社会的現実の総体の中に統合されていること、そして、法の作用が、実践上、〈社会過程の総体〉の作用の中に統合されていることによるものであるが、こういったことは双方ともに、基本構制の構造およびシステムを通じて達成されるのである。

16・51　法とそれ以外の社会的現実とは、ステイトとして組織化する社会においてさえ、互いに不可分の関係にある。国家社会において、意志および行為をなす公領域が、基本構制上の特定の諸機関の権威の下で形成され、いわゆる政府を構成するという単なる事実は、その公領域が、それ以外の社会的現実と不可分な関係にあることを排除するものではない。とくに、国家社会の民主化および社会化と先に呼んだものの発展は、公領域とそれ以外の社会的現実との間の構造システム上の関係を、理論および理想としても、また過程および現象としても、まさしく組織化するものであった。

16・52　「法の優位性」の原則は、社会において法に社会超越的な役割を割り当てるものではない。逆に、同原則は、関係を規律する原則であり、法が以下の特別な役割を果たすことを確認する。すなわち、①社会の基本構制上の構造システムを、過去から未来へと伝える運搬人としての役割、②普遍と個別を、社会とその構成員の意志および行為の中において調和させるための特別な手段としての役割、③個々の特定の意志行為において、意識が、義務と欲望を調和させることを求めてなすべきことを選択しようとするまさにその時に、社会に代わって最終的な判断材料を伝える者としての役割、である。

16・53　誤った自己認識に立つ国際社会――つまり、国際的社会過程もしくは国際的現実および国際的な現実形成といった概念を持たず、国際的基本構制といった概念も持たず、そこには、国際的な公領域といったものは存在せず、ただ多数の国家社会の公領域間での相互作用しかない、という認識――においては、法の優位性という概念は存在しえない。法を自らの内に統合し得るような超越的なるものは存在せず、超越的な構造システムも、また理論および価値の超越的な構造も存在しない。そして法の優位性の概念がないところに、非・法の（法ではない）現実（とりわけ道徳がそこに含まれる）に関する適切な概念は存在しえない。法が、個人の意識と社会の意識との間のシステム的な関係の中で何ら確固たる地位を占めていないのであれば、道徳は、個人の意識と〈存在するものすべて〉の現実との間のシステム的な関係の中で、確固たる地位を獲得することはできない。このように誤って認識されている国際社会は、法と道徳のいずれもが根をはり繁茂することのできない砂漠なのである。

16・54　国際社会において法の優位性を確立することは、すなわち、国際社会に非・法の（法ではない）現実を確立することである。また逆に、国際社会に非・法の（法ではない）現実を確立することは、すなわち、国際社会において法の優位性を確立することなのである。国家社会の民主化と社会化が進行する中で、**政治**として知られる活動は、公領域の統治の一側面として認識されるようになってきている。**政治**の役割は、一連の諸観念――それらは、**政策**として知られる――を発生させることであり、それは、社会の理論（純粋理論と実践理論の双方）が実際の社会的現実と相互作用することで生じる。**政策**は現実的基本構制の産物であるが、それは、〈社会過程の総体〉の参加が、社会の意志および行為（立法という特定の形態の意志および行為を含む）を形成する意図を持って、社会的力を用いていることにより生み出されるのである。

16・55　公領域の統治のシステム上の構造は、各社会に固有のものである。公領域への関係者、そしてその各人が統治の過程に対してなす寄与の仕方もまた、各社会に固有のものである。そしてその過程において展開される政治的弁証法の帰結も、各社会に固有のものである。しかし、現代の国家社会の多くでは、公領域の政治は、相互作用し合う四つの下位システムを含んだ複合的な弁証法となっている。すなわち政府機構、立法機関、利益団体、そして世論である。社会的力はこの四つの下位システムに集中しており、これらのシステムは、共同で行動して、〈社会的現実の総体〉によって提供されるあらゆる可能態の中から、基本構制の下でなされる意志および行為（立法を含む）を通じて現実化される可能態を選択することができるのである。

16・56　国際社会は、自らが社会であることに気付いておらず、また、自らの内部にシステム的政治行動の可能性すら見出せないのであるから、国際社会の参加者にとって、国際法だけが、得体の知れない謎なのではない。彼らにとっては、国家社会同士の二国間関係、多数国間関係、そして公共的関係（いわゆる国際機構内部における国家社会間の関係を含む）もまた、一貫性と秩序に欠けているように見える。これらの関係が立法として捉えられないものであるとすれば、それは何ら意味のない、いかなる既知の範疇にも属さないものとなるであろう。その場合には、これらの関係は、非政治的な政治の形態、すなわち、統治の領域ではない領域に対する非統治的な統治、すなわち、形をなさない社会的現実の不完全な形成となるように思われる。

16・57　国際連合は、社会となる以前の存在である国際社会の一般的社会過程に最も近似する存在であるが、この国際連合においてさえ、その加盟国の代表が行う活動は、（その活動が法的権能を明確に執行する活動でも、擬似立法に明確に関連する活動でもないときには、）彼ら代表の多くの目には、そして外部のオブザーバーの目には、無益で、非合理で、違法でさえあるように映っている。統治（公領域において、権威を付与する現実の法的関係に基づいて意志し行為すること）と立法（古い法的関係によって新しい法的関係を創設すること）は、彼ら代表が所属する国家社会の現実次第であるため、彼らにとって、重要で、有意義で、自己正当化しうる活動であるのは極めて当然であるように思われる。彼らにとって、国際的な政策決定となるものは名辞矛盾にすぎないように思われる。

16・58　似たような現象が、欧州共同体（ＥＣ）を悩ませている。欧州共同体は、その多くの国家社会の内部的な公領域を超越する、真に統一された公領域という状態に、最も近づいている。しかし、欧州共同体内部に直接選挙によって選ばれた議員で構成される議会が設立されているにもかかわらず、また、実際の欧州共同体の現実形成を活発にさせるため数多くの努力がなされているにもかかわらず、共同体としての社会的現実は極めて部分的にしか存在していないのである。欧州共同体の場合、現代の社会化された民主主義の社会過程における四つの有力な勢力のうちの三つ――すなわち、政府、議会、影響力を有する利益団体――が、注目に値する程度に存在している。四番目の勢力――すなわち、影響力を有する世論――はほとんど存在していない。このため、欧州共同体システムは、国連システムと同じように、その精力の多くを、法の執行者および法の制定者としての活動に向けることを余儀なくされており、その結果、現実形成は、欧州共同体政府と、十分には相互作用していない諸加盟国の、法ではない現実との、副産物であるにとどまっている。

16・59　国際社会が自らを社会として認識するようになるときに、国際社会は初めて自らに固有の下位システムを持つことになるのであり、これが国際政治となるであろう。国際社会は、こうして社会となることによって、国家間の関係が単に、国家の内部で創出された外交・防衛・国際的経済政策の相互作用であるばかりでなく、法ならざるものの形成過程における法の形成であり、同時に法形成過程における法ならざるものの形成でもあることを、ついに承認するに至るであろう。なぜなら、そのときには、国際社会における豊かでかつ複雑である力動的な弁証法が政策を生み出し、それが、国際社会の現実的な基本構制の下で、法の形態を含む多くの形態をとって、自己実現するからである。

16・60　国際社会が、法の現実の、法以外の現実に対する関係を承認するようになるとき、国際社会は、自ら課した専制から解放されていることに気付くであろう。すなわち、国際社会が、自らを、諸国家社会間の断片的な相互作用として認識していたことに直接由来するところの、国際社会の自己拘束からの解放に、気付くであろう。非社会的な国際社会の、（自らそのような社会の構成員であると）自任する構成員間の相互作用は、各国家社会の個別の外交・防衛・国際的経済政策を通じて、および、諸国家社会による自己制限的な、具体的な法的関係の設定を通じて、諸国家社会が支配している限りにおいて、諸国家社会の公領域の相互作用に限定されたものとして、認識されている。そのために、法以外の現実の力動的な可能態が国際法の中に流入してくること、そして、法の現実の力動的な可能態が国際的な法以外の領域の中に流入してくることは困難なのである。しかし、ここにおいて、過去数十年にわたって、社会の本来もつ創造力が国際社会の中に溢れ始めてきているという徴候がある。多様な（国際）法律行為の形態の数は、格段と増えてきている。そして、なお一層重要なのは、国際社会が、**政策**を取り込むための諸形態を創出するようになってきていることである。これらの形態は、国際法では**ソフトロー**という名称で貶され、誤解されてきているのであるが、各国家社会においてこれまで創出されてきた類似の形態と非常に良く似ている。このような、**準法律行為**は、**社会政策**が、**法的な〈権能の権利〉**の**保持者の意志および行為を変更することを可能とする。**

16・61 準法律行為は、以下のように多様な現実的形態をとりうる。すなわち、最終議定書、宣言、決議、行動基準、了解事項、勧告、決定、その他**任意**の形態である。実際にいかなる形態をとろうとも、準法律行為は、観念と比べると単に潜在可能性が乏しく、かつ、法的関係と比べるとより現実性に欠けるようにできている。準法律行為は、次の二つの極めて異なる方向で効果を発揮する。(一) 準法律行為は、ごく基本的な社会的現実を国際社会において形成するための手段である。それは、国際社会が徐々に、かつ苦しみつつ、自らの言葉・観念・理論・価値、自らの目的および理念、自らの政策を見出すことによって行われる。(二) 準法律行為は、価値の基盤を提供する。この基盤に基づき、国際社会の構成員 (諸国家社会、その他の下位社会、個人) は、法的権能を、国際社会の社会的意識と合致するように、行使することができるのである。準法律行為は、自らを社会化し、民主化し始めている国際社会の進化の初期の軌跡である。

16・62 現代の諸国家社会の経験を踏まえて、国際社会は、**(国際) 法律**行為という新しい明確に法的な形態をも発展させるであろう。主要な法源が、依然、**慣習的**な形態 (これは、法適用の形態をとる法定立を通じて蓄積される) および**合議的な**形態 (これは、特定の法的関係の意図的創造である) のままであるとしても、双方の形態が、国際社会の公領域による統治が発展するにつれて、柔軟かつ洗練された形に発達していくことは必定である。とりわけ、合議的な形態は、国際社会が、社会として自らのために立法するようになるにつれて、ますます制定法の形態をとるであろう。このような発展は、①国際社会の基本構制上の構造によって、国際法を、国際社会〈自らにとっての現実〉全体と関係づける手段が提供され、②国際社会の基本構制が現実形成の手段となり、そして、③国際法が、遂に、「社会における法の優位性」を具現するようになる場合に、初めて可能となるであろう。

16・63　あらゆる法的権能は、社会的利益に適った力である。すなわち、社会的利益の優位性の原則　国際法が諸政府に対して語っていることは、それら政府が、次のような属性を有する国家の政府である、ということである。すなわち、①国家の主権は本質的に領域に対する主権であり、②国家の領域に対する主権は、所有権の一種であり、③ある国家の他の国家との関係は、財産所有者の間の関係であり、④国家の自由は、領域に対しておよび領域内に存在するものすべてに対して、排他的に権威を行使する自由であり、⑤国家の市民は、その領域内に出生した事実を、市民としての自己確認の主要な要素としていること、である。

16・64　国家社会であるのと同時にネイション（社会の構成員が、出生の事実によって自らをその社会の構成員とみなすような社会）であるような国家社会、または（一つのネイション社会となることを求める）ネイション化しつつある国家社会は、人民が、その祖国・母国・故国・本国・国土・自らの故郷・先祖代々から受け継いだ土地・部族の土地・祖先の土地などに対して抱いている、愛慕の情を利用することができる。そしていかなる国家社会であっても、それがネイションであるかネイション化しつつある社会であるかを問わず、その国家社会の市民である人民と領土とを結び付けている、人民の土地に対する愛着を、いささか皮肉っぽく、利用することができるのである。

16・65　さらに、国際法は、国家社会がその領土を財産の一種とみなすことを認めているため、国家社会は、個人的または社会的意識の中で財産の観念を支えている諸観念と感情に訴えることができる。ある社会の実践理論が市民による**余剰財産**――すなわち、市民の日常生活のための必要を超える財産――の所有を支持するのか否かにかかわらず、私的所有物、家庭、そして、おそらくは、僅かな土地は、人の行う自己確認における欠くことのできない要素であるという根深い観念が、個々人の意識の中に存在するように思われる。そのような私的所有物は、いかに質素なものであるとしても、生命それ自体を防衛する必要の場合と非常に類似した断固たる決意をもって、防衛する価値を有するように思われている。

16・66 それゆえ、いずれかの方法で、国家社会は、その市民の中に強い感情を生み出すことができ、それによって、領土に対する権利主張を通して自己を確認し、そして、それらの権利の防衛によって自らのアイデンティティをも防衛する、という格闘を遂行するのである。国家社会とその政府への忠誠は、故郷への愛情や、最も私的な所有物への愛情と結びつけられている。そして、国家社会は、いわゆる主権と呼ばれる、始原的であり自然であり無制限の権威によって自らを確認してきているため、領域主権が、主権の一側面として認識され、それゆえ、国家社会のまさにアイデンティティの一側面であるとして認識されることは、極めて当然であるように思われている。

16・67 その結果、領域主権は、一種の超社会的な性質を帯びてきており、社会の現象を、〈存在するものすべて〉のもつ自然な秩序までをも含む、社会を超越する事物に、結び付けるような種類の社会理論の領域に踏み込んできている、ということができる。領域主権は、国家社会の超自然的属性、という性格を帯びてきている。

16・68 所有権の観念が必然的に排除を含意しているとみなされるため、所有権の形態の一つとして認識される領域主権も、国家主権理論のもつ、次のような側面——すなわち、国家社会の構造システムが、その社会の内部において排他的権威を有することを当然の前提とするような（理論）の側面——とごく自然に融合するようになったのである。国家主権によって、個々の社会は、それぞれに閉じた一つのシステムとなり、権威の究極的な源としての主権の観念によって概念的に統合され、同社会内でのあらゆる基本構制の制定を含む、全ての立法が可能となる。所有権の観念が同様に含意しているように思われることは、財産所有者が以下の〈権能の権利〉を有することである。すなわち、①他者による自己の財産の利用を排除すること、②他者を排除して、または、他者に優先して、財産の利用から収益を得ること、③他者の利益を考慮することなく、財産を自由に処分することである。領域主権と融合した国家主権は、他の諸国家社会との関係において、国家社会が国際社会の構成員として持つことが**自然**であるとみなされるそのような〈権能の権利〉を保持することを必然的に正当化するように思われる。

16・69　さらにこれが意味することは、そのような領域主権を持つ諸国家社会間の国際法の任務が、その当然の目標として、それぞれ排他性を有する諸国家社会間の相互作用についての規制ということである――すなわち、国家社会内部における基本構制上の権威の排他性、そして、他の諸国家社会との関係における領域所有の排他性である――。そして、実際に、そのようなものこそ、先に近代として言及した、十五世紀以降の時期における、国際法の内容であった。国際法は、諸国家社会が、内部的に閉じたシステムとして行為し、相互関係においては領域の所有者として行為することを、可能とするだけの最小限の法であった。

16・70　かつて世界中の社会が、それぞれの歴史のこれまでの時代において抱いてきた、**社会内部**の法についての理解もやはりそのようなものであった。社会の最も有力な構成員の持つ力は、土地所有に基づくか、または少なくとも土地支配に基づくものであった。法の果たす役割は、その社会の最も有力な構成員の力を、まず一方では、社会の基本構制を通じてその社会の構造システム全体に結びつけるようにする手段を提供することであり、他方では、彼らの力を、次のような者たちの力、すなわち、その社会の一定の土地に住み、そこで働いており、したがって、自分が住む土地の所有者の地位を擁護し、延いては自らの生計の糧を確保するように要求される者の持つ力、に結びつける手段を提供することであった。

16・71　多くのこのような社会の経済構造は、その複雑さとエネルギーをより増すことになった。その過程で生じた諸観念は、それまでの、財産所有の排他性と社会的力の排他性との同一視に対して挑戦するものであった。次第に、そして、社会的力が民主化されてゆくのと並行して、土地所有も社会化されてゆくのであるが、この二つの発展は互いに支持し補強し合う関係にあった。また、これに呼応して、法システムの方も変化した。法システムの役割は、より複雑多様になった社会の構造システムを組織化することへと変わっていった。つまり、社会の構造システムにおいて、あらゆる種類の法的権能（所有・力を含む）の社会的側面が、あらゆる法（すなわち、法的基本構制から、個人の所有権にまで至る）の決定要因の一つとなった。世界中の至るところにおける社会の自己再認識は、社会が法システムを通じて委託した力についての再認識へと変わった。この再認識は、一種の相対化の一環であった。すなわち、各社会において社会や社会的正義の性質に関する実践理論によってその程度は異なるものの、あらゆる種類の法的権能は、社会的な構成要素を持つものとして見なされた。既に第十三章で言及しているが、いずれにせよこのような観念は、法を社会の構造システムの基礎と捉えるいずれの法理論のシステムにおいても、必要不可欠である。しかし歴史の示すところによれば、いずれの時代のいずれの社会もが、必ずしも常に、自らの社会の純粋理論および実践理論の枠組みの中で、すなわち、自らの社会的現実の枠組みの中で、そのような必要性を認識することを選んできたわけではない。

16・72　社会的意識の発展のうち、以上に関連する部分を言い換えてみると次のようになる。すなわち、それは、社会内部で主権によって付与された権威が、財産所有を社会の利益となるように統制するために行使することが（当該社会の観念・理論・価値の見地から見て）正当であると社会において承認されたことであった。そして、この考えが一旦受け入れられた後では、本書で社会の永続的ディレンマと呼んでいるもののいずれかと社会が格闘するにあたって、財産の社会化がどの程度までなされるかに関する決定は、所与の社会の〈社会過程の総体〉が行うべきものとなったのである。

16・73　二十世紀に入ると、国際社会は、その複雑さとエネルギーが劇的に増大し、その結果、かつて国際社会の下位社会の多くが世界中で経験した発展に非常に類似した発展を経験することになった。国際関係と外交は、前述したような仕方でそれに対応したが、その際、とりわけ、二国間、多数国間で、またいわゆる国際機構における、統治過程の部分的で断続的な公共化によって対応したのである。しかし、国際社会における社会的発展の多くがなされたのは、非ステイト的および準ステイト的諸社会で構成される**もう一つの国際社会**においてであり、そしてそれはとりわけ、非政府的な国際経済の発展を通じてなされたのである。そして、このような発展に対応できなかったのは、ただ国際法だけである。実は、国際法は、それに対応するためには、自らが知っている唯一の構造システム、すなわち領域主権を有する主権国家という構造システムを必ずや破壊しなければならなくなることを、自ら知っているのである。

16・74　一般国際法は依然として、不法行為法・財産法・契約法のままである。換言すれば、一般国際法は、国際法システムにおける互いにバラバラに孤立した当事者の間で、二者間の、または多数者間の法的関係を確立すること、そして、特定の法的関係における当事者間の二者間または多数者間の関係に生じた違法性を正すこと、を主に扱う法のままである。この種の関係は法的関係であるため、その関係はたしかに、基本構制固有の一般原則に基づき、（各法的関係における暗黙の第三者としての）社会的利益を必然的に包含したものとなっている。二当事者間の法的関係の最も事細かな部分でさえ、社会が法を用いて創出したものである。そして、その法的関係は、その内部に、当該社会の〈社会過程の総体〉――これは、社会が正義および社会的正義のディレンマとの間でなす格闘を必然的に伴う――が機能する過程で、またその機能する過程を通じて、関連あるものと認められた社会的利益を含んでいる。

16・75　しかし、ステイトとして組織化された諸社会の歴史は、次のことを示している。すなわち、そのような法的関係の創造およびその執行に主に依拠している法システムは、現代社会の複雑さとエネルギーを組織化することができない、ということである。現代の国家社会における政府の役割の発展によって、いかなる二者間の法的関係に対しても、社会は、第三者として介入することができる。その際、社会は、当該法的関係を創造および執行するだけでなく、公権力を行使して法的関係に積極的に参加もしている。国家社会の公領域とはまさに、公領域が、具体的な法的関係の私的領域の中に、統合されている分野なのであり、その結果、当該法的関係の履行は、社会的意志および行為、ならびに社会全体の意志および行為の、不可分の一部となっている。適切な法的関係を創造することだけでなく、具体的な法的関係の履行に介入することによっても、社会は、その目的を現実化できるようになっている。この手段によって、複雑な現代社会は、個別を普遍化しかつ普遍を個別化するために法を用いる、理論と必要から生まれたところの、もう一つの方法を見出している。公領域を通じて、個別具体的な法的関係は、すべて、一般的な社会関係となる。

16・76　このようにして、法的権能だけが社会によって委託されたものではないことが認識されるようになった。なぜなら、すべての社会的力が委託されているからである。すべての法的権能は、社会の基本構制上の機関（いわゆる政府の諸機関）を通じて行使される社会全体の力と、直接に結び付いたものとして認識されるようになった。ここでもまた、このような発展を自らの社会の純粋理論および実践理論上どのように、自らが満足できるような方法で説明するのかは、各国家社会自身に任されている。とりわけ、ある社会が、公的力を公的でない力に対する制限と見なそうとするのに対して、他の社会は、公的でない力を、公的力から控除されたものまたは公的力に制限を課するものと見なそうとするのである。このように、いかなる理論上の説明がなされようとも必ず到達する結論は、社会は、立法のときだけでなく社会的力そのものを行使するときにおいても、社会的利益を主張するようになった、ということなのである。

16・77　公法の発展は、二重の発展であった。なぜなら、一方では、社会自身が、〈公的な〈権能の権利〉の大規模な創造を通じて〉ますます法的関係の当事者となるようになり、他方で、公的な〈権能の権利〉の行使を統制するためのメタ公法（行政法）を、社会が創り出すことが必要であると、次に考えたからである。このような変化は、革命的な性質のものであり、それは、基本構制上の諸機関の中でおよび当該機関相互間で、力の再配置が行われるのと同程度に革命的なものであった。このようにして諸国家社会は、社会の意志および行為の総体を、法システムの中に直接組み込んだのである。以前は、社会の意志および行為の総体は、法以外の現実形成システム（宗教・神話・歴史・道徳・哲学・自然科学・芸術）の中に主として存在していたものであり、法システムの中に在ったとしても、それは、主として、私的な二者間的法関係の創造および執行という形態にとどまっていた。

16・78　国際社会は、自らが社会であることを知らなかったので、自らも諸国家社会と同じ発展の道を辿っていることにこれまでのところ気付くことなく、ましてや、理解することもなかった。やがて、諸国家社会が、国際社会の基本構制上の機関として認識されるようになるにつれて、遂に、その特徴的な法的関係が、今ある姿のままに――すなわち、財産法・不法行為法・契約法上の諸関係としてではなく、**公法上の諸関係**として――理解されるようなった。国際法は、諸国家社会に対し、同社会の領域所有の付随条件としてではなく、同社会の政府が国際社会の公領域において負っている責任の一側面として、一定の事件および人との関係において〈権能の権利〉を付与し、拘束的な責任を課している。諸国家社会の政府が負う主要な責任が、不法行為（不法侵害）をなさない責任であったり、善良なる財産所有者として行動する責任であったりすることは、むしろ極めて稀なのである。国際法の下で諸国家社会が負う一般的な責任は、国際社会の公領域との関係において、ひいては国家社会自らの公領域との関係において、国際法が諸国家社会に委託した力を行使して、国際社会の社会的利益のために行動することなのである。

16・79　国際社会の発展における基本的諸傾向のすべては、最近数十年の間、国際的な社会意識の中で見慣れた要素となってきているが、これらは、国際社会と国際法が、この自然で不可避の自己再認識を行っていることを示す、目に見える兆候である。そのような基本的傾向には以下のものがある。すなわち、①国際関係と外交が、統治の公共化、公領域の共有へと変容すること、②国際社会の構造的特徴であった戦争と武力が除去されること、③人類の相互交流の舞台ないしは残滓としてではなく、地球上の生命（人間の生命を含む）の生存空間として、世界環境に配慮すること、④あらゆる所で公権力に対する自然な制限として、人権に配慮すること、⑤地球上の全人類に共通する人間的な必要――すなわち、飢餓・貧困・疫病・あらゆる種類の人間の品位を汚すことを克服するために自然的力および社会的力を利用する必要――として経済発展に配慮すること、⑥人間の精神的幸福に配慮し、すべての社会的可能態について定めそれゆえ人類全体の未来を決定するところの現実形成に配慮すること、である。これらすべての発展は、単一の社会としての国際社会の発展であり、そこでは、諸国家社会を含む国際社会の全構成員が、自然のエネルギーを、法の力を含む社会的力という形態に変えて、社会目的のために用いることによって、自らの創造と社会の創造に参加することができるのである。国際社会は、今や、自らが単一の社会——そこにおいては、諸国家社会は、人類の存続および繁栄のための取次人であり用具の役割を果たす——であることを自認しつつある。

16・80　**領域主権**は、国際社会の理論および国際法から、その範疇（カテゴリー）として消滅するであろう。領域主権という言葉は、単一の社会である国際社会にとってはもはや必要とされない言葉であり、そのような社会の公法である国際法にとって有用な目的を果たすことができない、もはや不用な言葉となるであろう。国際社会は、領域主権の概念を排除することで解放されて、ついに、領土にもはやとらわれることなく統治権力の授権という可能性を構想することが可能になるであろう。この解放によって、国際社会は、その自己秩序化の豊饒な新しい可能性への扉を開くこととなる、とくに二つのことを行うことができる。すなわち、（一）その時には、国際社会は、国際機構を、単なる諸国家社会間の協働的な事業と見なすのではなく、自ら生得の権利をもった真の国際的社会と見なすことが遂に可能となろう。（二）また、一つの同一の領域におけるまたは一つの同一のネイションを成すところの、公領域を組織することに、二つまたはそれ以上の国家社会が参加することも可能となろう。

16・81　（一）いわゆる国際機構または政府間機構は、諸国家社会によって、自分たちの公領域のある一部の側面を公共化するための一手段として、設立されてきている。ここで公共化される側面とは、ある国家社会の公領域が、別の国家社会の公領域の中に流入しており、そのため、双方の公領域が合わさって国際的な公領域の一部を形成するような側面である。公共化の必要性は、ある特定地域における意志および行為が、いずれか特定の国家社会の境界を越えて広がっているという事実から生ずる。そのように形成された国際機構は、国際社会の新しい下位社会であり、それ自身独自の〈社会過程の総体〉を有し、それ自身で社会の永続的ディレンマとの格闘を行うのであり、自らのアイデンティティを確立するに際しては、自らの権力構造を組織化し、意志および行為する自らの能力を組織化し、その機構を超越するあらゆるものから構成される秩序に対して、それ自身独自の内部秩序を組織化し、自らの未来を過去へと変容させることによって自ら（同国際機構）の存続を確立するのである。それゆえ、国際機構は、その構成員たる諸国家社会の活動の単なる集合体ではない。国際機構は、国際的な公領域の一部を統治するための構造システムであり、それ自身の意志および行為を有し、それ自身の現実形成システムと、それ自身の言葉・観念・理論・価値としての現実を有する。それゆえ国際機構は、国家社会と同様に、国際法という手段を用いて国際社会により委託されたそれ自身の法的関係を有する、国際社会の基本構制上の機関である。国際機構の法的関係は、諸国家社会内部の意志および行為（すなわち、国家社会の、基本構制上の機関の意志および行為と、いずれかのまたはすべての社会構成員の意志および行為を含む）に作用するであろう。

16・82　(二) 国際社会が、自らを、その公領域の統治のために基本構制上の諸機関に対して力を授権する能力を持った社会であると自己認識しているのであれば、地球上の一地域の統治について一つの国家社会が単独かつ排他的に責任を負うことを確保するのが、自らの義務であると国際社会が考える必要はまったくない。したがって、そのように自己認識する国際社会は、ある一つのネイション（その構成員が、出生の事実によってその社会に属していると考えている社会）はただ一つの国家社会にのみ属すべきであると考えることも、また、ある一つの国家社会は、その社会を構成する様々なネイションを調整するために、ただ一つの下位構造システムしか持つべきではないと考えることも、必要ないのである。

16・83　かくして国際社会は、戦争、そして、際限なく続く自己破壊的な社会闘争の、最大の原因を取り除くことができるようになる。これまでの歴史で絶えず起こってきた国際的武力紛争および国内の武力紛争は、無数の人命を犠牲にしてきたが、これら武力紛争は、あれこれの地域を支配してそこから他の国家社会を排除したいという、あれこれの国家社会の願望から生じてきたのであり、そしてあれこれの国家社会の構造システムの中に編入されたい、または、されたくないという、あれこれのネイションの願望から生じたものである。国際法は、この種の紛争の回避や解決にはほとんど無力であった。それどころか、**主権**や**領域主権**といった原始的な国際法観念から生じた誤った情熱に導かれて、それら紛争の火に油を注ぐ次第となってしまったのである。

16・84　**国家社会**かそれとも**国際機構**かという二者選択ではなく、それを越える無数の選択肢が、単一の社会である国際社会に存在してはならない理由はない。また、同一の領域を対象として、あるいは、同一の人間集団を対象として、あるいは、同一の政府を対象として、複合的な権力保有が存在する可能性に、とくに理論上制限があるようにも思われない。さらに、国際社会が、実質的に、統治の公共化を機能面において推進してはならない理由も存在しない。すなわち、様々な国家社会のそれぞれの社会過程を隔離するのではなく、むしろ、それを統合して横断的な公領域を形成することを、推進してはならない理由も存在しない。国際機構がいかなる形態であれば必要かつ有用であるのかについての基準（それは、まさに国際社会の不断に続く自己再秩序化に向けての刺激となるものであるが）は、それが、国際社会の、したがって、全人類の、社会的利益のために有用であるか否かであり、かかる社会的利益は、国際社会の〈社会過程の総体〉を通じて発見され、かつ現実化されうるものなのである。

16・85　国際社会が、幾多の強迫観念や神経症的観念（すなわち、**戦争**、**平和**、**武力**、**自衛**、**国際関係**、**外交**、**主権**、そして**領域主権**〉から解放されることになれば、ついには、自己破壊の脅威にいつまでも恐れおののくことなく、自らを自由に創造できるようになるであろう。

16・86 **すべての社会的力は、有責的である。すなわち、社会的責任の原則** 社会における責任の二形態のうち、誤った自己認識をもつ国際社会が知っているのは、法的有責性の初期段階の形態のみであって、社会的有責性についてはほとんど知らないのである。

16・87 国際社会には、社会的な責任のとり方という最も初期段階のシステムすら存在しないため、法的な責任のとり方の方に重きが置かれてきたように見受けられる。法的な責任のとり方は、国際法が国際関係につき理解するところに従いつつ、いわゆる**国際請求**と呼ばれる形態をとってきた。国際請求とは、ある国家社会が他の国家社会に対し、ある特定の行為を国際法上正当なものとみなすよう義務づけることができる〈権能の権利〉の行使のことである。いわゆる請求国が自らの請求を行うのに必要とされる〈権能の権利〉を有するものと仮定すれば、請求の提起は、請求国の側に拘束的な責任を発生させるのであり、その責任とは、問題となる行為が請求国の有する何らかの権利を侵害するものであること、そして、その行為がいわゆる被請求国に帰属することを、立証する措置を講ずる責任のことである。これを受けて、本請求が被請求国の側に課す拘束的な責任は、当該行為が被請求国の有する何らかの権利に基づき行われたものであることを立証する措置を講ずることである。換言すれば、国際請求は、その提起と防御のいずれにおいても、二国が当事者である一連の法的関係として表現されるのである。

16・88 請求の提起およびそれに対する応答は、外交の手続を通じてなされる。事案の解決は、何らかの形での交渉の手続によってなされる。すなわち、被請求国の側が、請求国に対して、請求を許容し満足を与えるか、または、請求国の側が請求を取り下げるか、または、当事者双方にとって満足のいく紛争解決の第三の方法が見出される、といったケースがあり得る。しかし、双方にとって満足のいく解決方法が見出されないときは、事案は係争中のままであり、国際関係の通常の事務処理の一部として、双方の側は、利用しうるあらゆる形態の法的権能または法以外の社会的力を用いることで、本事案において自らの利益と考えるところを拡大しようとするであろう。伝統的な国際関係においては、問題が最終的に、いわゆる武力による紛争解決に委ねられる可能性もある。

16・89　このように、国際請求の全過程は、当事者による二者間の法的関係に基づいており、また二者間の国際関係を通じて遂行される。国際社会の社会的利益がこの過程において実現されるとすれば、それは、この二者間の問題の中心に当事者自身が据えた法的関係を通じてのみである。というのは、この法的関係が、国際社会の法定立過程を通じて創設された国際法上の関係であるためであり、それゆえ、そのような形で、かつその限りにおいて、国際社会の社会的利益を具体化しているからである。しかし、事案が法律問題を提起するものであるという認識、事案の内容の確定、関連する法的関係の確認、事案の解決法、そして事案が解決しなかった場合の結果――これらの問題はすべて、両当事者の手に委ねられている。国際社会の社会的利益が、これらの問題に関する当事者の意志および行為に直接的に影響を与えることはないのである。

16・90　ここ数世紀の間の国際社会の経験が示していることは、諸国家社会でさえも、法的有責性に関する、この根本的に二者間関係であるシステムを、以下の三つの重要な方向性において、修正することが必要であると見なしてきている、ということである。(一) 諸国家社会は、自らの請求の法的側面に関する決定に、第三者を関与させることが有益であると見なしてきている。例えば、調停、周旋、仲裁、請求委員会、その他専門化された解決手続、国際司法裁判所などである。第三者の関与の形態がこのように非常に多様であるのは、諸国家社会の政府がそのように案出してきたからであり、それは、諸政府が、請求の特定の形態に対して、自分たちの利害や便宜のさまざまな微妙な違いを盛り込もうとしたからである。(二) 諸国家社会は、公共的な国際システム、とくに国際機構を、フォーラムとして利用することが有益であるとみなしてきており、そのフォーラムにおいて、とりわけ、社会を破壊する(とくに戦争の脅威となる) 紛争や事態を醸成するリスクを縮減する意図をもって、国際関係の若干の部分を遂行している。国際機構の中で最も知られているのは、国際連盟と国際連合であるが、これらは国際社会の基本構制上の機関であり、上述のような紛争や事態を予防し軽減するために、国際社会全体の名において意志し行為する〈権能の権利〉さえもこれらの機構に付与されている。(三) 諸国家社会は、国際機構の内部での意志および行為に関して生じる紛争を解決するために、その機構の内部に特別の組織を創出することが有益であると見なしてきている。ここでもまた、諸国家社会は想像力を駆使して、最も公式な形態としての裁判所的なものから、最も非公式の形態に至るまで多種多様な手続を発展させてきているが、それらの手続は、国際的な公領域の中の、当該機構が関係する特定部分の性質や必要性と合致するべく意図されたものである。

16・91 以上のような発展は、どんなに控え目であり、どんなに不明瞭な形であるとしても、諸国家社会の政府が抱いている黎明期的な感覚を反映している。すなわち、あらゆる二者間紛争の中に第三者的な利益、つまり国際社会の社会的利益が存在していようという感覚である。この国際社会の社会的利益は、**請求**に対する満足や**紛争**の回避にとどまらず、より一般的な関心がもたれる**事態**を含み、両当事者のためというよりも、より広い社会の名の下になされる**決定**を含むものである。その結果、現代国際社会と現代国際法は、これまでとは異なった根本的な緊張を孕んでいる。すなわち、国際法の下での法的有責性の本質的に**二者間的な**性質と、初期的段階である国際的な**社会的**有責性との間に存在する緊張である。しかし、この緊張が、極めて新しい自己秩序化（これは、社会的有責性のより発展したシステムを含む）を創出することが、やがて明らかとなろう。

16・92　国際法の下での法的有責性が本質的に二者間的な性質を有することは、国際的な法的関係が本質的に二者間関係としての性質を有することから、直接的に派生している。もし国際的な公領域における違法性が、本質的に侵害とか、不法行為とか、契約違反といった問題であるとして誤って認識されているのであれば、法的有責性が本質的に、そうした違法行為の存否の認定およびその是正に限定されたとしても、何ら驚くべきことではない。国際的な公領域の統治の公共化がかつてないほど増大した、二十世紀のより発展した国際社会においてでさえも、国家社会の諸政府がなお、違法性を、一国が他国の権利を侵害したときに本質的に生じるものとして認識し続けているとしても、それもまた驚くべきことではない。主権および領域主権——すなわち、ある特定の領域に対する排他性と自由——が、法的関係の概念規定を支配しているのみならず、法違反の性質と結果についての概念規定をも、未だに支配しているからである。

16・93　法的な責任のとり方がかかる形態をとることの帰結の一つは、次のようなものである。すなわち、当事者間の関連する一連の法的関係を、それぞれ個別のものとして分離することは、当該法的紛争から、①他のあらゆる法的関係を排除し、②あらゆる法的でない関係を排除し、③当該紛争から影響を受けうるが、当該紛争解決手続の当事者ではない他の当事者の法的関係を排除し、④当該紛争とその解決から直接的または間接的に影響を受けうる、あらゆる法的ではない関係を排除すること、を含むのである。国際法は、これまでのところ、紛争があたかも諸国家社会だけの問題であるかのごとく、紛争の解決を諸国家社会に委ねてきたのである。

16・94 本質的に二者間関係である法的な責任のとり方から導かれる別の帰結は、請求国が（紛争主題に）関連する権利を有することと、被請求国がそれに対応する責任を負うこととを、請求国が立証できなければならないことである。そして、さらに要求されることは、当該権利が、条約または慣習国際法の法形成過程のいずれかによって、認容されていることを、請求国が証明することである。それだけではなく、同時に請求国は、以下のことを認める用意がなければならない。すなわち、①当該権利が、被請求国側の利益となる権利としても条約中にあらかじめ盛り込まれているか、または、一般国際法において既に確立していることを、そして、②それゆえ、他の状況下にあっては、被請求国または（もし条約が多数国間条約であるか、または、当該権利が一般国際法に基づいて主張されるのであれば）第三者たる国家によっても、同様の請求が、同国家（請求国）に対して提起されうること、である。こうして、国家は、他の国家に対する自らの請求を、一般（国際）法上認められている権利および他の国家に対しても自ら認める用意のある権利に関する請求の水準まで、引き下げる動機をもつのである。

16・95 この国家の請求水準を引き下げるという自己抑制がより一層強められるのは、諸国家社会が決して無視することができない、以下の考慮されるべき事情のためである。すなわち、諸国家社会は、法適用と法執行という方法で行うすべてのことを通じて、同時に法定立も行っている、という事情である。法的請求の主張と、交渉または第三者による法的請求の確定は、慣習国際法が形成される場である**国家実行**の最も特権的かつ有力な二形態である。こういった事情がもたらす抑制的な効果は、慣習法システムにおいて決して副次的な効果ではない。それは、慣習法システムの本質的部分を成しているのである。それは、まさに次のような効果をもつ。すなわち、慣習法システムにおいては、個々の法主体が意志し行為するにあたって、その意志および行為を規律している原則が、あたかも法主体一般に適用される法的関係の内容を形成しているかのように、個々の法主体に対して意志し行為させる、という効果である。

16・96 それゆえ、慣習法システムの場合、基本的な、法的関係についての理解が、慣習法システムの発展の観点からとくに重大となる。なぜならば、これまでのその理解が、慣習法の発展の諸可能性を抑圧しているからである。国際法において、法的関係が本質的に二者間関係としての特徴を持つこと、すなわち、国際法が不法行為法・財産法・契約法としての特性を有することは、国際社会の発展にとって必要とされる方向に国際法が発展することを不可能なものとしてきている。法的有責性についての、近代の二つの構造的発展が、これらの抑圧の存在を例証している。特定のいわゆる戦争に関連して発生した出来事について、法的責任を個人に対して帰属させること——すなわち、いわゆる平和に対する罪、戦争犯罪、そして、人道に対する罪に典型的に見られる刑事責任——が可能となったのは、そのいわゆる犯罪人に対する物理的実力の行使に成功して物理的力の行使が現実に可能になった場合だけである。人権を個人に帰属させること（これには、人権を侵害する、基本構制上の機関の意志および行為について、法的責任を問う手続的権利も含まれる）が可能となったのは、次の場合のみである。すなわち、諸国家社会の間で締結される条約において、また、諸国家社会の政府によって設立され支配されている基本構制上の機関の内部で、すなわち、伝統的な法定立と法執行の形態の範囲内で、これら人権およびその強制を具体化することによってのみ、それは可能となったのである。

16・97 言いかえれば、国際法の構造的な性質から引き出される代償は、戦争犯罪の例外視と人権の官僚主義化であった。いかなる政府であっても、自らを侵略者であると見なすことはなく、また個々の政府は自らの蛮行を正当化するための数多くの言い訳を用意しているため、そのように例外扱いされた犯罪の抑止効果は、取るに足らないものなのである。また、いかなる政府であっても、人権がその官僚によって取り扱われているのであれば、国外からの刺激をきっかけとして国内革命へと発展することを恐れる必要はなく、また、自国人民を抑圧する基本構制上の権利を失うようになることを危惧する必要もそもそもないため、人権の官僚主義化、すなわち、人権が官僚によって処理されている限り、その抑止効果は、取るに足らないものである。

16・98 現在認識されているような慣習国際法が、①（以前には戦争として知られた）公然の大量殺人なる犯罪、②公然の大量殺人を実行しようとする共同謀議の犯罪、③公然の大量殺人を阻止しなかった罪、などを網羅する一般刑法を創出する見込みはほとんどないか、まったくない。また、慣習国際法が、以下の諸点について規定する一般（私）法を創造する見込みはほとんどないか、まったくない。すなわち、①公然の大量殺人を発生させたか、それを許容したことについて、②大量の飢餓、または大量の貧困、または大量の疾病、または他の大規模な、人間としての尊厳の否定を発生させたか、それを許容したことについて、③世界環境に対する大規模な損害を発生させたか、それを許容したことについて、④人間の精神もしくは人間の意識の大規模な堕落を発生させたか、それを許容したことについて、（i）諸政府による重大な過失、（ii）諸政府による公的責務の重大な懈怠、（iii）諸政府による公職たる地位の重大な濫用、以上に基づく不法侵害または不法行為について定める規定である。現在の形態のままの国際法が、土地利用にあたって国際社会の利益を第一に考えるべき土地保有者の責任、すなわち、世界中のあらゆる土地への不法侵入の概念、もしくは、地球全体に対する不法侵入の概念を、生み出す可能性はほとんどないか、まったくないのである。

16・99 国際法が新しい国際社会の成立に対応して、適切な法的有責性を新たに創設できるとすれば、それは国際法が諸国家社会に適用される際に、**公法**システムとして自らを再認識するようになった後のことであろう。自らを社会として認識する国際社会における国際法に認められる本質的特徴は、国際法が、社会的力の行使に対して法的有責性を課すものであること、すなわち、(国際法が、) 不法行為・不法侵害・不法侵入のみならず**権限の濫用**について内容を確定しかつ是正できること、である。

16・100　権限の濫用の概念は、各種の国際不法行為を国際社会全体に対する違法行為へと転化させるものである。これが意味することは、世界のどこでなされた意志および行為――とりわけ、国際社会の基本構制上の機関としての諸国家社会や国際機構による意志および行為、またそれらの社会や機構を代表してなされた意志および行為――であれ、国際社会のすべての構成員にとっての関心事なのであり、換言すれば、他のいずれの下位社会や他のいずれの人間にとっても関心事である、ということである。権限の濫用の概念が意味することは、国際法の役割が、単に二者間の不法行為を防止したり、土地所有を規制したり、契約違反について賠償したりすることにとどまらない。国際法の役割は、国際社会全体の社会的利益のために世界規模で法的関係を設定することであり、そして何よりもまず〈権能の権利〉の配分関係を編制すること――またそれら諸関係の実施（とくに〈権能の権利〉の行使を含む）を統制すること――なのである。

16・101　それゆえ、そのような理解からすれば、国際法の定立――それが慣習法の形態をとるか、いずれかの制定法の形態をとるかを問わない――は本質的に、国際的平面における法的基本構制がなす恒常的な自己創造として、そしてその法的基本構制に基づく立法権限の行使として、遂に認識されることになろう。ここで言う自己創造や権限行使の目的は、国際社会の理想的基本構制を現実化し、人類に与えられている無限の自然的力を社会的力へと変容させることにある。そのときに、国際社会は、各形態の社会的力の中に（その社会的力には法的関係のもたらす法的権能を含む）**その社会目的**を具現するのである。

16・102 こうした法的有責性の再認識から生まれるのは、社会的有責性の再認識である。社会的責任のとり方は、国際法や国際的な法的責任のとり方が未成熟であったためこれまでやむなく課されていた抑制や拘束から解放されることができよう。権限の濫用の概念は、法的責任のとり方についての概念であるばかりか、社会的責任のとり方にも関連する概念である。**権限の濫用**の概念は、法的責任のとり方とは、基本構制固有の一般原則を、あらゆる形態の法的権能に適用することである。社会的責任のとり方は、社会の言葉・観念・理論・価値をすべて導入して、あらゆる形態の社会的力がどのように行使されるのかについて評価する。社会的責任のとり方とは、国際社会の全構成員の意志および行為を改善し、その〈今・ここととしての現在〉において国際社会が将来とりうるあらゆる可能態を現実化することでなされる、国際社会の現実形成である。法的有責性と社会的有責性とを再認識することにより、国際社会は自らの自己秩序化を掌握できるのである。

16・103 新しい国際秩序 したがって、新しい国際社会の新しい自己秩序化は、図11で示す通りになるだろう。

図１１　新しい国際秩序

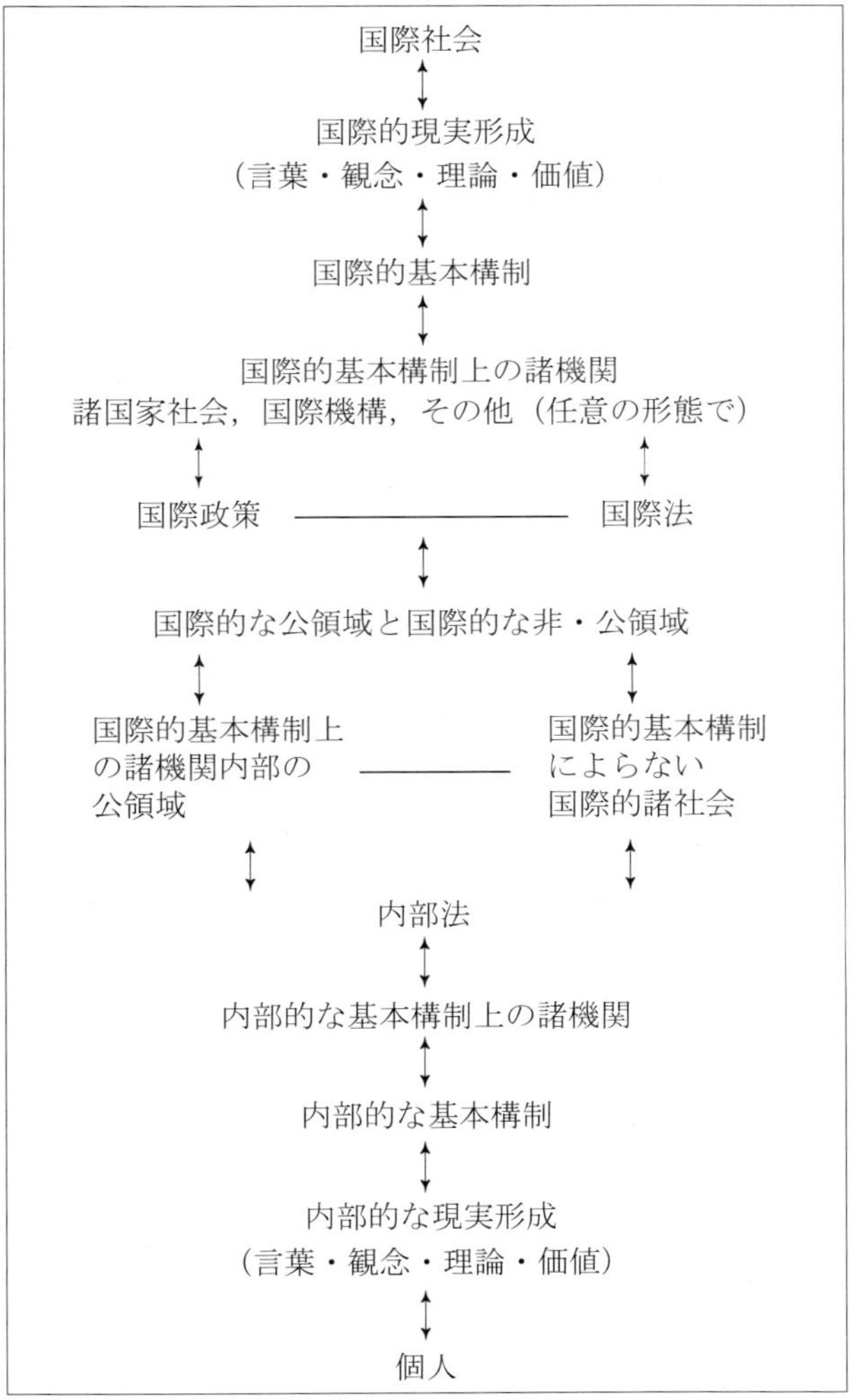
国際社会
国際的現実形成
（言葉・観念・理論・価値）
国際的基本構制
国際的基本構制上の諸機関
諸国家社会，国際機構，その他（任意の形態で）
国際政策
国際法
国際的な公領域と国際的な非・公領域
国際的基本構制上の諸機関内部の公領域
国際的基本構制によらない国際的諸社会
内部法
内部的な基本構制上の諸機関
内部的な基本構制
内部的な現実形成
（言葉・観念・理論・価値）
個人

16・104 新しい国際法

新しい国際社会の新しい国際法は、図12で示す通りになろう。

図１２　新しい国際法

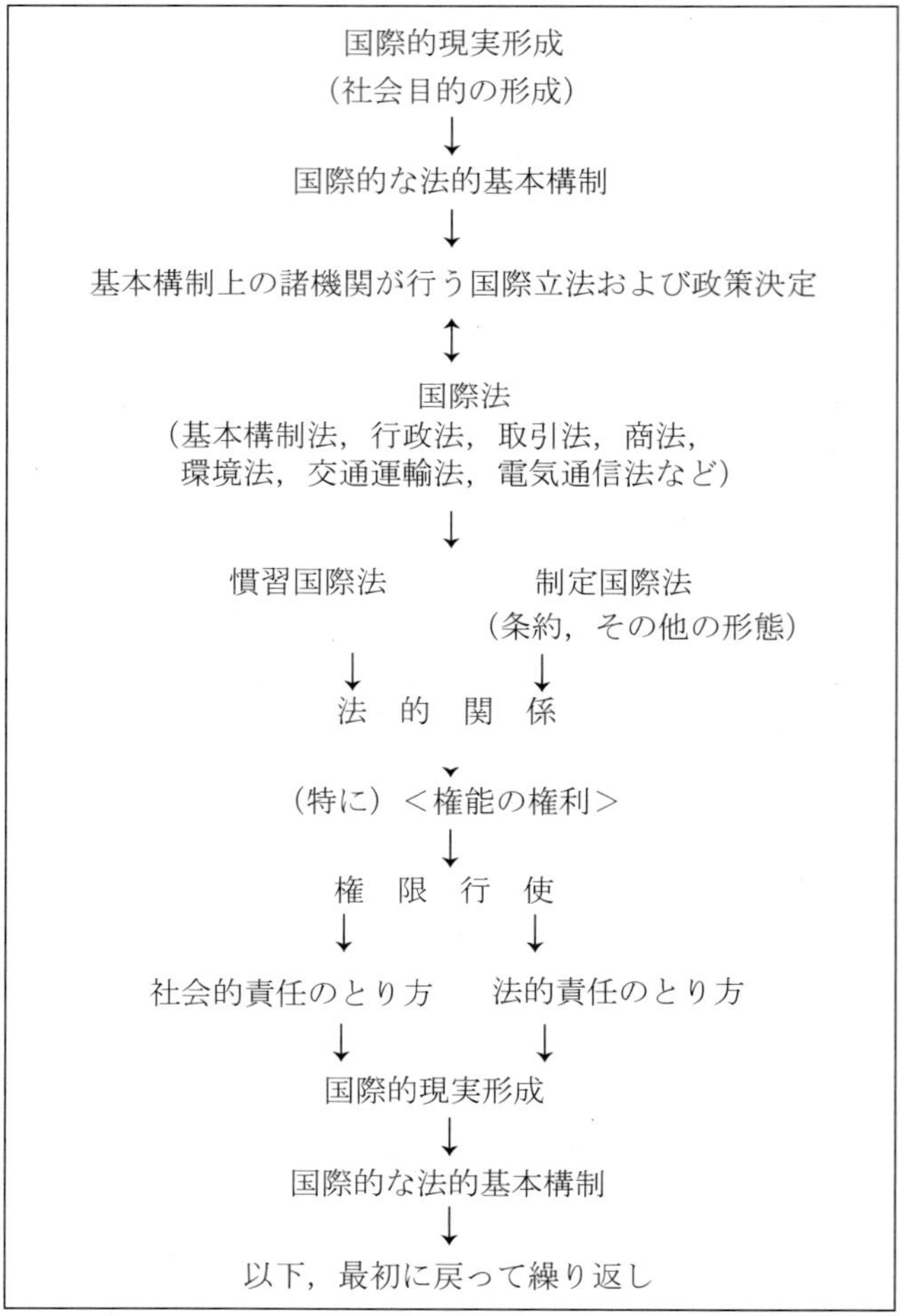

第十七章　国際経済

17・1　経済とは、自然界の社会的変容である。家族で構成される社会から全人類で構成される国際社会に至るいずれの社会も、それぞれの社会化の一部として、一つの経済を構成している。経済とは、社会的意識と自然界との交差点である。経済の場面では、社会は、自らを取り囲む物理的環境を、自らの生存の過程として、そして自らの生成の実体として扱い、その上で、その自然環境を体系的に変容する（こうした行動は他のあらゆる生物にも同様に見られる）。経済の場面では、社会は、人間の意識の内部で、また意識を通じて、自然界を変容する（こうした行動は人間に特有のことであって、他のいかなる他の生物にも見られない）。経済の場面では、社会は、生世界の一部として、自然界の変容を通じて生存と繁栄を追求するという、人間と同じような仕方で生きている。経済とは、自然界の一部として幸福を追求する人間の属性である。

17・2　経済の場面での自然界の変容は、精神と物質との共同作業、物理的な努力と意識の努力との共同作業である。つまり、自然界の一部として行為する人間の身体と、社会・個人の生成の自生的起源として行為する人間の意識、との共同作業――である。自然界の経済的変容は、以下の五つの形態をとる。

（一）〈労働の対象物〉への社会的変容
（二）〈利用の対象物〉への社会的変容
（三）〈欲望の対象物〉への社会的変容
（四）〈所有の対象物〉への社会的変容

社会の経済は、自己創造的な**余剰社会エネルギー**の創出を通じて当該社会の様々な目的に奉仕することをめざし、これら五つの変容を体系的に組織化するものである。

（一）労働の対象物

17・3　あるものが〈労働の対象物〉へと変容されるのは、それを別のものへと変容させることを目指して、人間の意志および行為がそのものに対して投入されるときである。労働の対象物へと変容されうるものは次の三つに分類できよう。すなわち、①まだ労働の対象物とはなっていない自然界の一部――地球内部の鉱物資源、植物や動物、自然発生の電磁界。②既に労働の対象物となったもの――採収された鉱物、人が飼育した動物や収穫した植物、その他労働によって産出された材木、紙、布、鉄、鋼鉄、音、光。③脳の中で発生する現象――反応や反射や感情というかたちで脳内で自然発生的に生ずる現象や、過去の精神活動によって変容された言葉や観念というかたちで脳内で生ずる現象。

17・4　ものは、個人や社会の意志――特定のものを変容することを目指して、それにエネルギーを投入する可能性を選択し、そして、その選択に基づいてそのものを変容するべく行為しようとする意志――の結果として、労働の対象物へと変容される。したがって変容とは、物理的エネルギーの所産であると同時に、意識エネルギーの所産でもある。つまり、まさにこの意識そのものが、①特定のものを労働の対象物となりうると認識し（つまり思念の中で、そのものを自然界という未分化の集合体から抽出する）、②ものを変容するという労働をそのものに投入する可能性について認識し、③次に、その可能性を選択することに決めて、④そのものを変容するという労働を投入するよう指示し、⑤次いで、そのものを労働によって変容されたものとして認識する、という一連の過程をたどるのである。したがって、労働の対象物とは、**あるものが労働の対象物となりうるものである、と意識が認識すること　＋　労働の意志　＋　労働の行為　＋　（それによって）そのものが変容された、と意識が認識すること、**の総和なのである。

17・5　人間社会から完全に孤立している一人の人間であっても、労働の対象物を作り出すことはできるであろう。しかし、社会の構成員である人間が労働の対象物を作り出すときには、社会的現実は、はっきりと、あるものを労働の対象物へと変容させる過程のいずれかの段階に入っているのである。社会の現実形成はすべて、この変容の過程に影響を及ぼしうる。この過程には次の三つの形態の現実が含まれる。①自然界の現実に対する認識の仕方に影響を及ぼすあらゆる形態の現実（例えば、宗教、神話、自然科学、哲学、芸術）、②変容の過程に参加しそれを観察する人全員による、変容それ自体の過程に対する認識の仕方に影響を及ぼすあらゆる形態の現実（言葉、観念、理論、価値による意識の秩序化）、そして、③欲望と義務に影響を及ぼすあらゆる形態の現実（例えば、宗教、道徳、経済、法による意志の修正）である。

（二）利用の対象物

17・6　あるものが〈利用の対象物〉へと変容するのは、それが、（労働による変容の後に）さらに一段の変容を遂げる可能性のある対象物である、と意識の中で認識されるときである。あるものを自然界の他の部分から隔離し、それをある特定のものとして同定するのは、まさに意識それ自体に他ならない。そしてこの（利用の）段階では、意識は、この（前述の意味の）同定に、ある特定の可能性を付加する。すなわち、利用の対象物とは、意識によって新たな潜在能力を付与された対象物であり、未来との関連で、つまり、そのもの自身の生成や意識自身の生成との関連で、再認識された対象物のことである。

17・7　木の枝は、フェンスの柱となる可能性が認識されるまでは、木の一部でしかない。丸太は、材木となる可能性が意識の中で認識されるまでは、単なる枯れ木である。魚は、食材となる可能性が意識の中で認識されるまで、単なる魚である。言葉は、詩となる可能性が意識の中で認識されるまでは、単なる言葉である。人は、友人となる可能性が意識の中で認識されるまでは、単なる人である。

17・8　生じうる様々な利用（続いて起こりうる様々な変容）は、自然界の必然的秩序（意識がそのように認識する）がとりうるのと同じ程度の多様性を有しており、また人間の想像力（理性によって秩序づけられる）が認識できるのと同じ程度の多様性を有している。個人の意識と社会の意識は、利用を、〈社会の現実形成の総体〉の機能の一形態として認識する。したがって、利用の対象物とは、**利用の対象物になりうると意識が認識したもの　＋　ある特定の利用の可能性を意識が認識すること　＋　そのものがこの特定の利用の対象物になりうると認識すること**、の総和なのである。

（三）欲望の対象物

17・9　あるものが〈欲望の対象物〉へと変容するのは、それが、我々の意志および行為の対象物となる可能性を有している、と意識の中で認識されるときである。ものの専有は、そのものを欲望の対象物とまではしないが、我々をそのものに無関心ではいられなくする。専有されたものとは、我々の欲望という観点からみた自然界のことである。また、それは、我々による意志された行為の可能性という観点からみた自然界である。我々の欲求と必要で構成される世界としての世界である。我々の新たな自己創造の場としての世界、我々の自己創造の素材としての世界である。我々が生きていくために消費してもよい世界として意識の中で認識された世界である。そして、我々の世界の存続と繁栄の可能性のために開かれた世界として意識の中で認識された世界である。

17・10　あるものを欲望の対象物へと変容させるとき、意識は、光と同じような作用を世界に対して及ぼす。仮に自然界が存在していなかったとすれば、そもそも欲望を抱くもの（存在）など存在していなかったはずである。また、欲望が存在していなかったとすれば、欲望の対象物となりうるものも存在していなかったはずである。我々が見るすべてのものを見えるようにしている光それ自体を我々が見ていないのと同様に、我々は、欲望それ自体を経験してはおらず、ただ欲望の対象となるものの変容というかたちでしか欲望を経験していないのである。あるものを欲望の対象物へと変容させるということは、欲望に対応して発生する各種の生理学的現象のときに人間の脳で消費されるエネルギーを別とすれば、特定の物理的エネルギーの利用ではない。そうではなくて、ものが欲望の対象物に変容するとき、意識のエネルギーが利用されているのである。ここで、意識のエネルギーとは、脳自身の活動の仕方を脳自身に提示するときの脳の組織的活動――具体的に言うと、欲望の対象物となるものを我々の意志の可能性という観点から認識するときの脳の活動――のことである。

17・11　欲望は世界を単に可能態としてしか捉えていないのだが、しかし、それは、我々が意志し行為することでもたらされる様々な可能態の中の一つの可能性として、である。欲望によって、欲望の対象物は、我々の意志および行為の認識が行われている現実全体との間のある特定の関係の中に組み込まれる。それゆえ、いかなる現実形成も、欲望の対象物の創出に関与していることになる。またそれゆえ、社会的意識が、必然的かつ本来的に、その変容（つまり、ものの、欲望の対象物への変容）の中に内在していることになる。社会的意識は、社会的意識それ自体が我々の意志と〈意志された行為〉とに影響を及ぼすあらゆる仕方の中にも内在している。その仕方としては、①我々に我々自身の生成を引き起こすよう促す〈生の衝動〉を、社会的意識が認識する、②我々のなしうる行動を制限している〈自然界の必然性〉を、社会的意識が認識する、③欲望が我々の意志を形成するときに、その欲望を、社会的意識が認識する、④義務が我々の意志を拘束するときに、その義務を、社会的意識が認識する、という仕方がある。

17・12　特定の材木が、我々の家の建築材として欲望の対象物となる。ある魚が、我々の食材として欲望の対象物となる。特定の言葉が、我々の詩の素材として欲望の対象物となる。特定の人物が、我々の友人として欲望の対象物となる。したがって、欲望の対象物は、**欲望の対象物となりうるものとして、意識の中で認識されたもの**　＋　**我々の意志がとりうる可能態を、そのものとの関係において認識すること**　＋　**そのものを、我々の意志がとりうる一つの可能態として認識すること、**の総和である。

（四）所有の対象物

17・13　あるものが〈所有の対象物〉へと変容するのは、それが、社会の複数の構成員（個人であるとその社会の下位諸社会であるとを問わない）間の関係の中に組み込まれるときである。この関係は、社会的力が社会の基本構制の下で行使されることで成立する。所有の対象物が、何らかの抽象化された形態で、特定の法的関係の中に存在するとき、社会的力は法的関係の形態をとることになる。一方で、当事者である社会構成員間の関係が他の何らかの現実（例えば宗教、道徳、経済）の枠組みの中で規定されるとき、社会的力は法的関係とは異なる形態をとることになる。

17・14　このように、所有は、四ないしそれ以上の関係者／関係物——すなわち、所有関係に関与している二ないしそれ以上の社会構成員、社会それ自体、その所有関係の対象物であるもの——を統合した構造システムとしての一つの関係を構築する。所有は、長い期間持続し、かつ、ほぼ確立した枠組み（その枠組みとの関係において、所有関係への参加者の意志および行為のうち所有以外の部分も行われている）を形成しているという意味で、**構造**である。また、所有は、それに関与している社会構成員間の相互の関係における各自の意志および行為に入り込みその一部となっているという意味で、**システム**でもある。所有の対象物は、社会構成員がその相互の関係で行う変容に、そして自然界の現実のある特定部分との関係で行う変容に影響を与える。

17・15　所有が構築するこのような関係は、以下の二つの意味において自然界と関わってくる。第一に、物理的なもの、すなわち自然界の一部であって、意識によってものとして認識されたものが、所有の対象物となることがある（このとき意識は、そう認識したものを、そう認識していなかったら分化されていなかったはずの自然界の残りの部分から隔離しているのである）。しかし第二に、自然界には属さないが、意識の働きによってあたかも自然界の一部であるかのように扱われるようになったあるものの中には、意識の内部で所有の対象物として認識されたがゆえに所有の対象物となるものもある。要するに、労働の対象物、利用の対象物、欲望の対象物となりうるものは、何でも所有の対象物になりうるのである。

17・16　したがって、所有の対象物は、**ある種類のものが所有の対象物となりうる、と意識が認識すること　＋　その種類のものに適用可能な一定の社会関係を認識すること　＋　特定の社会構成員たちを当該社会関係への参加者として認識すること　＋　ある特定のものを当該ものの種類に属する個物として認識すること、**の総和である。社会の構造システム全体——社会のあらゆる種類の現実形成のみならず、社会の基本構制およびその社会の下位諸構造や諸システムも含む——が、ものを所有の対象物とする変容に関与していくようになるのは自明のことである。また、ものを所有の対象物へと変える潜在的および現実的変容が展開される場が、ある所与の社会の〈社会過程の総体〉——その社会によって行われる社会的な永続的ディレンマとの格闘を含む——に他ならない、ということも同様に自明のことである。

（五）取引の対象物

17・17　あるものが〈取引の対象物〉へと変容するのは、ある〈所有の対象物〉が他の複数の〈所有の対象物〉との関係の中に組み込まれるときである。所有の対象物となりうるものはすべて、取引の対象物ともなりうる。取引の対象物への変容が行われるのは、意識がある特定のものを以下のようなものとして認識するときである。すなわち、①それを、単に**労働**の対象物として認識するだけでなく、経済的に変容（加工）された様々なものと一定の関係を有するものを産出する労働行為の所産としても認識するとき、②それを、（労働による変容を超えた）一層の変容が可能な**利用**の対象物として認識するだけでなく、取引の対象物へと変容可能なものとしても認識するとき、③それを、私個人の意志および行為に従う**欲望**の対象物として認識するだけでなく、取引の対象物へと私個人が変容させうるものとしても認識するとき、④それを、私個人が他の社会構成員との間で樹立させる私個人の社会的関係の支配下にある**所有**の対象物として認識するだけでなく、他の何らかの所有の対象物を変容させるために、この社会的関係をそのものに対して適用することができる、と認識するとき、である。

17・18　ある紙片がタバコの火をつけるために使われることもある。その同じ紙片が、実は、美術館に陳列される絵であったり、紙幣であったりすることもあろう。数行の文章が神の賛美に使われることもある。また、同じ数行の文章が、歌曲の歌詞であったり、聴衆の前で音楽の楽しみとして披露されたりすることもあろう。またその数行の文章が著作権によって保護されることもある。このような変容は、意識の中で、以下のような態様で行われる。すなわち、①意識が現実（物理的現実、社会的現実、人間的現実）を認識することによって、②意識が意識自身と現実との関係および現実の内部にある種々の関係を認識することによって、③意識が種々の意識相互間の関係および社会的意識の内部にある種々の関係を認識することによって、である。ここでいう意識とは、関係する社会構成員（個人であると下位諸社会であるとを問わない）の意識と、社会の共有意識、の双方を指す。

17・19　このように、あるものが取引の対象物へと変容されるとき、社会の構造システム全体、そして社会のあらゆる現実形成がその変容に関わってくる――この点では、所有の対象物が作成されるときと共通である。しかし、取引の対象物への変容の場合、社会は、ものが**間主観的**に認められる同一性を持つことを可能とするような、ある特定の現実を生じさせる。換言すれば、その特定の現実は、ある所与のものが社会の無数の構成員によって取引の対象物として認識されることを可能とするような、構造およびシステムを、社会の内部で創造するのである。所有の対象物も、たしかに間主観的ではあるが、その意味合いはより限定的である——所有の対象物は、社会の二以上の構成員から、ある所与の所有関係に服するものとして認識されていなければならない、という限定が課されるものである。そして、とりわけ法的な所有関係の場合には、所有の対象物は、他の特定のタイプの社会構成員、とりわけ法を運用し執行する者からも、やはりそのような所有関係に服するものとして認識されているのでなければならない。

17・20 取引の対象物が複数である場合、それに関わってくる社会的構造およびシステムは、その範囲に限界のない一つの間主観性を生じさせる。取引のある対象物は、他の対象物との関係を有するものとして二人の人間から認識されてさえいれば、既に取引の対象物となっている（物々交換がその最も単純な例である）。しかし、三人以上が関わってくると、社会は、それら関係者が様々な種類の取引の対象物を比較的統一的にかつ変わらぬ方法で認識することができるように働きかける。すなわち、社会は、経済的に変容された諸々のものに間主観性を持たせるために、**経済的価値**を創造するのである。

17・21 社会の純粋理論と実践理論は、経済の諸理論を含むものである。社会の超社会化——社会を超越するものの観点から社会を説明すること——というものが、他のあらゆる形態の社会理論と同様に、経済理論の一つの特徴をなしている。とりわけ、これまでの経済理論は、**経済的価値**の超社会化を追求してきた。経済的価値は、社会が経済の創出とその再創出を通じて社会自身を創出し再創出するための重要な鍵を握っているとみなされてきたように思われる。変容という行為によってものに付加されるもの（つまり、経済的価値）を測定する根拠となる超社会的基礎を探求し、そしてそれに基づき、人間が社会的構造システム（すなわち経済）に寄与しようとして行うあらゆる活動について評価を行う方法を探究しようとする様々な試みが、これまでなされてきたが、それは**価値**という**観念**を通じて行われたのである。

17・22　経済的価値は、**価値**の一種である。すなわち、経済的価値の機能とは、意志しそしてそれに基づき行為するための基礎を提供することなのである。他のいかなる形態の価値と同じように、経済的価値も、社会の永続的ディレンマとの格闘の一環として行われる社会のあらゆる現実形成の内部で形成されるものであり、人間の意識の内部で欲望と義務とを調和させることを念頭に置いている。

17・23　以上述べてきたすべてから、次のことが明らかとなる。すなわち、変容行為によってあるものに付加される価値の度合いは、社会の現実形成によって決定されるのであるが、それは、そうした価値が社会自身による変容行為を導出し、また、個人と下位社会が変容行為をなすときにそうした価値が個人と下位社会の意識を修正するからである。外部から評価可能な価値はただ社会の純粋理論と実践理論の一部としてのみ創出されうる。それは、そうした価値は、社会のあらゆる言葉、観念、理論、価値を形成することによって、その社会にとって何が価値あるものであるのかを、決定するからである。一方、対内的に評価可能な価値は、変容の各種形態――労働、利用、欲望、所有、取引――についての認識の一作用であり（したがって、それと相関しており）、そのため、変容の過程に関わっている当事者の目には、何の制約条件も付されていない絶対的なもののように見えるであろう。しかし、それに関わっていない他の意識からみると、そのような価値は、変容に関わっている当事者によるその（変容についての）認識を他の意識の側がどう捉えるかによって制約される相対的なものなのである。一方、自然界を変容することによってもたらされる価値は、その変容を認識するための骨組みを構成する諸理論と相関的関係にある。そうした理論は、物理的宇宙の性質と機能に関する科学的理論、人間の生成の宗教的、美的、道徳的意義に関する理論、そして、社会それ自身の性質、目的、機能に関する理論、を含むであろう。また、自然界の変容の各種形態が有する相対的な価値は、その時その時によって大きく変わるものであろう。

17・24 このように、経済的な変容によってものに付加される価値が必然的に（将来に向けて）不確実性を含んだものであると仮定するとき、取引の対象物に付けられる**価格**は、多数の相対性のベクトルの合力である。価格は、複数の取引の対象物の間で成立する相関関係として表現できるが、それらの取引の対象物自体が、認知される価値の点でまた価格の点で可変的なのである。価格はまた、売り手と買い手のそれぞれの意識との関係において相対的である。すなわち、同一の名目的価格であっても、売り手と買い手がそれぞれ価値があると考えるさらに別のものとの関係では、売り手と買い手ではその価格のもつ主観的な重要性が非常に異なってくることがありうるのである。売り手と買い手が、取引の対象物について異なった捉え方をすれば、その価格は、立場によって主観的に異なってくるであろう。それは、一方の立場の人がそのものを、ただ所有の対象物か取引の対象物としてのみ認識しているのに対し、他方の立場の人がまさにその同じものを、さらに利用の対象物か欲望の対象物としても認識しているからである。したがって、取引のやり取りを観察し、そして、そこでのものの価格を、自分自身の抱える複数の相対性のベクトルの合力という観点から捉える第三者の意識の中では、価格は、取引当事者の意識の中で現われるそれとは全く違うかたちで現れるであろう。その場合、第三者が価値と価格についてどのように認識するかが、取引当事者が認識する価格を左右する一要素となることもあろう。

17・25 それゆえ、社会の経済構造システムは、社会の機能の一様態としての取引が成立できるような仕方で価値と価格とを設定する、何らかのシステムを含むものでなければならない。とりわけ取引の対象物の場合には、価値と価格の決まり方が極端に不安定で間主観的であることが予想されるので、社会の経済構造システムは、その価値と価格を安定化できるものでなければならない。換言すれば、社会の経済構造システムは、価値と価格という人為的な構成物を設定するために、社会的力、そしてとりわけ法的関係を、利用しなければならないのである。社会の経済構造システムは、取引当事者間で取引が成立できるような社会的状況を生み出すために、あらゆる種類の法的関係、つまり、法システムのあらゆる側面を利用するものでなければならない。

17・26　とりわけ、社会の経済構造システムは、取引当事者たちがその都度の局面において相互的な〈力のシステム〉を構築できるように――そこでは、取引当事者たちの意志および行為が社会的利益にかなうような仕方で修正される――、すなわち、相対的な予見可能性、信頼性、確実性を構築できるようにするために、いわゆる契約法というかたちの法的関係を利用するものでなければならない。最後に、社会の経済構造システムは、取引の対象物に対する一定の統制力を取引当事者たちに付与するために、財産法を利用するものでなければならない。なお、そのような統制力は、当事者の間で展開される意志および行為の双方向的なやり取りを通じて、可能態にとどまっている取引行為を現実態へと移行させていくために必要なものである。取引行為を社会の存続と繁栄に必要な規模にまで拡張することによって、社会は必然的に、社会の現実形成のうち経済以外のすべての分野にまで経済を開放することになる。というのは、社会は、価値と価格とを社会化し安定化させるのに必要とされる法的関係を含めて、社会的力を社会の全分野に配分するのであるが、このとき社会的力（法的関係を含む）のなかに一体化されている（社会の）諸目的を形成するため社会の実践理論を用いる、そういう関係にあるからである。こうして、価値と価格は、社会の最も基本的な自己創造の一部、すなわち、自己社会化を目指して行われる、社会自身の抱える永続的な自己社会化的ディレンマ（正義と社会的正義のディレンマを含む）との格闘の一部となるのである。

17・27　社会は、自然界の変容を行い、社会として存続し繁栄することを目指して、自らの経済を営為するものである。経済を営為するためには、社会は次の三つのことを構造的かつ体系的に実行していなければならない。

（一）社会とその構成員の存続と繁栄のために必要とされる仕方で自然界の変容を行うことを目的とする自然エネルギーの利用

（二）社会とその構成員の存続と繁栄に不可欠の様々な変容を実現可能なものとするために必要とされる社会的力の創造、そしてその利用

（三）（一）、（二）を実行するために社会的、個人的な意志および行為がなされる場となる現実〈経済的価値の現実を含む〉の形成

17・28　社会という構造システムの中の一つの構造システムとしての経済は、次の三つの側面を持つ〈社会の〉の**基本構制**の下で、組織化される。（一）法的基本構制を通じて、経済は社会の構造の一部となる。ここで、経済の過去は経済の未来へと伝達される。（二）現実的基本構制を通じて、経済は、〈今・こととしての現在〉における社会の体系的意志および行為の一部となる。ここで、経済は、その様々な可能態の中から選択を行い、かつ、それらの可能態を自然界に対する様々な変容として現実化することを目指して、経済制度を利用する。（三）理想的基本構制を通じて、経済は可能性として認識される。すなわち、社会が、自らの内に世界を変容する様々な可能態が秘められていることを知っているため、経済は、社会の自己についての観念から流出する社会の様々な可能態という（社会の）側面として、認識されるのである。

17・29　基本構制に服する一つの構造システムとしての経済は、**社会的力**が組織化したものである。**社会的交換**によ

って、社会は構成員（個々の人間と下位諸社会）の持つ自然的力――構成員が自然界の変容を行うときに利用できる自然的エネルギー――を社会化する。そのような自然的力が社会の目的のために献げられるとき、その見返りとして、社会は社会的力を発生させる。こうすることによって、社会は、経済の変容に参加する社会構成員の意志および行為が社会の意志および行為と一体化することを可能にする。また社会は、ある特定の変容を行おうとする社会構成員の意志および行為が、社会の経済的意志および行為となるように普遍化されることを可能にする。逆に、社会は、社会の意志および行為が個々の社会構成員の最も個別な経済的意志および行為へと個別化されることも可能にする。

17・30　法的基本構制に服する一つの構造システムとしての経済は、**法的関係**を通じて組織化される。法的基本構制に基づく法的関係によって、社会的力が、経済関連の法を定立させる目的のために、社会の基本構制上の機関に付与される。こうして定立された法は、社会構成員（基本構制上の機関やその他の下位諸社会を含む）の経済的意志および行為を修正するため、以下のような過程を通じて、法的関係を創り出していく。すなわち、（一）社会構成員に義務を認識させることによって彼らの欲望を修正すること、（二）ある社会構成員に義務を課すことによって他の社会構成員の欲望を法的権利とすること、（三）社会構成員の意志および行為すべてに対して社会目的を賦与すること、そして（四）社会構成員の行為すべてにつき法的責任を課すこと、という過程である。このような法的関係を通じて、社会内の経済的アクターが認識する様々な可能態が現実の経済となるのであるが、それは、経済的アクターが、自らの意志および行為を通じて社会とその構成員の存続と繁栄を実現させるような変容を行うことを選択することによってなされるのである。

17・31　社会による自然界の変容がある異常な現象を生じさせていることを背景に、経済は各社会の構造およびシステムにおいて支配的地位を占めるに至った。何千年もの間、社会の自己理解の過程において周知の特徴であったもの、これが経済学の純粋理論や実践理論の様々な概念――**分業、見えざる手、累積的因果連関、乗数効果、剰余価値**――に表出している。またこの特徴は、一構造システムとしての社会の特殊な能力を反映したものである。すなわち、世界の物理的変容を行うにあたって、個々のエネルギーが社会的に集積すると、それは、社会システムに投入されたエネルギーの総和を上回る効果を発生させることができる、という特徴である。**経済を営為するにあたって、社会は、このような余剰社会エネルギーを産出するために、エネルギーを組織的に統合するのである。**

17・32　社会に投入されたエネルギーの総和より大である余剰社会エネルギーは、社会構造システムの一形態である経済の若干の特徴から生じたものである。それらの特徴を以下に挙げる。（一）エネルギーがエネルギーに対して働きかける作用によって生じる社会的**モーメント**（力の量）が存在する。自然界の変容はいずれも、社会の各種システムを通じて、他の無数の変容と相互に影響し合うことができる。（二）社会の一構成員の能力と他の構成員の能力との間の相互作用を引き起こすことで、社会的エネルギーは、社会の構成員が個々人ではなしえないような自然界の諸変容を可能とするシステムの内部に**凝集する**ことができる。（三）社会的エネルギーは、各種の社会システムの内部で**蓄積されて**、過去から未来へと伝達されることができる。すなわち、産業、商業、そして金融業に従事する諸企業を含む、社会のすべての下位社会の構造システムの内部で蓄積される。（四）社会は、その内部に無数の形態の下位社会が創生していくのを促したり許可したりすることができる。このような下位社会にはそれぞれ**中間的な全体化**を行う能力が備わっている。ここで、中間的な全体化とは、社会的利益――下位社会自身の社会的利益、そして、上位社会の目的に奉仕するようにこの下位社会の創生に許可を与えた上位社会の社会的利益の双方――のために様々な可能態を生み出すことをいう。

17・33 （五）全体としての社会は、自然界の様々な変容の間の相互作用によってもたらされる社会的利便性を、**社会的力の組織化**によって最大化することができる。このとき社会は、個人や下位社会のレベルではできないか、あるいはしようともしないような変容――社会の物理的インフラストラクチャーの整備、公益事業、対外防衛などの提供――を行っているのである。（六）社会は、自然界の様々な変容の間の相互作用を、**社会的力の分配**（とりわけ〈所有・力〉のかたちをとった社会的力を分配すること）によって、組織化することができる。このとき社会は、これら諸変容のすべてが社会的利益に適ったものであることを求め、また社会の各構成員（個人または下位社会）によるエネルギーの利用が構成員自身の目的と社会の目的の双方に同時に奉仕するべく確保しようとするのである。（七）経済活動は、そのかなりの部分が、人間の心の中でなされる活動、すなわち社会構成員の意識と社会の意識による所産で占められていることから、社会自身にとって最大の利便性が見込まれるような自然界の諸変容の引き金となる諸概念を喚起する――例えば、欲望（要求、欲求、必要、野心、理想）や責務（労働の義務、納税、慈善）を具体的に修正することによって――ことを視野に、社会は自らの強力な**現実形成**能力を用いることができる。

17・34 （八）社会は、その構成員たる人間すべてが有する**生の衝動**を利用することができる。すなわち、構成員自身の利益のみならず社会全体の利益にもなるようなかたちで自然的エネルギーを使おうという欲望を、社会がその構成員の中に喚起するのである。個人の生存・繁栄と社会の存続・繁栄とを（現実形成を通じて）同一視することにより、社会は、人間の欲望に包含された〈生命・創造力〉と〈生命・保存力〉――ともに偉大さと悲惨さを併せ持つ――を、社会的利益に適ったかたちで凝集・蓄積することができる。（九）社会は、科学とテクノロジーを駆使することで、**宇宙の必然性**を利用することができる。ここでいう宇宙の必然性とは、自然界が人間の介在を受けずになす諸変容であって、にもかかわらず、現実形成（この場合は自然科学）を通じて、また自然的諸変容の大規模な組織化（この場合はテクノロジーという社会的力〉を通じて、社会の諸目的に奉仕するように利用することが可能な自然界の諸変容のことを指す。

17・35 エネルギーを社会内部で体系化する過程で生じた余剰エネルギーは、社会システムに再び注入され、さらに多くのエネルギー（余剰エネルギーを含む）の発生に寄与する。このサイクルは無限に繰り返されるため、社会は、通常、さらに高次元の社会的エネルギーを発生させ、それを社会の諸目的のために利用することができるのである。社会は、よく使われる表現で言えば、**発展する**ことができる。社会は複雑さと洗練さを永遠に深めていくことができるし、社会の余剰エネルギーの生産を永遠に増幅していくこともできる。また社会は、永遠にますます多くの〈社会が自ら認識した諸目的〉を遂行していくこともできるし、永遠にますます多くの〈社会が自ら認識した必要と欲求〉を充足させていくこともできるし、社会として有している様々な可能態のうちますます多くのものを現実化させていくこともできる。社会の経済システムは、次第に、社会の諸目的に沿うような方向に発展していくことができる。社会は、経済を営為することによって、社会自らの幸福を増進させていくことができる。この過程で制約要因となるのは、社会自らの自己認識、すなわち、意識の内部で社会自らを一つの構造およびシステムとして構築する社会自らの能力のみである。社会は、自らの幸福のあり方を決める力、すなわち、社会の自己構築の過程において自ずと定まってくる力、を有する。

17・36 したがって、ある社会の経済は、社会の構造システム全体の中の個別的構造システムの一つとして捉えることができるだろう。ここで、社会の構造システム全体は、社会的利益に沿うかたちで実行される自然界の変容を組織化することをその役割とするものだが、この組織化に際しては次の五つの方法がとられている。（一）社会〈自らにとっての現実〉を着想するという方法。この、社会〈自らにとっての現実〉は、社会が、意識を通じて、自らの経済を営むことを可能とし、それにより、その社会の経済が必要とする〈言葉・観念・理論・価値〉（各種の経済的変容に対する評価基準を含む）が発生する。（二）社会の基本構制を通じて、という方法。例えば、社会の公領域における有権的な諸機関に対する基本構制上の権力の配分、また、当該社会の経済の運営に必要な法的関係を創設するためのシステム整備などがある。（三）およそ考えられるあらゆる種類の社会的力を委任するという方法。例えば、〈所有・力〉保有者となりうる資格を備えたありとあらゆる者に対して、およそ考えられるありとあらゆる形態で〈所有・力〉を委任するという方法がある。これは、その時々の社会的利益の要請に応じて設定される、およそ考えられるありとあらゆる委任条件に従って行われよう。（四）現実の法的関係を創設するという方法。これは、その社会の経済が要請する諸変容を生じさせ、そうして生じた諸変容を相互作用させ凝集させることを目的として、社会構成員（個人と下位諸社会で構成される）の意志および行為を修正するときに必要となるものである。（五）社会の〈社会過程の総体〉を通じて、という方法。すなわち、社会が、現実の社会的力を現実にどのように委任するかを決定するため、正義と社会的正義との調和をめざす格闘を含めて、社会自身の抱える永続的ディレンマと格闘すること、によってである。

以上のことは、家族で構成される社会から全人類で構成される国際社会、すなわち、あらゆる下位社会で構成される社会に至るまでの、いかなる社会の経済でも行われていることである。

17・37　誤って認識された国際社会では、誤って認識された国際経済しか存在できない。誤って認識された国際経済の下では、国際社会は、全人類の存続と繁栄のために自然界の社会的変容を組織化することができない。諸国間の非・社会であると自認する国際社会の下では、国際経済は、残余的かつ非体系的なアノミー（没価値状況）として認識される。

17・38　(一) 国際経済がこのように**残余的**と認識されるのは、国際社会それ自身が、国家社会の非・公的領域の非・社会化的相互作用を伴った、国家社会の公領域間の相互作用、として認識されているからである。このような理解の下では、現在の国際経済に存在する変容エネルギーとは、一種の外部化、すなわち、一連の非・国際的な——それぞれ本来独立の——構造システムによる経済変容から発生する一連の外部効果のことである。このとき、国際的な経済変容とは、単に、国境を越えて及ぶ効果を持ちうる国家社会内部の経済変容から生じた副次的効果が集合したものに過ぎない。

17・39　(二) 国際経済が**非体系的**と認識されるのは、国際社会が、社会であるとは自認しておらず、したがって、多種多様な〈自らにとっての現実〉を形成する能力——自然界の社会的変容の組織化を行う上で欠かすことのできない能力——を有するものとも自認していないからである。経済はある社会の構造システムを構成する一つの下位構造システムなのだが、経済がそのようなものとして機能できるのは、その社会が生み出した〈社会過程の総体〉の範囲内だけである。

17・40　(三) 国際経済が**アノミー（没価値状況）**として認識されるのは、国際社会が、〈自らにとっての現実〉を形成する能力を実際に有しておらず、そのような事情のため、とりわけ、自らの目的を設定していくことができるような純粋理論と実践理論を形成することもできずにいるからである。また同じ事情から、国際経済は、社会的交換（構成員が社会的目的を受容し、それと引き換えに、社会が構成員の変容エネルギーを社会化すること）を通じて社会的力を発生させることができていない。そして、やはり同じ事情から、国際経済は依然として、経済を包含したソシオノミーを形成することもできていない。ここで、ソシオノミーとは、ある社会内で認識される社会的義務の構造——個別的な経済的意志および行為の普遍化と普遍的な経済的意志および行為の個別化の双方に必要な法的関係を含む——のことである。

17・41　したがって、このように残余的で非体系的なアノミーとしての国際経済は、本来の経済であればそれ自身の構造システムに内在する様々な可能性を活用する過程で発生させることができたはずの不断に増大する〈社会の余剰エネルギー〉を、生み出すことができずにきた。つまり、国際経済は、すべての下位社会の持続的かつ加速的な**発展**を、そして全人類の不断に増大する**幸福**を、約束できずにきたのである。

17・42　経済は、とりわけ法に依存するところが大きい。経済関連の法システムは、社会が各種の永続的ディレンマとの格闘を通じて獲得した所産を、経済がそれ自身の中に安定と変化の双方を取り込むことができるような様式で、制度として具体化する。ここで経済法は、経済が、過去に自然界に対して行われた各種の社会的変容の所産をまさにその社会自身の構造の中に取り入れていく——基本構制上の権力や所有・力という形式、またその経済における他のあらゆる法的関係という形式をとって——ときの法的基礎となる。さらに経済法は、社会が、その社会自身のシステムの中に、自然界への社会的変容から生じた力動的な自己創造・自己発展の力を取り込み、これを受けて社会がその社会自身に所属するすべての機関、すべての下位社会、社会の構成員であるすべての個人、の意志および行為を組織化していくときの法的基礎ともなるのである。

17・43　誤って認識されてきた国際経済が有する欠陥は、誤って認識されてきた国際法が有する欠陥と相俟って、国際社会が人間の幸福の構造システムとして育つことを阻害してきた。国際経済の生の現実は、特に国際資本主義（第十八章で検討される）の影響を受けて、社会的エネルギーの無秩序な――錯乱的なまでとは言わないが――場面の一つとなってきた。しかし、国際法は、このような混沌状態に秩序をもたらすことなく、むしろ無秩序を助長さえしてきた。すなわち、国際法は、国際経済が国際社会とその法の自己認識に対して提起してきた悪名高い一連の根本的な諸問題を思い起こさせることによって、国際経済がアノミーであるという一般的なイメージを構築するのに貢献してきたのである。まさにこうした諸問題こそが、社会としての国際社会の未成熟さ、経済としての国際経済の未成熟さ、法システムとしての国際法の未成熟さを示している症状であり象徴なのである（以下、国際経済のこうした根本的な諸問題について考察を加えていくが、その際、本書で提起される「新しい国際法」の諸概念ではなく、現代国際法の通常の用語法が用いられる）。

（一）国際深海底の開発

17・44　国際深海底は、現代国際法上、あらゆる国の領域主権の外にあると言われているが、だからと言って、いかなる国も、そしていかなる国の国民も、深海底の天然資源を、一方的に、かつ自らの意志で自由に、採掘を行い、開発する権利を与えられているのであろうか。もしそうだとすれば、関係国には、天然資源から得られる利益を他国に分配する義務が存在するのであろうか。それとも、深海底の天然資源は、ある意味で、人類の共通財産なのであろうか。もしそうだとすれば、深海底の天然資源はどのように共同開発するのが適当なのだろうか。また、どのようにすれば恣意的な開発から保護することができるのであろうか。

（二）宇宙空間の開発

17・45　他の惑星や月を含む宇宙空間は、現代国際法において、あらゆる国の領域主権の外にあると言われているが、それでは、いずれか一国およびその国の国民が、一方的に、かつ自らの意志で自由に、軍事的、科学的または商業的に、宇宙空間を開発する権利を与えられているのであろうか。もしそうとすれば、ある一定の方法での宇宙空間の開発をしない義務、その開発が地球にもたらす影響を制限する義務、またはその開発から得られる利益を共有する義務は存在するのか。あるいは、宇宙空間は、ある意味で、人類の共通財産であるのか。また、もしそうとすれば、宇宙空間は、どのように共同開発することができるのか。そして、どのようにすれば恣意的な開発から保護することができるのであろうか。

（三）天然資源に対する主権——収用の違法性

17・46　国家主権下の領域に存在する天然資源に対する主権的権利には、投下資本（契約上の権利や準財産権）を国有化またはその他の方法で収用する政府の主権的権利が含まれるのか。あるいは、天然資源の合法的な開発（採掘その他の方法で）に従事している外国人投資家の投下資本を国有化／収用することも含まれるのか。後者の場合、領域国がそのような統治権力を行使することによって、原則論として、外国人投資家の本国の権利が侵害されることはないのか。それとも、そのような国有化や収用は、原則論として、領域国が投資家の本国に対してなす違法行為（権利侵害）であるのか。

（四）国家契約

17・47　国が国以外の主体（例えば工業、商業、金融業を行う企業）との間で契約を締結するとき（例えば、天然資源開発を認めるコンセッション契約、設備投資に必要な資金を調達するための投資契約または融資契約）、その契約は、締約した国が自国の領域において有する固有の政府の権限に何らかの変更を生じさせるのか。それとも、この政府の権限に変更は生じないのか、ある程度は変更されるのか。変更があるとすれば、この政府の権限の変更は誰に対して負う義務となるのか。投資家に対してか、投資家の本国に対してか、それとも両方か。また、いかなる法システムの下でこのような変更が有効となるのか。国際法か、締約国の国内法か、それとも他の何らかの法システムの下でか。

（五）国家免除

17・48　現代国際法の原則として、国家は他国の司法管轄権に服さないということになっているが（国家の主権平等原則によって）、このような前提に立つとき、国家以外の行為主体が行う経済取引に国家が参加する場合、たとえその国家がその経済取引を自らの政府権能の一側面と認識していたとしても、やはりその国家は免除特権を失うことになるのであろうか。

（六）国家管轄権に対する制限

17・49　領域主権観念の意味するところが、国家固有の権能（立法権、行政権、司法権）を行使しうるのは原則として自国領域内で発生した事柄に関してのみであることを前提として、また一方で、経済取引が二国以上の領域にまたがって効果を持ちうることを考慮に入れるとき、国家は、自国領域内に影響を及ぼしている経済取引が他国領域での活動に起源を持つものである場合、そのような経済取引に介入することを認められないのであろうか。それとも、たとえ他国領域内での活動に介入することになっても、その種の取引を統制する権限を持って然るべきなのであろうか。

（七）越境損害

17・50　隣国を発生源とする損害が自国領域内に発生したとき（その隣国政府が対内的主権を適正に行使していれば発生そのものを予防できたはずと仮定して）、国際法が、その隣国に対しては、経済的理由（その損害の発生を予防するのに要する費用、国家（現実の損害の源泉国であっても）が有する経済的自由）を根拠に自らの立場を正当化する権利を認めることなく、被害国に対して領域内で受けた損害に関する補償請求権を与えるためには、どうすればよいのであろうか。

（八）経済的・社会的人権

17・51　国際法が人権という観念を受け容れており（もっとも、諸国政府が認め、そして諸国政府が統制している人権ではあるが）、また諸々の経済的・社会的構造が国家の社会的構造の不可分の一部になっているという前提に立つとき、国際法は、経済的・社会的人権を実効的なものとすることなしに、政治的・市民的人権を十分に実効的なものにすることが、どうして可能なのであろうか。否、それ以前に、経済的・社会的人権がその不可分の一部を成しているところの経済的・社会的構造についての共通の認識を国際法がまず最初に確立することなしに、どうして国際法が経済的・社会的人権を十分に実効的なものにすることができるのであろうか。

（九）地球環境

17・52　惑星地球の陸地空間・海洋空間・大気空間が共有されており、それらの空間が世界の国々の間で自然現象として配分されているわけではないこと、さらに、世界を変容する活動（とりわけ経済活動）が直接的にまたは累積的に地球環境に大きく影響を与える可能性があるという前提に立つとき、国際法はどうすれば、固有かつ基本的な国家の独立と、地球環境の持つ固有かつ基本的な相互依存とを調和させることができるのであろうか。また、ある種の活動が地球環境に悪影響を及ぼしたとしても、その活動が特定国の経済の根幹をなすものである場合、果たしてどのような法的規制を設けることができるのであろうか。

（十）不平等な交換――経済的自決

17・53　国際経済においては、ある商品の生産される領域を統治する国家自身がその商品の売り手として行動する場合に、その商品の価値と価格が、その国家の統制下になくまた影響下にさえない国際市場によって決定されることがしばしばある。一方、国家が買い手として行動する場合に、その国家が購入する商品の価値と価格が、その国家の統制下になくまた影響下にさえない国際市場によって決定されることもしばしばある。こうした場合、どのようにすれば、国家に固有の主権を、その本質的な経済的依存と調和させることができるのであろうか。

（十一）不平等な経済発展

17・54　国家の内部では、その国の基本構制上の構造とその国の経済という個別的構造との間で、ある種の配分的効果が発生することがある。つまり、経済取引との関係で政治的・経済的・法的力が行使されるときの結果は、国家以外の行為主体間の相互関係によって決まるばかりでなく公正な社会と考えられる社会を生み出すことを目指す政府の政策によっても決まるのである。その場合に、この配分的効果のゆえに経済全体に対する政府の権力の行使が要求されることもある（課税、金利、賃金統制と価格統制、補助金、地方援助、社会立法といった）。そこで、個々の国家が有する固有の権限とは国際経済のうち個々の主権国家の領域内にのみ適用される権限であるという前提、そして、経済分配の権力を有する国際的な基本構制上の機関が存在しないという前提に立つとき、政府の行動によるこのような配分的効果を国際経済の場面で発生させるためには、どうすればよいのであろうか。

（十二）経済的実力の使用

17・55　国際法が、国際関係における物理的力の行使に対する法的統制をある程度は確立しており、かつ、一般的公益のためになされる力の物理的行使を社会化することに、ある程度は成功しているという前提に立つとき、国際法はどのようにすれば、物理的力が行使された場合と同じ程度に、甚大で有害な影響を諸国家の存続および繁栄に及ぼすような経済的力の行使を、規制することができるのか（経済的力の行使とは、ボイコット、禁輸、経済的対抗措置、差別的な貿易条件、差別的な消費者保護、差別的な投資政策、貿易保護、貿易に対する非関税障壁、知的財産権の恣意的行使、ダンピング、法外な価格設定、売り手による／買い手による市場独占、生産者／消費者カルテルなど）。しかし、国際社会が経済的力の正当な行使について社会的に定義することができずにいる中で、国際法はどうすれば経済的力の不当な行使を定義付けできるのであろうか。

17・56　国際経済が国際法と交差するところに現われてくるこれら十二の国際経済の問題は、社会が自らを創造し、自らを社会化し、自らの目的を形成しかつ実現するために格闘するときに、そして、社会の永続的ディレンマのそれぞれと格闘しているときに、いずれの社会にも必ず認められる固有の問題である。これら十二の問題は、活発に機能している社会であれば、どこのどの社会であれ必ず認められる典型的な問題である。また、これら十二の問題は、決定的な解決策がまだ見出されていないという意味で、本質的に〈ディレンマをはらんだ問題〉である。さらに、これら十二の問題は、継続的に、そして弁証法的に、扱われなければならない。というのは、社会のあらゆる現実形成、そして社会のあらゆる言葉・観念・理論・価値が、日常生活の生の現実、生身の人間の欲望・欲求・願望と、影響し合っているからである。国際社会の経済とはなっていない現実の国際経済において、国際社会の法とはなっていない現実の国際法が使用され続ける限り、これら十二の問題には、非体系的に、漸次的に、かつ実用主義的に対処していく他ないのである。

17・57　ここで、一九四五年以降の国際社会が、これら十二の根本的かつ構造的な問題をどのように扱ってきたか検討することは有益である。これによって、未だ現実となっていない国際社会の未だ現実となっていない国際経済が、現状では不十分なものではあるが豊かな可能性を有していることが鮮明になるからである。誤って認識されたままの国際社会とその法がこれまで編み出してきたこれら十二の問題に対する便宜的な解答は、想像力に富んだ多様性を持つという意味で印象的である。それらの解答は、全体としてみると、あたかも国際経済の新しい観念に導く黄金の経路を指し示しているように思われる。

(一) **国際機構**　第十三、十五章で既に論じたように、いわゆる国際機構は、諸国の公領域間における相互作用――とりわけ国際経済の分野で――の公共化の一形態であったし、今日もそうである。また、一つの独立した国際公領域の形成を目指す公共化の一形態でもある。

(二) **関税および貿易に関する一般協定**（ＧＡＴＴ）　それまで国際経済の発展において主導的役割を果たしていた一群の国家社会は、ある幸運な一時期に、国家間貿易規制に関する諸国の政策について共通の国際政策を協定した。これらの国家社会は、そのような国際政策に対して条約の形式で立法的効果を付与し、その政策にふさわしい法的関係（強制手続きを含む）を創設した。

(三) **国際通貨基金**（ＩＭＦ）　これら一群の国家社会は、この同じ幸運な一時期に、通貨価値の安定化とその統制に関する諸国の政策について共通の国際政策を協定した。これらの国家社会は、そのような国際政策に対して条約の形式で立法的効果を付与し、その政策にふさわしい法的関係や制度的取決めを創設した。

(四) **国際商品機関**　特定基本産品の貿易の分野では、政府間行動の公共化は、貿易一般の分野よりも一歩先を歩んでおり、国際立法や市場共同介入による当該産品市場の共同組織化が行われる段階にまで進んでいる。やはりこの分野でも、合意された政策は条約というかたちでの法的効果を付与され、その政策にふさわしい法的関係や制度的取決めが創設されている。

（五）**開発援助**　国際経済に富の再分配を行う総合的な能力がないため、借款、譲与、投資保証、補助金、技術援助、貿易特恵など多種多様な取決めが、必要に応じてアド・ホックに合意されてきた。これらの取決めは、諸国家によって一方的行為（国内法に基づく）として設定されることもあれば、二国間ないし多数国間協定の締結によってなされたり、さらには、国際機構を通じて共同的に行われたりすることもある。

（六）**新国際経済秩序・国家の経済的権利義務憲章**　国際経済における不平等な経済発展の問題について、全世界的な経済政策を共同決定するための努力がこれまで行われてきた。その努力とは、政策目的、政策目標、政策公約のことを指す。諸国家社会の意志および行為のための基礎、そして、個別具体的な法的関係樹立のための基礎を、国別にまた共同で形成することが、その努力の狙いである。

（七）**経済同盟**　互いに隣接する国家社会同士が様々な経済システム（自由貿易地域、関税同盟、経済同盟、欧州共同体（ＥＣ））を設立してきた。この種の経済システムは、国家社会の国内経済の枠組みを超越し、共同体レベルでの政策決定を伴っており、その結果、個別具体的な法的関係の共同体レベルでの形成を可能とするものである。これは、国際法に基づき条約の形式で定立された法的関係を基礎として実現されてきた。ＥＣの場合、ＥＣ諸条約で構成される法的関係、そしてＥＣ条約に基づく授権による二次的な法的関係が、各加盟国に対する直接の対内的効力を有しており、その結果、ECは、複数の国家社会が共有する共同体レベルの公領域を形成するに至っている（とりわけ経済の分野で）。

（八）**地球環境**　諸国家社会は、地球環境に対して共同責任を負っていることを認めるに至った。その共同責任には、地球環境政策にとって必要な諸要素の受容と、さらに踏み込んだ諸々の環境政策についての合意と個別具体的な法的関係の形成とを可能にする制度的取決めの創設とが含まれる。

（九）**海洋法**　諸国家社会は、元来は共有の水域、共有の資源である世界の海洋のあらゆる側面を管理し、国際深海底の開発を行う共同レジームを樹立するために、条約の形式の立法行為を通じて、共通政策、個別具体的な法的関係、そして、共同体レベルの制度的取決めを設定してきた。

（十）**世界商品・金融市場**　社会化された経済活動から生じる圧倒的な余剰エネルギーは、あらゆる有形の取引対象を扱う世界商品市場、そして無形の取引対象を扱う世界金融市場を生み出してきた。これらの市場は、国際的な決済手段を開発してきた（特定の国の通貨を国際通貨として扱う方法や、いかなる特定の国の通貨も使わない対外決済方法）。このような市場と取引は、特定の国家社会の政策や法律に起源をもつものであるが、世界規模の経済の社会化のための制度として機能している。このような市場と取引は、事実上、いかなる特定の国家社会やその社会過程および法システムの支配にも服していない。

（十一）**国際契約**　複雑な国際取引が有する特殊な性質が、国家社会と非国家実体との間の契約、そして非国家実体相互間の契約、という二種類の国際契約の発達をもたらした。これを受けて、契約当事者たちに適用される、次のような新たな法的関係のシステムが発生した。すなわち、一つは、国内法との結び付きを完全に断たれている（いかなる特定の国家社会の法システムの下で創設されるものとしても意図されていない）法的関係であり、もう一つは、人為的に特定の国内法との結び付きを持たされている（当事者たちが任意に選択した特定の国家の国内法システムの下での法システムに基づき創設されたものと見なされる）法的関係である。

（十二）**多国籍企業**　〈取引の対象物〉の生産と流通が国際化したことで、いくつかの国家社会のそれぞれの法システムの下で設立された多くの企業の集合体である、国境を越えて工業、商業および金融業に従事する巨大な多国籍企業が発生した。こうした多国籍企業は、たしかに実質的に特定の一国家社会がその発祥の地であるが、その置かれている国際的立場の観点から、グループ全体の経営戦略を定め、そしてその法的関係を樹立する。多国籍企業は、実質的には、いかなる特定の国家社会およびその社会過程、法システムの支配にも服していない。

（十三）**世界的テクノロジー**　テクノロジーという形態の科学を利用して自然界の変容を行う能力は、すべての人間の共有財産である。テクノロジーの発達は猛烈な勢いで進展してきており、農業や工業の生産方法の発達を通じて、商業手段の開発を通じて、医学を通じて、そして〈大量消費（大衆娯楽を含む）の対象物〉の生産を通じて、全世界の変容が急ピッチで行われるようになった。テクノロジーの発達とその利用は、たとえ特定の国の経済や法システムにその起源を持つものであったとしても、今日では、組織性と実効性という点で、本質的に世界的な影響力を及ぼすものとなっている。

（十四）**世界的混合経済**　以上の経緯を受けて、国際経済は、次の二つの重要な意味において一つの混合経済を構成するようになった。すなわち、国際経済は、①部分的には、非国家実体間の取引を組織化する経済であり、各々の非国家実体の経営方針や法的関係によって規定されている。また国際経済は、②部分的には、複数の国家社会によって組織化される経済でもあり、諸国家社会の、相互に作用し合う各公領域において営まれる。さらに国際経済は、発展の段階が各々異なる多種多様な下位経済システムを包含する経済でもある。そうした下位システムは各々、独自の観念・理論・価値（とりわけ社会と経済に関する実践諸理論）の観点から、多様な経営政策を追求する。そしてそれぞれ、独自のエトス（道徳的慣習）を持ち、また、独自の法的基本構制と、独自の実体的な法的関係の構造とを備えた独自の法システムを有している。

（十五）**世界的経済環境**　以上の経緯を受けて、国際経済は、今日、国際社会に属するすべての国家社会やその他すべての下位社会、そしてもちろん全人類、が共有する経済環境となった。世界の自然環境の場合と同様に、各国家社会は、この世界経済環境について、社会理論上の問題としてではないとしても、現実的な政策上の問題として、次のように認識している。すなわち、国際経済に属するすべての下位経済は相互依存関係にあり、それゆえ、小規模の経済事象や取引でさえも遠い距離を隔てて相互に影響を与え合うし、一方で、大規模な事態（いわゆる経済危機など）は全世界に影響を与えるのである、と。

17・58　このような次第で、一九四五年以降の国際社会は、国際経済なる荒地において、時折激烈に吹き付ける社会工学の強風がこだまするといった光景を呈していた。しかし、やがて時が経てば国際経済は、他のいずれの社会の場合と変わらない一つの社会（すなわち国際社会）の経済となるであろう。国際社会の再認識が行われるときには、その不可分の要素である国際経済の再認識も当然行われることになるであろう。

17・59　想像の産物である国境という形而上的な仕切りを地球の表面から取り去ってみたならば、何が見えてくるであろうか。急速に増殖しつつある人類。自らの人的エネルギーを投入することによって、地球全体を〈労働の対象物〉へと変容する人類。太陽エネルギー、そして地球に埋蔵されているエネルギーを使って、地球そのものを〈利用の対象物〉、すなわち、人間による利用のために人間の心の内部から造り出された第二の世界、へと変容する人類。想像力を駆使する人類――そしてそれによって人間の意志および行為が展開する場（つまり〈欲望の対象物〉）として全宇宙を再創造しようとする人類。思考する人類――地球全体を〈所有の対象物〉へと変容するために、自分たちのなす地球変容活動を調整し組織化する人類。相互に協力する人類――世界を変容するべく自分たちが行う努力の相互作用から無限の余剰社会エネルギーを生み出し、地球そのもの（地上にあるすべてのもの、地中にあるすべてのもの）を〈取引の対象物〉へと変容する人類。

17・60　それにもかかわらず、現実には、「国際経済は、一つの社会を成している国際社会の経済である」と認識することが人類が達成すべき目標の一つとなる可能性はない、すなわち、そのような認識を、人類が選び取って現実のものとする可能性はない、というのが一般の受け取り方である。また、国際経済それ自体についても、「国際経済は人類の自己社会化の不可分の一部である」として認識されるようになるまでにはなお克服し難い障害が立ちはだかっている、というのが一般の受取り方である。

17・61　ここで特に障害となっているのは次のような考え方であろう。すなわち、（各国の）国内経済という概念形成のこれまでの過程において、**所有**が中心的役割を果たしてきたことを踏まえれば、所有の観念が単一の国際経済の概念的基礎を形成しうると考えることなど決してできない、という考え方である。また、そのような障害の存在は、次のようなより一般的な表現にまとめられる形で広く認識されている。すなわち、経済がある社会の自己創造の総体〈社会のあらゆる現実形成を含む〉の不可分の一部を構成していることを踏まえれば、相対立するいくつかの**経済イデオロギー**が共存しているのが特徴であるような世界が、単一の国際経済という単一の体系的現実を形成することのできる世界となることなど決してありえない、と考えられているのである。

17・62　**所有**の観念は、社会の自己認識において、基本構制上の格闘において、社会の革命的な変化において、そして社会の、自己社会化というその永続的ディレンマとの格闘において、主要な役割を果たしてきた。所有は、社会が自らの経済の〈力・構造〉を確立するために用いられてきた。この〈力・構造〉は、経済のシステムが〈今・ここ〉としての現存在〉を媒介として社会自身の過去から未来へと伝達されることを可能にする、経済の構造の根幹部分にあたる。所有は、社会が自らの純粋理論・実践理論を発見しようと格闘するときに、主要な役割を果たしてきた。所有は、社会が社会的自己創造というそれぞれの社会に固有の永続的ディレンマと格闘するときに、主要な役割を果たしてきた。そして所有は、基本構制を形成しようとする、あるいは形成し直そうとする現実世界の歴史的格闘――〈社会過程の総体〉を通じて、また基本構制に違反する活動（基本構制を変更するための、さらに、基本構制の変更に抵抗するための武力行使を含む）を通じて――を行うときに主要な役割を果たしてきた。このように所有は、（一）社会自らの理論の形成に際して、（二）基本構制の形成に際して、そして、（三）社会的正義の名を借りて行われる力の配分に際して、主要な役割を果たしてきたのである。

17・63　（二）理論上の格闘において、所有は、何度となく、超社会化のテーマとされてきた。社会についての個々の純粋理論と実践理論は、次のような考え方を内包してきた。すなわち、所有は、所与の社会がその自己創造過程の一環として創造した観念であるが、そればかりか、いかなる社会をも超越した基礎を有する何か——あらゆる社会の性質に通有し、あるいはいわゆる人間の本性というものに通有し、さらには宇宙の理法としての性質にも通有する何か——でもある、という考え方である。そして、この、「所有とはある意味で自然を超越したものである」という観念は、所与の社会の既存の所有システムを擁護するために用いることもできるし、あるいは、所与の社会の既存の所有システムを変更するための根拠として用いることもできる。また、この観念は、往々にして、次のように二つのことを同時並行的に行うときに用いられる。すなわち、ある社会の既存のシステムを擁護しつつ、別の社会の所有システムを非難すること、あるいは、ある社会の既存のシステムを非難しつつ、別の社会の所有システムを称賛すること、である。

17・64　所有のもつ超社会化作用にこれまで見られた一つの特徴は、所有の観念を実体化する、すなわち所有を実体をもつものとして、つまり、所有を、社会的力の特定の形態を指示する言葉とは異なる何か、として認識しようとする、傾向である。その事情を端的に示す次のような用語がある。すなわち、**所有権**、**物的・人的資産**、**有体・無体財産**、**工業・知的所有権**、**財産所持者**、**財産所有者**、**財産譲渡**、**公有財産**、**私有財産**、**国有財産**、**財産法**である。こうした用語からは、「所有は、その実在性や実体性の点で、所有・力の対象であるところの有形の土地や物体に類似するのである」という観念が生じてくる。このような観念はさらに、「所有は、自然界と同様に自然であり安定している」とか、あるいは「所有・力の特定の分配の仕方が、自然界の準自然法の帰結である、あるいはその違反である」と思わせるように意図された、あれこれの社会理論の一部となったりするのである。このように、所有の観念が準物質的な性格を帯びるようになると、それは社会構成員それぞれのアイデンティティの一部となって、それを守るため、社会構成員の人格、身体、家庭と同じように自己防衛が求められるようになるのである。また所有の観念は、自らの繁栄という観念はもちろんのこと、自らの生存という一層基本的な観念から派生する諸々の観念や強い感情を装着するようになるのである。

17・65　(二) 所有・力をめぐる格闘が、並外れた理論性と同時に並外れた暴力性をも兼ね備えている背景には、戦術的理由が一部絡んでいる。所有・力の既存の分配体制を擁護しようとする者、あるいは、それを打倒しようとする者は、抜本的変化を正当化する理論を援用するのであるが、もしその理論が変化をもたらす程には効果的でない場合には、実力に訴えることになるのである。しかし、所有の観念が極めて高水準のエネルギーを帯びたものであるもう一つの理由は、所有・力が、基本構制上の権力——公領域において行使される力、すなわち、社会の特定の構成員が、基本構制上の機関の内部で、社会全体の名においてまたは社会全体を代表してなす意志および行為——と結び付いているかのように見えるところにあろう。すなわち、所有は、社会における究極的な権力の分配に関係しているかのように見えるのである。

17・66　国家社会の自己創造において経済が中心的役割を果たしていることは、「公領域の統治の支配をめぐる格闘とはすなわち、経済の統制をめぐる格闘である（またその逆）」との見方ができることからも明らかである。自然界を社会的利益に適うかたちで変容させるための社会の構造システムとして、経済は、社会の法システムの主要部分を担うものでなければならず、同時に法システムは、社会の経済を組織化する上で主要な役割を果たすものでなければならない。経済の構造およびシステムは、とりわけ法的基本構制、そして法的基本構制の下で構築される法的関係、の中に具体的に表現されなければならない。なぜなら、そうすることで、経済の構造およびシステムが、社会の過去から未来へと伝達されることが可能になるからである。社会的力の一形態としての法が経済システムに対して行う独特の貢献は、法が、過去から引き継がれた社会的力である点にこそある。すなわち、法においては、過去は、（社会全体のために行われる普遍的意志の一部である場合を除き、）もはや〈今・ここととしての現在〉では修正できない、（他の諸々の社会現象と比べれば）相対的に不可避の事実として、現在の意志および行為の中に立ち現れるのである。経済による余剰エネルギーの創出が、その構造およびシステムに依存しているという事実のゆえに、法は、経済の生み出すエネルギーが体系的に組織化される場としての構造システムの制度化に貢献するという点で、特権的役割を果たすのである。

17・67　㈢　超自然化された所有の観念が、ある社会において承認されている純粋理論の中に定着することによって、あれこれの派生的な所有の観念がその社会の実践理論の中に位置付けられることが可能となる。こうして、所有は、その社会の〈社会過程の総体〉において行われる理論的および実践的な内部論争の主題となるのである。特に、政府の権力下にある公領域を有する国家社会の場合には、**正義と社会的正義**をめぐる社会の永続的ディレンマとの格闘にその社会の構成員が参加するとき、所有は政治における弁証法の主要な要素となる。

17・68　所有は、社会化された——ただし、社会のシステムの一部として社会化された——自然界、に対する力である。所有とは、財産所持者のエネルギーの、他の社会構成員のエネルギーとの統合をもたらす、社会による力の委託のことを指す。それゆえ所有は、エネルギーの体系的な組織化——すなわち、社会の経済——の根底に位置する。他のすべての法的関係がそうであるように、財産所持という名の法的関係も、法的諸関係のネットワークを指すのであり、そのネットワークについて完全に説明するためには、法的基本構制レベルの法的関係までをも含む、社会内の他のすべての法的関係について述べることが必要となる。社会内のいずれの法的関係も、法的基本構制の下でシステム内の他のすべての法的関係と必然的に結び付いているため、所有にかかわる法的関係も、法的関係の全体構造の不可分の一部として作用する。所有関係とは力の関係であり、社会の全構成員の意志および行為をその相互の関係において修正するのである。

17・69　所有・力は、いかなる形態であれ、また社会のいかなる構成員に対しても、分配することができる。所有・力は、個々の人間にも、また、いかなる種類の下位社会（公領域の諸機関と非公的領域の諸団体を含む）にも、分配の程度は異なるが、分配すること自体は可能である。言い換えれば、社会は、次のような下位社会に対して所有・力を付与することができる。すなわち、①社会全体の名の下にかつ社会全体のために行為する諸機関、②自らの責任の下で行為する諸団体、③社会全体のためにかつ自らの責任の下で行為する諸機関（工業・商業・金融業の会社、国営工業会社、国営商事会社、公共自治体、協同組合と地域共同体、慈善団体、非営利団体、その他、各種の団体）である。

17・70　所有・力は、人間の意識においてかつ人間の意識を通じて行われる変容の対象となりうるあらゆるものとの関係において委託されうる。この所有・力は、文字どおり最も物理的な変容——例えば、食用の穀物や動物を育てるために土地を利用すること——のときに行使することができる。また、最も抽象的な変容——例えば、種々の理論上の観念を生み出すこと——のときにも行使することができる。人間は意識の中で、世界を、社会的な所有・力の委託を実現可能にする上で不可欠なものとして、再認識することができる。また、人を奴隷や従業員として再認識することもできるし、金属や紙をお金として再認識することもできる。さらには土地を不動産として、物体を芸術作品として、電気信号をテレビ番組として再認識することさえできる。そして、力の委託によって、力の保有者としてのいかなる形態の人間社会をも設立できるのである。そのような社会としては家族の社会から全人類で構成される国際社会にまで至る社会、また、考えうるあらゆる種類の中間的な基本構制的機関、すなわち公共自治体、会社、商社、企業などが含まれる。

17・71　それぞれの所有・力、また、それぞれの所有・力の保有者がいかなる性質のものであろうとも、所有・力が社会から委託されたものであることに変わりはなく、それゆえ、この委託には社会的利益が織り込まれている。委託のための条件として織り込みうるのは、①所有・力の行使によって発生する変容が社会全体にとってプラスとなるものであること（すなわち社会全体の所有財産となること）、あるいは②その変容が所有・力の保有者にとってプラスとなるものであること（すなわち、そのような諸変容の結果として所有・力の保有者の持つかかる力がさらに強化されること）のいずれかである。②の場合、社会が所有・力を付与するにあたっては、所有・力の個々の保有者がその力に基づいて変容をなすために継続してエネルギーを投入することを社会が認めることで社会的利益が達成される、ということが当然求められる。もっとも、その場合、社会は個々人によるこのように追加投入されたエネルギーによって社会自らが恩恵を受ける途を選ぶものである、ということが常に前提となるのであるが。

17・72　社会は、こうして委託した所有・力の成果を課税によって均霑することができる。すなわち、社会から委託された所有・力を財産所持者が行使することで生じた変容からの利益の一部を、社会は課税によって受け取るのである。このように、課税は、人間社会の歴史のごく初期の頃から、個人の努力の成果を社会化するための手段と考えられてきた。そうした利益の一部は、社会によって、以下のような形態で、所有・力として他日の使用のために保有されるのである。すなわち、一つには、エネルギーの一部の側面を自ら社会化していく何らかの社会システムを創設するという方式で、さらには、その所有・力を、社会的利益という形態で、元来の財産所持者から他の社会構成員に移転し保存させるという方式で、である。

17・73　国際社会の諸々の下位社会が行う社会的格闘（とりわけ、無数の社会的格闘を闘ってきた歴戦の戦士のオーラ（霊気）を漂わせている、国家社会の発展過程）において、所有の観念は極めて中心的な役割を果たしてきた。そういう経緯をたどってきたため、所有の観念は、すべての社会の支配階層に、ある種のトラウマ（精神的外傷）を植え付けてきた。支配階層の人々にとって、いわゆる所有・権の防衛や所有・権の革命的な手段による再配分といったものは、彼らなりの社会的利益や社会目的についての理解の根幹を今でもなしている。また国家社会で統治権を行使する人たちにとっては、所有とは、いわば危険に満ち満ちた世界における門外不出の観念とされている。しかし実際には、所有の観念は、それに満足すべき中身を付与するのに必要な、同観念に適した現実形成の枠外に飛び出してしまうこともあるし、また、その後、外の世界での様々な経験を経て、以前とは違った姿で戻ってくることもある。つまり、飛び出したときには支配者の友であっても、戻ってきたときには危険分子になっている、ということもありうるのである。

17・74　その結果、社会的な所有・力が国際経済の現実の機能における必要かつ基本的な特徴をなしている一方で、所有の観念は国際社会の自己認識の中に統合されていない、という事態が生じている。誤って認識されてきた国際社会の知る所有とは、いわゆる領域主権という虚構の所有のみである。この、領域主権なるものの虚構性は、本書第十六章で論じたように、いわゆる国家なるもので構成される国際社会という構造を意識の内部に維持しかつそれを強制するために、所有の持つオーラ（威光）を借用してきたことから裏付けられる。

17・75　国際社会におけるこうした不連続性（実体としての所有が存在する一方で、所有の観念が存在しないこと）の結果、国家社会の公領域間の相互作用の一部とはなっていないすべての国際経済が、国際社会と国際法の概念の中に統合されていない、という状況が生じている。つまり、国境を越えて行使されている社会的力の大半が、国際社会では社会的および法的責任を問われえないものとなっているのである。

17・76　もし国際社会における所有の本質と機能を、右で考察したように、いずれの社会における所有の本質と機能とも同じであると認識することができれば、国際社会における所有のトラウマは克服できるであろう。あらゆる所有は力である。所有・力とは、法的関係の形態をとりうる社会的力である。この定義は、国際社会の下位諸社会（国家諸社会を含む）における所有にも当てはまるし、同様に、国際社会における所有にも当てはまる。いかなる所有・力も、国内社会と同様に国際社会においても、社会によって、その社会的利益に適うような仕方で――他のあらゆる形態の社会的力や法的力が社会によって委託されるときと同じ仕方で――下位諸社会へと委託される。国内社会と同様に国際社会においても、社会的利益とは次のようなものである。すなわち、たしかに所有・力の・個々の保有者は自分自身の利益のために個別に意志および行為をなすことができるのであるが、ただし、そうした意志および行為は、最終的に、社会の利益――社会全体そしてその全構成員の存続と繁栄――への寄与につながるような方法（これは力の委託の際に定められる）でなされることが求められるのである。所有・力の行使として個々になされる意志および行為は、他の力を行使するときと同様に、社会的にも法的にも責任を問われる（所有・力に対する法的制限の設定、そして、ある特定の意志および行為がその制限の範囲内か否かに関する決定、というかたちで）。国際的な所有・力が行使されるときも、同様に責任を問われるのである。

17・77　国際法システムでは、国家諸社会の力以外の社会的力の存在が無視されているため、非国家アクターが国際的な所有・力を行使しても、国際社会に対して法的責任を問われることはなく、ごく限定的な社会的責任を問われるだけである。つまり、非国家アクター――工業・商業・金融業などあらゆる分野の企業を含む――が経済的力を行使するとき、たとえ法的責任が問われるとしても、それは国内法システムを通じてのみ問われるのである。国際社会の下位諸社会のシステムとしての国内法システムは、その機能の一環として、国際社会の社会的利益に貢献することもできる。しかし、このように不完全で間接的なかたちでしか法的責任が問われえない以上、国際社会の社会的利益に対して、せいぜい部分的、断続的、不確実で非体系的な方法でしか貢献できないのである。国際社会は、その意識によって、国際経済の現実の総体――国際社会という究極の構造システムの中の一つの構造システム――を掌握しなければ、国際社会自身の存続と繁栄を手にすることができない。

17・78　したがって、正しく認識された国際法は、法的関係というかたちで国際的に行使されるすべての所有・力を支配するものでなければならない。その場合、国内法システムと同じように、国際法も、これまで国際的な法的関係への参加者を指す用語として用いられてきた**国際法主体**という概念上のカテゴリーを放棄することが求められる。国際社会の下位諸社会（国家諸社会を含む）の法は、適用対象となる（法律上の）「人」すべて――すなわち、その社会の法システムに基づく法的関係に参加する「人」格すべて――に適用される。こうした下位諸社会の法が適用される人格には、国家社会の市民も含まれるが、その他に、ある所与の地域に現実に所在する人格、あるいは、そこに所在していなくてもその現地の法システムに基づく法的関係に参加している人格が含まれることもある。そして、法的関係に参加する人格は、個々の人間であることもあるが、一方、当該法システムが社会的利益に適うようなかたちで法的力の委託を行うにあたって法システムそれ自体が決定する範囲内の他のいかなる種類の人格や社会も、これに含まれるのである。

17・79　したがって、国内法にア・プリオリな法主体が存在しないのと同様に、国際法にもア・プリオリな国際法主体など存在しないのである。これまで国際法主体であることが当然の前提とされてきた二つの主体（いわゆる**国家**と**国際機構**）は、国際的な法的関係の無数の参加者のうちのわずか二者であるに過ぎない。国際的な法的関係への参加者を完全に列挙することは不可能であろう。そのため、こうした参加者の数や種類は、国際社会の必要に応じて、また国際法上の現実の法的関係が認めるところに従って、いかようにも変わりうる、としか言いようがない。

17・80　国家社会、そして諸国家社会から構成される国際機構は、国際社会の基本構制上の機関として、次のような特別の役割を現今の国際社会の基本構制の枠内で果たしている。すなわち、国際社会の公領域の統治、そしてとりわけ顕著なのが立法――新しい法的関係（国際法上の法的関係と、国家社会と国際機構の両者の法的関係）の創設――という役割である。しかし、国際経済の分野に特に着目すると、非国家アクターによる所有・力（法的な所有・力を含む）の行使も、少なくとも国家によるそれと同じ程度に、全人類から構成される国際社会の存続と繁栄の重要な鍵を握っている。非国家アクターの活動が社会的責任と法的責任を問われるべきであることは、国家社会や国際機構の活動が社会的責任と法的責任を問われるべきであることと、少なくとも同じ程度の重要性を有しているのである。

17・81　右記17・57で論じた国際社会の動向は、一つの新しい国際法が、問題を抱えつつも発展を遂げていることを物語っている。この国際法は、参加アクターの地位の如何を問わず、国際法経済のあらゆる側面を当然に扱うものである。国際経済のいかなる側面も、この新しい国際法からの影響を免れることはできない。国際法は、現実の国際経済に影響を与え、そして、人類の現実の生存と繁栄に影響を与える法の各領域の内容とシステムとを発展させるであろう。それはちょうど各国家社会が、発展途上にある国内経済のニーズに対応するべく、財産法、契約法、会社法、商法、財政法、保険法、知的財産法、消費者保護法、環境法といった具合に、次々と新しい法領域を開拓していかなければならなかったことと同じである。

17・82　このような過程を通じて、国際社会はいわゆるイデオロギー対立を超越することになるであろう。**イデオロギー**という欺瞞に満ちた危険な言葉は、ある所与の社会の〈自らにとっての現実〉を決定している実践理論、純粋理論、超越理論の三理論を組み合わせて得られた特定の混合体を指すときに用いられるのである。このイデオロギーという言葉が用いられているということは、**所有**という言葉の場合と同じように、次のことを示唆するものである。すなわち、この三つの理論がある所与の社会において三位一体的な本質を構成してきたこと、そしてこの三理論が、所与の社会の構造の極めて根幹に近い部分を構成しているため、その社会の〈社会過程の総体〉を超越しており、またある意味で、その他のいかなる社会的〈現実形成〉よりも重要かつ決定的なものであるということ、である。こうした言語的な戦術は、社会内にあって特定の理論体系を超社会化することに関心を持つ者によっても、また、社会の外部からその社会を二度と元に戻すことのできない**別の社会**へと変革することに関心を持つ者によっても、利用されるのである。

17・83　しかし本書で提示した社会の性質と機能に関する見解に基づけば、いかなる特定の社会の〈自らにとっての現実〉も、二度と元に戻すことのできないもの、変更のできないもの、と考えることはできない。逆に、〈社会過程の総体〉が、社会〈自らにとっての現実〉の永続的変化を必然的に引き起こすのである。社会のいずれの〈現実形成〉過程も、過去を未来に伝える機能を持っているが、一方で、未来の持つ諸々の可能態を現実化し、さらに、その現実化された可能態を、社会の〈今・ここととしての現在〉の社会過程を通じて、社会の過去へと変容していく機能をも持っているのである。社会の構造システムを過去から現在に伝える機能を持つ法的基本構制でさえ、それ自身、社会の自己創造という永続的格闘の一部なのである。

17・84 国際社会は、他のいずれの社会とも同じように、その下位諸社会の様々な現実――その一つ一つが、下位社会の〈自らにとっての現実〉の枠内で展開される一つの〈自らにとっての現実〉である――と共存することができる。しかし、こうした多様な下位社会の現実もまた、それ自身、変化するものである。将来、ポスト資本主義やポスト社会主義という現実が現れるかもしれないし、またそれらとは違った別の新しい現実が現れるかもしれない。また、社会主義経済でも資本主義経済でもない、文字通り「国際」経済という現実が現われるかもしれない。国際社会は〈自らにとっての現実〉を持たずにいることはできない。実際、国際社会は、その下位諸社会（国家社会を含む）のありとあらゆる多様な現実を超越した、国際社会〈自らにとっての現実〉を既に有している。国際社会は、自らの諸理論（国際経済に関する自らの理論を含む）を既に有している。国際社会がその諸理論を「国際社会の理論」（実践・純粋・超越の三理論）として認めていると否とにかかわらず、また、その諸理論が国際社会の〈社会過程の総体〉の一部として発展していく過程を、国際社会がリードしてきたと否とにかかわらず、そうなのである。そして国際社会は、国際経済を既に有している。この国際経済は、国際社会が自らを一つの社会として認めるようになる日を待ち望んでいるのである。

第十八章　国際文化

18・1　社会の**文化**は、全体としてみたときの社会そのもののことである。すなわち、社会が自らの力で現実態として創り上げたあらゆるもの、社会が自らの可能態として考え出したあらゆるもののことである。社会の文化は、社会の内部で社会〈自らにとっての現実〉の一部として考え出された何かではない。社会の文化は、社会が、自らを社会として創り上げていくために永続的ディレンマと格闘するときに、その社会の〈社会過程の総体〉の一部をなしているのではない。社会の文化がこうしたディレンマの一部をなしているのではない、むしろこうしたディレンマの方が社会の文化の一部になっているのである。社会の文化は、社会〈自らにとっての現実〉が生み出す現実である。社会の文化は、社会の〈社会過程の総体〉のすべての処理過程——社会の想像するところを想像すること、社会の推論するところを推論すること——から構成される全体である。社会の文化とは、**精神**としての社会である。

18・2　**精神**とは、ある特定のもの﹅が﹅その構造とシステムという観点から説明された後でもなお必要として残る仮説である。すなわち、①意志および行為が、生物としての人類が自らの生存と繁栄に寄与するような仕方で世界を変容することを可能とする意識の一機能として説明され、②生存と繁栄が次のような目的と結び付けて理解され——人類と社会のそれぞれが自ら想到した可能態の中から抽出する目的、人類と社会が未来を過去へと作り変えていく過程で〈今・ここ〉としての現在〉の場で選び出す目的——、③様々な可能態に価値を与える〈自らにとっての現実〉（宗教、神学、哲学、歴史、美術、科学、道徳、経済、法）の、想像力と理性による創造、として社会の自己創造が説明され、そして④社会の生成が、〈社会過程の総体〉の内部で展開される社会の永続的ディレンマを社会化するための終わりなき格闘として説明される。これら四つのもの（意志および行為、生存と繁栄、社会の自己創造、社会の生成）がこのように説明された後でも、なお、**全体性**としての社会という問題は残る。すなわち、ある社会の構造システムの全影響——社会において現実になされているあらゆる認識と自己認識（現実になされているあらゆる自己創造と社会化）を超越する影響、つまり、個々の社会を独自のアイデンティティを持つ独自の社会へと変えるような影響——とは何か、という問題である。つまりこの残された問題とは、〈自己を通じての社会〉（社会自らが創造した社会）の問題や、〈自らにとっての社会〉（社会自らが認識した社会）の問題ではなく、〈社会それ自体としての（本来の）社会〉（全体性として認識された社会）についての問題に他ならない。

18・3　社会の文化は、全体性としての精神であるにとどまらず、**自己超越**としての精神でもある。人間の意識は、社会を形成しまた逆に社会によって形成されるものであるが、にもかかわらず、その意識自体を、また社会さえをも超越することができる。超越できるだけではない。超越しないでいることができないのである。そのように超越できるのは、自らの限界を知らない想像力と理性の力によってである。超越しないでいることができないのは、人間の意識が、単に人間の意志および行為の産物ではない世界を認識しようとするのを自ら止めることができないからである。個人そして社会の意識を通じてなされる、人間の意志および行為の世界は、意識が認識する世界を完全に網羅し尽くすことはない。まず、自然界が存在する。そこでは、人間の意識は人間を脳と神経系統を持った肉体と捉えており、そして、人間の現実形成の大半はこの世界の中で展開されるのである。しかし、そのような自然界が存在する一方で、人間の意識を包含しかつそれを超越する〈存在するものすべて〉の総体というものも存在する。我々の〈自らにとっての現実〉——集積した社会的意識のすべての所産——は、この〈存在するものすべて〉の総体を何らかのかたちで投影し、反映し、暗示するものである。

18・4　〈存在するものすべて〉の総体について、我々のとる実践的戦略として、次の三つの捉え方をすることができる。すなわち、①〈存在するものすべて〉の総体は、我々の認知能力をはるかに超えたものであり、我々が敬意を表して沈黙を保つべき現実である。②〈存在するものすべて〉の現実に対して、我々は、神学、宗教、哲学、芸術、自然科学、経済学といった分野で、それぞれの分野に合わせて自分の意志および行為を調整しながら無限の〈我々自らにとっての現実〉を形成していけばよい。③〈存在するものすべて〉の総体は、我々が完全に無視してもよい現実であり、我々は、あたかも個人の意識や社会の意識の実質的内容を超越した現実など存在しないかのように、日々の生活を営めばよい、と。しかしこれら三つの実践的戦略のいずれを我々が採用する場合でも、〈存在するものすべて〉の総体は、人間の意識が想像力（森羅万象について様々な概念を抱く能力）と理性（そうした様々な概念を秩序化する能力）を有している限り、人間の意識の中に常に身を現わす現実である。人間の意識の作り出した世界を超越する世界は、人間の意志および行為を通じて作り出された世界ではなく、したがって時間と空間を伴わない世界である。意識はそこに定住することも、そこを占有することもできないが、しかし、そこから離れ去ることもできないのである。

18・5　社会の文化は、総体としての精神や自己超越としての精神であるにとどまらず、**自己判断**としての精神でもある。社会の総体の自己超越は、自由の一つの形態、すなわち、社会的な〈意志の自由〉（それは、社会の構造システムに起因する各種の拘束から我々を最終的には解放する――ちょうど、個人の意志の自由が個々の人間を肉体の単なる生理機能から解放する、と意識によって認識されているのと同じく）でもあるが、それだけには限られない。社会の総体の自己超越は、たしかに一面では権能付与的であるが、それは同時に一面では参加強制的でもある。それは、意識を超越した世界の必然性に意識が関与しているからである。意識は意識自身を超越するべく義務づけられている。意識するということは、我々がすべてのことについて意識できているのではないことを意識することである。また、意識するということは、我々の意識が、それをはるかに超えたある意識の一部であるか、それとも、意識というものをはるかに超えたあるものの一側面でしかないか、そのいずれかである、と意識することである。

18・6　〈意識を超えた世界〉への意識は、人間のあらゆる社会化に新たな次元を導入することになる。その新たな次元とは、**超相対性の視点から見た相対性**の次元、すなわち判断の次元である。この次元は人間的な規準を超えた次元であり、そこでは、人間によるいかなる評価も相対的、一時的、部分的なものになる。この次元では、社会でさえ、また人間の意識でさえ、限界的・限定的・有界的といったものに過ぎない、ということが看て取れる。この次元では、あたかも外から見渡しているかのように、社会を一つの全体として捉えることができる。社会は、仮説上、一つの構造システムとして閉じた存在と想定されている。すなわち、他の社会（同等の社会や上位の社会など）との関係において、自然界のうち自ら以外のすべての部分との関係において、そして、〈存在するものすべて〉のうち自ら以外のすべての部分であると自ら考えるところとの関係において、自らを組織化された一つの全体として成長させるために自らの現実を利用する、という意味において、閉じた存在なのである。しかし、一方で、社会の自己創造活動はすべて、社会の意志および行為の枠の外にありながらその社会が決して無関心ではいられない世界、の内部で行われる活動でもある。

18・7　いかなる社会的活動であれ、最終的な説明など決してすることのできない矛盾と謎と不確定要素に満ち満ちていて最終的な解決をみることの決してないディレンマが決定因となっている――このことをも我々に示唆しているのは、まさに、社会の精神のもつ判断としての側面なのである。無知の峰を一つ越えても、また新たな無知の峰が現れてくる。社会の自己判断的な精神は、社会というものが必然的に、永遠に不完全で未完成なものであり、いつまで経っても発展途上段階にある、ということを我々に示唆する。このように示唆するとき、社会の自己判断的な精神は、我々が、個人としてそして社会としてより完璧でより完全でより発展した状態とはどのような状態なのかについて、社会を超越した世界において認識できるようにするのである。特定の社会の精神的な次元——その社会自身が作り出す次元ではあるが、それを社会が自ら選び取ったわけではなく、にもかかわらずその適用を免れることができない——とは理想の次元、すなわち、我々の抱くあらゆる理念の中の究極の理念、我々のあらゆる可能態の中に潜む究極の可能性、我々のなすあらゆる自己生成の向かう方向、我々のなすあらゆる想像の究極の源泉、そして我々のなすあらゆる推論の究極の秩序、の次元なのである。

18・8　社会の文化は精神——全体性、自己超越、自己判断としての——である。社会の文化は仮説上の存在ではない。社会の文化とは、利用可能な一つの現実態、すなわち人間の意識が利用できる現実態である。社会の文化は、ある所与の社会の外部者、すなわちその社会にとっての**他者**——同等の社会、上位の社会、そして社会の外にいる個人——も利用できる。社会の内部からの視点は、必然的かつ不可避的に、外部からの視点でもある。全体としての社会、すなわち社会の文化は、その社会の外部でも利用することができる。社会の文化は、他の社会やその構成員が、自己を形成し、自らの文化を生成するために、自らの現実形成の一部として利用することができる。そして、社会の文化は、その社会にとっての**他者**も利用できるものであるため、そうした他社会の**自己**形成に参加するのである。社会は、その自己形成にあたって、社会にとっての他者に対して自らを文化として提示することができるようなかたちで自己についての概念を形成することが絶対的に求められる。

18・9　社会の精神が現実態として利用される仕方は、他にもある。家族で構成される社会から全人類で構成される国際社会に至るいずれの社会でも、結局のところ社会が完全には吸収し切れない意識が存在する。すなわち、個人の意識である。個人の意識——個人の意識が社会を形成するが、一方、社会によって個人の意識が形成される——は、誕生の瞬間から死の瞬間まで、社会の意識の一部である。しかし一方で、個人の意識は、誕生の瞬間から死の瞬間まで、社会の意識とは違う意識——唯一無二の総体、独自の精神——でもあり続けるのである。

18・10　これまで、個人としての人間を説明するときには、①肉体と意識という人間の二つの側面の融合、②個人の生存と繁栄を目的とした意志および行為、③無意識の自然界の一部としての意志および行為、④家族で構成される社会から全人類で構成される国際社会に至る無数の諸社会の一構成員としての意志および行為、など様々な観点からの説明がなされているが、それでも、個人なる構造システムの総体的影響がどのようなものとなるか、という問題は残されたままである。その影響たるや、社会で実際に行われているいかなる認識や自己認識にも勝るものであり、実際に行われているいかなる個人の自己創造や自己社会化にも勝るものであり、そして、特定の個人を唯一無二のアイデンティティを有する唯一無二の個人へと変えていくような影響のことである。さらに残されている問題は、人間の自己創造性（個人自らを通じて創出される個人、社会を通じて創出される個人）の問題ではなく、自己意識（個人自らにとっての個人、社会にとっての個人）の問題でもなく、総体として認識される個人（個人自らとしての個人）の問題である。これは、換言すれば、精神としての個人の問題である。

18・11　それぞれの社会が〈精神としての社会〉でもあるのと同様に、それぞれの人間は〈精神としての個人〉——個人の現実的生成に優越し、自己判断の永久的な外的次元として機能する一つの総体——である。人間の個性とは、言うなれば、その人間の文化である。社会の文化とは、言うなれば、その社会の個性である。

18・12　それゆえ、〈文化としての社会〉とは、社会の現実形成よりも常に一歩先んじている、すなわち、社会の意志および行為の支配できる域をわずかに超えている、社会の現実である。〈文化としての社会〉は、社会自身が自らにかざす鏡の中に映る自らの像である（ただしその鏡を作ることを社会自らが選んだわけではない）。〈文化としての社会〉は、社会自身が見ることのできない光によって社会の内部に作られる社会自身の影である。〈文化としての社会〉は、社会自身が形成した現実である（ただしその現実を形成することを社会自らが選んだわけではない）。〈文化としての社会〉は、常に社会よりも一歩先んじた世界であろうとする性質を持つ精神の世界に既に参加しているような社会である。〈過程としての社会〉は、その社会の精神を、社会のあらゆる生成からの分泌物として創り出すのである。〈精神としての社会〉は、〈過程としての社会〉のそれぞれの気孔や繊維の中に分泌されるのである。

18・13　社会は、構造システムとしての自らの存続と繁栄を実現しようと意志し行為するとき、存在としての自分自身と適合するような仕方で意志し行為する。社会は、時間と空間を自らの意志および行為を定位するための座標軸として認識することによって、社会自らを、①意志し行為するもの、②自らの意志および行為のために時間と空間を用いるもの、③時間と空間の中には存在しないもの、④精神の次元の存在、としても認識するのである。社会の文化の、総体的で自己超越的で自己判断的な精神の次元とは、時間と空間の中で行われる社会のあらゆる意志および行為の第五次元である。

18・14　総体的で自己超越的で自己判断的な精神としての社会の文化は、社会が自らのあらゆる現実形成過程を通じて社会〈自らにとっての現実〉を形成していく場であるところの現実を構成する。そのような社会の文化は、社会の構造システムのあらゆる現実的活動が持つ形而上学的側面である。物理的・無意識的世界は、ただその世界の構造を秩序化し、その世界のシステムを活動させるだけで、自然科学が仮定する諸原理を**形成する**。人間の意識は、意識の中で、こうした原理を次のようなものとして**認識する**。すなわち、仮に自然が自らの秩序と活動を人間の意識を通じて自覚しているとするならばその世界が認識していたはずだと考えられる原理として認識するのである。まさにこのような理屈で、自然は仮定された科学法則に**従っている**、と言われるのである。

18・15　しかし、意識の世界においては、人間の意識が、人間の意識（個人の意識および社会の意識の双方における）それ自身による秩序と活動の観察者でもあり、同時に被観察者でもある。社会の文化の中では、人間の意識は、その社会の構造システムを、そしてその社会のあらゆる下位構造システムをただ秩序化し活動させるだけで、その社会の秩序と活動の原理を**形成する**。人間の意識は、〈自らにとっての現実〉というかたちをとった個人の意識、社会の意識の中で、その意識が形成した現実におけるその意識自身の秩序と活動の原理を、その言葉・観念・理論・価値を用いて**認識する**。社会は、自らのあらゆる自己創造と自己社会化を行うとき、自ら決定した様々な目的に従って、自ら認識した様々な可能態を現実化しているのだが、単にそれだけにはとどまらない。社会はまた、社会の文化に内包されている社会自身の秩序と活動に関する法則性に従って意志し行為する。この法則とは、仮に人間の意識が社会を秩序化し活動させることができるとするならば人間の意識が当然自らのために作り出していたはずだと考えられるものである（社会の精神が、形を与えられて初めてその姿を現わすことを想起せよ）。

18・16　国際社会の文化において、**人類**は自らが精神であることを認知する。国際社会、すなわち全人類で構成される社会において、**人類**は、一つの自己超越的で自己判断的な総体としての自らと対面することになる。あらゆる栄光とあらゆる苦悩に満ちた極端に両義的な歴史を持つ人類の社会的経験を思い起こしてみれば、人類が、自らを社会として認識することに、あるいは、社会的人類という鏡像で自分の姿を見ることにためらいを感じたりしたとしても、さして驚くほどのことではない。自らが社会であることを敢えて認めようとしない社会では、精神の第五次元に必ず歪みが生じる。国際社会の歪んだ精神は、社会の構造システムのあらゆる活動に歪みを生じさせる。そうした国際社会の歪んだ精神は、社会自らの意志および行為を無力化し、社会のあらゆる言葉・観念・理論・価値を混乱させ、社会のあらゆる生成の方向感覚を失わせ、社会の漸進的自己発展を妨げ、社会そのものを社会自らの存在にとっての阻害因子へと変えてしまう。

18・17　国際社会の歪んだ文化がどのような帰結をもたらしてきたかは、本書で論じてきたところからあまりにも明白である。すなわち、

18・18　(一)　国際社会は、下位社会の非自然的な社会的世界という枠組みを越えて存在する**半自然状態の世界**として、人類の前に立ち現れる。国際社会は、一見、自然の力が社会の力を圧倒しているかのようにみえる領域である。国際社会は、異常な出来事が発生する場である。そうした出来事は、全体または一部、人間の意識の所産なのであるが、自然現象としての性質、国際社会の一種の擬似的気象現象としての性質をも帯びている。すなわち、戦争、内戦、ジェノサイド、飢餓、伝染病、圧政、搾取、社会におけるあらゆる種類の非人間的扱い、世界の自然環境の破壊と浪費、世界の経済環境における景気循環・恐慌・その他の大規模な変動、といった現象である。

18・19　非社会的な国際社会は、人類の目には半自然状態の世界として映るため、人類が前段落で例示したような諸現象を目の当たりにしても、自然界で起こる同様の現象——疫病、旱魃、ハリケーン——に直面した場合と、驚き方はさして変わらないであろう。人類がそうした諸現象を起こすことについて恥ずかしさを覚えたとしても、それは、純自然的災害の発生を招いてしまったことで感じる恥ずかしさをわずかに上回る程度であろう。そして人類は、純自然的世界において災害がいつの日にかなくなるとの確信を抱いている一方で、上述のような諸現象が半自然状態の世界である国際社会からいつの日にか駆逐されるという確信は抱いていないのである。また人類は、科学や技術を駆使して、純自然的世界の過程を変えることのできる自らの能力について確信している一方で、意識の力を駆使して、全人類で構成される社会における半自然的な生成の過程に変化を与えることのできる自らの能力についてはそれほど確信していないのである。人類は、精神的存在としての自らの力、そして、総体的な自己判断によって自己を超越させる能力、を自ら否定することで、生存し繁栄しようとする意志や、自ら着想した可能態に従って自らを創造しようとする意志までをも弱体化させてしまうのである。

18・20　(二) 非社会的な国際社会は、精神的存在——全体的で自己超越的で自己判断的な存在——としての自らの文化という観念を有していないため、組織化された社会の外縁にある**周辺的社会**、未開の辺境の地にある社会として、人類の前に姿を現している。非社会的な国際社会では、社会的な行動と非社会的な行動とが単純に連結しており、単純に整序されているため、そうした行動は容易に理解され、速やかに判断されるのである。社会構造の全体性とは無縁の存在であるため、非社会的な国際社会は、社会としての体裁をかろうじて保っている周辺的社会の日常生活にほとんど影響を与えていない。その影響力はあまりにも微力であり、また断続的にしか生じないため、全体的社会など存在しないと思うのは容易であり、あるいは少なくとも、この周辺的社会が全体的社会——あまりにも無縁であまりも不確実であるため、理解も尊重もされていない社会――の不可分の一部を構成することはない、と思うのは至って容易なのである。

18・21　逆に周辺的社会の立場からみれば、全体的社会それ自体が単に周辺的社会の拡大版に過ぎない、と考えるのは容易である。すなわち、辺境の地にある周辺的社会にとっては、あらゆる社会が非永続的で不安定で自然状態に近い辺境の未開の地なのである。半・社会的な国際社会の立場からみれば、世界はすべて「開拓時代の西部」のようなものである。

18・22　(三) 国際社会に全体性――自己超越的で自己判断的な精神としての――が欠如していることを受けて、**社会的荒廃**が、国際社会の下位社会、とりわけ諸国家社会に、伝染病のように蔓延している。社会的堕落は一度生じると次々にそれを誘発することになり、ついには、社会の現実の達成物が、もはや社会自身とその構成員の生存と繁栄ではなく、自己破壊と悲惨の増大であるような社会が作られることになる。腐敗した行政、腐敗した政治、腐敗した宗教、腐敗したイデオロギー、内紛、経済的腐敗と非効率、精神と道徳の退廃、飢饉や伝染病の流行といった社会・自然的災害、社会の外部からの政治的・社会的・経済的侵略――こうしたものが、個々の社会の現実の社会過程となり、また、かかる社会の市民として苦しむ運命を背負った個人の現実の日常生活となることもありうるのである。

18・23　このように苦しみに喘いでいる社会や人類一般が、精神の次元を持たない国際社会に救助や救済を望むことなどできようはずもない。半自然状態にある半・社会的な国際社会が与えることのできる慰めは、せいぜい、自然の成り行きか、逃れられない運命と考えられるものの存在を認めそれを受け入れる、というかたちでの慰めに過ぎない。

自己を社会へと超越させることのできない国際社会では、その下位社会がその内部において自己超越の仕方について自然に学ぶということなど到底期待できない。半自然状態にある半・社会的な国際社会は、自ら過ちを悟ることができないというだけではとどまらない。このような国際社会は、悪の学校でさえある。腐り切った社会を意のままに操ろうとする、堕落した、役立たずで邪悪な統治者たちの意志および行為を、自然化したり超自然化したりさえすることによって、正当化するものだからである。

18・24　(四) 精神の総体ではない国際社会は、精神としての空白部分を満たすため、あらゆる種類の**国際的肥大**を引き起こしている。そのような国際社会は、狂気のエネルギーが断続的また突発的に暴発するとき、もろくも崩壊してしまう。

そうした暴発の例としては、次のような世界規模の**出来事**が挙げられる。すなわち、世界大戦、冷戦、世界に重大な影響を与える地域戦争、いわゆる主要国間の首脳会談、新国家の形成・同盟結成・平和創造、そしてあらゆる種類の自然的・半自然的・社会的災害である。

次のような世界変容的経済現象も挙げられる。すなわち、大規模な工業化、大規模な都市化、大量生産・大量消費、貧富の格差の拡大、経済危機・景気循環・経済破綻、生活を変容し生活に脅威となるような科学技術上の発見や発明である。

さらに、意識それ自体が引き起こす世界規模の現象、マス・コミュニケーションが引き起こす世界規模の現象、そして大衆幻想が引き起こす世界規模の現象も、狂気のエネルギーの断続的、突発的な暴発の例として挙げられる。すなわち、ファッションや大衆娯楽やスポーツの流行り廃り、そして、あれこれの興奮、希望、不安、憐れみの対象——新しい発明、カリスマ的人物、一片の外交文書、相次ぐ災害の痛ましい犠牲者たち——に向けられる気まぐれな大衆感情の移り変わり、である。

軍事至上主義が引き起こす世界規模の現象も、そうした暴発の例に挙げられる。すなわち、非社会的な国際社会の極限までの肥大を示す様々なシンボル——大量破壊のための道具、男根崇拝の対象のようにみえる膨大な量の殺戮・破壊兵器（狂気に満ちた呪術とも言うべき技術で満ちている）——、人間の生命・人間の尊厳・人間の精神の犠牲、そして、強大な政治的・経済的権力の保持者が抱く病的な幻想の実現に向けて動員される人間のエネルギーや発明の才智、天然資源など、である。

18・25　こうしたおぞましい偽社会を象徴するような現象が全世界を席巻していく過程で蓄積された強力なエネルギーは、世界各地の無数の地域的特性を次々と制圧していった。こうした社会的な現象は、無数の地域的文化を、すなわち、世界中の無数の社会の自己超越的な精神の総体を、変容し、時には破壊さえしていった。長い時間をかけて蓄積されてきた文化、高度の複雑性を備え卓越した文化、隔絶した地域の個性に満ちた文化、宗教・神話・歴史・法・道徳の点で独自の形態の社会的現実を伴った文化、誇り高いネイションに対して貴重な自己アイデンティティを与える文化、尊厳・愛情・配慮・尊敬・責任といった深遠にして大切な人間の徳で満ちあふれた文化——こういった文化を、国際非文化という圧倒的な影響力を持った怪物は一蹴し、それにより、人間という資源を、いとも簡単にまた深い考えもなく、奴隷化し、搾取し、変化を強いてきた。それは、人間自身が、いとも簡単にまた深い考えもなく、森林を伐採し、山を動かし、大気を汚染し、地球にあるかけがえのない資源を枯渇させてきたのと同様である。

18・26　二十世紀末の今日、国際非文化が巻き起こした大混乱に歯止めをかけるにしても、原状回復にとりかかるにしても、もはや手遅れかもしれない。グローバル資本主義は、このことについて相応の責任を負うべきである。もしグローバル資本主義が、社会的な国際社会の枠組みの中で社会化されなければ、近い将来、国際文化はなくなり、また地球上からいかなる地域文化も消滅してしまうことになるだろう。このように、社会化されざる資本主義——半・社会的な国際社会の偽文化として機能する——しか存在しない世界とは、そして、固有の土着の文化が下位諸社会に存在しない世界とは、遠い将来とは言わずすぐにでも破滅しかねない世界、物理的世界としてのみならず人間的世界としても滅亡への道が定められた世界ということになる。このとき人類は、人間的な生活という興味深い実験を可能にしてきた三つの世界——個人の世界、社会の世界、惑星地球の世界——を、自らの錯乱した行動によって崩壊させることになろう。

18・27 生産物に欲望を付加し、必要物に所有を付加して、欲望の対象物を所有の対象物へと組織的に変容し、また所有の対象物を欲望の対象物へと組織的に変容することによって、余剰社会エネルギーを大規模に生産する経済システムに対して、資本主義という名称を与えることは適切ではない。資本主義は、貨幣——これは、欲望の所産としての所有の原型、かつ、所有の所産としての欲望の原型に他ならない——という媒介手段によって、経済的力でもあり政治的力でもある社会的力を分配し、個々の社会の社会過程の総体のあり方を定めるものである。資本主義とは、経済的力の主要な分配が所有という媒体を経て行われる、社会の経済的下位システムである。

18・28 資本主義が圧倒的な影響力を有している背景には、以下の二つの事実がある。すなわち、社会は、所有という媒介を通じて社会的力と欲望とを直接結び付けることによって、その全構成員の生の衝動を有効に利用することができるという事実、そして、社会の下位構造（特に、産業・商業・金融業のあらゆる種類の企業）の内部にあるエネルギーを組織化していくことによって、社会は、大量の**余剰社会エネルギー**——社会の構造システムの機能の所産として生じるエネルギー、すなわち、本来ならば分裂したままであったはずの社会構成員のエネルギーを社会が組織化していくことによって生じるエネルギー――を生み出すことができるという事実である。このようにして、自己の生存と繁栄を志向する人間の自然なエネルギーは、個人が自らの生存と繁栄を社会の存続と繁栄と同一視し両者を融合させることで、社会が直接活用することが可能になる。こうして、社会が存続し繁栄することはすなわち、その社会に属する個人が生存し繁栄することであり、また、個人が生存し繁栄することはすなわち、その個人の属する社会が存続し繁栄することである、という図式が成立する。

18・29　資本主義は、人間の社会的意識がこれまで発明してきた全体主義の中でも、最も完全で、洗練された、長持ちのする形態の全体主義である。資本主義によって唯一保証される自由は、財産取得の自由である。個人の運命はすべて、社会の運命の枠組みの中で決められる。個人の意志はすべて、社会の意志の内部に包含される。個人の価値はすべて、社会の価値によって支配される。そして資本主義は、その本性上、世界全体を自らのシステムの中に取り込もうとする。資本主義システムにはいかなる自然の限界（例えば、国家社会の国境線のようなもの）も存在しない。欲望の対象や所有による支配の対象となりうるものであればいかなるものでも変容しようとする欲求が常に存在する。資本主義には、人間の欲望と人間の物理的力の持つ固有の限界以外には固有の限界などないのである。

18・30　資本主義は、一見、人間の自然な欲望に直接に応え、生存と繁栄という人間の自然な目的に忠実に奉仕しているようにみえるため、人間の意識が、経済システムとして資本主義を拒否することは困難である。資本主義はあまりにも自然の理に適っており、あまりにも有用であるようにみえる。ここで、意識は次のような苦渋に満ちた選択を迫られる。すなわち、劇的な経済発展を通しての世界変容の可能性を放棄するのか、それとも、社会の自己創造のうち他の側面をすべて崩壊させてしまう資本主義なるエネルギー集合体に服従するのか、このいずれかの選択である。二十世紀末の今日、資本主義の理念がまるで燎原の火のように世界を席巻していくなかで、人類はこのようなディレンマに直面しているのである。

18・31　資本主義の社会化という作業は、基本的に、不可能ではないにしても困難な作業であるようにみえる。その作業は、資本主義が既に行っていることを再度なすに等しいか、それとも、資本主義の最高の成果を食いつぶしてしまうか、いずれかのようにみえる。しかし実際には、資本主義は、人間のなすあらゆる経済的努力を既に社会化しているのである。資本主義はこれ以上何を社会化することが求められるのか。また、資本主義は、人間のなすあらゆる経済的努力が資本主義的価値観に服従することを求めるものである。そのような資本主義が、どうして他の様々な価値観を認めることができるのであろうか。

18・32　資本主義の社会化という問題の答えは、資本主義の再認識——理論的かつ歴史的な再認識——にこそある。この再認識は、資本主義の明らかな対立概念であり永遠のライバルでもある社会主義の再認識にも必然的につながる作業である。第一に、まず必要となるのは、**資本主義**という言葉の持つ魔力を打破することである。資本主義という魔法の名前は、社会内での経済的力の分配方式をめぐって延々と続く物語における一定の発展、すなわち、**経済的力の譲渡**の特定の形態をその特徴とする発展、に対して付けられたものである。そして、明らかに資本主義の特徴となっている経済的力の譲渡の方式は、今日では経済的力の社会化の一形態として再認識することが可能である。第二に、次に必要となるのは、このようなあらゆる経済的発展の歴史を、経済的力のみならず政治的力（基本構制に基づく公領域の力）をも含む**社会的力**一般の分配の歴史の不可分の一部として再認識することである。

18・33　十九世紀から今日までの歴史をひもとくとき、資本主義と社会主義のいずれも、国際社会の発展に対して深甚なる影響を及ぼすに至ったことがわかる。双方とも、国家社会で構成される非社会的な国際社会の文化的真空の中に怒涛のごとく流れ込んだ。その後、資本主義と社会主義は、非社会的な国際社会の二つの支配的理論として、下位諸社会の社会的発展へと還流し、革命時の破壊行為や平時の何らかの行為を喚起することで経済的・政治的変容を生じさせ、無数の社会の多様な文化をすっかり様変わりさせてしまった。それらの社会は今日、国際的な非文化の様々な歪みに従属するという一点においてのみ、国際社会として統一を保っているに過ぎない。

18・34　こうした国際社会の発展過程を再認識するための仮説が、四つの歴史的段階というかたちで以下に略述される。

（一）一七七〇年から一八七〇年

18・35　十八世紀末、多くの社会の社会的意識に対して強烈に訴えた観念は次のようなものである。すなわち、（十五世紀以降の）近代期の科学革命の所産は、社会全体の発展において主要な役割を果たしえたのであり、その恩恵に浴した社会は、経済システムを通じて自然界を社会的に変容することのできる巨大な力を持つに至った、というものである。科学上の発見、そして技術の発明によって、社会は、前例のないレベルの、そして、必然的な、または一見明白な限界もない規模の余剰エネルギーを発生させることになった。そして、いわゆる産業革命は、科学と技術が近代に入って復活したのを機に始まった絶え間ない革命の一部であった。産業革命は、社会の経済的下位システムを通じて行われる科学と技術の社会化であった。

18・36　アダム・スミスの『国富論』が一七七六年に出版されると、一部の社会では、社会的意識が次のような観念を持つことができるようになった。――個々の経済主体の経済的エネルギーは、とりわけ所有という媒介を通じて、以下のような仕方で組織化されることが可能になる。すなわち、それによって、社会に相当な量の余剰社会エネルギーが生み出され、その一部は個々の経済主体の活動に再投入され、他の部分は社会全体の社会化に投入されることによって、個々の経済主体の経済的エネルギーがいっそう増大することが可能になる（ひいては、新しい経済システムの形成に寄与する包括的な社会的枠組みがもたらされることになる）――。社会的意識は、このように有望かつ有力な観念を、一つの社会から次の社会へと次々に社会の現実の自己創造と社会化の中に取り入れることで、社会の純粋理論を、そしてやがては実践理論をも、形成できるようになった。また、この観念を説明し、またその実践的適用を組織化するために、おびただしい数の言葉・観念・理論・価値が作り出された。

18・37　こうして、この科学と技術の成果を経済に導入するという観念は、もう一つの観念、すなわち、社会エネルギーの個別化を通じて個々人のエネルギーの社会化を達成するという観念と、強力な連携を組むことになった。これら二つの観念が相まって、十九世紀と二十世紀に起きた劇的な政治的・経済的・社会的発展を可能としたのである。

18・38　社会の新しい経済システムの組織化の成否は、右で考察してきたように、主として**所有**観念の如何によって決まるのであり、したがって、所有の可能性と信頼性を確保するための法システムをどれだけ精巧で有効なものに発展させることができるかによって決まるのであった。しかし、所有観念を経済の構造システムの根本的部分として用いるためには、社会は、その法の構造システムを発展させること以上のことが必要であった。すなわち、所有の適正な譲渡の方式について決定するための実践理論を確立することが必要であった。さらに、全体としての社会（社会の公領域の枠内で行使される社会的所有・力）と個々の財産所持者（公領域の外にある下位社会。例えば株式会社、個人など）との間における実際の所有・力の分配の仕方について定める実践理論も必要であった。そして、社会自らがその所有・力の委託を行うときの条件や状況、そして（社会的、個人的）所有・力の行使につき社会的および法的な責任が問われうるための条件や状況、について定める実践理論も必要であった。要するに、経済的力の譲渡を通じて行われる社会の発展の度合いは、単にその社会の経済システムと法システムが発展しているかどうかの次元にとどまらず、その社会の構造システムの全体が適正に発展しているかどうかによって決まったのである。

18・39　十九世紀には大規模な格闘が発生し、それは二十世紀に持ち越され、全世界の各社会に広まっていった。すなわち、社会の新しい純粋理論を確立するための格闘（とりわけ、譲渡された所有・力という新しい形態を超社会化することをめぐる格闘）、そして、個々の社会が自らの実践理論を確立するための格闘——すなわち、各社会が、所有・力の譲渡を社会自身の自己創造と自己社会化の中に取り入れて社会的格闘の組織化を行っていくときに、必要となる言葉・観念・価値を確立しようとする格闘——である。このような大規模な格闘は、①純粋理論の確立、②実践理論の確立、そして③実践理論の社会内・社会間関係への適用、の三段階のすべてで展開された。これら格闘はしばしば、革命、あるいは革命に近い形態を取った。あるときは、社会が自ら考え出した新しい様々な可能態を生み出し、そうして生み出された可能態の中から選択を行うに当たって、暴力的手法が幾度となく取られた。またあるときは、日々の政治（公領域での社会的格闘）が日々の社会的分配の過程に絶えず理論を持ち込むことによって、ある種の永続的革命が行われるようになった。

18・40　別の言い方をすれば、これまで通常、不幸にも、**資本主義**と呼ばれてきたもの、そして、これまで通常、不幸にも、**社会主義**とか**共産主義**と呼ばれてきたものが発展してきたのは、多数の異なる社会の中で経済的力の譲渡の方式の再編成という連続的かつ躍動的な過程が進行していくことに対する、理論レベルでの反応であった。またこの種の再編成は、それ自体、社会の全般的な再秩序化の一環であった。つまり、経済的下位システムにとどまらず、社会の構造システムの各側面、社会の基本構制の全側面、現実形成の全側面にまで及ぶ社会の再秩序化であった。概して言えば、十九世紀に行われた格闘の所産は、典型的に、混合的な経済的下位システム（極端な資本主義でも極端な社会主義でもない）であった。すなわち、所有・力の個人化（個々人の所有・力を社会から保護するための法）と所有・力の社会化（所有・力を社会的利益に適うものとする法）との適正な均衡をめざす経済的下位システムであった。

18・41　こうした諸社会の構造システム全体の再秩序化には、とりわけ、社会それぞれの基本構制の再認識が伴っていた。言い換えれば、所有・力のみならず、あらゆる種類の社会的力の再編成そして再分配が伴っていたのである。新しい経済システムが所有・力によって決まり、所有・力が法システムによって決まり、法システムが公領域の秩序化によって決まり、法システムと公領域が基本構制によって決まり、そして基本構制が社会の構造システム全体で根幹的な位置を占めている――こうした前提に立つとき、経済的再編成が社会の総合的再編成の一環として行われることは不可避となった。社会の基本構制上の機関の間での力の分配、社会の公領域の再認識、全体としての社会とその構成員（下位社会、個人）の間の関係および構成員相互間の関係の再認識――これらすべてが実現するためには、それぞれの社会の純粋理論と実践理論が相当程度の発展を遂げ、それら理論の中のいわゆる人民主権に関する再認識された諸概念が現実に適用されていることが必要であった。

18・42　さらにまた、次のような問題が問いかけられ、かつ答えられるべきであった。すなわち、所有・力に関する法的関係、こうした新しい法的関係が具現しようとする観念・理論・価値、こうした新しい法的関係の創設と行使の際に適用される法的・社会的責任の諸形態などを含めて、新しい法的関係の創設を統括するシステムをいかにして組織化するのか、という問題である。しかし、いったい誰がこの問題を問いかけ、誰がそれに答えるというのか。この、いずれの時代のいずれの社会にとっても最高次の基本構制上の問題について、必要ならばここでもまた非・基本構制的エネルギーを駆使してでも、問いかけがなされ、かつ応答がなされるべきであった。

（二）一八七〇年から一九四五年

18・43　十九世紀末、多くの社会で社会的格闘がなされた結果、常軌を逸した現象が発生した。もっとも、それは予見可能で、実際に予見されていたものであった。すなわち、経済的力の集中という現象、そして基本構制上の力の集中という現象である。これらの現象はコインの表裏であった。所有・力というかたちで具現する**欲望**は、〈力の保有者〉（土地所有者、企業家、投資家、国家の官僚、企業の役員）を駆り立てて、よりいっそう多くの所有・力を望むよう仕向け、最終的には、ただ、社会の〈自らにとっての現実〉の残りの部分（法システムを含む）というかたちで具現される**義務**からの規制しか受けないことが望ましいと考えるように仕向けるのである。このように、かつてないほど強大な経済的力がかつてないほど少数の人間に集中していくこと、また、かつてないほど強大な公領域の力がかつてないほど少数の基本構制上の機関の関係者に集中していくことを、各社会の諸理論（実践・純粋・理想の）は、直接的にも、また基本構制や法システムを通じて間接的にも、阻止することができなかった。こうした全体主義的な傾向は、社会的力の個人化と個人的力の社会化との間の密接な連携関係に依存している政治・経済システムに固有の予測可能性であり、必然的なリスクであった。

18・44　この、新しい〈基本構制・法・政治・経済のシステム〉のもたらす影響は、全世界で感じられるようになった。余剰社会エネルギーを発生させ、深甚なる様々な社会的変容をもたらしたこのシステムの驚異的な能力は、生産と取引が徐々に世界規模で組織化されるにつれて、世界中で発揮されるに至った。そのため近い将来、この新しいシステムの影響を受けない社会など世界中のどこにも見当たらなくなるであろうと予測された。そして、経済的・政治的力が集中したことで、あらゆる種類の経済的・政治的帝国主義・拡張主義が世界中に広まり、また強大な政治的・経済的力の保有者たちの間で制御不能な競争や対立関係が広まっていったことから、今日、新しい経済システムの擬似自然的な肥大が全世界で感知されるに至っている。二十世紀、この新しいシステムがもたらした大規模な異常現象は、（世界大恐慌という）経済的・社会的混乱の時期をはさみ、前後に国家による未曾有の大量殺戮が行われた二つの時期をもつ社会的先祖返りの三十年間（十七世紀における三十年戦争を彷彿させる）において、すべての社会、すべての大陸、世界のほぼすべての地域、そして国際経済全体、の存続を危険にさらしたのであった。このシステムは、自らをほとんど破滅に追い込むことによって自らの行き過ぎを排除する有り様となった。

（三）一九四五年から一九七一年

18・45　第二次世界大戦の終結によって、〈力の移譲〉の新しい時代が幕を開け、戦争という悲惨な経験から得た痛い教訓が活かされることになった。各社会の内部では、経済的力が再編成され、そこでは次の二つの方法のいずれか、または両方によって多くの所有・力が社会化されていった。すなわち、公領域側からの指示に基づき所有・力を個人から下位諸社会へ再割当するという方法（国有化）、そして、個人の力を社会化するという方法（徴税、法的規制、土地開発および土地使用の規制、競争政策、消費者保護、環境保護）である。一方で、政治システムも次の三つの発展によって再編成された。すなわち、人権観念の発展（これにより、社会の理想的基本構制の名の下に、あらゆる公的力に制限が課されるようになった）によって、公的機関の法的責任の発展（行政法）によって、そして、大衆参加型民主主義のための諸制度（普通選挙、公教育、マスコミ）の形式で進められてきた政治的責任の発展によって、である。

18・46　この時期に一般に認識されていたような国際社会において公領域間の相互作用が進む過程で、とりわけ国際協定や、諸国家によるいわゆる国際機構の創設を通じて、国内経済下位システムの公領域同士の相互作用を組織化するための方策――極端に観念的なものから極端に実践的なものまでの――がとられてきた。人権の国際化の推進によって、一段と広範な法的責任を国際レベルで社会化しようとする試みさえあった。また国際連合においては、一国家社会の公領域が他の諸国家社会の公領域に対して責任を負うという、より一般的な形式の社会的責任さえ設定されたのであった。

（四）一九七一年以降

18・47　一九七一年以降、戦後の構造は、社会の内部でも国際的平面でも、ほころびを見せ始めた。国内・国際の両平面において、社会的力の個人化と個人的力の社会化との間の均衡が再び崩れる兆しを見せ始めた。国内的には、所有・力の再割当（民営化）を通じて、また所有・力の非・社会化（経済活動の規制緩和）を通じて、新たな方式の所有・力の譲渡が行われるようになった。国際的には、合意された規制、合意された政策、そして国際機構による公領域分野での共同活動を通じて国際経済を組織化しようとするこれまでの気運が衰退し始めた。

18・48　国内経済の国際経済への統合は、十九世紀後半とは違う新しいかたちで行われるようになった。第一に、国際経済（それ自体、国際的な所有・力の譲渡の一形態）への強力な参加者が大幅に増えている。第二に、大量生産技術がいっそう発達し、科学・技術のより強力な効果を利用できるようになり、製品とサービスに対する世界規模の需要が劇的に拡大したことを受けて、世界経済のエネルギー・レベルはかつてないほど高いものとなった。第三に、あらゆる経済活動（生産、流通、金融）が国際化したことで、一見独立で別個に営まれているように見える国内経済が根本的な次元で相互依存することになった。

18・49　一九七一年以降のこのような発展は、一つの反応を引き起こした。**環境**観念の登場は、個々の下位諸社会の社会的意識の発展でもあると同時に、国際社会の社会的意識の発展でもあった。その点で、この環境観念の登場は、十九世紀から二十世紀初頭にかけて社会的意識が奴隷解放運動、少数民族や原住民保護のための運動、民族自決権の確立を目指す運動などを起こしたのと同じ意味合いがある。また同様に、環境観念の登場は、一九四五年以降に人権観念が再登場したのと同じ意味合いがある。

18・50　今日、次のような兆候がみられる。すなわち、このような意識の社会化という国内的・国際的傾向が、環境問題やいわゆるグリーン・ポリティックスといった次元を超えて発展していくかもしれない、また、こうした傾向自体が、人類の現実形成におけるより根本的な変化の胎動であるかもしれない、という兆候である。

18・51　このような兆候を支持する証拠は次の事実の中に見出されるかもしれない。すなわち、資本主義の文脈で起きた上述の発展と類似した発展が、（実践理論としての）**革命的社会主義**と（純粋理論としての）**マルクス・レーニ**

ン主義の実践的適用の文脈でも起きていた、という事実である。社会主義体制の社会では、所有・力の再分配を通じてなされた、また抜本的な基本構制上の変化と結び付いた抜本的な社会的再構築の時代があり、その時代の後に現われたのは、常軌を逸した全体主義の時代であった。次いで、今日は社会的再生の時代となっており、抜本的な基本構制上の変化と結び付いて所有・力の新しい再分配もなされている。

18・52　革命的社会主義の場合に見られる違いは、その体制の存続した期間が資本主義の場合と比べてはるかに短かった点である。また、革命的社会主義体制の社会的発展過程の国際的意義は、興隆期の資本主義の国際的意義とは極めて異なるものであった。革命的社会主義が自らの存在意義を獲得したのは、資本主義との弁証法的対立によってであった。資本主義が国際化し、国際経済において圧倒的影響力をもつようになると、革命的社会主義には次の三つの道しか残されていなかった。すなわち、(一)国際経済のうち革命的社会主義をとらない部分との関係を断絶し孤立すること、(二)とりわけ、社会的・経済的構造があまり発達していない国家社会――〈社会に定着した民主主義〉という観念や理念に基づいて自らを再認識するには至らなかった社会――において、革命的社会主義の理論の宣伝を図ること、(三)(二)のような社会で革命的変化を起こすために実践的な手段をとること(特に国際資本主義の崩壊を主眼として)、の三つである。

18・53　今日では、資本主義と革命的社会主義のいずれも、互いに弁証法的対立を挑み合うのではなく、他の方法で自らの存在意義を獲得しようと模索を始めている兆候がある。二つの主義がともに、いわゆる**生活の質**との関連で自らを捉え直そうとしていると考えることもできる。このように考えるとき、国際的社会意識は、人類が、社会の生成について極めて効率よくコントロールする手段を手にしている、と信じることのできる段階に到達している、ということになろう。この効率の良さは、①科学・技術によって人類が獲得した実践的な社会的力、②社会内のあらゆる現実形成に向けて、ひいては個人の意識、社会の意識に向けて、メッセージを効率的に伝える大量伝達手段、そして③過去数世紀間に蓄積されてきた人類の自己理解の改善の成果（本書の目的はこれを捉え直すことにある）、によるものである。

18・54　さらに、国際的社会意識のこうした発展がもう一つの考え方をもたらしてきた、ということもできよう。すなわち、いかなる社会であっても、その将来の発展を決めるのは、社会的変化を実際に達成したかどうかだけではなく、どのような社会的変化が望ましいのかという問いに答えられたかどうかも関わってくる、という考え方である。こうして、社会を**善の共同追求者**として認識するとき、**生活の質**という問題は、善の意味という、より一般的な問題の一部を構成する二次的な問題となるであろう。

18・55　以上で論じた発展過程は、図13のように表せるで

図１３　経済的・政治的発展の過程

	経済的下位システム	政治的下位システム
1776年以降	資本主義 （経済的力の移譲）	民衆型民主主義 （集合的な政治的力）
	↓	↓
1870年以降	完全統制型資本主義 （経済的力の集中） （経済的帝国主義）	全体主義 （政治的力の集中） （政治的拡張主義）
	↓	↓
1945年以降	経済の社会化 （世界経済の組織化）	大衆（マス）民主主義，人権 （テレビ政治，グラスノスチ）
	↓	↓
1971年以降	新しい経済的譲渡の方式 （規制緩和，民営化， ペレストロイカ）	新しい民主主義？ （善の共同追求， 新しい国際秩序）

あろう。

18・56　人間の社会意識の中で起こったこのような発展過程は、新しい緊張状態、すなわち新しい弁証法的対立を引き起こしている。この緊張状態からは次のような重要な知見が得られることが期待できよう。すなわち、**人間は、人間社会の将来に対する自らの影響力がますます拡大していくことができると自覚し始めると、それと並行して、自らの目的、そして自らの価値に対するそれまでの確信が一段と揺らいでいくのを感じるのである、と。**

18・57　こうして、資本主義と革命的社会主義を超越することは、単に可能なことであるばかりか、必要なこととも考えられるようになる。また、国際社会の本性とその将来をどのようなものにするのが望ましいのかという問いが、人類の将来を決定していく上で重要な役割を果たすようになる。さらに、国際資本主義が国際経済に対してのみならずあらゆる人間の意識に対してもその影響力を不断に拡大させていく中で、国際資本主義を現状から取り戻すことが、人類の将来を決定していく上で最大の課題となってくる。そして、資本主義と革命的社会主義が互いに弁証法的関係にあるため、資本主義の回復は、必然的に、革命的社会主義の回復にもつながるのである。

18・58　複雑な社会へと発展を遂げる下位社会において複雑なシステムとして成長してきた資本主義は、やがて外部の国際社会に出て行くことになった。しかし、この国際社会なるものは、資本主義を受け入れるのに適した社会ではなく、仮定上は主権国家とされる諸国家の相互作用的な公領域で構成される極小の国際社会に過ぎなかった。資本主義は元来、基本構制上の構造システムや法的関係がいっそう洗練されていき、資本主義自体の民主化・社会化を推進していくことに依存していたのであるが、しかし、国際社会においては、資本主義は、それ自身の基本構制という概念すら持たず、最も初歩的な法的関係しか持たず、自己創造を社会化する最低限の能力しか有していない社会の中に自らがいることを発見したのであった。資本主義は、言うなれば、裸のままで、ただ独り、社会ではない社会の中に、そして、文化ではない文化の中に、置かれたのである。

18・59 こうした不運な状況から、次のような一連の結果がもたらされた。（一）社会化されていない資本主義は、国際社会で、理論ではなく事実として振舞うようになった。資本主義のための複雑な社会的基盤は、国際的平面で再現されることはなかった。国際的平面で見られたのはただ、資本主義の活動だけであった。こうして資本主義は、非文化的で、閉鎖的で、文化中立的で、社会化されておらず、全くの個体（中心）主義的、という性質を帯びたものと見られるようになった。言い換えれば、それは、もはや国家社会の中には存在していない型の資本主義と見られるようになったのである。（二）このような原始的資本主義は、強力なエネルギーを抱えていることから、エネルギー過剰な国際非文化現象の一つとなり、下位社会の文化を次々に変容させていくようになった。（三）資本主義は、国家社会の内部で革命的社会主義という反イデオロギーを誘発した。この反イデオロギーの抵抗を受けて、資本主義は、国家社会の内部においてその性質を変えることになった。こうして、資本主義は、世界各地の多くの国家社会において、社会主義とマルクス主義を基礎とした実践理論の名の下に展開された反資本主義の抵抗に遭うことになった。（四）しかし社会主義は、国際的平面では、資本主義に太刀打ちすることはできなかった。それは、所有・力の計画的な社会化が実現するかどうかは、社会構造システムがそれに適したものになっているかどうかによって決まるからである。自らを社会として認識しておらず、また自らの基本構制上の機関に想到することができず、ましてや自らの〈社会過程の総体〉すら認識できないような国際社会において、社会主義に相応しい社会構造システムが再現されることなど到底無理な注文であった。

18・60　(五)　原始的国際資本主義の登場に伴って、資本主義の**ハードウェア的**価値と呼んでもよい価値が国際社会に登場することになった。これは、所有・力の個人化に関連する諸価値、経済的変容を行う構造システムとしての資本主義の機能に関連する諸価値、原始資本主義の実践的理論から生じる諸価値である(市場、市場動向、需要と供給、比較優位、価格のみで評価されるものの価値、利益率のみを評価の規準とする経済発展、経済的自由)。一方で、国際社会には、成熟した資本主義の**ソフトウェア的**価値と呼んでもよい価値も登場したが(経済政策・社会政策、公に対する説明責任、公共の利益、法的規制)、こちらはわずかにその痕跡がうかがえる程度の存在であるにとどまった。(六)さらに、最悪の事態が発生した。資本主義は、社会主義からの抵抗に触発され、自らが経済の実践理論に裏付けられた経済的下位システムであることを国際社会にアピールしたのであるが、それだけにとどまらず、まるで資本主義が元来、社会全体の実践理論であるかのような態度を示し、さらに一九四五年以降になると、(国際)社会の純粋理論でさえあるかのように振舞い出した。このような暴走ぶりを見せた資本主義に対抗して、社会主義経済理論の方も、自らが資本主義と対等に戦いうる社会理論(実践・純粋の)であると、その主張をエスカレートさせたのであった。(七)こうして、国際社会は、二人の孤独な巨人——資本主義と社会主義——の最終決戦の場として見られるようになった。

18・61　(八)　一九四五年以降、国際社会の非文化は、次のような恐るべき二重の特徴を呈するようになった。すなわち、一つ目には、国際資本主義という非文化が、その非社会的な諸価値を世界のすべての社会に押し付けているという状況であり、二つ目には、それぞれ世界観を自称する二つの経済の実践理論が、一方が立てば他方が倒れるという抜き差しならない対立関係にある、という状況である。(九)そうこうするうちに、国際社会の非文化は、究極の皮肉に満ちた文化にその座を譲ることになった——すなわち、ついに人類は、少なくとも、人類共滅の可能性を共有しているという一点で結合している、と考えられる文化の境地に足を踏み入れたのである。

18・62 （十）また、この間、資本主義は一貫して、自然科学に対する実践上の支配権を獲得してきた。実際の社会的経験から判断するとき、科学は次の四つの目的に奉仕することができる。

（a）科学は、国家社会の公領域の枠組みの中で想到された目的（軍事目的を含む）に奉仕することができる（**政治学**）。

（b）科学は、社会の経済の枠組みの中で想到された目的（産業目的を含む）に奉仕することができる（**経済学**）。

（c）科学は、社会の〈社会過程の総体〉の枠組みの中で想到された目的（生命の質を高めるための医療・農業目的を含む）に奉仕することができる（**人間科学**）。

（d）科学は、科学そのものを追究するという目的に奉仕することができる。この目的はまさに、科学の持つ本来的な進歩性、自らを絶えず超越し続けようとする科学の力動的な傾向、を反映したものである（**客観科学**）。

18・63 二十世紀の歩みにおいて、資本主義の力と影響は、経済学の枠を超えて、政治学と人間科学にまで及ぶようになり、さらには、本来独立を好む客観科学のパトロンにさえなろうとしている。資本主義と科学とのこうした関係は、科学と資本主義の日々の成果を促すのに寄与したが、そればかりか、国際的社会意識の内部に重要な影響をもたらしたのであった。すなわち、資本主義が科学の信望にあずかることができ、科学の持つ明るい光が資本主義を照らし出して、資本主義は科学と同じように自然なものであり、正当で合理的なものと考えられるようになった。この資本主義と科学との関係は、国際的社会意識の中に浸透することで、原始的資本主義のエトス（道徳的慣習）に威信を添えてきた。

18・64　一見いかなる社会的上部構造も存在しないところで機能しているかのように見える、国際経済に特有のこの偽・自然主義は、人類に新たな人工の神（人為的な崇敬の対象）、すなわち「市場」を提供したのである。これまで人類は、社会的経験の全過程を通じて、「運命」、「富」、「自然」、「歴史」、「国家」、「セックス」といった**人工の神**を数限りなく作り出してきたが、これに新たに「市場」が加わったのである。こういった言葉・観念・理論・価値は、これまで人間の意識に対して圧倒的な力を及ぼす存在であることを示してきたのであり、人間の意識が特に受け容れやすいと考えるような仕方で、人間の意識に対して力を与えたり、あるいは、人間の意識から力を奪ったりする。すなわち、それが、あまりにも広漠としていてつかみどころがない現象を一言で説明できるように見えるときには、人間の意識に対して力を与えるのである。逆に、それによって、そのような現象の原因を人間の意志および行為の支配下に収まらない何かの中に認めてしまうように見えるときには、人間の意識から力を奪っているのである。

18・65　これらの観念は、原理として機能し、その結果、無限の広がりを持つ観念演繹（演繹により導き出される諸観念）となる。さらに、想像力を駆り立たせ、観念連合（連想により導き出される諸観念）という豊かな収穫をもたらす。このような派生的な諸観念の例としては、目的、価値、処世訓などが挙げられよう。原始的資本主義は、とりわけ、理論の持つ機能と準道徳の次元とを結合させたことによって生じるグレーゾーンを内包する諸観念――事業、企業心、効率性、創造力、刷新、革新、新奇性、報酬、利潤、富、成功、需要、欲求、財産、自由、利己心、競争――を生み出している。このような観念が国際的社会意識の内部に蓄積していくと、積み合わさって、原始的資本主義のエトス（道徳的慣習）から形成される実践的な国際準道徳になるのである。

18・66　原始的資本主義のエトスは、**欲望に仕える義務**というエトスである。非社会的な国際社会で、原始的資本主義が国際的に成功を収め、一方で、社会主義が国際的に敗北したことを受けて、国際社会の非文化は、一方の退場により成立した文化、事実上の文化、欲望に奉仕する義務のエトスのみで満たされた真空、となった。自らが社会であることを知らない国際社会、したがって自らのソシオノミー（一社会の、その社会の内部で認識されている義務の総体）を知ることのできない国際社会、したがって自らを文化（すなわち、まるで社会をその外側から見たかのように、精神というかたちで捉えられる一社会の総体）として見ることのできない国際文化——このような国際社会や国際文化の中で、根無しの資本主義は、非社会における非社会的な動力源となった。そこでは、一つの欲望が新たな次の欲望を生み出し、欲望を秩序化するのはただ経済システムのニーズに適うか否かという基準のみであり、その経済システムが生み出す一見自然なものに見える必要な事柄をすべて、ただ欲望秩序化的な義務の問題としてのみ扱うのである。

18・67　非社会化された資本主義に支配された非社会的な国際社会では、欲求することはすなわち需要の創出であり、欲望することはすなわち義務であり、生きることはすなわち消費することである。

18・68　資本主義の社会化、そして社会主義の民主化は、経済理論と経済システムとは社会的力を扱う理論ないしシステムである、という前提から出発することになるであろう。なぜなら、すべての経済的力は社会的力だからである。資本主義企業と社会主義企業のいずれの経営陣も、次のことについて決定を行うときには必ず、委託された社会的力を行使する。すなわち、投資計画、研究開発計画、工場の立地、生産スケジュール、販売戦略、労働者の数と等級、経営陣と被雇用者の給与や賃金の水準その他の非金銭的便益の水準、製品の価格設定、そして、企業の合併、企業の解散、工場の閉鎖、生産ラインの閉鎖、労働者のレイオフ、価格の引き上げなど、に関する決定である。ある企業がこのような決定を行うとき、それに連動して他の企業も委託された社会的力を行使することになるであろう。労働組合、産業団体、専門職団体も、関連企業の決定に対して影響力を及ぼそうと意志し行為するとき、委託された社会的力を行使する。

18・69　このような決定はすべて、公領域としての責任に基づき行為する政府機関の経済的決定と同じように、社会の〈社会過程の総体〉の一部を構成するというかたちで、つまり社会構成員の生活を直接決定するというかたちで、社会に由来する社会的力を利用してなされている。一方で、他の社会構成員（個人そして他の下位社会）も、被雇用者や消費者として意志し行為するとき、委託された社会的力を社会の〈社会過程の総体〉の一部として行使している。

18・70　〈社会過程の総体〉の公領域（政治）分野の民主化や社会化とは別に、〈社会過程の総体〉の経済的分野では虚構の民主化や社会化が行われてきた。資本主義の場合、**市場**は、そこに参加するすべての者が当然に自由で平等な存在である、自然的な民主主義の一形態であるとみなされている。次いで、この自然的な経済民主主義が、（社会的正義を目指して）公領域による意思決定の介入を通じて社会化されるもの、と想定されている。社会主義の場合、**計画**は、そこに参加するすべての者が合理化された意思決定から生じる恩恵を平等に享受する存在となる技術的な民主主義の一形態とみなされている。次いで、計画は、この技術的な民主主義が、言わば、すべての計画を司る究極の計画を統制する――すなわち、中央の作成した計画によって経済的下位システム間の相互作用過程を組織化する――公領域の活動を通じて、（社会的正義を目指して）社会化されるもの、と想定されている。

18・71　このように、非社会的な国際社会における国際経済という問題は、資本主義と社会主義の双方に属するすべての経済構造システムの根幹に関わる問題の一側面なのである。**市場**という偽自然的な民主主義しか知らず、また、少なくとも予見可能な未来において、**あらゆる経済計画を司る究極の計画**を創出することなどできないと考えられる国際経済を、どうすれば民主化しさらに社会化することができるようになるのであろうか。これこそがまさに、二十世紀末の国際社会が直面している課題である。すなわち、どのようにして国際経済のポスト資本主義的・ポスト社会主義的な**実践理論**を形成していくのか、という課題である。

18・72 国際社会の純粋理論（例えば本書で提示しているような純粋理論）を形成することによって、国際社会は、このような課題への対応を目指す社会的格闘の、最初の、しかし必要不可欠な一歩を踏み出すことができる。この最初の、しかし必要不可欠な一歩とは、言い換えれば、国際社会が（本来の）社会としての意識に立ち返ることを指す。

18・73 国際社会が遂に自らを社会として認識するようになれば、国際経済は、国際社会の経済的下位システムを組織化することを目指す格闘といった次元をはるかに超えた、自己創造と社会化を目指す格闘の中に、自らの居場所を見出すことになろう。そのとき国際社会は、あらゆる種類の人間的価値という莫大な富、すなわち、人類が長い歴史を通じてあらゆる社会的経験の中で蓄積し、それぞれの下位社会の文化に内包されてきた人間的経験という富を享受できるようになる。ここで人類は、人類の豊かな多様性を、そして人類が共有しているあらゆるものを思い起こすであろう。また人類は、諸々の社会を超越し時間・空間の枠をも超越する偉大な人間的現実——宗教・神話・芸術・哲学・歴史・科学・経済・道徳・法という諸現実——を、これまで創出してきたのは自分たちであり、これからも創出し続けることができる、ということを思い起こすであろう。国際社会は、自らの現実を形成する作業に取りかかるであろう。すなわち、国際社会自らが新たに発見した自らに関する純粋理論（社会としての国際社会を扱う純粋理論）

に照らしながら、様々な実践理論を形成していくことになるであろう。国際社会は、自らの現在の姿を再発見することによって、自らがなりたいと望む理想の姿になることができるであろう。

18・74　国際社会が遂に自らを社会として認識するようになるとき、人類は自らの法、すなわち新しい国際法を発見することになるであろう。これは、世界中の至る所に住むあらゆる人間による集合的自己創造の成果であり、また、あらゆる社会を超越する究極の社会、すなわちすべての人類という種で構成される社会、の自律的生成の成果である。そして、社会的正義の追求――世界中の至るところに住むあらゆる人間のために行われる――は、それが人間の自己秩序化を〈存在するものすべて〉の秩序に結び付けている正義との関係において、自らの正当な居場所を見出すことになろう。「人間の町」は、私と私の隣人との関係性から始まる。それを拡大した「世界の町」も、この私と私の隣人との関係性からまず始まるのである。

18・75　国際社会がついに自らを社会として認識するようになれば、人類は遂に、自らが精神という自己超越的・自己判断的総体であることを認識できるようになり、それによって、自らの本当の姿をとり始めるようになるであろう。このとき国際社会は、人類が、**人道**、人間であることとはどういうことなのか、すなわち、すべての人間に共通して認められる（生物）種としての固有の特徴について（繰り返し）発見し再発見する場である文化となるであろう。また、古くかつ新しい言葉・観念・理論・価値が、まるで堰き止められずに溢れ出た洪水が再び大河に流れ込むように、全人類の社会的意識の中になだれ込むことになるであろう。すなわち、**共同体**、**協力**、**信頼**、**配慮**、**共感**、**必要**、**正義**、**義務**、**自己実現**、**献身**、**自制**という言葉・観念・理論・価値である。

図14　ユーノミア

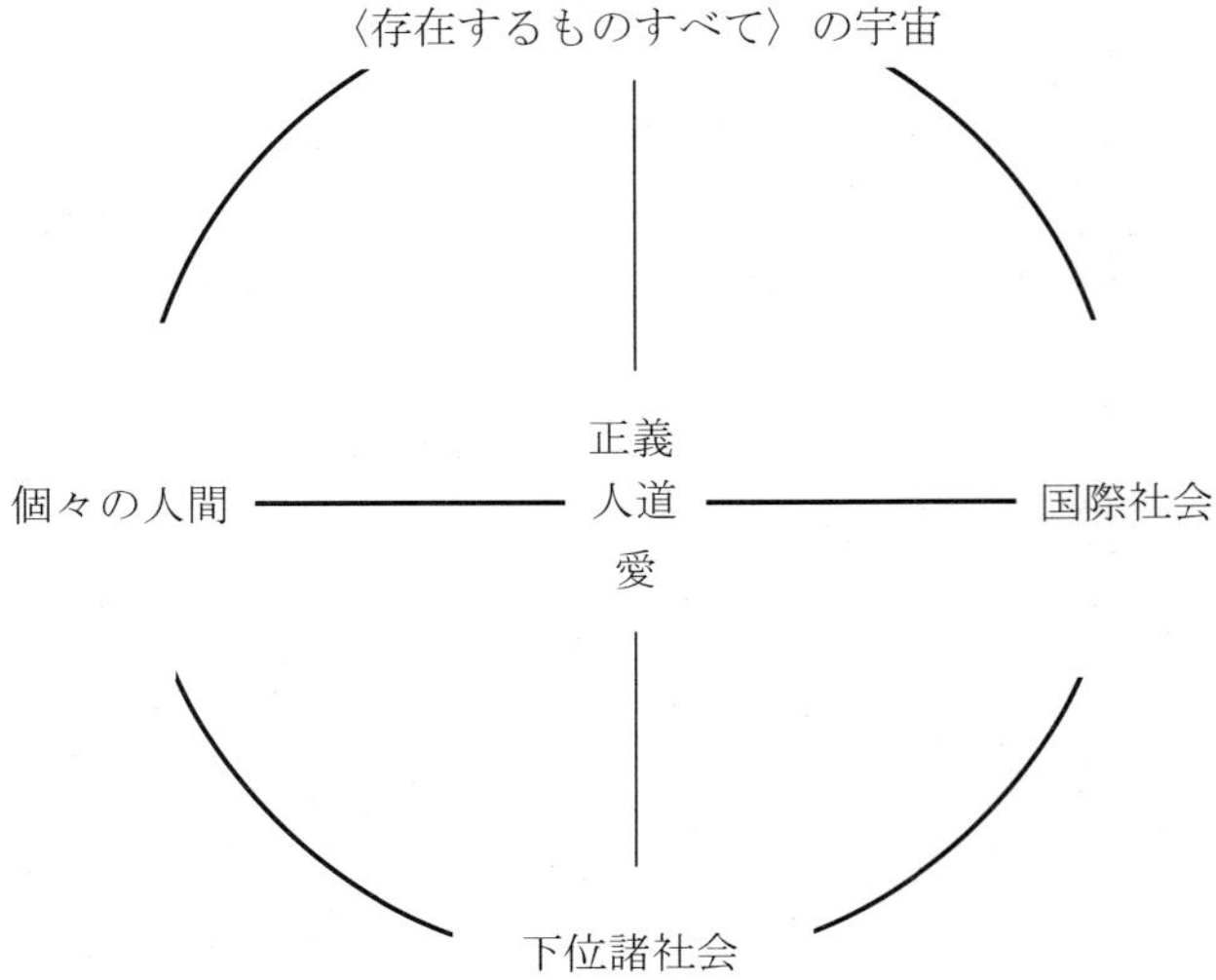

18・76　国際社会は再び、**愛**という言葉が取引や（所有）財産とは結びつきのない意味合いを取り戻した社会になるであろう。ここでいう愛とは、欲望と義務との調和――人間の意識が個々人の生活の中で、そして社会の生活の中で探し求める調和――としての愛のことである。そして、生の衝動と宇宙の必然性との間の調和――すべての生きとし生ける物が、数ある神秘の中でもとりわけ、取るに足りない存在でありながら大きな野心を秘めている全人類で構成される国際社会なる小宇宙を含むこの宇宙の開示という神秘への参加者として、探し求める調和――としての愛である。

18・77　この人間的な愛が支配する来たるべき社会的な国際社会においては、欲求することはすなわち希望することであり、欲望することはすなわち創造することであり、生きることはすなわち成長することである。この社会的な国際社会においては、すべての理念を統べる究極の理念は**ユーノミア**、すなわち自己秩序化的社会の善き秩序である（図14）。

第十九章　人類とその未来

19・1　かつて存在していた類人猿とこれからなりうるのかもしれない存在との中間に位置する人間は、日々、自らの未来の選択をしなければならない。宇宙を構成するすべての物質の中の一物質である人間は、宇宙と未来を共にするのである。地球のあらゆる生物の中の一生物である人間は、地球における生の未来を共にするのである。意識的存在の中の一意識的存在である人間は、人間の意識が選択した未来を生きるのである。

19・2　人間は、意識が作り出す次の三つの世界の住民として、意識が作り出す世界の未来の中に居住する。①意識が作り出す**物理的**世界では、人間は、その物理的世界を、意識、時間、空間の三つの次元において秩序化された世界として捉えることによって、また、その物理的世界を、意識の自己秩序化を通じて自らに対してなされる秩序化を尊重する世界として捉えることによって、物理的世界そのものを変容するための方法を発見してきた。②意識が作り出す**社会的**世界では、人間は、その社会の様々な構造およびシステム——そこでは、人間の生存と繁栄に寄与するものと意識が認めた諸目的に奉仕するべく意識の自己秩序化が再現される——の中に人間の自然的エネルギーを投入していく方法を発見してきた。③個々人の意識が作り出す**個人的**世界では、個々の人間が——それぞれ、個人として、社会の構成員として、そして、未分化の宇宙の中から自己分化した一箇の粒子として——生存と繁栄を追求することを通じて、個人の意識は自らを秩序化して、個人の唯一無二のアイデンティティを構成する構造およびシステムを形成するのである。

19・3　地球上の生物の進化の過程において、人間はもともと一つのシステムとして機能していたのであるが、やがて人間がそのことに気付き、それに「システム」という観念をあてて、自らをシステムとして自覚するようになったときに、人間は、初めて意識を持つに至った。このような進化は、自然界における生物一般の持つ様々な可能性の現実化と見ることもたしかにできるのだが、しかし、そのように見ているのは、（先述のような次第で、）意識となるべきシステムであるところの人間自身に他ならない。そして、このような人間は、自然界全体を、いずれ過去となるべき未来を有するシステム、つまり、いずれ現実化されていく様々な可能性を有するシステム、と捉えることにしたのである。

19・4　生物システムが持つ様々な可能性（人間の意識が持つ可能性を含めて）がそのまま、人間の意識が実際に選択する可能性となることはないことから、人間は、意識が持つ可能性の現実化について説明するために様々な仮説を編み出した。種の自然淘汰説（進化論）に基づいて、人間は、次のような仮説を発見した。すなわち、意識の進化は、生物にみられる他のあらゆる進化と同じように、物理的宇宙——人間の意識が認識するところでは、秩序の世界、すなわち、全宇宙的（自然的）レベルで行われる自己秩序化を通じて、様々な可能性の中から一つを選択する（他を淘汰する）世界——の機能の不可分の一部を構成している、という仮説である。

19・5　このようにして、人間の意識は、物理的宇宙の他の部分とは分化していながら同時に物理的宇宙の中に統合されてもいる、ということになった。すなわち、〈人間の秩序システム〉（意識）の自己秩序化とは〈存在するものすべてで構成される秩序システム〉の自己秩序化の一部である、と人間の意識は認識した。

19・6　こうして、人間という種の未来は、二つの体系的な過程――物理的宇宙全体の過程、そして、自己秩序化を行う人間の意識の過程――の間の相互作用である、と人間の意識は認識するようになった。

19・7　これら二つの過程の間の相互作用は、人間の意識による説明が極めて難しいものであることが明らかになった。それは次の二つの理由による。第一に、意識は、人間が、意識による様々な選択（**自然科学**によって構築された現実の枠内で意識がなす選択を含む）を通じて物理的宇宙の変容をなすことを可能にしてきた。したがって、両過程間の相互作用が、この二つの過程のいずれか一方からの影響ばかり強く受けてしまうということがありうるだろう。このことからさらに、意識は、種としての人間の〈自然淘汰による進化〉にとどまらず、地球上の他のあらゆる生物の〈自然淘汰による進化〉にも介入することができるようになった、と言えるかもしれない。そのため将来的には、地球上の生物のこれからの進化の方向性について様々な選択を行うのは「自然」だけではなく、人間の意識もそのような選択を行うようになっていくのかもしれない。

19・8　第二に、人間の意識は、物理的宇宙の現実を超越し、また未分化の物理的宇宙の中から自己分化した一箇の粒子（すなわち人間）による自己秩序化としての〈人間の意識の現実〉をも超越する、様々な現実に想到することができる。宗教、神話、芸術、哲学、歴史、自然科学、経済、道徳、法という現実形成過程を通じて、人間の意識は、人間の未来の発展につながる様々な可能性――物理的宇宙のシステムの持つ諸可能性からもたらされる可能性だけに限られない――を創造することができる。言い換えれば、〈自然淘汰による進化〉は、自らの未来の発展を〈自然淘汰による進化〉とは別の観点から認識することができる、ある一つの生物を進化させたのである。すなわち、人間は、自らの未来を〈人間の選択による進化〉という観点から認識することができるのである。

19・9　自然科学によって形成される現実の中では、このような発展は、物理的宇宙の**諸法則**と矛盾するものではない。それは、まさにその物理的宇宙こそが、意識を有する人間を生み出したからである。自然科学によって形成される現実の範囲内では、人間の意識とそれが形成するすべての現実はそれ自体、〈存在するものすべて〉の宇宙の体系的な自己秩序化の諸相を構成している。

19・10　自然科学は、人間の意識が形成しようとして選んだのであれば、いかなる特定の現実も、それを理論上ありえないものとして排除することはできない。ただし、ここで留意されるべきことは、こうした選択が、一物理的システム――自らが現実にシステムとして機能している事実を「システム」という観念で把握する可能性、つまり、自らの未来を選択する可能性を既に獲得している物理的システム（つまり人間）――の活動であるに過ぎないことである。ところで、自然科学は、その基本的前提（以下に述べる）のため、人間の意識によって形成されるこうした諸現実をすべて自然的かつ不可避的なものとして見なさざるを得ない、という限界が課されているように思われる。その自然科学の基本的前提では、自然科学自身に属する現実のうち自然科学自身が作り出すことができないような部分においては、あらゆる現象が説明可能なものであり、また宇宙が全体として整然と秩序化されたものであると見なす、という前提である。

19・11　人間の意識が、その三つの世界――①個人の世界、②社会の世界、③〈存在するものすべて〉の世界――の性質、機能、目的との関連で、それ自身のために形成する諸現実は、一つのシステムとして機能する人間の意識というシステムが創出したシステム的な所産である。素粒子理論から、民主主義理論、ひいては「神の意志」に関する理論に至る様々な理論は、いずれも、〈存在するものすべて〉の宇宙という自己秩序化システムの一部であるところの、人間の意識という自己秩序化システムが創出した特異な事象である。

19・12　そしてこうした特異な事象は、一度形成されたら永久にその状態で固定されるというものではない。その事象自体が、自己秩序化的意識の永続的な過程――すなわち、意識が、様々な可能態について認識し、次いで、それらの可能態の中から一つの可能態を選択し、次に、その選択した可能態を現実化していく、それが繰り返してなされる過程――の一部をなしており、そのような永続的な過程の一環として、意識が、現実の時間・空間の枠内において認識するところの過程なのである。この意志し行為する過程は、人間の意識が、自ら認識した〈今・ここととしての現在〉において、自ら認識した未来を自ら認識した過去へと変容していくというかたちで、人間の意識というシステムが体系的に機能する過程である。

19・13　このように、自己秩序化的人間意識の過程は、〈存在するものすべて〉で構成される自己秩序化的宇宙の過程の一部である。〈存在するものすべて〉で構成される自己秩序化的宇宙は、個物〈それ自身のためのシステム〉――すなわち人間の意識――の中では、まさにこのような形態をとるのである。

19・14　したがって、人間という種の未来は、人間がこれまで書き入れたことのない宇宙の自己秩序化という脚本に織り込まれている未来であり、また同時に、人間がこれから書き込んでいかなければならない白紙のページとしての未来でもある。

19・15　人間は、意識という重荷を負っているため、自らを創造するに当たっては、〈存在するものすべて〉で構成される宇宙の自己創造の枠内でそれを行う、という責任しか負うことはできない。

19・16　人間は、自らの現実形成のあらゆる分野（宗教、神話、芸術、哲学、歴史、自然科学、経済、道徳、法）で、自らの未来という白紙のページに書き込むために、宇宙の自己秩序化という脚本を解読しようと模索している。人間は、自らの自己秩序化のあらゆる側面（個人として、社会として、また、世界変容的な物理的システムとして）において、〈存在するものすべて〉で構成される宇宙の自己創造の枠内で、人間の自己創造を行っている。

19・17　このように人間の意識は、いかなる時点においても、その機能を通じて、人間の未来が持つ様々な可能性について決定しているのであるが、それだけにとどまらない。人間の意識の現在の状態が、人間の意識の未来の状態を決定しているのであり、そしてそれによって、人間の未来を規定していくのである。二十世紀末の今日、人間の意識が人間の未来の生存と繁栄を脅かしている、と言うことができよう。しかし一方で、人間の意識は最終的には自己超越を通じて自己を現状から取り戻す可能性を有している、と言うこともできよう。

19・18　二十世紀末の今日、人間は、自らの意識の生み出した所産によって圧倒されるようになった。人間は、並々ならぬ努力を続けた結果、人間の自己創造の可能性として許容される範囲を超えてしまった。自らに対する統制力を失ったかのようにみえる人間は、自らの未来に対する統制力をも失ってしまったようにみえる。

19・19　**科学と技術**のめざましい発展を通じて、人間は、自然界に対する非常に強い統制力を獲得してきた。この統制力は、自然界の一部である人間自身の未来に対する統制力でもある。また、**社会**のめざましい発展を通じて、人間は、人間の集合的なエネルギー——全人類の生み出すエネルギーの全体に至るまで——に対する非常に強い統制力を獲得してきた。さらに、人間自らの機能（**想像力と理性**）のめざましい社会的発展を通じて、人間は、意識そのもの——すなわち、個人の意識、人間集団の意識——に対する非常に強い統制力を獲得してきた。

19・20　にもかかわらず、人間は概して、自らの未来を意のままに操る能力について、かつてないほど自信を失っている。人間は、その**想像力**を駆使して得た様々な成功の陰で、実は、それによる幻想、病理、そして多かれ少なかれ特定しがたい絶望感に支配されて、自らの想像力の犠牲者となっているようにみえる。また、人間は、その**理性**の働きによる様々な成功の経験にもかかわらず、かえって、理性を駆使する自らの能力をひそかに弱め、自己秩序化するその能力を自ら壊しているようにみえる。人間は、物理的宇宙の中に身を置きつつも、人間自身が、自らが身を置くべき一種の自然システムとなってしまっているようにみえる。つまり、人間による統制を多少なりとも超越した次元で行われる何らかの秩序化——決して人間による自己秩序化にすべて包含されることのない秩序化——を反映する様々な事象を、物理的宇宙と同じように、生じさせることができる、という意味で、人間は自然システムなのである。こうして、人間にとって、人間は〈人間ならざるもの〉になってしまったようにみえる。

19・21　その結果、現在そしてこれからの子どもたちの世代は、人間そして人間の持ちうる様々な可能性について傷ついた認識を抱いて成長するようになっている。そのような子どもたちが意識しているのは、ただ自分たちが感じている精神的、道徳的、知的な当惑と無力感だけである。人間は、自らの人間としての本性について十分な自覚を持たないまま、今この瞬間も育てられている。人間としての本性について確信を持っていないため、人間は、自らの自己秩序化能力に沿うような仕方で自己を創造するという人間の能力について確信が持てないでいる。もし人間が自己秩序化能力を失ってしまえば、人間は自己の存在の理由をも失うことになる。もし人間が、システムとしての自分自身についての理解に従って自己を秩序化するシステムであることを止めるのであれば、そのとき人間はもはや人間ではなくなる。すなわち、人間の本性なるものは存在しなくなってしまうであろう。

19・22　人間なる実験が何らかのかたちでの自然的消滅の段階に到達しつつあると考える根拠は全くない。逆に、人間としての自己制御された発展の初期の段階に人間が近付いていると考える根拠は十分にある。

19・23　二十世紀末の今日、人間を総体として、宇宙の総体という枠組みの中で再認識する必要が生じており、またそのための絶好の機会が訪れている。本書のこれまでの議論は、理論レベルでそのような再認識を提案することが目的であった。〈存在するものすべて〉で構成される宇宙の秩序化という枠組みの中で機能する自己秩序化システムとしての人類は、その中間次元での自己秩序化を、社会なる構造システム、そして個人なる構造システムの中で行うのである。

19・24　自己創造的な構造システム――個人、社会、人類――におけるシステムは、それ〈自らにとっての法〉である。個人〈自らにとっての法〉とは、人間意識のシステムのことである。社会〈自らにとっての法〉とは、その社会の法システムのことである。そして、人類〈自らにとっての法〉とは、宇宙の秩序化という枠組みの中で人類が自己を創造するときに働く人間意識のシステムのことである。

19・25　上述のような理論は、二十世紀末の今日、人間が人間としての存在を再認識しようとするときに採用する機会がある、**社会的理想主義**の純粋理論である。またこの理論は、もし人間が自ら創造する未来においても生存し繁栄すべきものであるならば自らの意志および行為の規範となすべき**社会的理想主義の実践理論**として、今日、**喫緊の必要として**要求される理論である。そして、この社会的理想主義の理論――純粋理論と実践理論――は、人間がこれから**新しい国際社会**の法として構築していくことになる**新しい国際法**の基礎とならなければならない。

19・26　したがって、次（**19・27**）で提示される諸定義は、人間の自己認識に関する諸理論にとっての公理となるだけではなく、人間が意志および行為を通じてなす自己創造の目的ともならなければならない。

19・27　(一)　**社会とは、人間の集団的自己創造のことである。**

(二)　**国際社会は、全人類で構成される社会であり、また、あらゆる社会で構成される一つの社会である。**

(三)　**法とは、人間を社会化するための持続的な構造システムのことである。**

(四)　**国際法とは、国際社会の法である。**

(五)　**ユーノミアとは、自己創造的人類の理想的秩序である。**

第二十章　要約

第一部　社会

第一章　社会と言葉

20・1　我々は世界を言葉によって表現する。我々は自らの生を言葉によって表現する。言葉とその意味は、我々が自らの意識の中で送る我々の生、そして我々が所属する諸社会の意識の中で送る我々の生、とともに生きている。悠久の歴史の中で延々と使われ続けてきた言葉――**社会**や**法**といった言葉――の中には、我々の過去、そして我々の可能態が刻み込まれている。

第二章　社会と理性

20・2　我々は、言葉から、そして言葉以外の意識の基本単位から、様々な観念を創り出す。観念は、その観念自体が包含するあらゆる意識の持つ融合エネルギー、そしてその観念自体が創り出す秩序の持つ融合エネルギー、を包含している。我々は、こうした観念を用いることで、我々が社会的生活を営む場である様々な構造を築き上げる。また我々は、我々自身の観念を生み出し秩序化することを目指して我々の想像力と我々の理性を駆使することで、意識の自己秩序化的世界を作り出す。

20・3　我々の観念構造には、**理論**という現実形成的構造が含まれている。我々の理論、すなわち宗教、神話、芸術、哲学、歴史、科学、経済、道徳、法といった理論は、社会〈自らにとっての現実〉——その枠内で社会が自らを形成する——の本質である。これらの理論は、我々の意志および行為の理論的基礎をなしているとき、**実践理論**となる。理論は、実践理論の説明であるとき、**純粋理論**となる。そして、純粋理論の理論的説明であるとき、**超越理論**となる。

第三章　社会の自己創造

20・4　自然界の一部としての我々は、すべての生物と共有している**生の衝動**と、すべての物質と共有している宇宙の**必然性**との調和である。人間としての我々は、行為しようという意志を生み出す**欲望**と、自己秩序化的システムとして意志するよう強いる**義務**との調和である。

20・5　我々は、意志し行為するとき、我々が自ら想到した様々な可能態の中から選択し、そしてその選び取った可能性を現実化しようと行為する。この選択にあたって我々が基準とするのは**価値**である。我々にとっての価値は、我々が生活する各社会の現実によって左右される。この社会の現実には、家族で構成される社会から全人類で構成される国際社会に至る、我々の所属する各社会の〈自らにとっての現実〉全体が含まれる。

第四章　社会の社会化Ⅰ　アイデンティティのディレンマと力のディレンマ

20・6　社会は自らを社会として構築し、自らを社会化する。これをなす際に社会は、社会〈自らにとっての現実〉

を形成するという方法もとるが、それだけではなく、個人の意識と、〈存在するものすべて〉の全体――物質のみならず意識までも包含した宇宙の全体――との間に立つ中間的存在という社会自身の性質に起因する一連の固有のディレンマと格闘するという方法もとる。

20・7　社会は、**アイデンティティ**のディレンマ（自己と他者）との格闘において、他社会との関係性の中で自らを構築することを目指す。社会は日々自らを構築しているが、確立したアイデンティティを獲得することは決してなく、常に自らを超越しようとし、またそのアイデンティティを脅かそうとする内部と外部からの動きに常に抵抗し対応している。さらに社会は、**力**のディレンマ（一者と多数者）と格闘するとき、究極の構造、究極のシステムとなることを目指す。すなわち社会は、（社会内部の）様々な意志的意識の一つの凝集体（一者）と常になろうとし（もちろんそうした意志的意識のすべてが一つの社会の意志的意識の中に包摂されることはないのであるが）、そして、一つの統一体であることがすなわち社会であることであるという理念に立って一つの総体（一者）に常になろうと目指しているのである。

第五章　社会の社会化Ⅱ　意志のディレンマと秩序のディレンマ

20・8　社会は、**意志**のディレンマ（自然の単一性と価値の複数性）との格闘において、社会自身の価値創出的現実を、各社会構成員の価値創出的現実と調和させ、また、社会自身を超越した価値創出的現実――物理的宇宙の現実や〈存在するものすべて〉の現実を含む――と調和させることを目指す。社会は、**秩序**のディレンマ（正義と社会的正義）との格闘において、社会内部の自己秩序化を、社会を超越するものの秩序化――〈存在するものすべて〉の宇宙

（すべての物質、すべての意識、そして両者を内包する全存在）の秩序化を含む——と調和させることを目指す。正義を通して、社会は、社会自身の秩序を、社会を超越したものの秩序の中に発見するのであり、そして、その発見した秩序を、社会自身の自己秩序化のための正義（つまり、社会的正義）とすることを目指すのである。

第六章　社会の社会化Ⅲ　生成のディレンマ

20・9　社会は、**生成**のディレンマ（新しい市民と古い法）との格闘において、構造およびシステムとして存続することを模索する。したがって、社会の現実形成も、構造化およびシステム化なのである。**宗教**は、すべての価値を、現実全体の持つ価値に調和させることを模索する。**芸術**は、物質的現実の中に意識の存在を探し求め、意識の中に物質的現実の存在を探し求める。**神話**は、社会の現在の姿の起源を、なぜ社会が生まれたのかの説明の中に探し求める。**歴史**は、社会の現在の姿の起源を、かつて社会はいかなる姿であったかの説明の中に探し求める。**自然科学**の分野では、自然界は、人間があたかも自然界のみに帰属しているかのように行動できると考えられる意識の世界として、再創造される。**道徳**の分野では、社会的意識は、社会構成員の意識の内部において働く義務について言及しそれによって各構成員が意志し行為するときに抱く欲望を、その社会の構成員として意志し行為するように矯正する。**経済**の分野では、社会は、世界（自然界と意識の世界の双方）を、社会的力の行使による社会的変容のしやすい世界へと変容する。**法**の分野では、社会は、社会自身の過去の意志を未来の意志に連結する。それによって社会は、「自らを社会として生成した以上、社会は、未来においても過去と同様に、構造およびシステムとして存在するべきである」と意志するのである。

20・10　いかなる社会であれ、社会の永続的ディレンマと自ら格闘する過程でなされる様々な活動の相互作用を通じて、社会へと生成する。人間の脳の場合と同じく、社会は、他のあらゆる社会に共通するものの活動であるにもかかわらず、自らを唯一無二の存在としていく構造システムである。

第七章　社会と人類

20・11　国際社会は、五十億の人類と無数の下位諸社会による社会的生成の場である。

第二部　社会の基本構制《コンスティテューション》

第八章　現実の諸次元

20・12　宇宙を人間の意志および行為の展開しやすい場にするため、人間の意識は、宇宙を、時間と空間という枠組みの中での過程として捉える。この過程では、意志および行為の様々な可能性が想到され（**そこである未来**）、意志および行為を通じてそれらの可能性の中から選択がなされ現実化される（**ここである現在**）。次いで、そうして現実化された可能性が、新たな想到の可能性、新たな意志および行為の可能性として想到されうるようになるのである（**そこである過去**）。

第九章　社会の基本構制《コンスティテューション》の諸次元

20・13　社会の**基本構制**は、自らを時間と空間という枠組みの中の構造およびシステムとしてみなす、社会自身の観念のことである。**法的**基本構制は、このような観念を、法的関係の形式で、すなわち、社会に保持された社会的意志行為として、過去から現在に伝えていく。**理想的**基本構制は、社会のあらゆる現実形成、社会のあらゆる言葉・観念・理論・価値という見地から、社会自身がいかなる自己秩序化が可能と考えているのかを、社会に対して伝える。**現実的**基本構制とは、自ら認識した現在（自らにとっての現在）において自らが社会であることを知っており、自らの生成を秩序化する役割と責任を果たしているような社会のことである。

第十章　社会的交換

20・14　**社会的交換**――自然的力に社会的目的を付与することを伴う――を通じて自然的力を社会的力に変容することによって、社会は生成する。この社会的力には、**法的関係**に内包されている力（法的権能）も含まれる。法的関係は、社会構成員間の意志および行為の相互作用を社会の自己創造的また社会化的な目的に寄与させることを目指して、社会構成員の意志および行為の相互作用のあり方を決定しようとする。法的関係という形態をとる社会的交換によって、社会は、各構成員の意志を普遍化し、また逆に、社会自身の意志を個々の構成員の意志の中に個別に反映させる（個別化する）ことができる。

第十一章　基本構制《コンスティテューション》固有の一般原則

20・15　いずれの社会も、組織形態上の特徴を他のすべての社会と共有している。このような特徴は、社会が永続的な構造として組織的に自己創造していくことを可能としているものであるが、それは社会の基本構制の組織的な特徴の中に反映されている。これらの特徴は、**基本構制固有の一般原則**（七つで構成）にまとめることができよう。

第十二章　近代国際社会の構制過程

20・16　社会は、すべての社会が共有する構造システム、そして、その社会が自ら創設した（独自の）構造システムの枠組みの中で、自己を形成する。社会は、自らに対して、そしてその構成員に対して、害悪を与えることがある。理論形成がまずあって、それから現実形成がなされる、という逆転したプロセスそのものから、そのような害悪が発生することがある。なぜなら、その場合には社会の生成の多くが、社会が独自に作った諸理論に従って行われるようになるからである。

20・17　社会の純粋理論には、その一つの特徴として、所与の社会の特定の仕組みを、その社会を超越した何かによって説明しようとするところがある。すなわち、社会の純粋理論には、**社会的なものを超社会化する**傾向が見られる。十六世紀以来の社会の発展過程で、超社会化のある特定の形態が、社会における〈意志されざる意志〉の源泉とされる**主権**という観念を生み出した。これから生まれたのが**国家社会**（ステイト社会）という観念である。国家社会においては、社会化のための公領域は、**政府**の権威の下にあるものとされる。

第十三章　現代国際社会の社会化

20・18　民主主義という観念および理想を通じて、また現実の諸社会が経た現実形成の実体験を通じて、主権は社会化されるに至った。すなわち、社会はその法的下位システムを含めて〈自ら意志した秩序化〉をなしており、その内部では社会構成員の自己創造と社会の自己創造とが調和される可能性がある、という考え方が受け入れられるようになった。

20・19　現実の社会的経験の違いによって、家族で構成される社会から、国際社会すなわちすべての社会で構成される社会に至る多種多様な社会が世界中で生み出されるようになった。国家社会は、多くの他の社会形態の中でその一形態に過ぎない存在になるに至った。とりわけ**ネイション**（構成員が出生の事実によって自らが帰属すると考えているような社会）は、国家社会と並んで、また国家社会の枠組みの中で、そして自己創造的な国家社会の目指すべき理想の社会として、生き生きと命脈を保つことになった。

20・20　そのような流れの中で、国際社会は自らの理論を見出す必要に迫られた。そこで国際社会は、自らを国家社会の集合体として捉えるという、あたかも手袋のように表裏ひっくり返しの選択を行った。こうして国際社会は、非社会的な社会となることを自ら選択した。すなわち、下位社会の発展とは切り離されたかたちで自らを創造し、民主主義の観念および理想を無視するようになり、遂には、全人類に存続と繁栄をもたらすためのものである社会的力（とりわけ法的関係）を行使する可能性を自ら放棄してしまったのである。

第十四章　人類と法

20・21　国際社会が自らを、社会的力（とりわけ法的関係）を行使して全人類に存続と繁栄をもたらすことのできる社会として再認識してはいけないとする理由はどこにもない。

第三部　幸福

第十五章　国際秩序Ⅰ　社会的秩序

20・22　社会とは、社会自身が行う自己秩序化の一つのかたちである。国際社会とは、全人類そしてあらゆる下位社会が行う自己秩序化の一つのかたちである。しかし、民主化されておらず社会化されてもいないという意味で非社会的な国際社会では、自己秩序化は常軌を逸したかたちをとってきた。すなわち、暴力と暴力の脅威が、自己秩序化に替わるものとして用いられてきた。またそこでなされる社会過程は、国家社会の公領域の間でのみ行われる相互作用という矮小化された過程――つまり、外交という名の未成熟な意志形成システムを通じて行われる、いわゆる国際関係――になった。

20・23　非社会的な国際社会を超社会化するために、国家主権という観念が用いられてきた。しかし、現実の、特に二十世紀の、社会的経験は、この国家主権という理論を相手とした格闘であったのであり、それは、新しい理論を通してでしか解決できない緊張状態を生み出していた。とりわけ次のような緊張状態である。すなわち、**国際公領域**の内実の発展（各国の対外的な公領域だけが相互作用する場ではなくなった）、**人権**の発展（すべての下位社会が、国際社会という場で自ら意志形成できるようになって、その民主化と社会化が初めて可能になった）、**国際的現実形成**の発展（各政府は、その人民の意識を統制し切れなくなり、自らの国家社会の構造およびシステムの枠組みの中に現実形成を閉じ込めておく能力を失ってきている）。

第十六章　国際秩序Ⅱ　法的秩序

20・24　これまで国際法は、非社会的な国際社会の原始的な法であった。国際法はそれ自身、こうした非社会化の副産物であるので、国際社会が社会として発達するのを妨げる役割を果たしてきた。国際社会は、自らを社会として認識できなかったため、自らが基本構制を有していることにも気付かなかった。さらに、そのような基本構制に気付かなかったため、国際社会は、基本構制固有の一般原則を見過ごしてきた。

20・25　自らを社会として認識している国際社会の下では、国家社会はもはや自然かつ固有で無制限の権能を有しない。国際社会の下にある他の数多くの社会と同じように、国家社会が有するのは、国際的基本構制と国際法によって賦与された法的関係（権能や義務を含む）だけである。国家社会の地位の特異性は、国際社会の基本構制上の機関として、国際社会の公領域（国家社会自身の公領域を含む）の組織化につき特別の責任を負っている点にある。

20・26　国家社会は、国際社会の他のすべての構成員と同じく、国際社会の諸目的に、とりわけ国際社会の存続と繁栄、換言すれば人類全体の存続と繁栄に、奉仕するため意志し行為する社会的力（法的権能を含む）を有している。

国家社会は、自らの力の行使について、また自らの義務の遂行について、社会的にも法的にも責任を負う。非ステイト的社会（産業、商業、金融などあらゆる分野の企業を含む）も、同じ条件の下で、社会的力を行使し、義務を遂行する。

20・27 新しい国際法は、それが法として適用される社会（つまり国際社会）の存続と繁栄に関わるすべての分野でなされる人間の意志および行為を組織化するという点で、いかなる下位社会の法とも同じ程度に動的かつ豊かな内容を有することになるであろう。

第十七章　国際経済

20・28 経済とは、人間の意志および行為を通じて人間の世界（自然界と意識の世界）を変容させる、社会の構造システムのことをいう。エネルギーの社会的組織化は、社会が社会自身とその構成員の存続と繁栄のために利用する余剰社会エネルギーを発生させる。

20・29 経済によって、社会は、すべての変容が一つの経済的価値で表示される社会〈それ自身にとっての現実〉を作り出す。そこでは、その経済的価値は、社会の現実形成全体から発生し、（経済活動という）経済的変容がなされるたびに社会の現実形成へと還流する。また、経済によって、社会的力は、法的関係を含むあらゆるかたちで分配される。法的関係は、特に所有の観念を支える。この観念は、人間の世界の経済的変容を創出しようと意志し行為する社会的力を、社会が人に委託するための手段である。

第十八章　国際文化

20・30　ある社会の文化とは、〈存在するものすべて〉という総体の中で場に位置する一個の総体としての、その社会そのものである。また、それは、あらゆる人間の意識を超越し、あらゆる人間の意識を評価する精神と自らをみなしている社会である。社会において、その文化は、時間と空間の中で行われるその社会の〈社会過程の総体〉の産物として、偶成する。しかし、一旦生まれるならば、社会の文化は、文化の持つ自己超越的・自己判断的な現実を、社会が意志し行為することすべてにフィードバックすることになる。

20・31　現今の国際社会は、その非社会的な生成に起因する非文化を有している。この空白を今、埋めているのが原始的な資本主義の文化であり、これが民主化も社会化もされていない国際システムを支配している。国際社会は、晴れて社会となった暁には、**ユーノミア**という言葉・観念・理論・価値で表現される、「自己秩序化的社会の善き秩序」を、理想として奉じているであろう。

第十九章　人類とその未来

20・32　人類は自らの未来、すなわち種としての人類の未来を自ら支配していなければならない。そのためには、人類は、自らを、想像力と理性を備えた種、自らを社会として育て上げることを通じて自らを育てる能力を備えた種であることに想到しなければならない。こうして人類は、ついに非社会を脱却し、全人類の存続と繁栄（すなわち、自らが選びとった、種としての進化）を目的とする国際社会を迎えるに至るのである。

崇高な一筋の光の閃きに、私の心は打ち砕かれた。
しかし早くも、私の願いと私の意志は、
まろやかに回《めぐ》る輪のように、
かの愛に回《めぐ》らされていた。
その愛は動かす、太陽と、ほかのかの星々を。

ダンテ『神曲』、天国篇、第三十三歌、第一四二～一四六行

＊　＊　＊

腐れ水
椿落つれば
窪むなり

高浜虚子

監訳者後書き

尾崎重義

（一）本書の著者フィリップ・アロットは、英国ケンブリッジ大学大学院（ＬＬＭ（法学修士）コース）を経て一九六〇年から一九七三年にかけて英国外務省に奉職し、主として国際法関連の職務を担当した。一九五九年ケンブリッジ大学ＬＬＭコースの国際法クラスで席を同じくしていたロザリン・ヒギンズ（現国際司法裁判所裁判官）によると、アロットは当時彼女や Andrew Jacovides, Kurt Ginter, Hugh Thirlway 等とともに同学年のクラスメートであったが、こういった錚錚たる国際法学徒の中でも抜きん出た俊秀であったのであり、その印象は四五年後の今も（二〇〇四年の話）変らないと述懐している。

本書に記されているように、アロットは一九七三年には外務省を辞しケンブリッジ大学のフェロー（特別研究生）となったが、去る二〇〇四年九月定年により同大学国際公法の教授職を辞した。アロットは一九七三年から一五年間本書の執筆のために文字通り心血を注いだが、その成果が一九九〇年オックスフォード大学出版会（Ｏ・Ｕ・Ｐ）より出版された本書である。また二〇〇一年にはそのペーパーバック版が同じくＯ・Ｕ・Ｐから出版されている。アロットの著書としては、二〇〇二年に本書の続編ともいうべき第二の主著 *The Health of Nations:Society and Law beyond the State* がケンブリッジ大学出版会から出版されている。

アロットのケンブリッジ大学退職を記念して主著 *Eunomia* と *The Health of Nations* を対象としたReview Essay Symposiumが二〇〇四年五月二八、二九日の両日、同大学において内外の著名な国際法学者を集めて開催された（東京大学の大沼保昭教授も出席している）。その内容は、二〇〇五年版のヨーロッパの権威ある国際法理論誌 *European Journal of International Law* に正味九八頁にわたって掲載されている（*EJIL* (2005), Vol.16 No.2, pp. 255 ~ 353.）。

（二）本書は、社会と法に関する普遍妥当的な一般理論、換言すれば、国際社会の全構成員が行動の際に準拠する理論となり得るような理論を提示することを主たる目的とする。つまり、本書の目的は、国際社会について、全人類から構成される社会、すべての社会から構成される社会という新しい理想を提示することによって人間の世界について再構想することができる未来の（もつ）力を活用するところにある。ユーノミアの理想とは、そのような人間社会についての理想にほかならない。

十八世紀末以来支配的な世界観によると、世界は、「国家」という概念を中心に組織されており、その世界では、国家間システムの特性に合うように調整された政治、道徳、法によって規律される国家間相互関係が基本的な社会プロセスとされる。この国家間システムにおいては外交が典型的な社会プロセスとして利用されるが、同時に、自己秩序化が究極的には武力行使を通じて実現される。このような世界観に基づくと、国際社会とは未成熟な国家間社会に過ぎず、世界規模の自然状態がかろうじて社会化されているだけである。そこでは、「国家」は自らの意志と利害を有する準人格的実体として捉えられ、国際社会は、国家の内と外――国内と国際――の二つの社会的現実に厳然と分けられ、それぞれに異なる社会秩序・政治・道徳・法が妥当するとされる。

しかし、アロットによれば、未来の（もつ）力の影響を受けるようになった今日、かかるリアリスト的世界観はもはや現実的ではないと言わなければならない。我々はこのような帰結と教訓を、二十世紀という異常な時代の中でもひときわ異常な最後の十年間で得たのである。我々は今、人類社会の構築過程における歴史的転換点を迎えている。

過去の生き方をそのまま引き継ぐのか、それとも新しい未来を構築するのか、我々はまさにその選択を迫られている。二十世紀から受け継がれた新世界秩序の中に新たに秩序を構築するためには、我々は、人間の心が持つ秩序構築力、すなわち、人間の心それ自身の秩序を再秩序化する力、人間の心の無秩序の中に秩序を新たに構築する力、さらには、自己超越と自己矯正ができるという人間の心の持つ驚異的な力、を用いる必要がある。

このように考えるアロットは、社会的理想主義が人類全体の社会的自己形成にも適用できるとの立場から、理想主義的社会哲学を大胆に提示するのである。仮に今後、国際社会に関する一般理論が新たに確立することになれば、その進展の度合に応じて、国際法の基本概念の修正をもたらし、やがては、新しい性格の実体国際法の段階的構築をもたらすことになるであろう。しかし、我々は、単に国際法の修正だけで満足すべきではない。それによって、国際社会そのものに関する基本概念の変革をもたらし、やがては、全世界の国際的社会過程の根幹自体の抜本的な変革をもたらし、その結果、(いずれの人間も人類の将来について共通の利害関係を有しているのであるから)、政府、政治家、外交官にとどまらず、すべての人間社会、すべての個人にまで及ぶ新しい政策や新しい行動様式が確立される、という段階まで到達することを目指さなければならない、と。

(三)『ユーノミア』をどう読むかに関する若干のコメント

ヒギンズ、コスケンニエミ等が認めているように、本書は決して読み易い書物ではない。アロットは自分自身の独自の用語法（idiosyncrasy（著者特有の表現法））を用いており、すべての言葉はこの書物の中で使用される意味においてのみ用いられ、著者がこれまで用いてきた概念や理論との関連においてのみ意味をもつものであり、また、同語反復的な表現がやたらに多く、翻訳作業を難渋させた。ヒギンズによると、アロットが自らの idiosyncrasy に固執するのは、人間の条件を改善しようとする強い欲求に基づくものである（こういった目的をもって著者独自の用語法を使用した前例としてはマイアーズ・マクドゥーガルが挙げられるが、マクドゥーガルの場合、人間の条件の改善を、望ましい価値を最も良く体現している国家システム［恐らくアメリカ合衆国］を優先させることによって達成しようとするのに対して、アロットは、国家システムそれ自体が、人間の条件の改善にとって有害であると信じているところに特徴がある）。

この点はさて措き、本書が「尋常でない深さと、深遠なオリジナリティをもった」（コスケンニエミ）真に刺激的な洞察を提供していることには誰しも異論がないであろう。古典期のまた現代の国際法のどんな著作をも超絶する視点で、著者は、これまでの国際社会観を根底から覆すような理論を提示している。著者の胸中には、国際社会の現状に象徴される人間の条件に対する深刻なペシミズムが存在し、国家――すべての国家――と国際法が果たしてきた役割につき深く懐疑的である。著者によると、「なぜ文明化された人類が世界をこれほどまでに悪化させることができるのであろうか」と。しかし、一方では、人間の理性に対する信頼に裏打ちされたオプティミズムも著者の持味といえる。

世界秩序に関するアロットのビジョンの根幹には――『ユーノミア』は単に国際関係や国際法の構造に関する哲学的分析であるばかりではなく、世界秩序の再構築の実現の要請でもあるからなのだが――、観念の持つ、世界を構成しかつ変更する（つまり再構築する）力に対する根本的な確信がある（Iain Scoffie）。『ユーノミア』は、このように希望と絶望をないまぜに感じさせる内容であるが、しかし、断固として、そしてあからさまに理想主義を唱える理論であり、人類のために「生存と繁栄という人間の自然な目的」の実現を目指すものである。これは「人間の意識のもつ、これまでの自分がたどってきた状況とは異なる未来を作り出すことができるという、素晴らしい能力」（15・13）に根差したものなのである（Iain Scoffie）。

それでは、アロットの理論の依拠する方法論はどのようなものであろうか。アロットは言う。「社会は、法や法的制度という形態で、また日々繰り広げられる現実世界での政治的・経済的・人的格闘を通じて、自らを構制（コンステイテュート）するばかりでなく、自らの観念を巡る社会自身の格闘を通じて自らを構制するという側面もある」（ペーパーバック版序文、本書26頁）。

この考え方には、イデオロギーに関するマルクスの理論と明白な類似点があるが、アロットの捉え方は、決して経済的決定論ではない。

アロットによると、意識は社会の様々な状況について批判したり、そうした状況を変容させることができるが、その批判の実施は選択の問題であって、歴史的な決定論の問題ではない。この言い方は、マルクスの議論よりも、「理論が実践を主導する」とするカントの議論を彷彿させるように思われる（Iain Scoffie）。このように、アロットの理論は多分にカント的であると同時に、マルクスからの影響も十分に看取されるのである。また別稿で取り上げる予定であるが、アロットの思想には、西洋の伝統的思惟を形造っている自然法思想の痕跡が色濃く残っていると筆者は推測する。また、アロットは、自由民主主義が世界大に普及していくことによって、これまでの国家階級による国際社会における支配の簒奪が是正されるという、民主主義に対する深い信頼が見られることも一つの特徴である（ペーパーバック版序文、本書28頁）。以上を踏まえて、アロットの国際法理論の方法論を一口で表現するならば、「ケルゼンの精神に基づいて、国際社会と国際法に哲学的一貫性という基礎を提供し、また、マクドゥーガルの精神に基づいて、国際社会の社会過程を社会過程一般に統合する」というアプローチであろう。実は、アロット自身が認めているように、この二つの要請を、しかも、人間の意識一般に受け入れられるような仕方で同時に、達成することは決して容易なことではないのである。「しかしそれでも、いつか誰かがこの課題に着手しなければならない」と述べて、アロットは「社会と法に関する普遍妥当的な一般理論、換言すれば、国際社会の全構成員が行動の際に準拠する理論となりうるような理論を提示する」ことに、本書において取りかかるのである（一九九〇年版序文、本書60頁）。

アロットの提示する基本的なテーゼは、人類自身が歴史の行為主体であり、人類社会が（国際法上の）究極的な最上位の法主体であり、国家は家族から始まって人類社会にまで至る人間社会の階層的秩序における中間的な（つまり下位の）法主体である、というものである。これは極めてラディカルな主張であり、当然に国際関係論のリアリストや伝統的な国際法学者からの厳しい反論が予想される（事実、前出のケンブリッジ大学におけるシンポジウムにおいても、この点に批判ないし関心が集中したようだ）。曰く、「ユートピア的夢想である」とか、「人間の悪に対する洞察に欠ける」、すなわち「社会的悪が理想主義的な意図、またはユートピア主義的意図からさえも生じうる可能性に対して十分配慮していない（一九一七年のロシア革命、その後のスターリンによる恐怖政治がその好い例である）」とかである。つまり、アロットの青写真には、「ユーノミア」という『彼岸』と現実の国際社会という『此岸』とを架橋する制度的考察が全く欠けているという批判である。

このような批判が『ユーノミア』に対して十分に成り立つことはアロット自身が承知していることであろう。しかし、アロットに対して、この制度論までも求めることは酷であろうし、おそらく、ユーノミアの理論自身を中途半端なものにしてしまうのが「落ち」であろう。アロットに求められたのは、カントの『世界共和国』のように、それに向かって人々が漸進するような『統整的理念』の構築である（柄谷行人によるならば、理性を統整的に使用するというのは、理性を構成的に使用する「ジャコバン主義のように、理性にもとづいて社会を暴力的に作り変える」ことではなく、無限に遠いものであろうと、人がそれに近づこうと努めるような理念を意味する）。そして、二一世紀の現在は、一七九一年とは異なり、「世界共和国」ないし「ユーノミア」の思想が、圧倒的な切迫感をもつ喫緊の課題となっているのである。『彼岸』と『此岸』を結ぶための制度的構想は、アロットに続く我々の課題であろう。

そして、もう一点、筆者は、アロットの『ユーノミア』思想は、おそらく、西洋的な自然法思想を補足する東洋的、仏教的思惟によって、より豊饒になるものと確信する（今回の翻訳に続く次の研究論文においてこれを明らかにしたい）。

（四）最後に、翻訳作業について一言しておきたい。本書の翻訳作業は、一九九三年の筆者が担当した筑波大学大学院のゼミにおいて、本書を教材として取り上げた時から始まっている（前述のように、本書はidiosyncrasyと同語反復的な表現の多用のため翻訳はきわめて難渋した）。翻訳作業としては、①一人が下訳を作り、尾﨑の主宰する研究会において全員でそれを一文ずつ検討して、第一段階の下訳稿とする（この訳の段階では中澤の果たした役割は大きかった）。②次に、それを土台として、研究会での全員による検討を経て、共同翻訳者が分担して第二次下訳稿を作り、それを尾﨑が一文ずつ監修する（ここでの下訳担当者は、中澤幸雄（翻訳家）が二つの序文、第一章、第十七章から二十章まで、渡辺豊（一橋大大学院後期博士課程在籍）が第二章から十章まで、鈴木淳一（獨協大学助教授）が第十一章から十六章まで、である。③これを浄書したものを、さらに共同翻訳者が一人ずつ担当範囲をずらして査読し二人の間でやり取りして直したものを、尾﨑が最終的に閲読する（その間に適宜研究会を開いて全員での検討を行う）という念入りな作業であった。したがって尾﨑が監訳者の立場にあったことは間違いないが、実質は終始四人の共同の作業であったことを特記しておきたい。

その他、井内（旧姓米倉）由美子（現内閣官房大陸棚調査対策室主査）は、下訳担当には日本に不在のため加わらなかったが、かなりの期間、研究会メンバーとして研究会での訳の担当（①）と事務局としての仕事を引き受けてもらったことを記して謝意を表わしたい。

ここで訳語について二点触れておきたい。

①Constitution (constitute, constituting) は、本書において重要なコンセプトをなすが、どのような訳語を当てるかについては相当に苦労した。国家（社会）の場合は「憲法」で良いであろうが、本書においては、あらゆる社会に（それが社会であるならば、）必ずコンスティテューションが存在するという概念構成であるので、「憲法」では適当ではない。「構成原理」というのも考えたが、これでは制度的要素が欠落してしまう。いろいろと考えた末、「基本構制《コンスティテューション》」

として、コンスティテューションのルビを振ることにした。しかし本書の行間が詰まってしまったため、章・節の冒頭においては、「基本構制（コンスティテューション）」と記し、その後は、ただ「基本構制」とすることに落着いた。なじみのない造語で恐縮であるが、御理解いただきたい。（同じ考えから、constitute は「構制する」、constituting は「構制化」とした）。

②次に、state, statal (society) についてであるが、著者は、state の語をいわゆる国家に限定せず、企業や国際機構など国家に類似する権力的な制度を備えた組織体（アロット的には社会）を示す言葉として用いている。この点を考慮して state は原則的には「ステイト」と表記することとしたが、文脈からして国家を指していることが明らかな場合には「国家」とした。また著者は、前述のような国家類似の組織体であることを指示する形容詞として statal を使用しているが、これも同様の考え方から「ステイト的」と表記することとした。ただし、state-society に関しては、「国家」を指していることが明らかなので「国家社会」とした。

最後になったが、地味な学術書の翻訳である本書の出版を快く引受けられ、刊行に向けて貴重な支援を惜しまなかった木鐸社の能島豊、坂口節子両氏には一同心から御礼申し上げる次第である。

共同翻訳者を代表して　尾﨑重義

二〇〇六年十二月十日

ナ行

ハ行

マ行

タ行

索　引

章・段落番号は，用語を本文中に含むかまたは同用語に関する記述が始まる個所を示す。

監 訳 者　尾 﨑 重 義（おざき　しげよし）

共同翻訳者　鈴 木 淳 一（すずき　じゅんいち）
中 澤 幸 雄（なかざわ　ゆきお）
渡 辺 　 豊（わたなべ　ゆたか）

ユーノミア：新しい世界のための新しい秩序

2007年2月25日初版印刷発行 ©

訳者との
了解により
検印省略

著　者　フィリップ・アロット
監訳者　尾　﨑　重　義
発行者　坂　口　節　子
発行所　(有)　木《ぼく》　鐸《たく》　社《しゃ》

印　刷　互恵印刷　製本　高地製本所

〒112-0002　東京都文京区小石川 5-11-15-302
Tel (03) 3814-4195　Fax (03) 3814-4195
郵便振替　00100-5-126746　http://www.bokutakusha.com/

ISBN978-4-8332 2381-2　C3012　乱丁・落丁本はお取替致します